Roman Frister

Die gestohlene Identität

Das zweite Leben des
Itzhak Liebmann

Aus dem Hebräischen von
Antje Clara Naujoks
unter Mitarbeit von Uriel Adiv

Berliner Taschenbuch Verlag

März 2003
BvT Berliner Taschenbuch Verlags GmbH, Berlin,
ein Unternehmen der Verlagsgruppe Random House GmbH
Deutsche Erstausgabe
Die Originalausgabe erschien 1994 unter dem Titel
Hazehut Hagnuva
bei Zmora Bitan Publishers, Israel
© 1994 Roman Frister
Für die überarbeitete deutsche Ausgabe
© 2003 Berliner Taschenbuch Verlags GmbH, Berlin
Redaktion: Michael Kunitzsch
Umschlaggestaltung: Nina Rothfos und Patrick Gabler, Hamburg
Gesetzt aus der Stempel Garamond durch psb, Berlin
Druck und Bindung: Elsnerdruck, Berlin
Printed in Germany · ISBN 3-442-76138-7

Kapitel 1

Mit dem Rücken der Zukunft zugewandt

»Job Twoju Mat«, murmelte der sowjetische Leutnant und spuckte auf den Bahnsteig. Er verrieb den Schleim mit der Sohle seines Armeestiefels. Müde von der drückenden Hitze, die alles in eine glühende Hölle verwandelte, steckte er den erloschenen Zigarettenstummel wieder zwischen die Lippen. Im Stillen verfluchte er zum x-ten Mal diese gottverlassene österreichische Kleinstadt, in die ihn das Schicksal und das Oberkommando verschlagen hatten. Ein wenig Schnaps hätte geholfen, doch nirgendwo war Alkohol aufzutreiben. Hier war es so trocken wie in der Wüste Karakum, wo er vor achtundzwanzig Jahren geboren worden war.

Es war Mittag. Ein Dienstag. Der Güterzug stand noch immer auf dem Abstellgleis wie ein unbeweglicher Stein. Lokführer und Heizer hatten sich aufgemacht, um im Ort, in einer Entfernung von zehn Minuten Fußweg, etwas Unterhaltung zu suchen. Die Fahrgäste waren unruhig. Die meisten waren befreite Häftlinge aus den Konzentrationslagern der Nazis, die auf dem Heimweg waren. Sie hatten eine Verspätung von mehreren Jahren aufzuholen.

Die Bomben der Alliierten hatten ganze Arbeit geleistet. Lediglich ein Schienenstrang war intakt geblieben, so dass nur jeweils ein Zug von Ost nach West oder umgekehrt fahren konnte. Dutzende Züge mit militärischen Versorgungsgütern,

Kriegsbeute, Gefangenen und Soldaten warteten, dass sie an die Reihe kamen. Auch befreite Häftlinge mussten warten.

Itzhak Liebmann hatte es nicht eilig. Das Haus, in dem er aufgewachsen war, gab es nicht mehr. Die Nazis hatten es nach der Räumung des Ghettos in Brand gesteckt. Selbst der Begriff »Zuhause« war ihm inzwischen fremd geworden. Häftlinge, die gegen Ende des Krieges im Lager eingetroffen waren, hatten erzählt, dass seine Eltern nicht mehr lebten. Niemand wusste mit Sicherheit, ob sie in ihrem Haus verbrannt oder später von den Soldaten des Einsatzkommandos umgebracht worden waren. In der ganzen Ortschaft hatte es nicht eine einzige Seele gegeben, die bereit gewesen war, ihnen zu helfen und Unterschlupf zu gewähren. Liebmann hatte damals genickt. Er hatte keine Erwartungen gehabt. Ihre nähere Umgebung hatte sich gegenüber den jüdischen Nachbarn niemals freundlich gezeigt. Jetzt, so hatte er gehört, war dort alles anders, alles war besser. Doch solange er den heimatlichen Boden nicht betreten hatte, konnte er sich dessen nicht sicher sein.

Liebmann hatte sich ein wenig die Beine vertreten. Er kehrte zum Zug zurück und breitete auf dem verwaisten Sitz ein Handtuch aus. Die Sonne brachte das schwarze Dach zum Glühen und ließ die Luft im Zug stickig werden, so dass das Atmen schwer fiel. Die Reisenden hatten die Flucht ergriffen. Alle, außer Rudolf Nowak, der seit Beginn der Reise gegenüber saß. Obwohl sie bereits einige Tage unterwegs waren, wusste er nichts über ihn. Nowak war ein verschlossener Mensch, schwieg die meiste Zeit und verbarg sein Gesicht hinter alten deutschen Zeitungen, die er so aufmerksam studierte, als stünden die neuesten Nachrichten darin. Jetzt faltete er die Zeitung sorgfältig zusammen, steckte sie in die Gesäßtasche seiner Hose und sagte:

»Passen Sie auf meine Sachen auf, ich gehe mal nachschauen, was es Neues gibt.«

»Das lohnt sich nicht. Ich war draußen. Alles ist ruhig, nichts rührt sich.«

»Man muss wissen, wie man Dinge ins Rollen bringt«, grinste Nowak, nahm eine kleine Tasche und trat auf den Gang hinaus.

Liebmann blickte ihm durch das Fenster nach. Nowak überquerte die Schienen und ging zum Bahnsteig, der mit Ziegeln überdacht war. Er redete mit den Leuten, die neben dem Wärterhaus standen und auf ein Lebenszeichen der Telegrafenanlage warteten. Dann verschwand er im Gebäude. Liebmann betrachtete die dürren Beine, die aus seiner kurzen Hose hervorragten und lächerlich wirkten. Als er sich zu den Füßen hinunterbeugte, bemerkte er, dass sich jemand an seinem Koffer zu schaffen gemacht hatte: Die Schnappschlösser waren nicht mehr verriegelt. Er holte den Koffer unter der Bank hervor und stellte sofort fest, dass die Whiskyflasche verschwunden war. »Scheißdieb!«, fluchte er laut. Zuerst wollte er Nowak nachsetzen, doch dann fiel ihm ein, dass er gestern, als man nach Alkohol gesucht hatte, um den Russen zu bestechen, die Flasche verschwiegen hatte. Vermutlich war es besser, auch jetzt nichts zu sagen. Er ließ den Deckel des Koffers zufallen und stieß ihn unter die Bank zurück.

Der Stationsvorsteher war schon viele Jahre bei der Reichsbahn angestellt. Er war um die fünfzig, der Bauch quoll über den Gürtel seiner Hose, und er hatte einen roten Kopf. Er stammte aus dieser Gegend und war ein Teil von ihr. Eine angeborene Behinderung des rechten Arms hatte ihn vor dem Dienst an der Front bewahrt. Sein jüngerer Bruder hatte kein Glück gehabt. Er war gesund zur Welt gekommen und inzwischen irgendwo in den Steppen Russlands verscharrt.

Als der Leutnant hereinkam, sprang der Stationsvorsteher hinter dem Telegrafenschalter auf und stand stramm. Er roch nach Bier. Ein Gebräu, das man für keinen Schatz der Welt hätte kaufen können, weder in dieser noch in einer anderen Kleinstadt. »Verfluchter Bastard«, schimpfte der Leutnant auf Russisch. Der Anblick des Österreichers und der Biergeruch brachten ihn in Rage. Doch niemand außer dem Stationsvorsteher kannte sich mit der Signalschaltung aus, und nur er konnte die regelmäßigen Ausfälle der Telegrafenanlage beheben. Der Österreicher war durch sein Wissen geschützt: Der Offizier befehligte zwar den Bahnhof, doch der Stationsvorsteher beherrschte ihn. Beide mussten sich mit dieser Realität abfinden.

»Ich scheiß auf die ganze Welt«, sagte der Offizier und ließ sich in den ausladenden Sessel fallen. Der Stationsvorsteher stimmte, obwohl er kein Russisch verstand, nickend zu. Durch die offene Tür sah er, wie Nowak sich einen Weg durch die in der Bahnhofshalle wartende Menge bahnte. Zielstrebig kam er auf den Offizier zu. Doch noch bevor er etwas sagen konnte, war der übliche Spruch des Offiziers zu hören:

»Nichts zu machen. Die Strecke ist nicht freigegeben.«

»Nein, nein«, beeilte Nowak sich zu erklären, »ich komme in anderer Angelegenheit.«

Nowak sprach fließend Russisch, wenngleich ein starker Akzent verriet, dass es nicht seine Muttersprache war.

»Was für eine Angelegenheit?«, fragte der Leutnant leicht misstrauisch.

»Ich möchte in eine andere Richtung fahren. Ich will in den Zug umsteigen, der nach Frankreich fährt. Sie wissen, der mit den französischen Arbeitern.«

»Das ist verboten«, entgegnete der Russe.

»Jede Regel hat eine Ausnahme«, grinste Nowak und zog die Flasche hervor, die er in seiner Tasche verborgen hatte.

»Echter Whisky, Colonel. Von erlesener Sorte.«

»Ich bin nur Leutnant«, merkte der Russe feindselig an. Der Anblick der Flasche hatte jedoch die gewünschte Wirkung, und seine Stimme wurde sanfter. Eine Minute später verließen beide den Raum.

Vom Bahnhof führte eine mit Bombentrichtern übersäte Straße in den Ort. Nowak und Nikolai Borisowicz gingen langsam und tranken abwechselnd aus der Flasche. Beobachter hätten sie für Freunde gehalten, die gemeinsam ihren Schnaps genießen. Nach wenigen Minuten gelangten sie an ein kleines Wirtshaus. Draußen standen einige Tische und Bänke, darüber rankte Wein, der etwas Schatten spendete. Eine schwangere Katze döste auf einer der Bänke. Nowak verscheuchte sie mit einer Handbewegung und lud seinen Kumpan zum Ausruhen ein. Als der Russe saß, warf er die leere Flasche hinter sich. Der Wirt hörte den Lärm des zerspringenden Glases und schreckte auf. Die Messingzapfhähne glänzten wie in guten Tagen, doch die Fässer waren leer. Auf einer Tafel am Eingang stand mit weißer Kreide geschrieben:

Kein Bier

Keine warmen Speisen

Most – 5 Schilling

»Most! Das ist, was uns dieser Krieg beschert hat!«, zürnte Nowak. »Most für die Besiegten. Most für die Sieger. Es lebe der Most!«

Der Gastwirt, der den Tisch mit einer Ecke seiner Schürze abwischte, verstand nur das Wort Most und brachte zwei Krüge.

»Zehn Schilling, bitte.«

Der Offizier warf ihm einen glasigen Blick zu. Flink taxierte der Gastwirt die Lage und zog sich hinter den Tresen zurück. »Schon gut, schon gut«, flüsterte er beklommen. In den Monaten seit Kriegsende hatte er seine Lektion über das Verhalten der Soldaten der Roten Armee gelernt, vor allem wenn sie etwas getrunken hatten. Dann war es immer ratsam, sich nicht mit ihnen anzulegen. Nowak nahm einen Schluck aus dem Krug und spuckte ihn angeekelt aus. »Bei allen guten Geistern«, schrie er, »der Bastard hat uns prickelnde Nonnenpisse vorgesetzt.«

»Ein richtiger Mann trinkt alles«, mokierte sich der sowjetische Offizier.

Nowak leerte den Krug und setzte ihn mit dumpfem Laut auf dem Tisch ab. Plötzlich versteinerte sich sein Gesicht. Ein merkwürdiger Druck in den Ohren wurde stärker. Die Augen traten beinah aus den Höhlen. Die Mischung aus warmem Whisky und Most machte ihn schwindlig. Er wurde bleich und brach zusammen. Wie ein Stück Holz, dachte der Offizier und stieß ihn mit der Stiefelspitze an. Der Gastwirt erschrak. Als ein russischer Soldat einmal einen Kameraden mit einem Bajonett erstochen hatte, hatten die Militärbehörden anschließend behauptet, er habe ein vergiftetes Getränk ausgeschenkt. Er beeilte sich, den Vordereingang zu verriegeln, und machte sich durch die Hintertür aus dem Staub. Der Leutnant bemerkte die hastige Flucht, wartete ein wenig, beugte sich dann über seinen Saufkumpan und nahm ihm die Armbanduhr ab. In der Kiste unter seinem Bett hatte er viele Uhren versteckt; sie waren Trophäen des langen Siegeszuges. Als Nowak die Augen aufschlug, inspizierte der Russe noch immer die Beute. Ihre Blicke kreuzten sich nur für eine Sekunde, denn Nowak verlor erneut das Bewusstsein.

Die Bezirkskommandantur der Besatzungsarmee war im Rathaus untergebracht. Das alte Gebäude hatte vier Stockwerke und war im typischen Stil der Gegend gebaut. Es beherrschte den Marktplatz, in dessen Mitte Maria Theresia in Bronze gegossen und von einer Kugelsalve verletzt dastand. Auch einige Gebäude der Umgebung waren vom Krieg in Mitleidenschaft gezogen und verlassen worden. Nur in wenigen Fenstern war schwaches Licht zu sehen. Der Platz war menschenleer. Vor dem beleuchteten Eingang des Rathauses parkten zwei Fahrzeuge des sowjetischen Fabrikats »Gas«, eine gelungene Imitation amerikanischer Jeeps. Aus einer fernen Gasse drang ein trauriges Lied, das von der Sehnsucht nach den Ufern der Dnjepr kündete.

Nacht senkte sich über den Ort, als der Dienst habende Offizier vom Bahnhof zurückkehrte und dem Stadtkommandanten kurz Bericht erstattete. Dieser tat, als würde er den Schnaps nicht riechen und schickte ihn weg. Der Leutnant salutierte und schloss sich den anderen Offizieren und Unteroffizieren an. Sie setzten sich an den Eichentisch, der in einer Ecke der Eingangshalle unter einem Leuchter stand, in dem nur die Hälfte der Birnen brannte, und schwadronierten über betrügerische Frauen, die in Abwesenheit ihrer Ehemänner für jeden Fremden die Beine breit machten. Von der Wand blickte sie das Porträt eines bärtigen Mannes mit Brille an. Keiner wusste, dass es sich um Arthur Seyß-Inquart handelte, der nach dem Einmarsch der deutschen Truppen zum österreichischen Bundeskanzler ernannt worden war. Das Bild war wohl aus Bequemlichkeit nicht abgehängt worden. Unter dem Porträt hatte der Politruk, der politische Offizier der Besatzungsbehörde, Stalins Büste aufgestellt. Die Soldaten führten sie mit sich, so wie ihre Väter Ikonen und Porträts des Zaren dabeigehabt hatten. Ab und an ging der ehemalige Bürgermeister hier vorbei und salutierte. Nur er wusste, wem er die Ehre erwies: dem Sieger oder dem Besiegten.

Das Gespräch der Offiziere wurde unterbrochen, als vor dem Eingang plötzlich ein Fahrzeug bremste. Den jungen Leutnant ergriff eine dumpfe Vorahnung. Er rannte nach draußen, um zu sehen, was da los war. In dem schwachen Scheinwerferlicht des Jeeps sah er einen Zivilisten auf Knien um sein Leben betteln. Zwei Soldaten mit Stahlhelmen hatten ihre Waffen auf ihn gerichtet. Er erkannte den Mann sofort, es war der Kerl mit der Whiskyflasche. Sein erster Impuls befahl ihm, einzuschreiten und die Soldaten anzuweisen, den armen Besoffenen in Ruhe zu lassen. Doch dann erinnerte er sich an die Uhr. Ein jüngst zum Politruk ernannter Offizier hatte innerhalb weniger Tage einige altgediente Kämpfer vor ein Militärgericht gebracht, weil sie gestohlen hatten. Der Politruk war der Einzige der ganzen Kompanie, der sich strikt an die Anordnungen hielt. Wenn die Sache mit der Uhr herauskäme, und noch schlimmer, wenn man die Kiste unter seinem Bett entdecken würde, könnte ihn auch seine ruhmreiche Kriegsvergangenheit nicht mehr schützen. In diesen Nachkriegstagen war das Militärgefängnis wahrlich das Letzte, wovon er träumte.

»Wo habt ihr ihn aufgegabelt?«, rief er.

»Auf der Straße zum Bahnhof, Genosse Leutnant.«

»Ein Nazi?«

»Weiß der Teufel. Er hat keine Papiere dabei«, antwortete der Patrouillenführer. Einer der Soldaten feixte: »Nur die Hosen hat er vor lauter Angst gestrichen voll.«

Der Leutnant stand außerhalb des Lichtkegels. Nowak hörte nur seine Stimme. Obwohl er noch immer keinen klaren Kopf hatte, erfasste er den Ernst seiner Lage.

»Ich bin kein Nazi, und ich bin kein Deutscher«, flehte er. »Meine Papiere sind im Zug geblieben, Sie können das überprüfen. Ich wusste nicht, dass Ausgangssperre herrscht. Ich muss zum Bahnhof zurück. Ich fahre nach Frankreich ...«

»Halt's Maul!«, herrschte ihn einer der Soldaten der Patrouille an. Nowak verstummte.

»Ihr könnt gehen. Ich werde ihn selbst verhören«, ordnete der Leutnant an. Der Patrouillenführer blickte ihn verwundert an, gehorchte jedoch. Er gab seinen Soldaten ein Zeichen, in den Jeep zu steigen. Offizier und Gefangener standen sich jetzt regungslos gegenüber. Eine Wand der Dunkelheit trennte sie voneinander. Der Leutnant überlegte, wie er den Mann loswerden konnte, bevor er ihn erkannte. Plötzlich öffnete sich hinter ihm die Eingangstür zum Rathaus. Licht erhellte den Vorplatz, und Nowak, der sein Gegenüber jetzt sehen konnte, platzte erleichtert heraus:

»Gott sei Dank, Sie sind es. Ich dachte schon, ins Jenseits befördert zu werden. Sie müssen mich schnellstens zum Bahnhof zurückbringen. Sie erinnern sich ... Ihr Versprechen, mich in den Zug nach Frankreich umsteigen zu lassen.«

»Was geht hier vor sich?«

Der Leutnant musste sich nicht umsehen, er kannte die Stimme. Es war der Politruk. Wenn der Kerl in seiner Gegenwart den Mund aufmacht und über die Uhr erzählt und über den Whisky ... Nein, lieber nicht spekulieren, was alles passieren könnte. Er zog den Revolver, sah Nowaks Stirn, ein heller Fleck zwischen Augenbrauen und wildem Haarschopf, zielte und drückte ab. Die Kugel durchdrang den Kopf, doch irgendwie blieb Nowak auf den Beinen. Der Leutnant bangte. Er schoss ein zweites Mal, genau in dem Moment, als Nowak zu Boden sank.

»Was geht hier vor sich?!«, rief der Politruk erneut. Der Vorplatz füllte sich, denn auch die anderen Offiziere waren wegen der Schüsse nach draußen gestürzt.

»Der Bastard wollte mir meine Waffe abnehmen«, sagte der Leutnant und blickte dem Politruk direkt in die Augen.

»Man sollte sie erwürgen, bevor sie geboren werden, diese Nazi-Hurensöhne«, sagte der Politruk. Er sagte das ohne Zorn, er stellte nur trocken eine Tatsache fest. Dann klopfte er dem jungen Offizier auf die Schulter und fügte hinzu: »Du hast getan, was getan werden musste. Ich werde es nicht vergessen ... Durchsucht ihn.«

Zwei Offiziere krempelten die Hosentaschen des Toten um.

»Habt ihr was gefunden?«

»Nur eine alte deutsche Zeitung«, antwortete einer der Offiziere. Der Leutnant warf einen Blick auf das Blatt und sagte:

»Merkwürdig. Ich verstehe kein einziges Wort, aber sehen Sie das Bild? Das ist der Mann, der mich überfallen wollte.« Er reichte dem Politruk die Zeitung, der das Bild studierte, anschließend einen Blick auf die Leiche warf und bestätigte:

»Ja, das ist tatsächlich seine Visage.« Er zerriss die Zeitung und ließ die Schnipsel fallen. Erst dann stellte er verwundert fest: »Seltsam, da schreibt man über ihn in der Zeitung, aber Papiere besitzt er nicht. Und ohne Ausweis war er im Grunde schon tot, bevor er erschossen wurde.«

Seine Papiere verwahrte Rudolf Nowak in einem Rucksack, den er im Zug zurückgelassen hatte. Itzhak Liebmann hatte ihn an sich genommen. Selbst wenn Nowak nur für eine Minute hinausgegangen war, hatte er den Rucksack immer auf den Sitz seines Fensterplatzes gelegt, um ihn für sich frei zu halten. Unterwegs hatte Nowak einmal bemerkt: »Ich leide unter Klaustrophobie, war zu viele Jahre in Einzelhaft. Und auch die Reise mit dem Rücken zum Fahrtziel ruft unangenehme Assoziationen hervor.« Liebmann war bei der Bemerkung aufgefallen, dass er auf dieser Reise seiner Vergangenheit den Rücken zuwandte.

Als die Strecke frei wurde, zeigte die Uhr im Büro des Stationsvorstehers fünf Uhr fünfundvierzig an. Lokführer und Heizer waren nach Mitternacht aus dem Ort zurückgekehrt und dösten auf einer Bank am Bahnsteig. Der Stationsvorsteher brüllte irgendetwas auf Deutsch, und die beiden beeilten sich, ihre Plätze an den Kesseln einzunehmen. Im Wartesaal entstand ein Tumult, Dutzende Reisende rannten eilig zum Zug. Alles ging blitzschnell. Der Arm des Weichensignals änderte seine Position, als wolle er den Reisenden mit einem Hitlergruß salutieren. Der Zug setzte sich für etwa zweihundert Meter in Bewegung und hielt neben einer Wasserpumpe. Die Reisenden drängten sich brüllend und schimpfend in die Waggons. In Liebmanns Abteil drängten fremde Menschen.

»Wem gehört dieser Rucksack?«, murrte jemand. Liebmann wäre beinahe mit ihm aneinander geraten. »Entschuldigung«, sagte er, »das ist meiner.«

Der Zug fuhr an. Durch das Fenster drang ein angenehmer Luftzug, der die drückende Hitze verscheuchte. Neben den Schienen huschten die Telegrafenmasten vorbei. Die Felder wurden allmählich gelb, es war an der Zeit für die erste Ernte. Liebmann betrachtete die Reisenden in seinem Abteil. Niemand beachtete ihn. Langsam und vorsichtig löste er die Riemen des Rucksacks und ertastete den Inhalt. Plötzlich lächelte er. Er entsann sich, wie er früher immer mit den Nachbarskindern zum Fluss gegangen war und zwischen den Steinen Forellen aufgestöbert hatte. Seine Finger ertasteten zwischen der Kleidung eine dicke Brieftasche. Er nahm sie heraus, legte sie auf den Schoß und untersuchte den Inhalt. Vergnüglich zählte er die Geldscheine, etwa eintausend Schilling. Kein großer Schatz, allerdings auch zu viel, um verächtlich die Nase zu rümpfen. Zudem fand er ein Maschinenmechanikerdiplom auf den Namen Rudolf Nowak, eine Entlassungsbescheinigung aus dem Gefängnis in Linz, die die amerikanischen Besatzungsbehörden Nowak ausgestellt hatten, sowie einige Familienfotos: Rudolf Nowak als Jugendlicher, in kurzen Hosen und weißem Hemd, wie er an einem Baumstamm lehnt und direkt in die Kamera schaut; Rudolf Nowak im Anzug neben einer jungen Frau mit zwei hellen Zöpfen, die ihr auf die Schultern fallen. In blauer Tinte stand daneben: »Für Rudi, in Liebe von Regina.« Und noch ein Foto: Rudolf Nowak mit Hut vor einem großen, mit Hakenkreuzfahnen geschmückten Bahnhof. In der Brieftasche war noch ein Taufschein und eine farbige Zeichnung des Sankt Christophorus, des Schutzpatrons der Reisenden.

Der Mann ihm gegenüber blickte auf, spuckte den erloschenen Zigarettenstummel aus und zertrat ihn auf dem Fußboden.

»Papiere. Das ist, was uns von der Vergangenheit geblieben ist, wie?«

Liebmann schwieg.

»Ich habe noch nicht einmal das. Ich besitze gar nichts. In Mauthausen gab man mir ein Blecharmband mit meiner Nummer, die schon längst nicht mehr gültig ist.«

»Auch ich war in Mauthausen«, sagte Liebmann. »Ich hätte nicht gedacht, dass wir eine gemeinsame Vergangenheit haben.«

»Ich denke nicht, dass da irgendeine Gemeinsamkeit besteht. Sind Sie Jude?«

»Ja.«

»Dann wissen Sie wenigstens, warum Sie in Mauthausen waren. Bei mir war das ganz anders. Einundvierzig, als der Krieg mit den Russen anfing, hat man mich als Landarbeiter nach Deutschland geschickt. Soll ich Ihnen die Wahrheit sagen? Im Grunde habe ich mich freiwillig gemeldet. Ich kam nach Tirol und später nach Südbayern. War gar nicht so schlimm. Schwere Arbeit, aber Essen in Hülle und Fülle und frische Luft. Doch nach zwei Jahren verlegte man mich in eine unterirdische Rüstungsfabrik. Dort sind die Leute wie die Fliegen abgekratzt. Ich hab mich selbstständig gemacht, bin abgehauen.«

»Auch ich wollte fliehen, doch wohin hätte ich schon gehen können? Selbst wenn ich die Flucht über die Mauern geschafft hätte, hätten mich die österreichischen Bauern sofort an die Gestapo ausgeliefert. Einige Geflohene haben sie mit Heugabeln ermordet.«

Beide Männer blickten aus dem Fenster. Es wurde still im Abteil.

Der Zug glitt durch die Nacht. In Liebmann stiegen die Bilder der Vergangenheit auf und ordneten sich nach Emotionen und Zeit. Da war sein Vater. Als Liebmann ihn zum letzten Mal gesehen hatte, war er zweiundfünfzig gewesen, hatte wegen seines grauen Barts jedoch viel älter ausgesehen. Er war von kleiner Statur und führte ein zurückgezogenes Leben. Immer war er zwischen Profanem und Heiligem hin- und hergerissen gewesen, zwischen der Registrierkasse im Kurzwarenladen der Familie und dem Studium des täglichen Abschnitts der Gemara. Er hatte eine tiefe Stimme, eine gutturale Aussprache und wulstige Lippen gehabt und immer eine schwarze Jarmulke getragen. Nur am Sabbat und an den Feiertagen tauschte er sie gegen einen Hut mit breiter Krempe ein. Er war weder bewandert genug gewesen, um als Gelehrter verehrt zu werden, noch hatte er genug Geld besessen, um zur Welt der Betuchten zu gehören. Vielleicht erzählte er deshalb zu gerne von den Taten der großen Rabbiner, die seinem Stammbaum Ehre und Stolz verliehen. Wenn er sich mit den existenziellen Sorgen des Alltags hatte herumschlagen müssen, flüchtete er in diese Vergangenheit. Itzhak erinnerte sich, dass er seinen Vater nie hatte lächeln sehen.

Und dann war da noch seine Mutter. Ein wahrhaftes Energiebündel. Nie hatte sie sich wie eine Frau benommen, die Mutter von drei Kindern war. Immer war sie umhergerannt und in Eile gewesen, als käme sie zu einer wichtigen Verabredung zu spät. Ihre Unruhe und Ungeduld hatten häufig zum Streit mit ihrem Ehemann geführt, der zudem immer ihre bunten Kleider kritisierte. Obwohl sie darauf achtete, keine ausgeschnittenen Blusen und selbst im Sommer dicke Strümpfe zu tragen, hatte er ihre mangelnde Züchtigkeit gerügt. Ihr krauses Haar trotze jedem Kamm und erwecke irrtümlich den Eindruck von Nachlässigkeit. Sie war immer optimistisch gewesen und hatte im Gegensatz zu seinem Vater beständig ein Lächeln auf den Lippen gehabt. Weder Sorgen noch Probleme konnten sie einschüchtern, außer vielleicht eine Krankheit der Kinder. Sie glaubte an Gott und an die Menschen und ganz besonders daran, dass sich einem festen Willen nichts in den Weg stellen kann. Diesen Glauben hatte sie ihm zu vermitteln versucht, doch es war keine leichte Aufgabe gewesen. Itzhak Liebmann war acht Jahre alt, als sein Land unabhängig geworden war. Die

Menschen hatten sich jubelnd in den Straßen gedrängt und die Kirchenglocken hatten geläutet. Ihre Haushälterin, eine alte verbitterte Goja, sagte damals, dass die Glocken wie Juden beim Gebet hin und her wippten. Auch in der großen Synagoge fand ein feierlicher Gottesdienst statt. Rabbi Moskowicz, der immer verschlissene Kleider trug – »um die Armen nicht aufzubringen« –, war in schwarzem Seidenkaftan mit Fuchspelzkragen erschienen. Itzhak hatte gehört, wie der greise Rabbi den schnurrbärtigen Marschall lobpreiste, den der Volksmund »Vater der Nation« nannte. Er würde für Juden ein guter und bequemer Herrscher sein. Doch der Tag, an dem die Unabhängigkeit deklariert worden war, war ihm wegen eines anderen Ereignisses im Gedächtnis geblieben: Seine Klasse, die zweite Klasse, hatte einen Ausflug ins Grüne gemacht. Es war Herbst gewesen. Ihm war eine Pflanze mit kleinen grünen Blättern aufgefallen, die an einem Baumstamm rankte. Er hatte nach ihrem Namen gefragt. Der Biologielehrer, den die Schüler heimlich »Besenstiel« nannten, merkte wie nebenbei an: »Das ist eine Mistel. Wir nehmen sie als Weihnachtsschmuck. Aber du musst das nicht wissen, denn eines Tages wirst du sowieso nach Palästina gehen. Dort gibt es andere Pflanzen.« Und so erfuhr er im Biologieunterricht, dass seine Heimat offensichtlich ganz woanders sein sollte.

Onkel Haim, der Bruder seiner Mutter, hatte immerzu gelacht und war hyperaktiv gewesen. Er ernährte sich von kleinen Schmuggelaktionen. Einmal hatte er gegen die Diskriminierung in der Armee gewettert und gemeint, dass Juden dort nicht gern gesehen seien. Jeder, der davon träume, Offizier zu werden, müsse zuvor zum Christentum übertreten. Der Oberst, der in seiner Kutsche auf dem Weg zum Sonntagsgottesdienst an ihrem Laden vorbeiführe, so erzählte Onkel Haim, sei ein zum Christentum übergetretener

Jude, der seinen Namen geändert habe. Itzhak hatte dieses Geheimnis seinen Mitschülern verraten, und schon bald war es auch dem Direktor zu Ohren gekommen. Itzhak sollte sich für seine Lüge entschuldigen. Mit dem ihm eigenen Starrsinn beharrte er darauf, nicht gelogen zu haben. Er wurde beschuldigt, sich als Schüler einer staatlichen Schule unangemessen zu verhalten, und sein Vater war zum Direktor bestellt worden. Itzhak hatte nie erfahren, was sie besprachen. Er erinnerte sich nur, hinter der Tür gewartet zu haben, und dass ihn die vorbeikommenden Kinder als »Verräter« beschimpft hatten. Schon bald war sein Vater aus dem Büro herausgekommen, hatte ihn in den Rücken gestupst und ohne wütend zu sein gesagt: »Alles in Butter. Ab Morgen wirst du auf unsere Schule gehen. Dann wird es keine Probleme mehr geben.«

Sein Vater hatte ohnehin gewollt, dass Itzhak die jüdische Schule besucht. Er selbst war in einem religiösen Elternhaus aufgewachsen und hätte gerne ein religiöses Studium aufgenommen. Doch da seine Familie in Armut gelebt hatte, war nichts daraus geworden. Sein Sohn hätte seinen heimlichen Traum verwirklichen sollen. Der Junge hingegen hatte keinerlei Neigung zu einem religiösen Studium und hatte es sogar geschafft, die Mutter auf seine Seite zu ziehen. Sarah-Jochi unterstützte ihn. »Lass den Kleinen in Ruhe«, fuhr sie dann ihren Mann an, der um des lieben Friedens willen immer einlenkte. Doch nach diesem Zwischenfall war Widerstand zwecklos gewesen. Itzhak hatte, wie sein Vater, eine Jarmulke aufgesetzt und war bereits am nächsten Tag zur jüdischen Schule gegangen. Auf dieser Schule galt es nicht als lobenswerte Leistung, dass er in Mathematik und Literatur glänzte. Umso mehr waren seine mangelnden Kenntnisse der jüdischen Religion aufgefallen.

Sofort nach der Schule hatte er die Jarmulke abgenommen und in die Hosentasche gestopft. Er wollte sich der unsichtbaren Fesseln entledigen und eine Welt hinter sich lassen, in die er nicht gehörte. Die neuen Klassenkameraden waren schnell dahinter gekommen. Der Ruf »Schaigetz« war sogar in den Straßen widergehallt, und die katholischen Jungs ließen ihn ebenfalls nicht vergessen, dass es auch sie noch gab. Er war zwischen zwei Welten hin- und hergerissen. Die eine akzeptierte ihn nicht, und die andere wies ihn zurück. Er hatte keine Freunde und Spielkameraden. Zu Hause war er stiller und stiller geworden. Er schüttete sein Herz jedoch nicht aus. Sein Vater bemerkte zwar etwas, verstand es aber nicht und murmelte nur nett gemeinte Dinge: »Der Allmächtige hat uns unter allen Völkern auserwählt.« Doch der Schöpfer schien weit weg im Himmel und hatte deshalb wahrscheinlich wenig Einfluss auf den Sohn des Schreiners, der ihm auf dem Heimweg von der Schule auflauerte, in einen Hof oder ein Treppenhaus zerrte und verprügelte. Itzhak hasste nicht diesen aggressiven Jungen, sondern das Schicksal, das aus ihm einen Juden gemacht hatte. Juden mussten immer Schläge einstecken, und es gab keinen Grund, warum ausgerechnet er eine Ausnahme sein sollte. Nie hatte er geweint oder um Gnade gefleht, und oft war er völlig zerschunden nach Hause gekommen. Er hatte sich dann in sein Zimmer verzogen und nicht mit der Familie zu Mittag essen wollen. Sein Vater erfuhr nie die Wahrheit, doch vor seiner Mutter konnte er sie nicht verbergen. Sie hatte immer alles gesehen und gewusst. Sie verwöhnte ihn mehr als seine Schwestern und hatte ihn manchmal für sein Leiden mit einer Kinokarte entschädigt. Wenn der Film besonders unterhaltsam gewesen war, hatte er dieses schmerzliche Geschäft durchaus als lohnend empfunden. Wer weiß, wie lange diese Übereinkunft noch bestanden hätte, wäre diese Gesetzlosigkeit nicht den Lehrern zu Ohren gekommen. Kino und Thora waren einfach nicht unter einen Hut zu bringen, und so war er auch von der jüdischen Schule geflogen. Auf die Aufnahmeprüfung zum Lyzeum bereitete ihn ein Privatlehrer vor.

An seinem siebzehnten Geburtstag, dem 5. September 1927, waren in der Stadt Unruhen ausgebrochen. Herr Rabinowicz war der Auslöser gewesen. Die Wirtschaftskrise hatte ihn gezwungen, seine Aluminiumgießerei zu schließen, und dreißig Familien waren plötzlich ohne Einkommen gewesen. Was als kleine, von der sozialistischen Partei unterstützte Demonstration begonnen hatte, war in kürzester Zeit zum antisemitischen Pogrom geworden. In der Provinzzeitung stand nachher, die Organisatoren der Demonstration hätten die Kontrolle über die aufgebrachten Massen verloren. Zu den Arbeitslosen hatte sich der örtliche Pöbel gesellt, Schaufensterscheiben waren eingeschlagen und einige Geschäfte geplündert worden. Juden hatten es nicht gewagt, ihre Häuser zu verlassen, und die Gäste, die zu seiner Geburtstagsfeier geladen waren, erschienen nicht. Nur sein Großvater war schon am Tag zuvor aus der Provinzhauptstadt angereist, wo er als Lehrer an einer Religionsschule unterrichtete. Durch die geschlossenen Fensterläden waren lautstarke Mussolini-Parolen zu hören gewesen. Der Großvater hatte sich gewundert: »Die kriegen da was durcheinander. Mussolini ist weder Sozialist noch Antisemit. Alles in allem ist er nur der Redakteur einer kleinen Zeitung, die von einer faschistischen Bewegung Italiens gegründet wurde.« Itzhak hatte wissen wollen, was eine faschistische Bewegung ist, doch der Großvater winkte ab: »Ich wünsche dir, dass du niemals erfahren musst, was das ist.«

Bei dieser traurigen Feier hatte Itzhak seinen Großvater zum letzten Mal gesehen. Die Erinnerung an ihn war vermutlich so lebendig geblieben, weil zwischen Greis und Kind eine warmherzige und unschuldige Beziehung bestand. Itzhak wusste, wie er dem Großvater schmeicheln musste, damit er sich großzügig zeigte. Er hatte in seiner Gegenwart Psalmen gebetet, und der Großvater war vor Wonne dahingeschmolzen: »Du bist im Sternzeichen Skorpion geboren. Daher wirst du bei allem, was du anpackst, Erfolg haben.«

Mit kindlicher Besserwisserei erklärte Itzhak dem Großvater, dass aufgeklärte Menschen die Astronomie nicht als Wissenschaft anerkennen und dass die Sternzeichen vor langer Zeit als Bezeichnungen für Sternkonstellationen entstanden waren. Der Alte hatte Itzhaks Belehrungen geliebt und ihm immer zufrieden einige Münzen in die Hand gedrückt. »Skorpion hin oder her, du hast das Lächeln eines Spitzbuben, genau wie deine ketzerische Mutter«, sagte er.

An diesem unruhigen Abend hatte Frau Liebmann die Fensterläden geschlossen, damit die Demonstranten die Scheiben nicht einwerfen konnten. Der Großvater hatte zu viel getrunken und lang und breit erklärt, dass nur der Glaube den Juden Erlösung bringen und lediglich zwei Berufe allen möglichen Umwälzungen standhalten könnten: das Bäckerhandwerk und das Bestattungswesen. Trotzdem hatte er seinen Enkelsohn beglückwünscht, als er am Polytechnikum in der Hauptstadt ein Maschinenbaustudium aufnahm, und ihm eine ansehnliche Geldsumme geschickt. Damit hatte Itzhak ein Zimmer bei einer Familie mieten und sich auf das Studium konzentrieren können, ohne sich um seinen Unterhalt sorgen zu müssen. Das erste Studienjahr hatte er mit Bravour absolviert. Statt der schwarzen Jarmulke trug er eine bordeauxrote Schirmmütze mit dunkelgrünem Band, das

Erkennungszeichen der Studierenden des Polytechnikums. Die Mützen der Verbindungen waren zudem mit einem rotweißen Band versehen. Dieses Privileg war ihm versagt geblieben, denn sie hatten, wie es elegant formuliert worden war, keine »Bürger mosaischen Glaubens« aufgenommen.

In der Hauptstadt hatte ihm nicht mehr seine Mutter die Kinokarten gekauft, das tat er für sich und Tamara selbst. Tamara hatte keine langen hellen Zöpfe gehabt wie die junge Frau auf einem von Nowaks Fotos. Sie trug ihre kastanienbraunen Haare hochgesteckt. Damals war in den Kinos »Im Westen nichts Neues« nach dem Roman von Remarque gelaufen. Zunächst hatte der Film nicht gezeigt werden dürfen, da die Nationalisten seines Landes der Ansicht waren, dass das Werk den Deutschen huldige. Das Verbot war erst aufgehoben worden, als der Film mit einem Oscar ausgezeichnet wurde. Itzhak hatte sich mit dem Soldaten Paul Bäumer identifiziert, der im Bett einer hübschen Französin in die Geheimnisse der Liebe eingeweiht wird. Im Dunkeln des Kinosaals umarmte er Tamara, und noch in derselben Nacht war er zum Mann geworden. Als sie ihn gefragt hatte, ob es für ihn das erste Mal gewesen war, hatte er gelogen. Er hatte sich geschämt, zuzugeben, dass er noch nie mit einer Frau zusammen gewesen war. Sie hatten immer viele Stunden in der Konditorei der Gebrüder Blikk in der Neue-Welt-Straße verbracht und waren in endlose Diskussionen über das Wesen der Welt und das menschliche Geschlecht versunken. Sie studierte Philosophie und spickte ihre Ausführungen oft mit Phrasen aus den Lehrbüchern. »Nur Sinneserfahrungen versprechen ein umfassendes Wissen«, hatte sie zwischen zwei Bissen duftenden Krapfens herausplatzen können. Und er hatte sie gereizt: »Das stimmt nicht, denn Körper und Seele entwickeln sich parallel.« Jetzt, da ihn der Zug zu jenen

Orten zurückbrachte, die mit ihrer Person verbunden waren, erinnerte er sich sehr genau an ihr erfrischendes Lachen, als sie gesagt hatte: »Aristoteles gegen Spinoza – Gleichstand.«

»Träumen Sie schon wieder?«, fragte der Mann im Jackett ohne Hemd, der ihm gegenübersaß.

»Ich? Wieso?«

»Sogar im Dunkeln kann man erkennen, dass Sie wie ein Tagträumer dreinschauen.«

»Ich träume von einer Forelle mit Butter und Mandeln«, stöhnte einer der Reisenden. »Nicht gebraten, sondern gedünstet mit einer Scheibe Zitrone.«

»Eine Forelle …«, der Mann im Jackett ohne Hemd lachte.

»In Ordnung, ich würde mich auch mit einem Karpfen begnügen«, entgegnete der Mann mit dem Appetit. »Zu Hause warten Frau und drei Kinder auf mich. Meine Frau ist eine ausgezeichnete Köchin. Vor dem Krieg hatte ich eine Wampe wie ein Bierfass. Sie wollte, dass ich abnehme. Aber wie hätte ich das wohl anstellen sollen? Sie selbst hat mich wie eine Gans gemästet. Auch die Kinder haben sich nicht zurückgehalten. Inzwischen sind sie bestimmt gewachsen. Das ist nur natürlich, oder? Schließlich konnten sie damit nicht warten, bis ich wieder zu Hause bin. Und ich, ich kehre abgemagert zurück, so dass sie wieder mit dem Gänsemästen von vorne beginnen kann«, lachte er.

»Als man mich ins Lager steckte, ließ ich zu Hause Sohn und Tochter zurück. Interessant, wie viele Kinder ich wohl bei meiner Rückkehr vorfinden werde«, sagte jemand, der neben der Abteiltür saß. Liebmann, der das Gesicht des Reisenden nicht sehen konnte, fragte sich, ob er das wirklich ernst meinte.

»Wie spät ist es?«, fragte der Mann mit dem Appetit. Liebmann drehte den Unterarm zum Fenster hin. Die Uhrzeiger leuchteten phosphorgrün.

»Viertel nach vier. Bald geht die Sonne auf.«

»Wie romantisch. Im Schein des Morgensterns kehren wir ins Vaterland zurück«, spottete der Mann im Jackett ohne Hemd. »Denkt mal einen Moment an das erste Zusammentreffen mit unserem geliebten Vaterland und wie man uns am Grenzübergang empfangen wird. Da wird keine treue Ehefrau mit Karpfen sein und auch kein kleines Mädchen mit Blumenstrauß, sondern die Polizei. Die wird uns gründlich filzen, um Volksfeinde aufzuspüren. Ich werde nicht enttäuscht sein. Ich habe keine hoch geschraubten Erwartungen.«

»Bevor ich den Zug bestieg«, entgegnete Liebmann verstimmt, »hat man Broschüren über die neue Regierung verteilt. Jetzt sind dort alle Menschen gleichberechtigt, und jeder, der zurückkehrt, wird mit offenen Armen empfangen.«

Der Mann im Jackett ohne Hemd brach in Gelächter aus. Itzhak Liebmann schwieg einen Moment. Dann sagte er leise:

»Auch wenn es nicht stimmt, ich habe nun einmal kein anderes Land, in das ich zurückkehren könnte.«

»Jetzt denken Sie wenigstens logisch. Wenn man das, was man liebt, nicht kriegen kann, dann liebt man eben das, was greifbar ist.«

»Das hat nichts mit Liebe zu tun, mein Herr. Jeder Mensch muss realistisch sein. Alle sagen, dass Juden dort nicht mehr diskriminiert werden. Für mich ist das die Hauptsache.«

»Ja, auch ich habe gehört, dass jüdische Kommunisten unser Land regieren«, platzte der Reisende im Jackett ohne Hemd heraus und zündete sich eine Zigarette an. Im schwachen Schein des brennenden Streichholzes konnte Liebmann das ausdruckslose Gesicht sehen. Es hatte keinen Sinn, etwas zu erwidern. Warum sollte er sich mit diesem merkwürdigen Mann anlegen, aus dem er nicht schlau wurde. Freund oder Feind? Raubeiniger Rüpel oder feinfühliger Mitmensch? Schweigen breitete sich im Abteil aus. Liebmann legte den Kopf an die Lehne und schloss die Augen. Er sehnte sich danach, in Gedanken zu Tamara zurückzukehren, doch mit Gedanken ist es wie mit der Kugel beim Roulette: Man hat keine Kontrolle darüber, wo sie landet.

Die Zeitmaschine führte ihn zu jenen Tagen zurück, in denen die brünette Lydia Tamaras Platz eingenommen hatte. Tamaras Eltern, die von adliger Herkunft waren, hatten ihrer Beziehung ein Ende gesetzt. Er war kein passender Partner für ihre Tochter gewesen, und sie hatten Tamara mit einem älteren Mann verheiratet, einem reichen Gutsbesitzer aus dem Norden. Lange hatte er sich gefragt, was aus ihrer demonstrativen Unabhängigkeit und ihren glühenden Liebesbekundungen geworden war. Dann hatte sich irgendwann einmal Lydia in der Mensa zufällig neben ihn gesetzt. Im Gegensatz zu Tamara interessierte sie sich nicht für Philosophie, hatte mit ihm keine intellektuellen Duelle ausgefochten und stand mit beiden Beinen fest auf dem Boden der Realität. Vermutlich wäre aus ihrer Beziehung mehr geworden, wäre da nicht dieser Zwischenfall gewesen, der am Polytechnikum Aufsehen erregte und zwischen ihnen eine Wand der Entfremdung errichtete.

Es war gegen Ende des dritten Studienjahres gewesen, um die Zeit der Abschlussprüfungen. Eine nationalistische Verbindung hatte die Studentenschaftswahlen am Polytechnikum gewonnen und binnen kurzer Zeit die Institution mit einer offenen Feindseligkeit gegenüber Juden und anderen

Minderheiten beherrscht. Die Diskriminierung erreichte ihren Höhepunkt, als sie forderten, die jüdischen Studenten auf die linke Seite der Hörsäle zu verbannen, ins »Ghetto der Bänke«, wie sie es nannten. Die Geschichte hatte Schlagzeilen gemacht und in der Öffentlichkeit eine stürmische Diskussion ausgelöst. Eine Gruppe linker Aktivisten, an der Spitze ein junger Student namens Gedalja Hajut, versuchte, eine Protestkundgebung auf dem Campus zu organisieren. Itzhak überlegte, ob er hingehen sollte. Sein Vater hatte ihm geschrieben, er solle seine Zukunft nicht aufs Spiel setzen: »Dein Diplom ist nicht weniger wert, wenn du es auf der linken Seite des Hörsaals machst.«

Lydia gehörte nicht der marxistischen Bewegung an und propagierte keine revolutionären Ideen, und dennoch sprach Gedalja Hajuts Aufruf sie an. Sie hatte versucht, Itzhak zu überzeugen, nicht aufzugeben und für seine Rechte zu kämpfen. »Was ist mit deinem gesunden Realitätssinn?«, quittierte er ihr Drängen. Er hatte sie eine Bolschewikin genannt, sie war beleidigt gewesen; doch er hatte sich nicht um eine Versöhnung bemüht.

Pfarrer Piotr Jocz war als Geistlicher für das Polytechnikum zuständig und wegen seines freundlichen Wesens allgemein beliebt gewesen. Wenn er mit energischem Schritt die langen Flure hinuntergeeilt war und sein schwarzer Talar den Fußboden fegte, hatten ihn alle Studenten ohne Ausnahme gegrüßt. An dem Tag, als Liebmann und vier weitere jüdische Studenten auf der linken Seite des Hörsaals hatten Platz nehmen müssen, war Pfarrer Jocz plötzlich erschienen. Mit hochgerafftem Talar war er auf den Tisch des Dozenten gestiegen, hatte das Kreuz von der Frontwand abgenommen und auf der linken Seite wieder aufgehängt. »Auch Jesus war Jude«, hatte er gesagt, war vom Tisch geklettert und in Richtung Tür gegangen. »Verräter«, rief ihm einer der Studenten nach, doch Pfarrer Jocz war, ohne etwas zu erwidern, aus dem Saal verschwunden. Nach diesem Zwischenfall hatten sie ihn nicht mehr am Polytechnikum gesehen. Es gab das Gerücht, dass er in ein Kloster hatte gehen müssen. Im April 1945 traf Liebmann ihn im Krankenrevier des Konzentrationslagers Mauthausen wieder. Piotr Jocz hatte ihn nicht erkannt. Er war nur wenige Tage vor der Befreiung gestorben.

Der Mann im Jackett ohne Hemd zündete sich eine Zigarette an. Schwarze Stoppeln sprossen auf seinen Wangen. Der Zug war langsamer geworden.

Im Morgengrauen sah man gepflügte Felder vorbeihuschen, und am Horizont stand eine Reihe Pappeln. Der Mann wandte sich Liebmann zu: »Ich erkenne diese Landschaft. Wir sind da. Und wenn wir schon dabei sind, mein Name ist Karol Bielski.«

»Meiner ist Itzhak Liebmann.«

Kapitel 2

Herzlich willkommen daheim

»Herzlich willkommen zum Aufbau einer besseren Zukunft für unser Volk« verkündeten die auffallend purpurroten Buchstaben eines weißen Stoffbanners, das zwischen zwei Strommasten gespannt war. An jedem Laternenpfahl hingen mehrere Lautsprecher, die zum Leben erwachten, als der Zug in den Bahnhof rollte. Die Ansage war laut und verzerrt. Niemand verstand etwas. Anschließend erklangen vertraute Melodien, die vergessene Erinnerungen weckten. Am Bahnsteig standen Schulkinder, die Fahnen schwenkten. Vor jedem Reisenden, der aus dem Zug stieg, machte ein Mädchen einen Knicks und überreichte ihm eine rote Nelke. Schwestern des örtlichen Roten Kreuzes hatten ein Büfett aufgebaut. Es roch verlockend nach frischem Brot und Würstchen. Nachdem die Reisenden etwas gegessen und ein Glas Zitronensprudel getrunken hatten, wurden sie aufgefordert, in den Bahnhof zu gehen, um sich registrieren zu lassen. Jeder musste einen langen Fragebogen ausfüllen, doch niemand filzte die Vaterlandheimkehrer oder durchstöberte ihre Taschen.

Liebmann brauchte eine Weile, bis er Bielski wieder einmal eine Zigarette rauchend in einer Ecke entdeckt hatte. Er war von Bielskis Ruhe beeindruckt. Zögernd ging er zu ihm hinüber und fragte:

»Darf ich mich zu Ihnen gesellen?«

Bielski warf den Zigarettenstummel weg und lächelte:

»Sie machen tatsächlich den Eindruck, als könnten Sie etwas Gesellschaft gebrauchen.«

»Ja. Ich fühle mich plötzlich sehr einsam. Es ist schon merkwürdig, da sind so viele Leute um einen herum, und dennoch verbindet uns nichts miteinander. Ich dachte, wir würden alle in einem Boot sitzen, aber ...«

»Sie brauchen einen Ankerplatz, kein Boot.«

»Wie meinen Sie das?«

»Jemand, der auf Fahrt gehen will, braucht ein Boot. Doch wer Wurzeln schlagen möchte, sucht einen Ankerplatz.«

»Wie alt sind Sie, Herr Bielski?«

»Sie können mich Karol nennen. Ich bin fünfzig.«

»Danke, und Sie können Itzhak zu mir sagen.«

»Nicht gerade ein Name, der alle Türen öffnet.«

»Ich weiß. Eines Tages werde ich es Ihnen vielleicht erzählen.«

»Lassen Sie mal. Ich bin nicht dazu aufgelegt. Sie vergessen die Geschichte am besten, falls man Sie lässt.«

Liebmann verstand, was er meinte, doch er wollte jetzt nicht darüber reden. »Wollen Sie sich nicht registrieren und sich einen Ausweis ausstellen lassen?«, fragte er.

»Haben Sie gedient? Nein, antworten Sie nicht. Man merkt, dass Sie nicht beim Militär waren. Dort lernt man sehr nützliche Dinge: Niemals freiwillig melden, unter keinen Umständen auffallen und bloß keine Eile an den Tag legen. Sollen die anderen sich vordrängeln. Morgen Früh wird keine Menschenseele hier sein und man kann die Bürokratie ohne Warterei erledigen. Haben Sie Geld für ein Hotel?«

Liebmann nickte.

Bielski klopfte ihm auf die Schulter: »Gut für Sie. In der Stadt gibt es nur ein Hotel, ›Splendid‹. So war es zumindest vor dem Krieg. Möglich, dass es jetzt nach Dzierzynski oder Berija benannt ist.«

»Nach wem?«

Bielski lachte trocken. »Unwichtig. Es sind einfach nur Namen einiger Marx-Engels-Lenin-Stalin-Anhänger. Jeder Taxifahrer weiß, wo das ›Splendid‹ ist. Viel Erfolg.«

»Und Sie?«

»Keine Sorge, ich finde mich überall zurecht«, sagte Bielski und stupste ihn leicht an. »Nun, zischen Sie schon ab.«

Auf dem Bahnhofsvorplatz warteten einige Taxis. Mit einem Opel Kadett, der mit dem eingebeulten Kotflügel und den Rostflecken einen genauso trostlosen Eindruck machte wie die Gebäude der Stadt, fuhr Liebmann zum Hotel. Er ging zur Rezeption.

»Haben Sie ein Zimmer für eine Nacht?«

»Nur Doppelzimmer, ohne Bad, Toilette auf dem Flur.«

»Gibt es keine Einzelzimmer?«

»Nur Doppelzimmer ohne Bad. Bezahlung im Voraus«, wiederholte der Mann an der Rezeption und nannte den Preis. Anscheinend wollte er diesen lästigen Mann loswerden, der die geforderte Summe ohnehin nicht würde zahlen können. Liebmanns unrasiertes Gesicht und seine zerschlissene Kleidung erweckten einen falschen Eindruck. Als er die Geldscheine auf den Tresen legte, änderte sich das Verhalten des Hotelangestellten schlagartig.

»Sie sind mit dem Zug der Heimkehrer gekommen«, vermutete er. Liebmann nickte, und der Angestellte fügte freundlich hinzu: »Herzlich willkommen daheim. Haben Sie schon einen neuen Ausweis?«

»Nein, ich lasse mich erst morgen registrieren. Aber ich habe einen Entlassungsschein aus dem Lager«, sagte er und schob dem Hotelbediensteten ein braunes Büchlein hin. »Die Amerikaner haben jedem Häftling, der in Mauthausen befreit wurde, eine solche Bescheinigung ausgestellt.«

Der Hotelangestellte untersuchte das Büchlein und steckte es anschließend in eines der Schlüsselfächer. »Ich verwahre es bis zu Ihrer Abreise«, sagte er. Als er das Zögern des Gastes bemerkte, beeilte er sich, ihn zu beruhigen: »Vorschriften. Die Polizei besteht auf genaue Eintragungen. Keine Sorge, Sie werden es zurückbekommen. In der Zwischenzeit kann ich Ihre Daten ins Gästebuch übertragen, ohne dass Sie warten müssen. Bestimmt sind Sie von der Reise müde.«

»Ja, es war anstrengend.«

Der Angestellte gab ihm einen Schlüssel. »Sie haben Zimmer Nummer dreiundzwanzig – eines der schönsten im Hotel. Das Restaurant öffnet um sieben Uhr abends. Wenn Sie in der Zwischenzeit etwas Besonderes möchten …« Er deutete mit den Fingerspitzen an die Kehle, ein für Liebmann unverständliches Zeichen, und erklärte: »Ich habe ausländischen Alkohol. Echten Whisky und Markencognac, hundert Prozent französisch. Ich bringe ihn von zu Hause mit, nur für besondere Gäste. Sie kriegen einen guten Preis.«

»Danke, aber ich trinke nicht«, antwortete Liebmann entschuldigend.

»Schon in Ordnung«, erwiderte der Mann an der Rezeption enttäuscht. »Falls Sie Ihre Meinung ändern, wissen Sie, wo ich zu finden bin. Allerdings müssen Sie herunterkommen, denn das Haustelefon funktioniert nicht.«

Liebmann nahm den Schlüssel, nahm Koffer und Rucksack und stieg die Treppe hinauf.

»Es gibt einen Aufzug!«, rief ihm der Hotelangestellte nach.

»Danke, es geht schon.«

Der Mann an der Rezeption wartete kurz, sammelte dann flink die Geldscheine ein und steckte sie in seine Jackentasche. Er hatte nicht die geringste Absicht, den Kunden ins Gästebuch einzutragen. Seit das Hotel verstaatlicht worden war, machte er das mindestens ein Mal am Tag, denn sein Gehalt war bescheiden. Die meisten Hotelgäste waren auf Dienstreise und wären überhaupt nicht auf die Idee gekommen, Trinkgeld zu geben. Stehlen war die einzige Möglichkeit, bis zum Monatsende durchzukommen. Alle machten es so. Für den Fall einer unerwarteten Kontrolle der Behörden hatte er eine Erklärung parat: Der Gast habe noch nicht bezahlt, und der Entlassungsschein sei als Pfand hinterlegt worden. Bisher funktionierte das System einwandfrei, und es gab keinen Grund, warum es nicht auch weiterhin so sein sollte.

Als Liebmann am nächsten Morgen aufwachte, sprang er mit einem Satz aus dem Bett, um nach seiner Brieftasche zu sehen. Sie steckte in seiner Hose, alles war noch da: das Geld, welches er von der UNRRA in Österreich bekommen hatte, seine persönlichen Dokumente und diverse Zettel, auf denen Adressen von Leuten notiert waren, denen er Grüße von Verwandten ausrichten sollte, die im Westen bleiben wollten. Viele zogen die »Displaced-Person«-Camps in Deutschland oder Frankreich einer Existenz unter kommunistischem Regime vor. Er selbst hatte nur eine vage Vorstellung davon. Plötzlich fiel ihm sein Gepäck ein. Doch auch Koffer und Rucksack standen noch da, wo er sie am Vorabend abgestellt hatte, zwei Schritte vom Bett entfernt. Liebmann griff nach seiner Hose. Behutsam nahm er den UNRRA-Flüchtlingsausweis aus seiner Brieftasche. Es war das einzige Dokument mit seinem Foto. Gedankenverloren betrachtete er die Person darauf. Er erkannte sich kaum wieder. Vorsichtig bog er die Enden der Heftklammern hoch, löste das Foto aus dem Ausweis und legte es auf die Ablage über dem Waschbecken. Dann nahm er die Zettel mit den Adressen, die Bescheinigung des Linzer Krankenhauses, wo alle befreiten Häftlinge untersucht worden waren, und seine anderen persönlichen Dokumente aus der Brieftasche. Langsam und gründlich zerriss er sie in kleine Schnipsel, wog sie für einen kurzen Moment in der Hand und warf sie ins Waschbecken. Mit dem Feuerzeug, das er in Nowaks Rucksack gefunden hatte, zündete er sie an, einige mehrmals, weil sie nicht sofort Feuer fingen. Endlich war alles verbrannt. Liebmann drehte den Wasserhahn auf, und mit einem Gurgeln verschwanden die verkohlten Reste in der Kanalisation. »Das war's«, sagte er laut, drehte den Wasserhahn zu und trat ans Fenster. Durch die ungeputzten Scheiben sah er eine Landschaft aus Dächern und Schornsteinen.

Erinnerungen an vergangene Tage tauchten auf. Er trug eine schwarze Jarmulke auf dem Kopf und rannte vor dem brutalen Schreinersohn davon, der ihn schließlich doch in einem dunklen Treppenhaus verprügelte. Es war ein ganz normaler Studientag am Polytechnikum, und er wurde gezwungen, sich ins »Ghetto der Bänke« zu setzen. Eine Tür nach der anderen war ihm vor der Nase zugeschlagen worden, nur weil er Jude war. Plötzlich musste er an Sofia denken. Seit Jahren hatte er nicht mehr an sie gedacht. Hatte ausgerechnet sie das Maß voll gemacht?

Sie war die einzige Tochter eines Stabsoffiziers gewesen. Es hatte ihm geschmeichelt, dass sich eine Frau aus diesen

Kreisen für ihn interessierte. Seit 1935, dem Todesjahr Pilsudskis, hatten die Militärs nach und nach die Macht übernommen. Letztlich sollten sie Polen in den Ruin treiben, aber damals, als er Sofia kennen lernte, beeindruckte ihn ihre Herkunft. Nur zwei Wochen nach ihrer ersten Begegnung hatte sie vorgeschlagen, gemeinsam ein Wochenende in den Bergen zu verbringen. Sofia, eine rasante Autofahrerin, besaß ein eigenes Coupé. Sie verbrachten zwei Tage in einer gemieteten Bauernhütte. Die Berge waren wundervoll: nicht so schroff wie die Alpen, sondern weich und hügelig. Sie waren auf den Wiesen herumgetollt und hatten sich von ihrer Begierde mitreißen lassen. Dass keine Liebe im Spiel gewesen war, hatte ihn nicht gestört. Er machte sich ohnehin keine Hoffnungen, da ihm von Anfang an klar gewesen war, dass Itzhak nicht zu Sofia gehörte und Sofia ihr Schicksal niemals an Itzhak binden würde. Deshalb war er auch nicht überrascht gewesen, als Sofia ihn schließlich auf die Wange geküsst und gesagt hatte: »Du bist doch nicht böse, wenn wir nicht gemeinsam heimfahren? Am späten Nachmittag geht ein Zug direkt nach Hause.« Obwohl er keine Erklärung gefordert hatte, meinte sie hinzufügen zu müssen: »Ich habe sehr tolerante Eltern, doch ein Abenteuer mit einem Juden würden sie mir nie verzeihen. Jemand könnte uns zusammen sehen und es meinem Vater erzählen. Du siehst doch ein, dass ich ihm das nicht antun kann.« – »Ja, natürlich«, hatte er geantwortet und den Zug genommen.

Liebmann nahm das Foto von der Ablage und heftete es in Rudolf Nowaks Personalausweis. Die Fälschung war leicht zu bewerkstelligen, denn die Heftklammern passten genau in die vorhandenen Löcher. Zufrieden betrachtete er das Ergebnis. Dann hob er den Kopf und blickte in den Spiegel.

»Guten Morgen, teurer Herr Nowak«, sagte er laut zu

seinem Spiegelbild. »Mein aufrichtiges Beileid anlässlich des vorzeitigen Todes von Itzhak Liebmann. Seine verbrannte Hülle wurde soeben der städtischen Kanalisation zu einem anonymen Begräbnis übergeben ... Herzlich willkommen in der schönen neuen Welt, Herr Nowak.«

Er steckte den neuen Personalausweis in seine Brieftasche und brach in ein lautes, befreites Lachen aus.

Er brauchte eine Viertelstunde, um sich anzuziehen und ins Restaurant hinunterzugehen. Seit gestern Mittag hatte er nichts mehr gegessen und meinte, einen ganzen Laib Brot verschlingen zu können. Es war acht Uhr dreißig, und im Saal saßen nur wenige Gäste, alles Männer. Er bemerkte, dass einige Wodka tranken, und fragte sich, wie man den Tag bloß mit Schnaps beginnen kann. Der Boden des Restaurants war schon lange nicht mehr gefegt worden, und das Tischtuch hatte rote Flecken. Der Kellner, der sich mit demonstrativer Gleichgültigkeit näherte, deckte eine Papierserviette darüber. »Gestern«, erklärte er, »ist es hier recht lustig zugegangen. Es wurde etwas Wein verschüttet.« Dann fragte er: »Frühstück?«

»Ja, Milchkaffee, Brötchen und Butter.«

»Wir haben keinen Kaffee. Nur Ersatz. Nicht schlecht. Aber wenn Sie verwöhnt sind, sollten Sie lieber Tee bestellen. Der ist wenigstens echt, direkt aus China.«

»Dann Tee.«

Der Kellner zwinkerte ihm zu. »Wenn Sie zum Abendessen noch bei uns sind, kann ich Kaffee besorgen – vom Schwarzmarkt. Haben Sie Interesse?«

»Danke, nein. Heute Abend werde ich schon weit weg sein.«

»In der Hauptstadt?«

»Woher soll ich das wissen …, wir werden sehen.«

»Sicherlich in der Hauptstadt. Alle Heimkehrer fahren in die Hauptstadt. Ich habe gehört, dass man ihnen dort Wohnungen bereitstellt. Uns gewährt man das Privileg, am Wiederaufbau teilzunehmen. Auch ich habe meinen Teil gespendet. Versuchen Sie nichts zu spenden … Tee sagten Sie?«

Liebmann nickte. Der Kellner schrieb die Bestellung in sein Büchlein. Er war untersetzt, hatte einen kleinen Bauchansatz, dichte Augenbrauen und dunkles Haar. Die Ohren standen wie bei einer Fledermaus ab, und er sprach im typischen Dialekt der Region. Nach einer Viertelstunde brachte er ein Glas lauwarmen Tee, ein Körbchen mit trockenen Brötchen, die sicherlich vom Vortag waren, und halb geschmolzene Butter. Liebmann aß mit Appetit. Wer dauernd hungern musste, wird nicht so schnell zum Feinschmecker. Bevor er aufstand, legte er einige Münzen auf den Teller. Der Kellner beobachtete, wie er das Restaurant verließ, zählte das Geld und murmelte etwas über den Geiz des Gastes. Liebmann ging auf sein Zimmer zurück, um sein Gepäck zu holen. Auf dem Weg nach draußen ging er gleichgültig an der Hotelrezeption vorbei. Frühmorgens hatte eine andere Schicht begonnen, ein unbekanntes Gesicht saß jetzt dort, und Liebmann kam nicht mal der Gedanke, dass er am Vorabend seinen Entlassungsschein hinterlegt hatte.

Vor dem Hotel wartete ein Taxi. Schon wenige Minuten später war er beim Amt zur Registrierung der Heimkehrer angelangt, das in einem alten, an den Bahnhof angrenzenden Gebäude untergebracht war. Die vielen Menschen, die sich am Tag zuvor hier gedrängt hatten, hatten sich zerstreut. Vor dem Schalter warteten nur etwa zehn Personen. Als er an der Reihe war, blickte ihn ein älterer Angestellter durch dicke Brillengläser an.

»Wo waren Sie gestern?«, fragte er mit hörbarem Missfallen.

»Hier waren so viele Leute. Alle hatten es eilig. Ich hingegen habe es nirgendwohin eilig.«

»Ein ganz Schlauer.« Der Mann mit Brille schrieb irgendetwas in sein Heft und sagte: »Ihren Name, bitte.«

»Rudolf Nowak.«

Liebmann war nicht im Geringsten nervös, als er seinen neuen Namen angab. »Rudolf Nowak« hörte sich völlig natürlich an. Ohne dass er darum gebeten worden war, legte er dem Angestellten seinen Ausweis vor, doch der interessierte sich nicht dafür.

»Name des Vaters?«

»Julius.«

»Name der Mutter?«

Die Frage kam überraschend. Auf eine solche Frage war er nicht vorbereitet. In keinem von Nowaks Dokumenten hatte der Name der Mutter gestanden. Die Gleichgültigkeit des Angestellten war nur vorgetäuscht. Ungeduldig platzte er heraus:

»Also wirklich, es ist schon vorgekommen, dass jemand den Namen seines Vaters nicht wusste, aber den der Mutter?!«

»Regina.« Liebmann erinnerte sich an den Namen der jungen Frau, die Nowak eine Widmung auf eines der Fotos geschrieben hatte. Es war der erstbeste Name, der ihm in den Sinn kam. Er war genauso gut wie alle anderen.

»Beruf?«

»Maschinenbauingenieur.«

»Verheiratet? Kinder?«

»Ich bin ledig.«

»Glückspilz«, platzte der Mann mit der Brille heraus, der

ihn plötzlich freundlich ansah. Dann rappelte er den Rest der Fragen runter: Zugehörigkeit zu einer politischen Partei, zu einer der Untergrundorganisationen, Mitgliedschaft in Sportvereinen, Militärdienst, nationale oder ausländische Ehrenabzeichen, kriminelle Vergangenheit, Krankheiten, Verwundungen ... Liebmann antwortete schnell und ohne zu zögern. Für einen Moment genoss er das Spiel sogar. Stück für Stück entwarf er die Vergangenheit einer ihm fremden und doch nahe stehenden Person. Dann kam eine Frage, die den Redefluss abreißen ließ:

»Letzter Wohnsitz?«

»Konzentrationslager Mauthausen, Baracke zweiundzwanzig.«

»Tut mir Leid, aber die Frage steht nun einmal in den Formularen. Die meisten Heimkehrer regen sich darüber auf, aber ich mache nur meine Arbeit.«

»Das ist schon in Ordnung«, beruhigte Liebmann ihn. »Das liegt bereits hinter mir.«

»Und was liegt vor Ihnen? Wohin wollen Sie fahren? Ihnen steht eine kostenlose Bahnfahrt zu, dritter Klasse, an jedes Fahrtziel im Land. Sie wollen sicherlich in die Hauptstadt.«

»Der Ansicht sind alle. Warum?«

»Es ist das Zentrum. Die Hauptstadt zieht die Leute an, wie Licht die Motten anlockt. Ich bin überzeugt, dass die meisten dort verbrennen. Was haben sie schon unter all den fremden Menschen verloren? Ein Mensch muss nach Hause zurückkehren, an seinen Platz. Ich wurde hier geboren, und hier werde ich auch sterben. Wurzeln, mein Freund, Wurzeln. Ein Mensch ohne Wurzeln beugt sich im Wind ... Was denn nun? Einigen wir uns auf eine andere Stadt?«

»Auf jeden Ort, der ein wenig Hoffnung verheißt.«

»Hoffnung? Warum?«

»Keine Ahnung. Die Hoffnung auf ein neues Leben.«

»Anscheinend ein kleiner Philosoph«, merkte der Angestellte leicht spöttisch an.

»Nein, ich bin kein Philosoph. Ich habe doch schon gesagt, dass ich Ingenieur bin.«

»Ich habe hier bereits Ingenieure gehabt, die noch nicht einmal einen Volksschulabschluss vorweisen konnten.«

»Ich würde es nicht wagen, zu lügen.«

Der Mann hinter dem Schalter grinste. »Alle lügen, mein Freund. Wenn ich Schriftsteller wäre, könnte ich ein ganzes Buch mit diesen Lügengeschichten füllen. Aber ich fülle nur die Fragebögen aus. Bürokratie – Bürokratie. Wenn Sie jedoch glauben, dass der Fragebogen nicht überprüft wird, dann irren Sie sich gewaltig. Sie werden genauestens unter die Lupe genommen. Aber das ist nicht meine Aufgabe. Wenn Sie ein reines Gewissen haben, brauchen Sie auch nichts zu befürchten. Sollen sie es doch ruhig lesen … Wo waren wir? Ah ja, Sie sagten, dass Sie Ingenieur sind.«

»Ja.«

»Wenn Sie in Ihrem Beruf Arbeit suchen, dann warten Sie eine Minute.« Der Mann ging einen Karteikasten durch und fuhr fort: »Hab ich mich doch recht erinnert, hier ist etwas, das Ihnen wie auf den Leib geschneidert ist. Ein großer Betrieb für Fräsarbeiten sucht einen Produktionsleiter. Der Teufel weiß, was genau das sein soll.«

»Ich weiß es.«

»Es ist nicht weit von hier. Bezirksstadt, Theater, Oper, mit allem Drum und Dran.«

»Hört sich sehr verlockend an. Aber ich bin kein Experte für Fräsarbeiten.«

»Ingenieur ist Ingenieur, oder? Ich kann dieses Expertentum nicht ausstehen. Ein Arzt für das linke Ohr, ein Arzt für das rechte Ohr. Das zieht vielleicht in Amerika, aber nicht bei uns.«

»Sie sind Meister im Überzeugen, mein Herr.«

Erst jetzt zeigte sich der Angestellte rundum zufrieden. »Das ist das Wort eines Mannes. Alle anderen hätten alle möglichen Ausreden erfunden, um das Angebot bloß nicht annehmen zu müssen. Wenn ein solches Angebot von einem Staatsdiener kommt, kann es, so glauben sie, einfach nicht gut sein.«

»Und was meinen Sie?«

»Ich bin der Ansicht, dass es Regeln und Ausnahmen gibt. Geben Sie mir bitte zwei Fotos, und ich werde Ihnen einen Personalausweis, ein Bahnticket und ein Schreiben für den Arbeitsplatz ausstellen. Sie haben keine Fotos? Nicht schlimm. Um die Ecke ist ein Fotoladen, wo man Ihnen auf der Stelle Passfotos machen wird. Sie werden zwar nicht wie Rudolf Valentino aussehen, aber ich begnüge mich auch mit einem Foto von Rudolf Nowak.« Der Mann lachte selbstzufrieden über den Scherz, deutete mit dem Zeigefinger auf die Wanduhr und sagte: »Ich bin bis zwölf Uhr mittags hier. Kommen Sie nicht zu spät.«

»Er wird rechtzeitig da sein. Ich kenne ihn. Herr Nowak ist immer pünktlich.«

Liebmann erkannte die Stimme sofort. Als er sich umdrehte, blickte er Karol Bielski direkt ins Gesicht. Kein Zweifel, Bielski stand schon eine ganze Weile hinter ihm und hatte jedes Wort gehört. Er hatte, genau wie am Vortag, wieder eine Zigarette im Mundwinkel.

»Sie sind's. Wie nett, einen guten alten Bekannten wieder zu sehen«, sagte er mit gestellter Freude, um seine Verlegenheit zu überspielen.

»Ja, ich bin's. Die Frage ist jetzt, sind Sie auch wirklich Sie?«

Liebmann suchte fieberhaft nach einer passenden Antwort. Der ungeduldige Mann hinter dem Schalter rettete ihn aus dieser peinlichen Situation, als er sie anfuhr: »Meine Herrschaften, das ist hier kein Klubtreffen. Andere warten. Gehen Sie bitte beiseite. Und Sie, Nowak, vergessen Sie nicht, der Schalter schließt um Punkt zwölf.«

Liebmann und Bielski tauschten Blicke. Beide gingen auf die Straße hinaus. Ohne ein Wort zu wechseln, gingen sie zum Fotoladen. Bielski spuckte den Zigarettenstummel aus und zündete sich sofort wieder eine neue Zigarette an. Das Streichholz warf er auf die Straße. Als sie neben dem Eingang des Ladens standen, legte Bielski eine Hand auf Liebmanns Schulter und beruhigte ihn: »Keine Sorge, mein Bester. Ich mische mich nicht in das Leben meiner Mitmenschen ein.«

»Ich kann es Ihnen erklären«, stotterte Liebmann, doch der breitschultrig gebaute Mann blockte ab. »Versuchen Sie nicht, es zu erklären, Sie werden sich nur verstricken. Ich bin kein Beichtvater und auch nicht der Bezirksstaatsanwalt. Manchmal muss man einfach irgendeinen stinkenden Schwanz abschneiden. Sie haben beschlossen, sich davon zu trennen. Dann machen Sie wenigstens einen gründlichen Schnitt – und viel Glück.«

»Danke, aber ...«

»Kein Aber, mein Bester. Ich habe nichts gesehen und nichts gehört.«

Beide schüttelten sich wie gute alte Freunde die Hände. Bielski riss ein Stückchen Karton seiner Zigarettenschachtel ab, schrieb etwas darauf und sagte dann: »Das ist die Adresse meiner Schwester. Sie wird immer wissen, wo ich zu finden bin.« Noch bevor Liebmann die Adresse lesen konnte, war der Mann über die Straße verschwunden. Liebmann hob die Hand zum Abschied, doch Bielski drehte sich nicht um. Die Hand blieb in der Luft hängen.

Die persönlichen Dokumente, die ihm die Behörden ausstellten, bezeugten, dass er Rudolf Nowak war, Sohn von Julius und Regina, geboren am 5. November 1910, und ins Vaterland zurückkehrte. Ihm stand laut Grundgesetz 1945, Absatz 23, Unterparagraph vier, Hilfe bei der Wohnungsmiete und Vollzeitbeschäftigung in seinem Beruf zu. Zufrieden registrierte er, dass in dem neuen Personalausweis die Religionszugehörigkeit nicht vermerkt war. Schon zuvor war ihm ein farbiges Plakat aufgefallen. Es ließ die Heimkehrer wissen, dass es im sozialistischen Staat keine Diskriminierung auf Grund von Religion, Rasse und Nationalität mehr gäbe. Alle seien gleichberechtigt. Den Beweis hielt er in der Hand.

Der Zug sollte um acht Uhr abends abfahren. Er hatte noch viel Zeit. Unter keinen Umständen wollte er in das Hotel zurückkehren. Alleine schon der Gedanke an das verdreckte Restaurant ekelte ihn. Auf halbem Weg zwischen »Splendid« und Bahnhof lag ein überraschend gepflegter Stadtpark; eine weitläufige Grünanlage inmitten der Eintönigkeit. Am Kiosk neben dem Fotoladen kaufte er die Lokalzeitung und gab sein Gepäck bei der Gepäckaufbewahrung des Bahnhofs ab. Auf der Parkbank eines Nebenweges fand er unter riesigen Kastanienbäumen etwas Ruhe. Die Zeitungsartikel beschäftigten sich fast ausschließlich mit innenpolitischen Angelegenheiten, und sie weckten nicht gerade seine Neugier. Sie waren phrasenhaft und langweilig. Desinteressiert ließ er die Zeitung auf die Knie sinken und blickte zu den Kastanien auf.

Sie verdeckten den Himmel, doch das störte ihn nicht. Er liebte große, ausladende Kastanienbäume. Sie symbolisierten Lebenskraft. Ihre weißen Knospen, die im Mai blühen und wie kleine Tannenbäume aussehen, mochte er besonders. Er erinnerte sich an die Bäume in der Marschall-Foch-Allee, unweit seines Elternhauses. Er hatte die Blüten immer sehr genau beobachtet. Irgendwann waren sie verwelkt und hatten ihre Früchte bis Ende September in einer pelzigen Schale verborgen. Diese braunen Kerne waren eine natürliche Handelswährung gewesen. Für eine Hand voll Kastanien konnte man in der Klasse eine Briefmarke aus Puerto Rico oder irgendeinem anderen exotischen Land erstehen. Er hatte die Kastanien gesammelt, um sie später auf dem vorwinterlichen Tauschmarkt anzubieten, denn dann waren sie das Doppelte wert. »Itzik, wenn du mal groß bist, wirst du Börsenmakler«, hatte sich sein Vater immer lustig gemacht. Doch seine Mutter hatte gefordert, »diesen Dreck sofort aus dem Haus zu schaffen«. Sie bestand darauf, dass er die Schubladen säuberte, damit die Kastanien »kein Ungeziefer und keine Würmer anziehen«. Jedes Jahr hatte sich die Geschichte wiederholt, bis er an den Kastanien und auch an den Briefmarken das Interesse verloren und ganz von selbst auf diesen Schatz verzichtet hatte. Für ihn war es das Ende seiner Kindheit gewesen.

Eine hübsche Frau, die einen Kinderwagen vor sich herschob, tauchte am Ende des Weges auf. Sie kam in seine Richtung. Zwei Kinder von vielleicht drei und vier Jahren sprangen fröhlich neben ihr her. Liebmann blickte sie angewidert an. Diese Kinder waren zur Welt gekommen, als die Schornsteine der Nazi-Krematorien dicken, beißenden Rauch ausspuckten. Diese junge Frau hatte sich vielleicht ausgerechnet in jenen Nächten mit ihrem Mann geliebt, als er auf seiner Pritsche gelegen und von einem Stückchen Brot geträumt hatte. Die Fröhlichkeit und Naivität der Kinder machte ihn wütend. Er wusste, dass seine Verachtung nicht angebracht war, doch er hatte keine Kontrolle darüber. Er stand auf, faltete die Zeitung zusammen, warf sie in einen Papierkorb und machte sich auf den Weg zum Bahnhof. Am Ende des Parkweges hielt er inne, drehte sich um und warf der Frau einen letzten Blick zu, dieses Mal lächelte er.

In der Kantine des Bahnhofs trank er einen Krug Bier. Er trank kaum Alkohol und spürte sofort, wie sich angenehme Müdigkeit in seinem Körper ausbreitete. Nachdem er bei der Wirtin bezahlt hatte, holte er sein Gepäck und setzte sich in die Wartehalle. Der Zug hatte einige Stunden Verspätung. Er bemühte sich, nicht einzunicken. In der Halle waren noch andere Reisende, die ebenfalls gelangweilt wirkten. Er hatte Angst, jemand könnte sich an seinem Rucksack zu schaffen machen. Wie hypnotisiert heftete er seinen Blick auf die Uhr an der gegenüberliegenden Wand und verfolgte die Zeiger. Ein zirka dreißigjähriger Mann setzte sich neben ihn. Liebmann wusste selbst nicht, warum er plötzlich sagte:

»Wäre doch interessant, in Erfahrung zu bringen, warum die Uhren auf allen Bahnhöfen Europas weiße, runde Zifferblätter, römische Zahlen und schwarze Zeiger haben.«

Sein Banknachbar verstand die Bemerkung nicht.

»Meinen Sie die Verspätung?«, fragte er. »Man hat durchgesagt, dass sich der Zug um zwei Stunden verspäten wird.«

»Ich komme fünf Jahre zu spät.«

Der Mann nickte. Anscheinend hatte er den Gedankengang verstanden. Er war froh, die Langeweile ein wenig vertreiben zu können, und um das Gespräch nicht abreißen zu lassen, erklärte er Liebmann, dass ihm die Verspätung ganz gelegen käme. Wäre der Zug pünktlich, würde er um drei

Uhr morgens an seinem Ziel eintreffen, »und noch nicht einmal ein Hund würde mich in Empfang nehmen«.

»Ich bin kein großer Hundeliebhaber«, unterbrach Liebmann den kurzen Dialog und ging auf den Bahnsteig hinaus. Man hatte den Schmuck und die Fahnen abgenommen. Bis zur Ankunft eines weiteren Zuges mit Heimkehrern trug der Bahnhof sein Alltagsgewand.

Im Sommer erwachten die Bezirksstädte schon am frühen Morgen zum Leben. Der Schnellzug hatte sich als ein nervtötend langsam durch die Nacht schleichender Bummelzug entpuppt und an jedem kleinen, menschenleeren Bahnhof gehalten. Liebmann hatte versucht, ein wenig zu schlafen, doch seine Augen wollten nicht zufallen. Seine Gedanken waren nicht zur Ruhe gekommen. Er bedauerte, in der Dunkelheit nichts sehen zu können. Er erinnerte sich an diese Gegend und hätte die Landschaft betrachten wollen. Zwar kam die Sonne gegen Morgen aus ihrem nächtlichen Versteck hervor, doch es hingen Nebelschwaden über den Hügeln, die die Sicht nahmen. Jemand im Abteil sagte, dass es ein sicheres Anzeichen für schönes Wetter sei. Liebmann stellte sich den aufsteigenden Nebel als Schleier vor, der langsam das Gesicht einer unbekannten Frau preisgibt. Erst als der Zug in den Bahnhof der Bezirksstadt einlief, schien die Sonne mit voller Kraft durch das Glasdach. Die Bahnsteige waren überfüllt. Der Bahnhof war groß und beeindruckend und nur durch Zufall nicht wie die anderen Gebäude dieser großen Stadt im Krieg zerstört worden. Die Gleise waren durch unterirdische Gänge verbunden, und der Geruch von Rauch hing in der Luft. Solche Bahnhöfe, die der Londoner Victoria Station gleichen, gab es damals in ganz Europa.

Liebmann mischte sich unter die Reisenden, die zum Ausgang strömten. Die meisten trugen Pakete und Bündel. Die Massen mussten sich durch den Engpass der Kartenkontrolle quetschen und gelangten erst dann auf die Hauptstraße. Eine überfüllte Straßenbahn fuhr kreischend vorbei – die Menschen auf den Trittbrettern schienen in der Luft zu hängen. Es vergingen einige Minuten, bis er sich eingestanden hatte, kein Ziel zu haben und keine Menschenseele zu kennen. Alles um ihn herum war grau und fremd. Das Schreiben für den Fräsbetrieb in seiner Tasche und das bisschen Geld in seinem Portemonnaie gaben ihm zwar ein gewisses Gefühl der Sicherheit, doch die Einsamkeit verscheuchten sie nicht.

Auf der anderen Straßenseite war das Schild eines Restaurants zu sehen. Liebmann ging hinüber. Es war zwar nur eine schlichte Gaststätte, aber dafür war sie sauber. Neben der Garderobe am Eingang lagen auf einer kleinen Eichenholzkommode die Morgenzeitungen. Er nahm wahllos irgendeine Zeitung und setzte sich an einen freien Tisch. Er überflog die Schlagzeilen, dann blätterte er die Innenseiten durch, wo in kleinen, kaum leserlichen Buchstaben Dutzende von Suchanzeigen standen. Der Kellner brachte ihm das Frühstück Nummer zwei: ein Omelett aus zwei Eiern, Kaffee und frisches Brot. In den Anzeigen kamen zugleich Hoffnung und Verzweiflung zum Ausdruck. Sie waren kurz und knapp, denn jedes Wort kostete Geld: Mütter fragten nach ihren Söhnen, Frauen nach ihren Männern, die nicht von der Front zurückgekehrt waren. Für sie war der Zweite Weltkrieg noch nicht vorüber.

Liebmann legte die Zeitung beiseite und schaute die Gäste an. Das also waren die Menschen, unter denen er leben würde. Mit aller Kraft versuchte er, irgendein Gefühl der Nähe zu ihnen zu spüren, doch es blieb aus. Alles, was er spürte, war das Bedauern, nicht Teil dieser Umgebung sein zu können. Schlimmer: Er wollte sich gar nicht als ein Teil von ihr fühlen. Für einen Moment spielte er mit dem Gedanken, die Büros der jüdischen Gemeinde aufzusuchen, um dort etwas von jener Atmosphäre aufzuschnappen, die sein Vater immer »a pintele Jiddischkeit« genannt hatte. Doch diesen verrückten Gedanken verdrängte er sofort. Nein, nie wieder, es gibt kein Zurück.

Eine ältere Kellnerin eilte zwischen den Tischen hin und her und bediente die Gäste. Viele redeten sie mit Vornamen an, anscheinend Stammgäste. Sie brachte ihnen ein Glas Wodka und ein halbes hart gekochtes Ei. Die Männer waren offensichtlich auf dem Weg zur Arbeit. Sie tranken den Alkohol und legten, ohne das Ei anzurühren, das Geld auf den Tisch. Die Kellnerin steckte es in eine besondere Tasche ihrer Schürze und servierte den Teller mit dem halben Ei einem anderen Gast. Auf einem Schild, das neben den Porträts des Parteigeneralsekretärs und des Staatspräsidenten hing, fand er die Erklärung für dieses sonderbare Verhalten: »Alkohol wird nur mit warmen Speisen serviert« stand dort in großen Buchstaben.

Noch bevor er aufgegessen hatte, legte ihm die Kellnerin die Rechnung hin. Liebmann zählte die Münzen ab, fügte ein ordentliches Trinkgeld hinzu und fragte:

»Entschuldigung, vielleicht können Sie mir sagen, wo die Liebknechtstraße ist?«

»Ich bin doch nicht das städtische Auskunftsbüro«, erwiderte sie schroff, nahm das Geld und verschwand.

Der Straßenname hatte in einer Anzeige gestanden, die ihm sofort aufgefallen war:

Möbliertes Zimmer an kultivierte Person zu vermieten. Gemeinsame Badbenutzung, monatliche Mietzahlung, sofort beziehbar.
Interessenten wenden sich bitte an:
Maria Kott, Liebknechtstraße 5

Eine Stunde später klopfte er an die Wohnungstür. Die Klingel funktionierte nicht. Eine Frau im Morgenrock öffnete ihm. Sie entschuldigte sich deshalb, »wegen der frühen Stunde«, sagte sie und mutmaßte: »Der Herr kommt sicherlich wegen der Anzeige.«

»Richtig«, antwortete er, und als die Frau einen Blick auf sein Gepäck warf, fügte er erklärend hinzu: »Ich komme direkt vom Bahnhof.«

»Sie brauchen sich nicht zu entschuldigen«, erwiderte sie, »kommen Sie herein.«

Er wusste sofort, dass er sich in dieser Wohnung wohl fühlen würde. Obwohl es ein altes Gebäude war – der Mörtel fiel von den Wänden und das Treppenhaus war vernachlässigt –, hatte Frau Kotts Wohnung einen gepflegten kleinbürgerlichen Charme. Sie führte ihn ins Wohnzimmer und forderte ihn freundlich lächelnd auf, sich zu setzen. Liebmann versank in einem weichen Sessel.

Das Wohnzimmer wirkte wie einer anderen Epoche entliehen. Auf der Kommode, neben Gussbronzefiguren im Jugendstil, tanzten Porzellanballerinas von Rosenthal. Die alten Möbel machten die Wohnung gemütlich. Die Frau erkundigte sich nach seiner Finanzlage, wollte wissen, ob er ledig oder verheiratet sei und ob er rauche oder trinke. Erst als sie mit den Antworten zufrieden war, öffnete sie die Tür zum angrenzenden Raum und sagte:

»Das ist das Zimmer. Ich hoffe, es gefällt Ihnen.«

Ja, auch das Zimmer gefiel ihm: aufgeräumt und sauber, schlichte Möbel, und durch ein großes Fenster fiel Licht ein. Alles, fast alles war nach seinem Geschmack. Nur das Ölgemälde, das über dem mit einem weißen Spitzenüberwurf abgedeckten Doppelbett hing und aus dem ihn die Heilige Jungfrau anstarrte, gefiel ihm nicht. Frau Kott beobachtete ihn.

»Was sagen Sie, mein Herr?«

»Sehr hübsch, Frau Kott.«

»Sie kennen meinen Namen?«

»Er steht in der Anzeige und auch an der Klingel.«

»Sie haben gute Augen, Herr …«

»Entschuldigung, ich vergaß mich vorzustellen. Ich heiße Rudolf Nowak. Ich bin Ingenieur. Wenn alles gut geht, werde ich schon in Kürze hier arbeiten.«

»Ja, ich habe gehört, dass die ›Universalwerke‹ expandieren.«

»Wieder gut erraten.«

»Ich habe nicht geraten. Ich wusste es. Es gibt in der Stadt keinen anderen Metallbetrieb. Kommen Sie, wir setzen uns ins Wohnzimmer und unterhalten uns noch ein wenig.«

Nachdem sie wieder im Wohnzimmer waren und die Höhe der Miete besprochen hatten, sagte sie:

»Vielleicht gehört es sich nicht, dass eine allein stehende Frau einen Mann wie Sie zur Untermiete aufnimmt, aber ich habe keine andere Wahl. Ich brauche das zusätzliche Einkommen, und um die Wahrheit zu sagen, eine andere Frau könnte ich in meinem Haushalt nicht ertragen. Mit Männern kann man sich immer leichter arrangieren. Ich hoffe, dass Sie auf Sauberkeit und Ordnung achten. Diesbezüglich mache ich keine Kompromisse. Sie können auch keine Frauen mitbringen, jedenfalls nicht zum Übernachten. Dies ist ein anständiges Haus. Ich bin sicher, Sie werden nicht enttäuscht sein. Ich habe ein gutes Auge für Menschen und muss gestehen, dass Sie von Anfang an den Eindruck eines Gentleman auf mich gemacht haben.«

»Ich hoffe, Sie haben sich nicht geirrt«, lächelte er.

Erst jetzt bot sie ihm Tee an. »Ich trinke keinen Kaffee, zu viel Koffein«, erklärte sie. Er nahm die Einladung dankend an. Auch der Tee, den sie in eine hauchdünne Tasse einschenkte, schmeckte wie in guten Tagen. Es störte Liebmann nicht, dass sie ihn beobachtete. Bevor er ausgetrunken hatte, ging sie hinaus, anscheinend in die Küche, denn sie kam mit einem Tablett und Brötchen, die mit Käse und Salami belegt waren, zurück. »Sie wollen doch nicht mit leerem Magen zu den ›Universalwerken‹ gehen«, sagte sie fürsorglich. Liebmann warf ihr einen unverhohlenen Blick zu. Sie schien etwas älter zu sein als er, doch bestimmt nicht im Alter seiner Mutter. Vor ihm saß eine reife und hübsche Frau mit hochgestecktem Haar. Ihre blauen Augen waren lebendig, und der Morgenmantel bedeckte ihre langen Beine nicht ganz. Frau Kott registrierte seinen Blick, und Liebmann spürte, dass er rot wurde. Das war ihm seit seiner Kindheit nicht mehr passiert.

Als er in der Wohnungstür stand, bat sie ihn, baldmöglichst zum Einwohnermeldeamt zu gehen und sich ordnungsgemäß registrieren zu lassen. »Ich will keinen Ärger mit der Polizei«, sagte sie. Dann erklärte sie ihm, welche Straßenbahn er nehmen müsse, um auf dem kürzesten Weg zu den »Universalwerken« zu kommen.

Die Fahrt dauerte fast zwanzig Minuten. Jetzt, um die Mittagsstunde, waren nur wenige Fahrgäste unterwegs. Liebmann saß am Fenster und sah neugierig hinaus. Der Krieg hatte seine Spuren hinterlassen. Die meisten Häuser hatten etwas abbekommen. Einige waren leicht beschädigt, andere von Bomben getroffen oder von Artilleriefeuer zerstört. Er konnte den Unterschied nicht ausmachen. Trotzdem wohnten Menschen darin, manchmal in Wohnungen, die im Nichts zu hängen schienen. Die Straßenbahn überquerte einen Fluss, in dessen Mitte eine Insel lag. Der Schaffner rief »Universität«, doch weil niemand aussteigen wollte, hielt die Bahn nicht an. Die roten Backsteingebäude der Universität sahen wie eine Festung aus. Liebmann beachtete sie nicht weiter. In Gedanken war er bereits woanders. Er stellte sich vor, wie er an die Tür des Personalchefs klopfen würde, bei dem er sich vorstellen müsste. Noch drei Stationen, und er war am Ziel. Die Fabrik lag am Stadtrand in einem Industriegebiet. Die »Universalwerke« waren ein riesiges Kombinat, das Tausende von Arbeitern beschäftigte. Hier wurden hauptsächlich Eisenbahnwaggons und schweres Industriezubehör hergestellt. Früher hatte der Betrieb nach deutschen Patenten und entsprechendem Know-how gearbeitet, doch seit die Kommunisten an der Macht waren, war jede Verbindung nach Westeuropa abgerissen. Die alteingesessenen Ingenieure waren entweder ausgewiesen worden oder freiwillig gegangen, und die Lieferaufträge mit den kapitalistischen Ländern waren nicht erneuert worden. Die Lokalpresse lobte unentwegt die Leistungen des Betriebs, doch wer gut unterrichtet war, wusste, dass es bergab ging. Alle Erzeugnisse der »Universalwerke« waren veraltet, bevor sie die Produktionsbänder verließen. Dennoch waren die Arbeiter zufrieden, denn der Betrieb galt als bester Arbeitsplatz der Stadt. Zwar waren die Löhne niedrig und viele behaupteten, dass die Arbeitsbedingungen gesundheitsgefährdend seien, doch es gab auch Vorteile: In der Kantine konnten die Arbeiter gegen ein symbolisches Entgelt essen, und die Leitung besorgte den Spitzenarbeitern Wohnungen. Selbst wenn in einigen Abteilungen wegen technischer Defekte oder ausbleibender Rohstofflieferungen zeitweise die Arbeit ruhte, wurde niemand entlassen. Obendrein konnte die Betriebsleitung Lebensmittel und Bekleidung zu günstigen Preisen in besonderen Läden kaufen, ohne dafür anstehen zu müssen.

Diese Informationen erhielt Liebmann von einer gesprächigen Sekretärin, in deren Büro er auf den Generaldirektor wartete, der zugleich auch der Personalchef des Betriebs war. Weil er keinen Termin vereinbart hatte, musste er sich gedulden. »Vor Ihnen waren schon etliche Ingenieure hier, aber sie sind nicht mit ihm klargekommen«, erzählte sie. »Er ist ein guter Fachmann, aber ein schwieriger Mensch, von der Sorte, die alles fordert und selbst auch gibt. Er heißt Olf Novotny. Er ist Schwede, das heißt, sein Großvater kam vor hundert Jahren oder mehr hierher. Wir nennen ihn ›den Schweden‹, denn er ist beherrscht und kühl und interessiert sich für nichts anderes als die Arbeit.« Die Sekretärin lächelte Liebmann unmissverständlich zu: »Dass er sich nicht für mich interessiert, ist der beste Beweis, dass er kalt ist wie ein Fisch.«

»Genosse Nowak?«

Generaldirektor Novotny stand in der Tür seines Büros. Beide hatten nicht gehört, dass die Tür geöffnet worden war, und wussten nicht, was er von den Bemerkungen der Sekretärin gehört hatte.

»Es tut mir Leid, dass Sie warten mussten«, sagte er trocken und bat Liebmann in sein Büro. Das Zimmer war spartanisch ausgestattet: ein alter Schreibtisch, drei Stühle, Regale mit Aktenordnern, ein verriegelbarer Eisenschrank sowie ein Porträt des Ersten Generalsekretärs der Partei an der Wand gegenüber der Tür und einige Fotos der Produktionshallen waren die einzigen Möbel und Dekorationsstücke. Novotny zeigte auf einen Stuhl. »Setzen Sie sich«, sagte er. »Am besten, wir kommen gleich zur Sache. Rita, meine Sekretärin, hat mir berichtet, dass Sie ein Schreiben vom Amt für Heimkehrer haben. Kann ich es sehen?«

Liebmann gab ihm das Schriftstück. Der Generaldirektor legte es vor sich auf den Schreibtisch und sagte, ohne es anzusehen: »Sind Sie bereit, Ihre gesamte Energie in unseren Betrieb zu stecken?«

»Ja, ich bin ein Arbeitstier. Ich habe keine Familie, es gibt nichts, was mich ablenken könnte.«

»Das ist gut. Rita hat bestimmt schon über mich getratscht. Frauen, was soll man machen … Sie wissen also, dass ich hohe Ansprüche an mich selbst stelle und dasselbe auch von meinen Mitmenschen verlange. Ich bin Kommunist. Dieser Betrieb ist verstaatlicht und gehört jetzt der Arbeiterklasse. Wir alle sind an ihm beteiligt und gleichermaßen für Erfolg und Niedergang verantwortlich. Bisher hatten wir mehr Niederlagen einzustecken, als Erfolge zu verbuchen. Das muss sich ändern. Wenn Ihnen meine Arbeitsweise zusagt und Sie ein Mann vom Fach sind, der zudem einen eisernen Willen mitbringt, sind Sie als Produktionsleiter herzlich willkommen. Hinterlassen Sie im Sekretariat eine Kopie Ihres Diploms und füllen Sie die Fragebögen aus. Anschließend kommen Sie wieder zu mir.«

»Einfach so, ohne Bürokratie? … Wann?«

Novotny warf einen Blick auf die Uhr. »Sie müssen einen ganzen Stapel Formulare ausfüllen, dafür brauchen Sie mindestens eine Stunde. Warten Sie anschließend unten in der Vorhalle auf mich. Wir werden einen Rundgang durch den Betrieb machen. Und morgen beginnen Sie um sieben.«

In einer der Produktionshallen nahmen sie einen kleinen Aufzug. Er brachte sie zur Kontrollstation in einer verglasten Kammer, die an einem Eisenbalken in zwanzig Metern Höhe zwischen zwei Kranschienen hing. Aus den Gussöfen stiegen beißende Dämpfe auf, aber Novotny wirkte nicht besorgt. Er lehnte sich über das Geländer und erklärte: »Das ist die Halle für Wärmebehandlung. Ich würde sagen, das Herzstück des Ganzen. Hier stehen uns moderne Maschinen zur Verfügung. Sehen Sie die Ölanlagen zum Schmieden und Formen. Die Deutschen haben sie ein halbes Jahr vor ihrem Rückzug installiert. Die ›Universalwerke‹ wurden damals an die Rüstungsproduktion angeschlossen und ›Hermann-Göring-Werke‹ genannt. Man wollte hier Panzer produzieren. In Kürze erhalten wir eine Anlage zur Trockenstählung in Sand. In der Fräsabteilung ist unsere Situation weniger erfreulich. Die Maschinen sind veraltet, insbesondere die Drehbänke und Stanzen. Sie stammen aus Italien und Frankreich, und es ist schwierig, Ersatzteile zu bekommen. Wir haben versucht, sie selbst herzustellen, hatten allerdings wenig Erfolg mit der Stahllegierung. Kennen Sie sich im Stahlguss aus?«

»Das ist nicht mein Fachgebiet.«

»Nicht schlimm, Sie werden es lernen. Wichtig ist die Motivation. Ich gehöre zu den Kommunisten der alten Riege, die glauben, dass ein fester Wille kein Hindernis kennt. Zu meinem Leidwesen teilen nicht alle meine Ansicht. Es gibt noch immer genug Zwerge. Ich meine geistige Zwerge. Sie verstecken sich hinter jeder Ecke. Nur ihre Nase strecken sie vor, um zu schnuppern, woher der Wind weht. Ich werde Ihnen die Wahrheit nicht verschweigen, Genosse Nowak. Im letzten Monat musste ich das Werk drei Mal runterfahren. Wissen Sie warum? Eine Chrom-Nickel-Lieferung traf verspätet ein. Das war keine Ausnahme, es passiert andauernd.

Die Verantwortlichen wird man nie ausfindig machen. Sie verstecken sich hinter ihren Papieren und verschicken giftig formulierte Schreiben. Wären da nicht die Probleme bei der Rohstoffzufuhr, könnten wir das Normen- und Prämiensystem einführen. Dann würde alles ganz anders aussehen. Unsere Gesellschaft ist noch nicht reif für einen Produktionsprozess ohne materielle Anreize. In der Zukunft, so hoffe ich, wird jeder nach seinem Vermögen Arbeitskraft beisteuern und entsprechend seiner Bedürfnisse entlohnt werden. Aber in der Zwischenzeit … Sind Sie sich der Herausforderung unserer Arbeit bewusst?«

»Ich werde mich bemühen, Sie nicht zu enttäuschen, Genosse Novotny.« Liebmann sagte »Genosse«, denn sicherlich hörte der Generaldirektor diese unter altgedienten Parteimitgliedern übliche Anrede gerne. Und genau so war es, denn Novotny klopfte ihm auf die Schulter. »Davon bin ich überzeugt. Diese Welt muss unser sein«, sagte er ernst. Und als sei er sich nicht sicher, ob Liebmann diesen Ausspruch kannte, fügte er hinzu: »Das ist aus der Internationale.«

Nach zwei Stunden kehrten sie in die Direktion zurück. Novotny hatte ihm nur einen Teil des Betriebs gezeigt. Sie hatten sich verhältnismäßig lange bei den Produktionsabteilungen für Eisenbahnwaggons und landwirtschaftliche Geräte aufgehalten. Liebmann hatte bemerkt, dass sie mehrere Hallen, die eingezäunt waren, ausgelassen hatten. Novotny hatte es anscheinend absichtlich so eingerichtet, dass sie auf ihrer Route nicht daran vorbeikamen. Er wies Rita an, dem neuen Ingenieur sein Büro zu zeigen. Er verabschiedete sich mit kräftigem Händedruck und verschwand in sein Büro. Die Sekretärin führte ihn über einen langen Flur. Liebmann folgte ihr. Sie redete ununterbrochen und ohne sich nach ihm umzusehen. Ja, sie arbeite schon sehr lange im Betrieb, doch eine Karriere als Sekretärin in einem Metall verarbeitenden Betrieb sei nicht gerade der Traum ihres Lebens. Mit ihrem Talent und Aussehen könne sie Kinostar oder Theaterschauspielerin werden. Doch was könne man schon machen, sie habe einfach kein Glück und stecke hier fest, in diesen vier Wänden und mit diesem Mann.

Liebmanns Büro war am Ende des Flurs. Sie öffnete die Tür weit und lachte: »Das ist Ihr Büro. Ohne Schnickschnack, denn wir sind Werktätige. Das hier ist Ihr Stuhl. Ich gehe davon aus, dass Sie ihn nicht allzu lange wärmen werden. Unser Direktor versteht etwas von Maschinen und Prinzipien, aber nichts von Menschen. Einige, die vor Ihnen hier saßen, waren sehr begabt. Sie haben samt und sonders die Flucht ergriffen, weil sie der Belastung nicht standhielten. Als ich mich einmal schön geschminkt hatte, hat Novotny mir eine Moralpredigt gehalten. ›Rita‹, hat er gesagt, ›wir sind darauf bedacht, die Gesellschaft von morgen aufzubauen.‹ Ich habe nicht geantwortet. Was hätte ich schon sagen sollen? Dass es mir stinkt, als organischer Kompost zum Wachstum kommender Generationen beizutragen?«

Liebmann setzte sich und ließ den Blick über die leeren Wände schweifen. Rita stand in der Tür und beobachtete ihn neugierig. »Wenn Sie Hilfe brauchen, rufen Sie mich auf der Hausleitung an. Wählen Sie null und dann zweiundzwanzig. Und wenn Sie eine kundige Führerin durch die Stadt brauchen …, mit größter Freude. Ich kenne hier jeden Winkel«, sagte sie und lächelte ihn an.

Liebmann erwiderte ihr Lächeln. »Danke. Ich werd's mir merken.«

Am Wochenende entdeckte er mit ihrer Hilfe das Café »Am Theater«. Das Theater war im Krieg bombardiert worden, und es stand nur noch eine Ruine. Die Aufführungen fanden im neuen »Haus der Kultur« statt, das in einem anderen Stadtteil lag. Dennoch hatte das kleine Café seinen Namen beibehalten, anscheinend wollte man demonstrieren, dass sich nichts geändert habe und zumindest hier die Zeit still stehe. Die Kellnerinnen servierten weiterhin Mineralwasser aus Quellen der Umgebung, doch alle nannten es nur »L'eau de Vichy«. Wie in alten Zeiten gaben die Männer den Frauen einen Handkuss, und einige Stammgäste waren damit beschäftigt, alternative Regierungen zu bilden. Alles hatte einen Anschein von Naivität, so dass sich noch nicht einmal die politische Polizei darum scherte. Für Rita war dies ein wunderbares Naturschutzreservat, an dessen besonderem Charme sie sich berauschte.

»Nur wer sich nicht mit der Realität abfinden kann, sucht Zuflucht in Illusionen«, merkte Olf Novotny an. Liebmann fragte nicht, was ihn in dieses Café geführt hatte, das ihm durch und durch verdorben erscheinen musste. Seit er seine Arbeitsstelle vor ungefähr einem Monat angetreten hatte, hatte er keine Gelegenheit mehr gehabt, allein mit dem Generaldirektor zu reden. Es waren immer Techniker oder sonstige Arbeiter dabei gewesen. Jetzt war Novotny urplötzlich hier aufgetaucht. Er hatte nicht gefragt, ob er sich an Liebmanns Tisch setzen dürfe. Liebmann hatte den Eindruck, der Generaldirektor wolle ihn absichtlich in Verlegenheit bringen. Doch Novotny benahm sich ganz natürlich, bestellte einen Tee und fuhr fort: »Sehen Sie sich um, Genosse Nowak, schauen Sie sich die Leute hier an. Sie sind zum Aussterben verurteilt. Das Rad der Geschichte wird über sie hinweggehen, und die nächsten Generationen werden sich ihrer als Schmarotzer erinnern. Ihre ganze Kultiviertheit besteht darin, mit Messer und Gabel essen zu können.«

»Sie sind sehr streng«, sagte Liebmann.

»Hören Sie mal zu, mein Freund«, es war das erste Mal, dass er Liebmann »mein Freund« nannte. »Ich teile die Menschen in zwei Kategorien ein: Die für uns sind und die gegen uns sind ... Übrigens: Nicht ich habe die Parole erfunden.«

»Ich weiß, das stammt von Lenin.«

»Sie haben Lenins Schriften gelesen?«

»Ich habe ›Der Radikalismus. Die Kinderkrankheit des Kommunismus‹ gelesen. Wenn ich mich recht entsinne, ist es ein durchaus versöhnlicher Aufsatz.«

Novotny war sichtlich überrascht. »Ich hätte nicht gedacht, dass Sie ... dass Sie ...«

»Kommen Sie lieber nicht zu voreiligen Schlüssen, Genosse Novotny. Ich bin kein Kommunist. Als Student habe ich sowohl Lenin als auch Malthus gelesen. Ich habe einfach alles gelesen, was mir in die Finger kam. Sie wissen doch, wie das ist, ein junger Mensch weiß nicht zu differenzieren.«

»Ein erwachsener Mensch hingegen kann sich der Wahl nicht entziehen, Genosse Nowak. Irgendwie bin ich mir Ihrer sicher und überzeugt, dass Sie die richtige Wahl treffen werden.«

»Sagten Sie nicht, ›diese Welt muss unser sein‹?«, erinnerte Liebmann ihn.

Novotny saß fast eine halbe Stunde mit ihm zusammen. Sie redeten über die Veränderungen, die aus Sicherheitsgründen in der Abteilung für Wärmebehandlung vorgenommen werden mussten. Novotny bestand darauf, seinen Tee selbst zu bezahlen. Liebmann fiel auf, dass er kein Trinkgeld gab. Draußen nieselte es. Novotny zog den Kragen seines Mantels hoch und ging. Liebmann wartete noch fünf Minuten, dann zahlte auch er, einschließlich doppeltem Trinkgeld, und ging zur Garderobe. Er war schon mit dem linken

Arm im Ärmel seines Regenmantels, als plötzlich jemand seine rechte Hand nahm und herzlich drückte. Liebmann blickte auf. Vor ihm stand ein kleiner Mann, in dem rötlichen Haar hingen noch Regentropfen. Er hatte ein rundes, sommersprossiges Gesicht und eine knollige Nase. Die glänzenden, tief in den Höhlen liegenden Augen kamen ihm bekannt vor, doch er konnte sich nicht erinnern, wann und wo er sie gesehen hatte. Der Mann sagte aufgeregt:

»Itzhak! Itzik! Du bist es wirklich! Du lebst noch? Gut, dich zu sehen! Wirklich gut, dich zu sehen!«

Grob befreite sich Liebmann aus dem herzlichen Händedruck. Wer auch immer dieser Rotschopf war, er wollte nichts mit ihm zu tun haben.

»Ich fürchte, Sie verwechseln mich«, sagte er trocken und hoffte, nicht rot zu werden.

»Wir kennen uns vom Polytechnikum, erinnerst du dich nicht? Ich habe die Demonstration der Linken gegen die Diskriminierung der Juden organisiert. Du hattest damals eine Freundin, ich glaube, sie hieß Lydia. Eine Christin, die nicht vergessen hatte, dass auch Jesus Jude war. Und Pfarrer Jocz, hast du den ebenfalls vergessen?«

»Es tut mir Leid, mein Herr, aber Sie irren sich. Ich heiße Rudolf Nowak. Ich sehe Sie zum ersten Mal in meinem Leben.«

Der rothaarige Mann wich einen Schritt zurück, als wolle er sein Gegenüber von Kopf bis Fuß betrachten. »Sie gleichen sich wie Zwillinge«, stammelte er. »Ich bitte um Verzeihung«, fügte er hinzu und half Liebmann in den Mantel.

Liebmann verließ eilig das Café. Es regnete nicht mehr. Er war ausgesprochen zufrieden mit sich selbst, denn er hatte weder die Fassung verloren noch einen Fehler gemacht. Solche Zusammentreffen würden sich nicht vermeiden lassen. Er musste sie schlichtweg als kalkulierbares Risiko betrachten. Schließlich hatten sich nicht alle Menschen, mit denen er im Laufe seines Lebens zu tun gehabt hatte, in Luft aufgelöst. Und dieser Mann? Natürlich kannte er ihn. Er hatte ihn in dem Moment erkannt, als er Lydias Namen erwähnte. Vor ihm lebte die Gestalt Gedalja Hajuts auf, des Anführers der radikalen Linken am Polytechnikum. Eine Weile waren sie sogar Nachbarn gewesen, er hatte im zweiten Stock des Studentenwohnheims gewohnt, Gedalja Hajut im vierten. Hajut war immer sehr zurückhaltend gewesen, nichts deutete auf seine politische Einstellung. Immer hatte er zuerst gegrüßt, wenn sie sich im engen Treppenhaus begegnet waren. Ein oder zwei Mal wechselten sie belanglose Worte. Von Lydia erfuhr er damals, dass Hajut vor dem Abschluss seines Studiums als Zivilingenieur stand und Straßen und Brücken bauen wollte. Die politische Arbeit hatte sein Studium nicht beeinflusst, denn er war sehr begabt. Lydia machte sich immer über Hajuts Haare lustig: »Rot ist gerade nicht in Mode.« Hajut war viel unterwegs gewesen. Liebmann hatte sich nie dafür interessiert, wohin er fuhr und was er tat. Eines Tages war er weggefahren und nicht zurückgekommen. Der Kassenwart des Wohnheims war sehr wütend gewesen, denn Hajut hatte seine letzte Miete nicht gezahlt. Wenig später war die Geheimpolizei aufgetaucht und hatte Hajuts Zimmer durchsucht. Er sei wegen umstürzlerischer Aktivitäten verhaftet worden, hieß es. Der Wohnheimleiter war hysterisch geworden und hatte herumgeschrien: »Ich wusste nicht, dass der Kommunist ist! Hätte ich das gewusst, wäre er hier niemals eingezogen.«

Ja, so war das damals gewesen. Liebmann erinnerte sich auch sehr genau an die Demonstration, die Hajut organisiert hatte. Und wenn Hajut ebenfalls ein gutes Gedächtnis hatte, konnte es eigentlich nicht angehen, dass er die Geschichte mit der Verwechslung glaubte. Doch wenn er die Wahrheit wusste, warum hatte er so getan, als habe er sich tatsächlich geirrt, und hatte sich entschuldigt? Dieser Gedanke beunruhigte Liebmann zutiefst. Könnte es sein, dass Hajut irgendeinen Hinterhalt plante, ihn erpressen oder an die Behörden ausliefern wollte? Ein Gedanke jagte den anderen. Gute fünf Minuten nach diesem unerwarteten Zusammentreffen hatte Liebmann Schüttelfrost. Sein Herz raste. Passanten gingen an ihm vorbei, und für einen Moment hatte er den Eindruck, dass alle Bescheid wüssten, ihn feindselig ansähen und er, Itzhak Liebmann, an diesem grauen Tag schutzlos auf der Straße stehe.

»Quatsch«, murmelte er, »alles Quatsch.« Er entschied, zu Fuß nach Hause zu gehen. Die frische Luft würde ihm gut tun und ihn beruhigen. Im nassen Straßenasphalt spiegelten sich die Häuser und die Straßenbeleuchtung, die gerade ansprang. Die wenigen Autos, die an ihm vorbeifuhren, spritzten das Wasser der Pfützen in alle Richtungen. »Quatsch«, sagte er erneut zu sich selbst. »Ich habe ihn gut verschaukelt. Das einzige Problem ist, dass ich mich selbst noch nicht an meine neue Identität gewöhnt habe.«

Der Weg nach Hause war weit, und während des Laufens grübelte er, welche Personen seiner Vergangenheit wohl noch existierten, wer ihn auf der Straße anhalten und freudig ausrufen würde: »Itzik, du lebst!« Wie oft würde er kühl sagen müssen: »Entschuldigung, mein Herr, Sie irren sich.« Erst gestern hatte er in der Zeitung eine lustige Geschichte gelesen: Lange Zeit hatte ein anonymer Witzbold nachts einen Mann namens Katz angerufen und in den Hörer »Miau, miau« geraunt. Lustig. Mit dem Krieg hörten die Belästigungen auf, doch sofort nach Ende der Kämpfe hatte das Telefon im Hause Katz wieder geschellt. Erneut war das altbekannte »Miau, miau« zu hören gewesen. Doch anstatt mit der Polizei zu drohen, hatte Herr Katz gesagt: »Wunderbar! Auch Sie leben noch!«

Diese Geschichte amüsierte sicherlich viele, doch für Liebmann hatte sie eine ganz andere Moral: Die Menschen waren froh, wenn jemand zurückkehrte, lebte und die Verbindung zur Vergangenheit wieder herstellte. Diese Erfahrung würde ihm verwehrt bleiben. Sollte er deshalb traurig sein? Nein, und nochmals nein. Schließlich war es sein eigener Wunsch gewesen, diese Nabelschnur zu durchtrennen, ein neues Leben zu beginnen, als sei er mit neununddreißig Jahren ohne Stigma und ohne Trauma auf die Welt gekommen. Doch was war, wenn er auch sich selbst zu betrügen versuchte? Nein, er hatte sich entschieden, obwohl er wusste, dass er noch einen entscheidenden Schritt würde tun müssen: Er würde in seine Geburtsstadt fahren, sein zerstörtes Elternhaus sehen und der Vergangenheit direkt gegenübertreten müssen und dabei nichts empfinden dürfen. Erst dann war die Sache wirklich vollbracht.

Doch man kann nicht alles verbergen. Als er in die Wohnung in der Liebknechtstraße zurückkehrte, blickte Frau Kott ihn forschend an.

»Ist etwas passiert?«, fragte sie, ohne ihn zu begrüßen.

»Nichts ist passiert, ich bin nur müde«, antwortete er, zog den Mantel aus und hängte ihn an die Flurgarderobe. Es war eine bedeutungslose Handlung, und dennoch spürte er die Erleichterung: Das hier ist mein Zuhause. Maria Kotts Blick verriet, dass er sie nicht hatte täuschen können; doch sie versuchte nicht, ihn zum Reden zu bewegen. »Wenn Sie nichts Wichtigeres vorhaben, lade ich Sie zu Mohnschnecken ein. Noch ofenwarm, sehr verlockend«, sagte sie. Und als er wieder einmal in dem Sessel versank, fragte sie:

»Wie war es in der Fabrik?«

Liebmann war erfreut, dass sich jemand für seine Tätigkeit interessierte. »Sie werden es nicht glauben«, sagte er, »aber ich habe das Gefühl, schon im ersten Monat das Vertrauen des Generaldirektors gewonnen zu haben.«

»Ich wusste, dass Sie erfolgreich sein würden.«

»Woher wollen Sie das wissen?«

»Ich habe Ihnen bereits gesagt, dass ich ein gutes Auge für Menschen habe. Ich erkenne die Erfolgreichen.«

Liebmann biss in das Gebäck. »Sie sind eine gute Hausfrau«, schmeichelte er ihr.

»Und Sie sind ein professioneller Charmeur«, konterte sie. »Übrigens habe nicht ich die Mohnschnecken gebacken. Ich habe sie in der Konditorei gekauft.«

»Auch vom Kaufen muss man etwas verstehen«, lachte er und biss noch einmal zu.

Maria Kott strahlte innere Ruhe aus. Manchmal sprach sie so leise, dass er sie bitten musste, den letzten Satz zu wiederholen. Sie bewegte sich gemächlich, als würde sie jeden Schritt und jede Handbewegung abmessen. Trotzdem empfand er ihr Verhalten nicht als gekünstelt oder gestellt. Doch ihre Ruhe könnte täuschen, und im Stillen fürchtete er ihr Urteilsvermögen. Auch jetzt musste er daran denken, dass sie mit ihrem scharfen Verstand die Wahrheit herausfinden könnte. Vielleicht kannte sie sogar Gedalja Hajut? Er hatte ihr schon zwei Mal im Scherz gesagt, dass sie im Raten gut sei. Doch er hatte sehr schnell erkennen müssen, dass sie es verstand, bruchstückhafte Informationen zusammenzufügen und sich ein eigenes Bild zu machen. Nur sehr selten irrte sie sich. Deshalb entschied er, ihre Aufmerksamkeit auf Nebensächlichkeiten zu lenken, und berichtete bei Tee und Gebäck über Olf Novotny.

»Dieser Mensch ist sehr gefährlich«, stellte sie fest. »Ich

war schon immer der Ansicht, dass ausgerechnet die unschuldigen Linientreuen die Schlimmsten sind. Mit den Korrumpierbaren kann man wenigstens einen gemeinsamen Nenner finden, denn sie sind bestechlich. Schließlich beruht hier alles auf Bestechung und persönlichen Beziehungen. Nicht jedoch bei Novotny, denn er glaubt an das, was er tut. Er würde dafür sogar über Leichen gehen. Alles für ein höheres Ziel. Ich erinnere mich an die ersten Tage nach dem Krieg. Die Partei hat damals einige wichtige Leute hierher geschickt. Ein ›Aktionskomitee‹, wie man das damals nannte. Einer wurde zum Bürgermeister ernannt, einer baute die Staatssicherheit auf, und der Dritte wurde Bezirksstaatsanwalt. Olf Novotny haben sie in die ›Universalwerke‹ gesetzt. Die anderen Funktionäre konnten ihn vom ersten Moment an nicht leiden. Wir sind zwar eine Bezirksstadt, aber dennoch keine Großstadt, hier kennt jeder jeden, und Gerüchte machen sehr schnell die Runde. Die anderen Kommunisten beschlagnahmen die hochherrschaftlichen Wohnungen und ziehen mit ihrem prahlerischen Lebensstil Neid auf sich. Sie trinken und lassen sich mit verheirateten Frauen ein. Aber nicht Novotny. Er stand vom ersten Tag an abseits. Mein Beichtvater hat mir gesagt, dass Novotny ihn an den Leiter seines Jesuitenordens erinnert: eine Mischung aus Kraft, Umsetzungsvermögen und blindem Glauben an die Mission. Mein Beichtvater hat mir erzählt, dass auf den russischen Kolchosen alles gemeinschaftlich ist, sogar die Frauen. Unsere Männer und Frauen begehen auch ohne Kolchosen Ehebruch. Nicht die Lebensweise, die sie uns aufzwingen wollen, birgt die eigentliche Gefahr, sondern ihr Denken. Die wirklichen Idealisten unter ihnen werden sich niemals mit unseren Körpern begnügen, sie sind auf der Jagd nach unseren Seelen. Seien Sie vorsichtig, Herr Nowak, hüten Sie sich vor Novotny.«

»Glauben Sie wirklich, dass meine erbärmliche Seele diesen Aufwand wert ist?«, versuchte Liebmann witzig zu sein. Maria Kott nickte und meinte sehr ernst: »Das ist eine Sklaverei, die man nicht spürt. Es ist eine Sklaverei der zerstörerischsten Sorte.«

Sie stand auf und räumte das Geschirr ab, das auf dem Tisch stand. Liebmann lachte.

»Danke für die Bewirtung und auch für die Warnung.«
»Gute Nacht, Herr Nowak.«
»Gute Nacht, Frau Kott. Morgen ist ein neuer Tag.«
»Laut Wetterbericht soll es weiter regnen«, sagte sie leichthin und ging zur Tür. Liebmann nahm die Zeitung, die auf dem Tisch lag, und blätterte sie desinteressiert durch. Wieder dieselbe Langeweile. Er wollte die Zeitung schon weglegen, als ihm eine Meldung am Rand der Titelseite auffiel. Er musste sie zwei Mal lesen, bevor er begriff, was darin stand. Es hieß, dass man Gedalja Hajut, den ehemaligen Leiter der Wirtschaftsabteilung der Kreisparteiorganisation, zum Sekretär der Parteizelle der »Universalwerke« ernannt habe und er auch für die Personalabteilung des Betriebs zuständig sei. Es folgte Hajuts Lebenslauf, eine Lobeshymne auf den altgedienten Funktionär, der seinen Weg in den dreißiger Jahren im Untergrund begonnen hatte. Er sei für diesen neuen Posten ernannt worden, um den Betrieb auf die richtige Bahn zu bringen. Der passende Mann in der richtigen Position, hieß es zum Schluss der Meldung.

Liebmann las die Zeilen ein drittes Mal. Dröhnendes Trommeln erfüllte das Zimmer. Es dauerte einige Sekunden, bis er begriff, dass dieses Trommeln in ihm war. Er zählte die Schläge, als sei es das Ticken der Uhr einer Zeitbombe. Er begriff, dass das eigentliche Spiel gerade erst begonnen hatte.

Kapitel 3

Ein freundliches Gespräch

Nein, es war wahrlich keine gute Woche gewesen. Er dachte an das unangenehme Zusammentreffen mit Gedalja Hajut. Seither fand er keine innere Ruhe mehr. Durch die Meldung in der Zeitung war ihm klar geworden, dass er Hajut des Öfteren begegnen würde, vermutlich würde er ihn schon in wenigen Tagen wieder sehen. Beinahe hätte er dem ersten unkontrollierten Impuls nachgegeben und seine Sachen gepackt, um aus der Stadt zu verschwinden. Doch wohin? Würde er in einer anderen Stadt nicht ebenfalls irgendeinen Gedalja Hajut treffen? Schließlich war er nicht vor seiner Vergangenheit geflohen, um jetzt vor der Gegenwart davonzulaufen. Für den Bruchteil einer Sekunde kam ihm in Erinnerung, wie Hajut ihn bei dem Zusammentreffen im Café »Am Theater« gemustert hatte. Jetzt glaubte er, Zweifel in Hajuts Gesicht erkannt zu haben. Es waren einige Jahre vergangen, und der Krieg hatte die Menschen verändert. Aber hatte er ausgerechnet ihn wirklich täuschen können?

Als er seiner Vermieterin am Ende des ersten Monats die Miete zahlen wollte, hatte Maria Kott sich bereit erklärt, auf ihr Geld zu warten, bis er Fuß gefasst und ein wenig gespart habe. Manchmal lud sie ihn zu Tee und Kuchen ins Wohnzimmer ein, doch selbst dann redeten sie nur über Belanglosigkeiten. Beide achteten, so weit es in einer Dreizimmerwohnung möglich ist, die Privatsphäre des anderen. Einmal hatte er die Situation mit einem kleinen Käfig verglichen, in dem zwei Tiere unterschiedlicher Rassen eingesperrt sind, die beide ihre eigene Ecke suchen. Nie hatten sie einander peinliche Fragen gestellt. Maria erzählte nicht von ihrer Vergangenheit und von ihrem verstorbenen Ehemann. Alles, was er über sie wusste, hatte er von Rita erfahren. Doch auch er vermied es, Einzelheiten aus seinem Leben zu erzählen. Er hatte zu große Bedenken, ein Netz kleiner Lügen zu spinnen. Die Gefahr war zu groß, sich an irgendeine Kleinigkeit nicht erinnern zu können und in Widersprüche zu verstricken. Er wusste, dass Maria alle möglichen Kleinigkeiten registrierte und mit außergewöhnlicher Gabe aus diesen bruchstückhaften Informationen ein vollständiges Bild zusammenzusetzen verstand.

Auch im Betrieb musste er auf der Hut sein. Ab und an hatte er lange Fragebögen auszufüllen, unendlich viele nervtötende Fragen zu beantworten, die in unterschiedlichen Variationen immer wieder auftauchten. Mindestens drei Mal hatte er seinen Lebenslauf schreiben und die Namen von Verwandten und Freunden angeben müssen. Schließlich hatte er begriffen, dass man in gehobenen Positionen beständig überprüft wurde und ein Unbekannter auf das noch so kleinste Straucheln geradezu lauerte, um dann zu einem kräftigen Schlag auszuholen. Rita hatte ihm verraten, dass die leitenden Angestellten immer eine Abschrift solcher Fragebögen aufhoben, denn jede Abweichung von der vorherigen Formulierung könnte eine Untersuchung bedeuten und schwere Anschuldigungen nach sich ziehen. Die neue Regierung huldigte dem Motto: Die Partei muss alles wissen. Es gibt keine Geheimnisse und kein Privatleben. Es gab nur einen erprobten Weg, damit umzugehen: Er musste einen fiktiven Lebenslauf von Rudolf Nowak entwerfen, der viele Einzelheiten enthielt, die, wie bei einem riesigen Kreuzworträtsel, aufeinander abgestimmt waren und zueinander passten. In dieses Bild müssten alle gegebenen und erwünschten Einzelheiten eingeflochten werden. Er kam schnell zu der Schlussfolgerung, dass er die Orte aufsuchen müsste, an denen Rudolf Nowak studiert und gelebt hatte, vielleicht sogar Leute treffen müsste, die ihn gekannt hatten. Vermutlich war es sogar angebracht, der hellhaarigen Regina ins Gesicht zu sehen, die Nowak eines der Fotos geschenkt hatte und das Liebmann in dem Rucksack gefunden hatte. In seinem Personalausweis war als Familienstand »ledig« eingetragen. Doch in Nowaks Dokumenten hatte gestanden, dass er verheiratet sei. War er mit Regina verheiratet? Auch diesem Detail würde er auf den Grund gehen müssen. Eines Tages würde er in die Hauptstadt fahren und an die Tür von Nowaks letztem Wohnsitz klopfen. Würde er dort Regina antreffen? Und was wäre, wenn der wirkliche Rudolf Nowak die Tür öffnen würde? Was würde er ihm sagen? »Guten Tag, Herr Nowak, ich bin gekommen, um Ihnen Ihre gestohlene Identität zurückzugeben.«

Er war in Gedanken versunken und hatte das Klingeln nicht gehört. Erst als jemand gegen die Tür hämmerte, sprang er vom Bett auf und ging öffnen. Vor der Wohnung stand der Dienst habende Fahrer der Direktion der »Universalwerke«. Er schnaubte heftig und stotterte beinahe vor Aufregung:

»Es ist ein Unglück passiert, Herr Ingenieur. Sie sollen sofort kommen.« Sein Jackett hing über der Stuhllehne, er zog es im Laufen an und war in weniger als einer Minute am Auto.

»Was ist passiert?«

Der Fahrer ließ den Motor an. »Ich habe keine Ahnung, mein Herr. Man hat mir nichts gesagt, und ich stelle keine Fragen.«

Der Wagen raste durch die Straßen. Der Fahrer gab Gas und ließ die Sirene ertönen. Der schwarze Chevrolet, der Dienstwagen wichtiger Leute, bahnte sich seinen Weg durch den Verkehr, als sei er ein Krankenwagen. Der Pförtner erkannte ihn schon auf der Zufahrtsstraße zum Betrieb und öffnete das Werktor.

Der Wagen bremste scharf. Ein Mann in einer Lederjacke öffnete die Wagentür und trieb ihn an: »Schnell, bitte, schnell. Man wartet auf Sie.« Ein anderer Mann zeigte ihm die Richtung. »Sie sind in der Abteilung des Personaldirektors.« Liebmann stieg, mehrere Stufen auf einmal nehmend, in die Direktionsetage hinauf. Plötzlich erinnerte er sich, dass er den Mann in der Lederjacke schon zuvor gesehen hatte: Er war sehr oft im Café »Am Theater«, saß immer an einem Tisch mit Blick auf den Eingang und las Zeitung.

Die Direktion befand sich im oberen Stockwerk des renovierten Bürogebäudes. Die Zimmer des Sekretärs und Personaldirektors lagen auf der rechten Seite, am Ende des Flurs, in der Nähe seines eigenen Büros. Die Tür stand offen. Gedalja Hajut lehnte mit dem Rücken an der Fensterbank und sah einige Papiere durch. Olf Novotny bemerkte ihn zuerst.

»Da sind Sie ja endlich«, sagte er erfreut und stellte ihm den dritten Anwesenden vor. »Darf ich bekannt machen, das ist Inspektor Konstantin, Staatssicherheit. Freunde nennen ihn Kostia.«

Konstantin streckte ihm die Hand hin. »Ich habe viel Gutes über Sie gehört, Genosse Nowak.«

»Staatssicherheit?«, wunderte sich Liebmann. »Wollen Sie jemand verhaften?«

»Es besteht Sabotageverdacht«, erklärte Konstantin. »Ich mache beruflich Jagd auf Saboteure«, grinste er. Es war nicht lustig.

Erst jetzt legte Gedalja Hajut die Papiere beiseite, ging in die Mitte des Zimmers und blickte Liebmann streng an.

»Mir scheint, wir haben uns schon kennen gelernt«, sagte er und schüttelte ihm die Hand. Er hatte eine warme und trockene Handfläche. Liebmann nickte. »Das stimmt«, antwortete er und grübelte, ob Hajuts Bemerkung doppeldeutig war. Sie hatten sich seit dem zufälligen Zusammentreffen an der Garderobe des Cafés nicht mehr gesehen. Liebmann hatte Bedenken, mit ihm zu reden, und war froh, dass die Unterhaltung in Gegenwart anderer stattfand.

»Das Missverständnis tut mir Leid«, sagte Hajut.

»Das ist schon in Ordnung«, antwortete Liebmann. Novotny, der nicht verstand, worum es ging, fiel ihnen ins Wort: »Ich würde das nicht als Missverständnis bezeichnen. Wir sind uns uneinig und wollten Ihre Meinung hören, Genosse Nowak. Einige Arbeiter der zweiten Schicht wurden bei einem Arbeitsunfall verletzt. Die Krankenwagen bringen sie gerade ins Krankenhaus. Uns liegt noch kein vollständiger Bericht vor, aber zumindest ein Arbeiter hat das Augenlicht verloren. Wir sind laut Vorschrift vorgegangen und haben die Staatssicherheit eingeschaltet. Ich habe nichts dagegen, aber unsere Sicherheitskräfte sind selbst dann einer Sabotage auf der Spur, wenn jemand auf einer Bananenschale ausgerutscht ist. Sie glauben, die Feinde der Revolution an jeder Ecke zu sehen. Ich halte das für reichlich übertrieben.«

»Übertrieben?«, brauste Konstantin auf. »Haben Sie Ihrem Ingenieur nicht erzählt, dass dies der vierte Unfall seit Jahresbeginn ist?«

»Vor einigen Tagen haben wir uns über die schlechten Sicherheitsvorkehrungen in dieser Abteilung unterhalten. Wir haben auch darüber gesprochen, dass qualifizierte Arbeiter eingestellt werden müssen, die die komplizierten Maschinen fachgerecht bedienen können. Erinnern Sie sich, Nowak?«

»Richtig, wir haben darüber geredet.«

»Die Suche nach einem Sündenbock löst das eigentliche Problem nicht«, fuhr Novotny fort. »Ich schlage vor, wir bleiben realistisch, nehmen unseren Staatsbürgermut zusammen und gestehen uns die Tatsachen ein. Unter den objektiv gegebenen Umständen muss es einfach zu Arbeitsunfällen kommen. Da ist keine Sabotage im Spiel.«

»Ihre objektiv gegebenen Umstände kann ich nicht auf die Anklagebank setzen, Genosse Novotny. Diesen Unfall können wir nicht vor der Öffentlichkeit verbergen. Die Sache wird auch dann die Runde machen, wenn Presse und Radio nicht darüber berichten. Ich kann den Ärzten und Krankenschwestern nicht den Mund verbieten, ebenso wenig den Krankenwagenfahrern. Morgen redet die ganze Stadt darüber, und einige werden freudig den anklagenden Zeigefinger auf die Staatsführung richten. Sie werden genau das sagen, was Sie gerade ausgeführt haben, Novotny: Die Partei ist einzig und allein an der Einhaltung ihrer Planentwürfe interessiert. Jemand muss für dieses Versäumnis geradestehen, und ich will wissen, wer.«

»Vielleicht sollte uns Ingenieur Nowak den Arbeitsablauf in der Abteilung für Wärmebehandlung erklären und Schritt für Schritt die Verantwortlichen aufzählen«, schlug Gedalja Hajut vor.

»In Ordnung«, stimmte der Inspektor zu. Liebmann schaute die im Zimmer Anwesenden an und ließ seinen Blick auf Hajut ruhen, der ihn aufmunternd ansah. Liebmann begann zu erklären:

»Wie bekannt, verarbeiten wir hier Stahl und benutzen dafür Öfen, die mit geschmolzenem Salz geheizt werden, mit Natriumchlorid. Die Temperaturen der Salze im flüssigen Zustand erreichen fast neunhundert Grad Celsius. In diese kochende Lösung wird das zu bearbeitende Material gegeben. Es ist eine schwere körperliche Arbeit, die viel Übung erfordert. Während des Arbeitsvorgangs steigen aus den Bädern giftige Dämpfe auf, und beim Abkühlen besteht die Gefahr, dass etwas verspritzt. Die Belüftungsanlage, die die giftigen Dämpfe absaugen sollte, funktioniert nicht einwandfrei, und die nur unzureichend ausgebildeten Arbeiter sind nicht in der Lage, die Sicherheitsanweisungen einzuhalten.«

Konstantin wollte wissen, wer für die Instandhaltung der Belüftungsanlage zuständig ist. Liebmann erschrak.

»Laut Statuten der leitende Ingenieur«, antwortete er.

»Die Statuten interessieren uns nicht«, mischte sich Gedalja Hajut ein. »Ich vermute, Genosse Kostia will wissen, wer der verantwortliche Schichtführer ist.«

Liebmann verstand, dass Gedalja Hajut ihm Deckung geben wollte. Konstantin brauchte den Namen eines Verantwortlichen, egal, wer es war. Letzte Woche hatte Rita von der Redewendung erzählt, die sich bei den Inspektoren der Staatssicherheit eingebürgert hatte: »Nennt mir einen Strafparagraphen, und wir werden die passende Person finden.« Gütiger Gott, diese Frau wusste alles, gestand er sich selbst verwundert ein. Konstantin hatte den Paragraphen parat, und er, Liebmann, sollte die passende Person liefern. Das alles war sehr glatt und einfach, man musste nur den Schlüssel an das Türschloss anpassen. Liebmann nannte den Namen des Schichtführers und verspürte nicht die geringsten Gewissensbisse. Seine elementare Lektion in der Kunst des Überlebens hatte er im Konzentrationslager gelernt: Ich selbst bin mir der Nächste. Ritterliche Gesten, Selbstaufopferung und uneigennützige Hilfe hatten nicht zum Mauthausener Verhaltenskodex gehört, und Ausnahmen bestätigen nur die Regel. Doch damals, als er hinter Stacheldraht gefangen gewesen war, hatte er nicht geahnt, dass ihn die Lehren des Lagers ein Leben lang begleiten würden.

Der Inspektor schrieb den Namen des Schichtführers auf einen Zettel, den er aus seinem Notizblock riss. Zu Novotny sagte er:

»Unten am Eingang steht einer meiner Offiziere. Ein untersetzter Mann mit Lederjacke. Können Sie ihm diesen Zettel geben?«

Novotny zögerte eine Sekunde. Schließlich war er der Generaldirektor des Betriebs, doch angesichts der Umstände hatte es keinen Sinn, auf seinen Status zu pochen. »Gerne«, antwortete er, nahm den Zettel und verließ das Zimmer. Liebmann atmete tief durch: Es würde keine Nachforschungen geben. Bei einer genauen Untersuchung hätten die Inspektoren sicherlich in der Vergangenheit aller Beteiligten herumgestöbert, und sie wären ihm sicher auf die Schliche gekommen.

Als Novotny zurückkehrte, studierte Gedalja Hajut gerade eine der Akten auf seinem Tisch. »Hier ist vermerkt, dass der Schichtführer einige Male wegen Trunkenheit getadelt wurde«, sagte er. »Er hat Anleihen zur Renovierung seiner Wohnung bekommen und das Geld mit seinen Freunden versoffen. Seine Frau hat Beschwerde bei der Betriebsleitung eingereicht.«

»Gott schütze uns vor solchen Frauen«, sagte Novotny.

»Sie sind ledig, haben also keinen Grund zur Sorge«, lächelte Gedalja Hajut. Konstantin wollte wissen, ob der Schichtführer Parteimitglied sei.

»Ja«, nickte Hajut. »Sie wissen doch, wie das ist. Alle, die eine Position haben, müssen Parteimitglied sein. Um die Wahrheit zu sagen, dieser Mann hat keine schillernde Vergangenheit, er war nie für uns aktiv, hat nichts für unsere Sache riskiert. Der Parteiausweis ist für ihn nur ein Stück Papier. Noch heute werde ich die Betriebsparteizelle einberufen. Wir werden ihn ausschließen. Niemand wird ihn in Schutz nehmen. Wie sagt man doch? Der Gerechtigkeit muss nicht nur Genüge getan werden, sie muss auch sichtbar werden. Wir werden in aller Öffentlichkeit nachweisen, dass wir kriminelle Parteimitglieder nicht verschonen.«

Konstantin war sichtlich zufrieden. »Saubere Angelegenheit«, urteilte er. »Ich kehre in mein Büro zurück. Unterrichten Sie mich über den Verlauf der Sitzung. Ich will ihn nicht festnehmen, solange er noch im Besitz des roten Büchleins ist.«

Gedalja Hajut meinte spöttisch: »Sehen Sie, Nowak, Sie haben das Problem gelöst.«

»Ich bin mir nicht sicher, ob ich das Richtige getan habe.«

Novotny, der die Unterhaltung schweigend verfolgt hatte, konnte sich nicht mehr zurückhalten.

»Natürlich haben Sie nicht das Richtige getan«, warf er ein. »Nichts haben Sie gelöst.«

»Ich an Ihrer Stelle würde aufpassen, was Sie sagen«, platzte Hajut heraus.

»Sie werden nie an meiner Stelle sein, Genosse. Wir sind aus anderem Holz geschnitzt.«

Hajut antwortete nicht. Novotny warf ihm einen verächtlichen Blick zu und verließ, ohne ein weiteres Wort zu sagen, das Zimmer. Als er die Tür hinter sich geschlossen hatte, sagte Hajut:

»Nun gut, Sie haben uns sehr geholfen. Sie sind umsichtig und haben sich auch so verhalten. Übrigens: Ich habe Ihren Namen nicht auf der Liste der Parteimitglieder gesehen.«

»Ich habe mich nicht um eine Aufnahme beworben.«

»Warum?«

»Auch Novotny hat mich das schon gefragt.«

»Und was haben Sie geantwortet?«

»Dass ich kein Kommunist bin.«

»Jetzt, da nur wir beide im Zimmer sind, muss ich Ihnen einige Dinge sagen: Sie sind intelligent, Nowak, aber auch naiv, sehr naiv. Glauben Sie tatsächlich, dass alle, die einen Parteiausweis besitzen, seit ihrer Geburt Kommunisten sind? Nein, mein Freund. Niemand hat die Prinzipien der kommunistischen Lehre mit der Muttermilch aufgenommen. Eine Weltanschauung baut man langsam auf, Stück für Stück. Manchmal sind die persönlichen Erfahrungen ausschlaggebend, manchmal kommt man über den Verstand zu einer Entscheidung. Ich habe beides miteinander verbunden. Und Sie? Ihnen stehen alle Wege offen. Wenn Sie gesellschaftliche Gerechtigkeit anstreben, an den Weg glauben, den die Partei im Namen des Volkes eingeschlagen hat, und bereit sind, ihr zu folgen, dann gibt es keinen Grund, warum Sie nicht beitreten sollten. Die Partei verkörpert eine Lebensweise. Folglich gibt es kein Leben neben ihr oder am Rande. Nur wer in der Mitte des Weges marschiert, kommt voran. Die Partei braucht fleißige und aufrichtige Leute. Wenn Sie zu der Schlussfolgerung kommen, diesen Weg einschlagen zu wollen, würde ich mich freuen, Sie zu empfehlen.«

»Das war eine lange Ansprache«, lächelte Liebmann. Der

aufgestaute Druck war verflogen. »Jedenfalls danke ich Ihnen für Ihr Vertrauen.«

»Sie haben bewiesen, dass Sie es wert sind«, antwortete Hajut. Er griff nach dem Telefonhörer und deutete damit an, dass das Gespräch beendet war.

Als Liebmann am nächsten Tag im Büro saß, stand Novotny plötzlich in der Tür. Er klopfte nicht an und grüßte nicht. Der ernste Gesichtsausdruck und die Stimme verrieten seine Verärgerung, die er zurückzuhalten versuchte. Er baute sich vor dem Schreibtisch auf, auf dem Stapel von Papieren lagen, stützte sich mit beiden Händen auf der Tischplatte ab, neigte sich vor und startete einen Frontalangriff.

»Sicherlich sind Sie zufrieden«, sagte er laut. »In Kürze werden Sie vor Gericht als Zeuge der Anklage erscheinen, vielleicht werden Sie sogar zum Nationalhelden erklärt und für Ihre Wachsamkeit ausgezeichnet. Doch es könnte auch sein, dass niemand etwas von Ihrer Heldentat erfährt, weil der Prozess hinter verschlossenen Türen stattfinden wird. Dann wird nur das Urteil bekannt gegeben. Doch vor den Arbeitern der ›Universalwerke‹ kann man die Wahrheit nicht verbergen. Sie kennen die Fakten. Wir werden zwar weiterhin den Betrieb leiten, doch sie werden nie wieder einem Wort aus meinem oder Ihrem Mund glauben. Wie soll ich Anforderungen an die Arbeiter stellen, ihnen Moralpredigten halten, ihnen die übergeordnete Stellung der sozialistischen Herrschaft erklären? Als ich Sie eingestellt habe, dachte ich nicht, es mit einer falschen Schlange zu tun zu haben.«

Liebmann stand auf. »Sie wissen, dass meinen Ausführungen keine Bedeutung beigemessen wird. Die Sache wurde weder von mir noch von Ihnen entschieden. Wir hatten auf den Lauf der Dinge keinen Einfluss.«

»Das mag vielleicht Ihr Gewissen beruhigen«, konterte Novotny.

Liebmann versuchte, sich zu verteidigen. »Mir scheint, Sie machen aus einer Mücke einen Elefanten. Schließlich ist das nur eine Randerscheinung. Wirklich wichtig ist nur die Zukunft des Betriebs.«

»Wenn das Schicksal eines Menschen eine Randerscheinung ist, dann haben Sie sich sehr flott herausgemacht, Genosse Nowak. Das ist allerdings nicht die Ansicht eines wahren Kommunisten. Ich erinnere mich an ein Sprichwort meines Großvaters: ›Alles fängt einmal klein an, von der Pflanze bis zum Menschen, mit einer Ausnahme – die Katastrophen.‹ Ich rate Ihnen, gründlich darüber nachzudenken.«

Für einige Wochen fürchtete Liebmann, vorgeladen zu werden und gegen den Schichtführer aussagen zu müssen. In Gedanken malte er sich aus, wie sein öffentliches Auftreten vor Gericht ein böses Ende haben würde. Vielleicht würden die Zeitungen sein Bild drucken, jemand würde ihn erkennen und aller Welt mitteilen: »Ich kenne diesen Mann. Das ist nicht Nowak, sondern Itzhak Liebmann.« Und vielleicht würde sogar Rudolf Nowak höchstpersönlich die Berichte aus dem Gerichtssaal lesen und den Doppelgänger entlarven … Jedes Mal, wenn er auch nur an eine solche Möglichkeit dachte, lief ihm ein kalter Schauer über den Rücken. Doch dann sagte Hajut eines Tages auf einer Direktionssitzung, dass der Schichtführer und einer der Hilfsarbeiter zu zwei Jahren Zwangsarbeit verurteilt worden seien. »Das Urteil wurde im Schnellverfahren erlassen, durch eine administrative Anordnung«, erklärte er. »Es hatte keinen Zweck, ein Gerichtsverfahren einzuleiten, Zeugen aufzurufen und alles publik zu machen. Sie können sich vorstellen, wie die Klatschmäuler dieser Stadt reagiert und mit welchem Vergnügen sie uns angeprangert hätten. Das Bezirksparteikomitee hat zugestimmt, da an der eigentlichen Schuld kein Zweifel bestand. Wir befinden uns immer noch auf dem Höhepunkt des Klassenkampfes und dürfen keine Schwäche zeigen.«

Als Hajut über die Entwicklung der Dinge berichtete, heftete Liebmann seinen Blick auf Olf Novotny und wartete auf einen wütenden Ausbruch. Er selbst war über das juristische Verfahren ohne Prozess ins Grübeln geraten. Hajut hatte behauptet, dass es der Partei erlaubt sei, sich von der bürgerlichen Auffassung von Gesetz und Ordnung loszulösen und »das trockene Gesetz den Lebensnotwendigkeiten anzupassen«. Novotny saß regungslos da. Er hatte das Gesicht in die Hände gestützt und sah aus, als wäre er mit seinen Gedanken ganz woanders. Gedalja Hajut schloss seinen kurzen Bericht mit einer allgemeinen Anmerkung über die Notwendigkeit, die alten Richter durch neue zu ersetzen. Dann ging er unvermittelt zu einem anderen Thema über: Die mäßige Produktivität der Fräsabteilung. Erst als Hajut wegen der Nichterfüllung des Dreimonatsplans die Verantwortlichen angriff, ohne Namen zu nennen oder sich auf eine bestimmte Person zu beziehen, brach Novotny sein Schweigen.

»Das fällt nicht in Ihren Zuständigkeitsbereich«, konterte er.

Hajut hob die Stimme. Der Ton verschärfte sich. »Sie müssten doch wissen, dass immer der Mensch im Mittelpunkt steht. Ich bin für die Personalabteilung zuständig und trage somit die Verantwortung für alle Arbeiter des Betriebs. Ist das klar, Genosse Novotny?«

Itzhak Liebmann hätte diesen unangenehmen Zwischenfall vergessen, wenn ihn nicht immer derselbe Traum gequält hätte: In gestreifter Häftlingskleidung steigt er die Stufen zu einem Keller hinunter. Im gedämpften Licht sieht er Konstantin vor sich. Der Inspektor bleibt stehen, wendet den Kopf und gibt ein Zeichen, ihm zu folgen. Am Ende der Treppe erkennt Liebmann eine grau gestrichene Eisentür. Sie steht offen. Von ihr führt ein stockfinsterer Gang ins Ungewisse. Konstantin verschwindet in der Dunkelheit. Mit einem dumpfen Geräusch schließt sich die Tür hinter ihm. Als Liebmann unten ankommt, kann er die Tür nicht öffnen. Sie ist schwer. Dann gelingt es ihm, sie ganz langsam aufzuziehen. Jetzt steht sie offen, doch es gibt keinen Gang. Vielleicht hat es nie einen gegeben. Liebmann steht vor einer undurchdringlichen Mauer. Er berührt sie, tastet die raue Oberfläche mit der Hand ab, um sich zu vergewissern, dass sie wirklich da ist. Als er schließlich erkennt, dass der Weg tatsächlich versperrt ist, will er umkehren. Doch auch die schmale Treppe ist verschwunden. Da ist nichts als Sandwüste, unendliche Dünen bis zum Horizont. So steht er da. Die Angst fährt ihm in die Knochen.

Dieser ermüdende Albtraum kehrte jede Nacht wieder wie ein Mantra, das vor einer undefinierbaren Gefahr warnt. In den frühen Morgenstunden, noch bevor es hell wurde, schreckte er durchgeschwitzt aus dem Schlaf auf. Er schaltete die Nachttischlampe neben seinem Bett ein. »Licht verscheucht Gespenster«, hatte seine Mutter immer gesagt, wenn sie ihn zu Bett gebracht hatte. Damals war Itzhak fünf oder sechs Jahre alt gewesen. Das Licht hatte ihm das Gefühl von Sicherheit gegeben, doch jetzt wollte es sich nicht einstellen. Auch nach dem Erwachen wurde er das aufsteigende Angstgefühl nicht los. Auf seiner Brust lastete ein unsichtbarer Felsbrocken. Und jedes Mal, wenn er die Augen öffnete, fiel sein Blick auf das Bild an der gegenüberliegenden Wand. Er wusste, dass es nur der Seidendruck eines Gemäldes von Botticelli war, der den heiligen Augustinus zeigt; doch aus irgendeinem Grund erinnerten ihn diese Gesichtszüge im ersten Moment an Inspektor Konstantin. Und obwohl er wusste, dass es eine Erfindung seiner aufgewühlten Seele war, konnte er sich dieses Eindrucks nicht entledigen. Es hinderte ihn daran, wieder einzuschlafen. Nach einigen ruhelosen Nächten verlor er die Geduld, hängte das Bild ab und stellte es hinter den Kleiderschrank. Auf diese Weise hatte er offensichtlich eines der Glieder dieser imaginären Kette herausgerissen, denn der Albtraum kehrte nicht wieder.

Dreimal die Woche machte Maria Kott das Zimmer ihres Untermieters sauber, und alle vierzehn Tage wechselte sie die Bettwäsche. Er liebte den Duft des Wäscheblaus, das sie der Wäsche hinzufügte, und das Rascheln der gestärkten Laken. Damit verband er nicht das Gefühl von Luxus, sondern den Wohlgeruch häuslicher Schlichtheit. Hier fühlte er sich vor dem Bösen der Welt dort draußen sicher. Am angenehmsten war es im Winter, wenn sie das Zimmer schon vor seiner Rückkehr aus dem Betrieb beheizte. Der alte Kachelofen in der Ecke wärmte das Zimmer nicht nur, sondern verbreitete auch wohlige Gemütlichkeit. Manchmal beschwerte sich Maria, dass sie mit Holz heizen musste. Sie machte Andeutungen, dass es für ihn als leitenden Ingenieur der »Universalwerke« ein Leichtes wäre, Kohle zu besorgen. Liebmann tat, als verstünde er ihre Andeutungen nicht. Für seine Begriffe hätte sich daraus eine Verpflichtung und eine demonstrative Bindung an das Haus ergeben. Er war nur ein Untermieter, mehr nicht, wie er einmal zu Rita gesagt hatte. Jede weitere Annäherung an einen Mitmenschen, jede Intimität barg die Gefahr, entdeckt zu werden. Und das wollte Itzhak Liebmann auf keinen Fall riskieren. Seine Vermieterin servierte ihm morgens immer Kaffee und Brötchen und legte im Wohnzimmer eine saubere Tischdecke auf. Den Kaffee schenkte sie in eine dünne Porzellantasse, und die Brötchen legte sie auf einen Teller aus dem gleichen Service. Ihre Gespräche drehten sich um Belangloses, auch wenn sie ihn zum Nachmittagstee einlud. Manchmal berichtete sie vom neuesten Klatsch. Er hörte ihr zu und nickte höflich, war jedoch nicht immer ganz bei der Sache. Noch bevor er den letzten Schluck Kaffee getrunken hatte, war er in Gedanken schon bei den Aufgaben, die vor ihm lagen. Er wohnte seit mehreren Monaten als Untermieter bei Maria Kott, hatte aber noch nie ihr Zimmer gesehen. Auch sie hatte nie darum gebeten, ihn in seinem Zimmer besuchen zu dürfen. Das Wohnzimmer war ihr gemeinsames und dennoch neutrales Territorium. Umso verwunderter war er, als sie eines Sonntags vor der Messe an seine Tür klopfte.

»Herein.«

»Ich hoffe, ich störe nicht«, entschuldigte sie sich.

Ihr Erscheinen war so unerwartet, dass er ganz vergaß, ihr einen Stuhl anzubieten. Sie stand in der Tür, sah hübsch aus und war geschminkt. Sie trug ein blaues Baumwollkleid mit langen Ärmeln und hatte einen leichten Mantel über dem Arm hängen. Sie trug selten Schmuck, und auch jetzt hatte sie sich nur ein kleines Perlmuttkreuz an einer feinen Silberkette umgehängt. Ihre Blicke begegneten sich nicht, denn Maria starrte auf seinen Schlafanzug, den er unordentlich neben das Bett geworfen hatte. Etwas verlegen nahm er die beiden verknitterten Schlafanzugteile und stopfte sie unters Kopfkissen.

»Männer achten nie auf Ordnung«, merkte sie an und fügte hinzu: »Was halten Sie davon, mich zur Kirche zu begleiten? Wir schaffen es noch zur zweiten Messe. Die Kirche wird bis auf den letzten Platz besetzt sein, auch wenn nur wenige zum Gebet kommen. Sie haben nichts zu befürchten, nur der Teufel fürchtet sich vorm Weihwasser.«

»Interessant, ob der Teufel Erlösung fände, wenn er an die himmlische Pforte klopfen würde«, lachte er.

»Das heißt, Sie kommen mit«, stellte sie fest. »Nehmen Sie Ihr Jackett, es ist frisch.«

Die erste Kirche, die er betreten hatte, war die Kathedrale Unserer Erlösenden Jungfrau gewesen. Damals hatte er das süße Gefühl gehabt, in einen verbotenen Garten Einblick zu nehmen. Für seinen Vater und Großvater waren katholische Gotteshäuser nicht nur »verbotenes Terrain«, sondern absolutes Tabu gewesen. Mit Natalie dorthin zu gehen, war eine Versuchung gewesen, von der ihn kein noch so striktes Verbot abgehalten hätte. Es war ungefähr ein Jahr vor Ausbruch des Zweiten Weltkrieges gewesen. Natalie hatte die Augen eines Rehs, helle schulterlange Haare, ein Mona-Lisa-Lächeln und den Gang einer erotischen Frau. Er liebte sie, zumindest hatte er das damals geglaubt. Doch mit dem Abstand einiger Jahre war der Glanz der Jugendliebe verblasst ... Er hatte Natalie zum ersten Mal auf einer Party getroffen, die er gab, nachdem er seine erste Arbeitsstelle gefunden hatte. Bei den staatlichen Behörden hatte er keine Stelle finden können, und so hatte er das Angebot einer privaten Brückenbaufirma angenommen. Das Gehalt war zwar nicht besonders gut gewesen, doch dort arbeitete ein junges und dynamisches Team. Zudem hatte die Firma eine Ausschreibung für den Bau einer riesigen Brücke gewonnen, die zwei Stadtviertel der Hauptstadt miteinander verbinden sollte. Diese berufliche Herausforderung reizte ihn. Natalie war als Begleiterin eines seiner neuen Arbeitskollegen zur Party gekommen. Beide hatten zu viel getrunken und laut zu streiten begonnen. Die Vermittlungsversuche gemeinsamer Freunde waren zwecklos geblieben, und Natalies Begleiter hatte die Party mit lautem Türknall verlassen. Sie blieb auch dann noch, als alle anderen schon gegangen waren. Sie hatte in seinem Bett und er auf dem Klappsofa im Wohnzimmer geschlafen. Am nächsten Morgen fragte sie: »Was ist abstoßend an mir?«

»Du bist ganz in Ordnung, aber ich wollte, dass du es entscheidest, wenn du alle Sinne beisammen hast.«

»Ich habe mich entschieden«, sagte sie und küsste ihn.

Das war der Beginn einer Beziehung gewesen, die entscheidend mit dazu beitrug, dass er einen wichtigen Abschnitt seines Lebens hinter sich zurückließ.

Nachdem sie miteinander geschlafen hatten, lud er sie in das Café ein, in dem er manchmal mit Tamara, Lydia und anderen Frauen geflirtet hatte. Er hatte ihre Namen in seinem Terminkalender eingetragen und wieder gestrichen. Der Kellner und der Cafébesitzer begrüßten ihn immer lautstark, wie man einen Stammgast willkommen heißt. Ihre Anreden – »Ja, Herr Ingenieur«, »Selbstverständlich, Herr Ingenieur« – hatten ihm gefallen, denn sie gaben ihm das Gefühl, bedeutend zu sein. Er vergaß nie, dem Kellner ein gutes Trinkgeld zu geben.

Natalie hatte heiße Schokolade bestellt. »Für heiße Schokolade könnte ich sterben«, sagte sie. Sie hätte auch für modische Kleidung, für Süßigkeiten aus dem Hause Pishinger, die neue Aufführung von Bernard Shaw am Kammertheater und den mächtigen Marschall wie-war-doch-sein-Name »sterben« können. »Ich könnte auch für dich sterben«, flüsterte sie zwischen zwei Schluck heißer Schokolade und lachte.

Es war ein natürliches und ansteckendes Lachen gewesen. Der Cafébesitzer, der sich nie von seiner Registrierkasse wegbewegte, warf ihnen ein verständnisvolles Lächeln zu. Itzhak war glücklich gewesen und hatte wissen wollen: »Warum ausgerechnet ich?«

»Ich war unheimlich neugierig und wollte dich unbedingt kennen lernen«, hatte sie offen zugegeben. »Es hat alles vor zwei Wochen angefangen. Mein Freund hat den Fehler seines Lebens gemacht. Wusstest du, dass er total verrückt nach mir ist? Nein? Die ganze Welt weiß es, doch du, du lebst hinterm Mond. Er hat mir viel von dir erzählt: Du bist ein begabter Ingenieur, doch man hat dich bei den Gehaltsverhandlungen beschupst, weil du Jude bist. Sie wussten, dass du den Mund nicht aufmachen würdest und es dir gar nicht in den Sinn käme, über die Gehaltsbedingungen zu verhandeln. Mein Vater hat aus tiefstem Herzen gelacht. ›Alle Ehre dem, der einen Juden bei finanziellen Dingen überlistet.‹ Ich glaube, mein Lachen habe ich von ihm geerbt. Schade, dass du ihn nie kennen lernen wirst. Er ist ein Mensch, der sogar Trauergäste auf einer Beerdigung zum Lachen bringen kann. Doch seine Beschwingtheit täuscht die Menschen. Tief im Innern ist er ein kompromissloser Mann, der mich und meinen Bruder zu nationalem Bewusstsein erzogen hat. Manchmal denke ich, dass die ersten Worte, die er als Baby sagen konnte, Heimat, Ehre und Christentum waren. Verstehst du, was ich meine?«

»Jugendliche Rebellion?«

»Ich bin der Apfel, der weit weg vom Stamm herunterfiel. Und du bist meine verbotene Frucht.«

Mit Natalie hatte er keine intellektuellen Gespräche geführt. Er verglich ihre Beziehung mit einer Kreation, die ausschließlich aus Klängen, Gerüchen und Berührungen bestand; die Noten dieser Komposition schrieben sie selbst mit vier Händen auf den Saiten ihrer körperlichen Liebe. Jedes Mal, wenn er sich bemühte, ihrer Liebe etwas Romantik zu geben, hatte Natalie deren vergänglichen Charakter betont. Sie kannte keine Scham und kein Verstellen. Einmal, als sie von einer angenehmen Müdigkeit erfüllt in seinem Bett gelegen hatten, offenbarte sie ihm ihre Weltanschauung: Sie müsse jeden Augenblick in vollen Zügen genießen, denn irgendwann würde sie sich ihren Eltern beugen und jemanden heiraten müssen, den sie aussuchen würden. So war es in ihrer Familie Tradition. Es würde eine bequeme Ehe sein, so wie ein alter Hausschuh. Der Bund würde aus kühler Berechnung geschlossen werden, ohne einfordernde Liebe, doch sie würde ihre Unabhängigkeit zügeln müssen. Er hatte vergeblich versucht, ihr zu widersprechen. Sie lag nackt da, war sich der Schönheit ihres Körpers bewusst und hatte gelacht: »Ich bin eine läufige Hündin und du ein sentimentaler Gefühlsdussel; doch anscheinend ist das eine typisch jüdische Eigenschaft.«

Natalie war anders als Sofia. Sofia hatte sich gefürchtet, ihre Beziehung publik zu machen. Natalie hingegen wollte ihre national eingestellten Eltern und die konservative Gesellschaft, die ihr natürliches Umfeld war, etwas ärgern. Sie schleppte ihn auf Partys und Premieren mit, so dass er sich manchmal wie ein Hund einer seltenen Rasse fühlte, den man an einer goldenen Kette vorführt. Und letztlich hatte er sie auch zu den Sonntagsgottesdiensten begleitet. Ihre Eltern hatten reservierte Plätze in der zweiten Reihe der Kathedrale Unserer Erlösenden Jungfrau. Sie taten, als würden sie ihn nicht sehen. Doch Natalie hatte ihn das Hauptschiff entlanggeschleppt, seine Hand gehalten und das Lächeln eines aufsässigen Mädchens aufgesetzt. Ihm war es peinlich gewesen, was sie noch mehr belustigte, vor allem wenn die anderen niederknieten und sich bekreuzigten. Er hatte steif dagestanden und Blicke der Verwunderung und der Neugierde, vielleicht sogar des Fremdenhasses, auf sich gezogen.

Er erfuhr nie, wie das Gerücht zu seinen Eltern gedrungen war. 1939 war der Sommer heiß und der Herbst trocken gewesen. Sein Vater hatte für zwei Tage den Kurzwarenladen geschlossen und war in die Hauptstadt gereist, um seinem Sohn die Leviten zu lesen. »Das kannst du deiner Mutter nicht antun«, warf er ihm vor. »Du bist nicht Guggenheim oder Rothschild. Du kannst es dir nicht leisten, eine Nichtjüdin zu heiraten. Man hat dich mit dieser Schickse in der Kirche gesehen. Schämst du dich nicht?«, hatte er sich erzürnt. Seine Stimme zitterte vor Erregung. »Glaube bloß nicht, dass du die Liebe erfunden hast. Auch ich war einmal jung und habe Liebe und Enttäuschungen erfahren, doch ich habe nie meinen Kopf verloren. Du musst mir versprechen, diese Beziehung zu lösen, denn ansonsten kann ich mich nicht mehr in der Synagoge sehen lassen. Die Familie Liebmann würde bis in alle Ewigkeit aus ihrer Gemeinde ausgestoßen sein.«

Der alte Liebmann hatte keine Ruhe gegeben, und Itzhak lenkte ein, »der Schande ein Ende zu machen«. Natalie hatte es einfach hingenommen, dass er die Beziehung überraschend beendete. Schon bald danach schickte sie ihm eine Einladung zu ihrer Hochzeit: »Stephan Brosch und Natalie Grot geben sich die Ehre, am Freitag, dem 1. September 1939, in der Kathedrale Unserer Erlösenden Jungfrau zu ihrer Vermählung einzuladen.« Aus Neid hatte er ihr einen Strauß gelber Chrysanthemen nach Hause geschickt. Er war zur Kirche gegangen und sorgte dafür, dass Natalie sein trauriges Gesicht bemerkte. Als das glückliche Paar und die ehrwürdige Hochzeitsgesellschaft auf die Straße traten, erfüllte plötzlich Sirenengeheul die Luft. Am Morgen war Krieg ausgebrochen und deutsche Stuka-Bomber waren gleich einem Geschwader

Raubvögel am blauen Himmel aufgetaucht. Liebmann war in die Kirche zurückgewichen, deren hohe Decke die Illusion von Schutz erzeugt hatte. Aus großer Höhe hatte ihn der Gekreuzigte angeblickt, und aus einer entlegenen Ecke war liturgische Musik erklungen. Die Orgel schien den Bomben trotzen zu wollen.

Auch in der St. Augustinus Kirche hallten Orgelklänge. Versunken in Erinnerungen, hatte Liebmann das Ende der Messe verpasst. Maria Kott berührte ihn leicht am Arm.

»Ich möchte Sie dem Pfarrer vorstellen. Ein bezaubernder Mann und interessanter Gesprächspartner.«

»Ein anderes Mal vielleicht«, wich Liebmann aus. Doch bevor er sich entfernen konnte, stand der Pfarrer schon neben ihm und streckte ihm die Hand entgegen.

»Herzlich willkommen in unserem Gotteshaus, Herr Nowak.«

»Sie kennen mich?«

»Frau Kott hat mir von Ihnen erzählt.«

»Sagen Sie es ihm, Pater Viktor. Er kann uns helfen«, drängte Maria Kott.

Die Gottesdienstbesucher gingen an ihnen vorüber, grüßten den Pfarrer und musterten Liebmann neugierig. Hier kannte jeder jeden. Er war ein Fremder. Pater Viktor erwiderte die Grüße mit einem breiten Lächeln, das das runde Gesicht erfüllte. Als sie vor der Kirche standen, flüsterte er Liebmann zu:

»Ich hoffe, der Herr im Himmel wird Ihnen den Mut und das Vermögen geben, ihm zu dienen. Sehen Sie die beiden Lastwagen, die am Ende der Straße parken? Sehen Sie nach rechts, dort, neben der Post. Sehen Sie es? Ja? Und die Arbeiter der Stadtverwaltung, die daneben stehen?«

»Ich hätte nicht gedacht, dass sie sonntags arbeiten«, antwortete Liebmann und fragte: »Was ist los? Warum flüstern Sie? Was soll die Geheimniskrämerei?«

Die Arbeiter packten Presslufthammer und Baugeräte aus. In einer Seitenstraße stand eine riesige gelbe Planierraupe. Wegen des Krachs drückte Maria den Mund an Liebmanns Ohr. Er spürte ihren warmen Atem, als sie sagte:

»Verstehen Sie wirklich nicht, was sie uns antun? Morgen ist der achtundzwanzigste August, der Namenstag des heiligen Augustinus, und wir veranstalten ihm zu Ehren eine Prozession durch die Stadt. Die Kirche hat sich auf dieses Fest vorbereitet, allerdings vergessen es auch Ihre Freunde nicht, Herr Nowak.«

»Es tut mir Leid, aber ich verstehe nicht, Frau Kott.«

Pater Viktor unterbrach sie. »Ich schlage vor«, sagte er, »wir unterhalten uns in der Sakristei weiter. Die Gläubigen sind gegangen, und wir stehen hier wie auf dem Präsentierteller.«

Die drei wandten sich zur Seitentür. Liebmann verfluchte den Moment, in dem er zugestimmt hatte, Frau Kott zu begleiten. Er wusste nicht, was diese Frau und der Pfarrer von ihm wollten. Ihm war jedoch sonnenklar, dass sie ihn in eine Sache hineinzogen, mit der er nichts zu tun haben wollte. Widerwillig folgte er dem Pfarrer, der ihn in eine kleine Kammer hinter den Altar führte, wo die Gewänder und Ritualgegenstände verwahrt wurden. Maria schien sich gut auszukennen, denn sie ging voraus. Erst als sie sich an den Tisch gesetzt hatten, fuhr der Pfarrer fort. Auch jetzt redete er mit gedämpfter Stimme, als offenbare er ein Geheimnis:

»In unserer Mitte gibt es jemand, der den Behörden alle Einzelheiten der Vorbereitungen mitteilt und sie über Zeitpunkt und genaue Route der Prozession informiert. Im vergangenen Jahr kannten sie sogar die Namen der Organisatoren. Ihnen gegenüber fiel dann irgendein dummer Satz wegen des Verstoßes gegen die sozialistische Arbeitsdisziplin oder ein lächerlicher Tadel wegen übermäßigem Trinken. Sie wissen doch, wie das ist, die haben ihre Methoden, den Menschen das Leben zu vergraulen, und zu meinem Bedauern trifft das auch uns. Auch den Heiland hat ein Denunziant verraten.«

Der Pfarrer richtete die Augen zur Decke, als wolle er um Bestätigung von oben bitten. Dann fuhr er fort:

»Sie werden auch in diesem Jahr versuchen, die Prozession zu stören. Sie werden alles versuchen, allerdings ohne die Massen aufzubringen. Wir kennen die Spielregeln. Auch wir haben unsere Wege, uns hin und wieder über die internen Rundschreiben der Partei zu informieren.«

»Ich weiß.«

»… sie sind der Ansicht, dass die Kirche das Volk in die Irre führt und wirkliches Glück ausschließlich die marxistische Lehre verheißt, im Hier und Jetzt, und nicht im ewigen Leben der Seele. Es ist eine kompromisslose Auseinandersetzung zwischen zwei Ideologien. Das Stören einer Prozession ist eine relativ effektive Waffe. Wir haben nicht gerade viele Möglichkeiten, unsere Existenz zu demonstrieren. Würden sie die Prozession offiziell verbieten, gingen Tausende auf die Straße. Doch Ihre Freunde streben keine spektakuläre Vorstellung mit berittener Polizei an. Sie ziehen niederträchtige Tricks vor. Schon bald werden die Arbeiter Gräben entlang der Route ausheben. Dem Anschein nach reparieren sie geplatzte Wasserrohre. Morgen kann man dann in der Zeitung über eine Gruppe von Arbeitern lesen, die auf ihren offiziellen Ruhetag verzichtete, um die geregelte Wasserversorgung der Bevölkerung zu gewährleisten. Sie graben sozusagen ihre

Verteidigungslinie. Und die Prozession wird auf die Seitenstraßen ausweichen müssen.«

»Nehmen wir einmal an, die Dinge stünden wirklich so«, sagte Liebmann, die Glaubwürdigkeit dieser Geschichte anzweifelnd. »Was erwarten Sie von mir?«

»Frau Kott hat mir zu verstehen gegeben, dass Sie ganz oben Einfluss haben, schließlich sind Sie der leitende Ingenieur der ›Universalwerke‹.«

»Ich fürchte, Sie überschätzen meine Kapazität. Ich bin erst seit kurzer Zeit in der Stadt und habe keinen Einfluss auf politische Entscheidungen. Und überhaupt, die ganze Sache ist in meinen Augen reichlich lächerlich. Die Partei und die Kirche sollen Katz und Maus miteinander spielen?«

»Das ist kein Kinderspiel, mein Sohn. Eines Tages werden Sie es verstehen.« Pater Viktor stand auf und streckte ihm zum Abschied die Hand hin. Er erwiderte kräftig den Händedruck, Maria Kott küsste flüchtig den Ring am Mittelfinger des Pfarrers. Er begleitete sie zum Ausgang und sagte: »Ich bitte Sie nicht darum, die Anordnung für diese Grabungsarbeiten aufzuheben. Ich weiß, dass das Ihre Möglichkeiten übersteigt. Frau Kott wird Ihnen erklären, um was genau es geht. Es gibt viele Wege, unserem Herrn zu dienen.«

»Kommen Sie, wir gehen nach Hause«, sagte sie und hakte sich ganz selbstverständlich bei ihm unter. Erst als sie ein Stückchen so gegangen waren, fragte sie, ob sie ihn damit in Verlegenheit bringe. »Wieso?«, entgegnete er. Doch im Grunde passte ihm diese unerwartete Intimität ganz und gar nicht. Er blickte um sich, denn er fürchtete scharfe Zungen. Der Besuch in der Kirche und die demonstrative Annäherung dieser Frau würden Hajut und Novotny bestimmt nicht gefallen.

Das Wetter klärte sich auf. Sie gingen langsam und

schweigend, wie ein Paar, das seit vielen Jahren zusammenlebt und sich längst alles gesagt hat.

»Was halten Sie davon, mir heute zum Mittagessen Gesellschaft zu leisten?«, fragte sie, als sie am Haus angelangt waren. »Ich habe einen Hasenauflauf im Ofen.«

»So ein Angebot kann man nicht ausschlagen«, antwortete er.

Der Auflauf war trocken; doch Liebmann behauptete, noch nie etwas Köstlicheres gegessen zu haben. Zum Abschluss schenkte sie einen hausgemachten Likör ein. »Ich mache ihn aus frischen Kirschen und Zucker«, erklärte sie. Der Likör brannte in der Kehle, und Wellen der Wärme gingen durch seinen Körper.

»Erinnern Sie sich an die Abschiedsworte des Pfarrers?«, fragte sie und stellte das Glas ab.

»Das große weibliche Geheimnis?« Es sollte amüsiert klingen, um dem Gespräch die Bedeutung zu nehmen. Doch Maria war sehr ernst.

»Pater Viktor hat angedeutet, dass jemand aus unserem näheren Umfeld der Regierung Informationen zukommen lässt. Wenn wir wüssten, wer es ist, könnten wir uns vorsehen oder sogar falsche Informationen verbreiten.«

»Sie lesen zu viele Krimis«, grinste er.

»Ich habe mit Ihnen noch nie ein so ernstes Gespräch geführt. Sie können uns helfen, und ich weiß, dass Sie die Bitte nicht abschlagen werden.«

»Was erwarten Sie von mir? Soll ich mich in das Archiv der Staatssicherheit schleichen, in den Akten wühlen und die Namen der Agenten abschreiben?«

Sein Tonfall hatte sich geändert. Maria spürte seine Verärgerung.

»Seien Sie nicht böse. Ich verlange nichts Unmögliches.

Sie stehen doch mit Inspektor Konstantin in Kontakt. Sie haben ihm einen kleinen Dienst erwiesen. Warum sollte er dann nicht auch Ihnen einen Gefallen tun? Menschen wie er sind an solche Art von Geschäfte gewöhnt.«

Das war ein Schlag unter die Gürtellinie. Liebmann spürte, wie ihm das Blut in den Kopf stieg. In verlegenen Momenten der Überraschung wurde er immer puterrot.

»Wer hat Ihnen das gesagt?«, stotterte er. »Das heißt, von wo … Das ist eine Verleumdung. Ich habe keinen Kontakt zu … Wie haben Sie gesagt? Konstantin?«

»Es hat keinen Zweck, Fakten zu leugnen. Der Pfarrer hat mir von der Untersuchung im Betrieb erzählt. Auch die Kirche hat ihre geheimen Informationsquellen. Ich will Sie nicht unter Druck setzen, aber denken Sie darüber nach.«

Maria schwieg. Und auch Liebmann sagte nichts. Es wäre absoluter Wahnsinn, dem Pfarrer als Spitzel zu dienen und für den Segen eines Gottes, an dessen Existenz er nicht glaubte, seine Zukunft zu gefährden. Zum Teufel mit der Kirche, zum Teufel mit Maria Kott und auch zum Teufel mit seiner komplizierten Welt.

In den »Universalwerken« machte das Gerücht die Runde, dass die Tage des Generaldirektors gezählt seien. Alles hatte mit dem Unglück in der Abteilung für Wärmebehandlung begonnen. Danach gab es auch in einigen anderen Produktionsabschnitten Vorfälle. Gedalja Hajut musste die Parteizelle immer öfter einberufen und machte den Verantwortlichen schwere Vorwürfe wegen ihrer Nachlässigkeit. Anfangs wurden keine Namen genannt, die Anschuldigungen schienen in der Luft zu hängen und keinen bestimmten Adressaten zu haben; doch in der letzten Woche hatte Hajut dann erstmals mit dem Zeigefinger auf Olf Novotny gedeutet. So etwas war nur auf ausdrückliche Anweisung der Machthaber möglich. Liebmann nahm an den Sitzungen nicht teil, denn schließlich war er kein Parteimitglied. Die Informationen trug ihm Rita zu. Sie sorgte dafür, ihn möglichst gut zu unterrichten. »Ich kenne das System«, sagte sie, »zuerst nehmen die Parteihunde die Witterung der Beute auf, dann gehen die Zeitungen zum Angriff über, und wenn die Beute schließlich schwach und blutend daliegt, kommen die Gesetzeshüter und schleppen den Kadaver weg.«

Rita liebte eine bildreiche Sprache, was ihn immer wieder erneut überraschte. Sie stammte aus einer einfachen Familie und es fehlte ihr eine solide Bildung. Seit er das erste Mal die »Universalwerke« betreten hatte, war sie freundlich und aufgeschlossen gewesen. Er hatte sie einige Male ins Café eingeladen und danach auch zum Abendessen in ein Restaurant, wo er feststellte, dass sie einem guten Tropfen nicht abgeneigt war. Er selbst zog es vor, nicht zu trinken, abgesehen von ein oder zwei Gläsern der Geselligkeit wegen. Er hatte zu oft gesehen, wie Alkohol die Zungen lockert. Rita führte ihn durch das Labyrinth der lokalen Gesellschaft. Sie informierte ihn, wo die eigentlichen Machtschwerpunkte lagen, wann die Partei mit gezielter Irreführung arbeitete und welchem wichtigen Funktionär er nicht auf die Füße treten durfte.

Rita wusste, dass Olf Novotny nicht schuld war an den Zwischenfällen. Jeder im Ministerium für Schwerindustrie versuchte, die Verantwortung abzuwälzen. Die Anschuldigungen richteten sich immer nach unten, Rang für Rang, Stufe für Stufe, bis sie endlich bei den Opfern anlangten. Novotny war der Ranghöchste der unteren Chargen. Produktionsmängel waren in der Vergangenheit schon mehrfach aufgetreten, doch in den letzten Wochen häuften sich bei der Partei und im Ministerium die Beschwerden über die schlechter werdende Qualität der ausgelieferten Ersatzteile. Die Schäden seien sehr groß, weil sich die Mängel erst zeigten, wenn die Kunden ihre Maschinen wieder in Betrieb genommen hatten. Novotny hätte ohne Schwierigkeiten die eigentlichen Gründe für die wiederkehrenden Mängel benennen können, doch aus einem Liebmann unerklärlichen Grund zog er es vor zu schweigen.

»Warum gehen Sie nicht zum Gegenangriff über?«, hatte er eines Tages gefragt, als Novotny trübsinnig und verärgert von einer Sitzung der Parteizelle zurückkam.

»Schließlich wissen auch Sie, was die Ursache des Problems ist«, antwortete er ungehalten. »Die Qualität des gelieferten Stahls entspricht nicht den Anforderungen.«

»Also?«

»Vor dem Krieg kaufte die Fabrik den Stahl in Schweden. Jetzt erhalten wir ihn aus der Don-Region. Wer sich offen über unsere russischen Freunde zu beschweren wagt, würde sofort als Feind der Sowjetunion hingestellt werden. Sie wissen sehr gut, was mit einem solchen ›Helden‹ geschieht. Doch auch ohne derartige Gefahr würde ich niemals etwas gegen die Sowjetunion unternehmen. Haben Sie vergessen, dass ich Kommunist bin? Es wäre, als würde ich mir selbst ins Gesicht spucken. Und außerdem – was würde es bringen? Wir müssten nicht nur die Fabrik stilllegen, sondern auch noch erklären, warum wir bisher geschwiegen haben. Es wäre der Beginn eines Geistertanzes, bei dem massenhaft Köpfe rollen würden. Und man braucht sich überhaupt nichts vorzumachen, dass man selbst als einziger Überlebender zurückbleibt.«

Liebmann hörte Novotnys feindseligen Unterton. Beim nächsten Treffen der Betriebsleitung sprach er das Problem der Herkunft des Stahls an und machte sogar Andeutungen, dass man dort die Qualität nicht kontrolliere. Seine Anmerkungen wurden zwar ins Protokoll aufgenommen, doch niemand rührte einen Finger, um etwas zu ändern. Auch bei der nächsten Lieferung erhielten sie zu stark erhitzten Stahl. Jeder Schichtführer wusste, dass bei Überhitzung eine Oxidschicht zwischen den Partikeln entsteht, so dass das Material spröde wird und seine Formbarkeit verliert. Dennoch machte niemand den Mund auf. Die Lieferung zurückgehen zu lassen kam nicht in Frage, weil man damit den Aufbau der zentralen Volkswirtschaftsplanung angegriffen hätte. Ein Zurückfallen hinter die Erfüllung des Fünfjahrplanes würde auf Kosten des guten Namens der »Universalwerke« gehen. Dann würden die Arbeiter und Schichtführer ihre Prämien verlieren, die bei Erfüllung der Produktionsquoten ausgezahlt wurden. Zurückhaltung war billiger, zumindest bis kurz vor dem bitteren Ende.

Anfang Dezember erschien Inspektor Konstantin erneut im Betrieb. Schon am Morgen hatte er sich telefonisch bei dem leitenden Ingenieur angekündigt. Liebmann hatte nach dem Anlass des Besuchs gefragt. »Nichts Wichtiges, nur ein freundliches Gespräch, Genosse Nowak«, hatte der Mann von der Staatssicherheit geantwortet.

»Ich kenne deren Freundschaft«, platzte Rita heraus, als sie vom Inhalt des Telefonats erfuhr. Schwer atmend betrat Konstantin Liebmanns Büro, denn beim Treppensteigen nahm er immer zwei Stufen auf einmal. Liebmann erhob sich. Konstantin schüttelte ihm die Hand und ließ sich in den Schreibtischsessel des leitenden Ingenieurs fallen. Innerhalb von Sekunden hatte sich die Lage gewendet: Liebmann war in seinem eigenen Büro zum Besucher geworden. Zerstreut blätterte Konstantin in den Papieren auf Liebmanns Schreibtisch. Ohne hochzusehen, fragte er:

»Warum stehen Sie, Genosse Nowak?« Liebmann nahm auf dem Besucherstuhl Platz.

»Bisher bin ich nicht gekommen, um Sie auszufragen, aber manchmal geht es nicht anders«, sagte der Inspektor entschuldigend. »Eigentlich sind wir davon ausgegangen, dass die Angelegenheit mit der Entlassung des Schichtführers erledigt sei. Doch nicht immer regeln sich die Dinge, wie man sich das vorstellt. Die Genossen im Ministerium für innere Sicherheit sind der Ansicht, wir hätten unseren Auftrag nur halb erfüllt. Ich hoffe, Sie verstehen, was ich meine, Nowak?«

»Um die Wahrheit zu sagen: Nein. Ich weiß nicht, worauf Sie hinauswollen.«

»Hajut meint, Sie seien schnell von Begriff. Aus seinem Munde ist das ein großes Kompliment. Hajut vertraut keinem so leicht. Er kam misstrauisch auf die Welt und wird sie auch misstrauisch wieder verlassen. Ich kenne diese Genossen, die im Untergrund aktiv waren. Die meisten handeln noch immer nach der Maxime: ›Vertrauen ist gut, Kontrolle ist besser.‹ Wenn, wie in unserer Situation, der Feind an jeder Ecke lauert, dann ist das natürlich eine positive Einstellung … Rauchen Sie?«

»Nur sehr selten.«

»Ich hoffe, der Rauch stört Sie nicht.« Konstantin zündete sich eine Zigarette an. Rita klopfte an die Tür und brachte ein Tablett mit Tee herein. Als sie einschenken wollte, gab Konstantin ihr zu verstehen, dass sie gehen könne. »Wir kommen schon allein klar.«

»Wie Sie wollen, Genosse«, antwortete sie. Liebmann bemerkte, dass die Tür lauter als üblich hinter ihr ins Schloss fiel. Offenbar war sie gekränkt.

Konstantin grinste. »Novotny hat eine hübsche Sekretärin. Der weiß das Leben zu genießen.«

Liebmann schenkte den Tee ein.

»Ich bin gekommen, um mich etwas zu unterhalten, und Sie sind stumm wie ein Fisch.«

»Und ich dachte, Sie wären zum Angeln gekommen.«

Konstantin rieb sich die Hände. »Eine sehr zutreffende Beschreibung, Genosse Nowak, sehr zutreffend.« Der Inspektor senkte die Stimme. »Doch dieses Mal geht es nicht um kleine Fische.«

»Wen wollen Sie denn fangen? Mich?«

»Wir wollen Novotny«, sagte sein Gast unumwunden.

»Novotny?«, Liebmann war erstaunt. »Ohne ihn wäre der Betrieb doch schon längst zu Grunde gegangen.«

»Wer hat den Schichtführer in der Wärmebehandlungsabteilung eingestellt? Ich meine den Schichtführer, den wir verhaftet haben.«

»Der Generaldirektor, nehme ich an.«

»Und wer gab die Anweisung, Ersatzteile aus Stahl herzustellen, der unbrauchbar ist?«

Die richtige Antwort lag ihm bereits auf der Zunge. Der Ehrlichkeit halber müsste er sagen, dass er selbst in seiner Eigenschaft als leitender Ingenieur den für die Produktion zuständigen Arbeitern die nötigen Anweisungen direkt erteilte. Doch Liebmann wusste genau, welche Antwort Konstantin hören wollte. Er wusste auch, dass nichts und niemand Novotnys Haut mehr würde retten können. Stellte seine Antwort den Inspektor nicht zufrieden, dann ginge sie zu Liebmanns Lasten, ohne dass dem Generaldirektor damit geholfen wäre. Über dessen Schicksal hatte irgendwer in irgendwelchen Amtsstuben längst entschieden, unabhängig davon, ob die Vorwürfe den Tatsachen entsprachen. Und wenn die

Tatsachen nicht mit den Vorwürfen übereinstimmten, tja, dann zogen die Tatsachen den Kürzeren. So wenigstens hatte es einmal der Sekretär der Parteizelle der »Universalwerke« scherzhaft formuliert. Jetzt wurde Liebmann klar, wie ernst dieser Scherz gemeint war. Allerdings hatte er noch immer nicht begriffen, warum das alles stattfand, welches Ziel verfolgt wurde und welche Anschuldigungen – seien sie nun belegt oder erfunden – gegen Novotny vorgebracht wurden. Nur eines stand zweifelsfrei fest: Er durfte nicht straucheln, durfte keinen Fehler machen und Konstantin nicht enttäuschen. Deshalb sagte er:

»Die allgemeine Verantwortung liegt beim Generaldirektor.«

Konstantin schrieb irgendetwas auf ein Blatt Papier. Dann griff er nach der Teetasse und leerte sie in einem Zug. Zufrieden lehnte er sich zurück, wischte sich den Mund mit dem Handrücken ab und grinste.

»Genosse Hajut hat versprochen, dass ich mich auf Sie verlassen kann, und wie immer wusste er, wovon er redet. Ihre Zeugenaussage gilt als professionelles Gutachten. Noch heute Abend werde ich Ihre Worte offiziell formulieren, und morgen können Sie die Aussage unterschreiben.«

»Am Telefon sagten Sie mir, Sie kämen zu einem freundschaftlichen Gespräch.«

Konstantin wurde ernst. »Sie fordern doch nicht etwa, dass ich nach dem, was Sie mir erzählt haben, zur Tagesordnung übergehe? Aus Ihrem Munde habe ich erfahren, dass Generaldirektor Novotny bei der Einstellung von Arbeitskräften Fehler gemacht hat und dass sein mangelndes Urteilsvermögen in Personalfragen der eigentliche Grund für den schweren Arbeitsunfall in der Wärmebehandlungsabteilung ist. Ferner haben Sie mich darauf aufmerksam gemacht, dass seine Anweisungen, minderwertige Rohstoffe für die Produktion von landwirtschaftlichen Geräten und Rüstungsgütern zu verwenden, zu erheblichen Schäden geführt haben. Habe ich den Sachverhalt korrekt wiedergegeben?«

Liebmann nickte.

»Sie haben der Gesellschaft und dem Staat einen großen Dienst erwiesen, übrigens auch sich selbst. Die Partei vergisst die Ihren nicht.«

Konstantin steckte das Blatt Papier zusammen mit seinen Zigaretten ein, erhob sich und machte einen Witz darüber, dass er den Sessel »warm und in gutem Zustand« zurückgebe. Als er schon in der Tür stand, drehte er sich noch einmal um. »Wenn ich Ihnen noch einen freundschaftlichen Rat geben darf: Sie sollten sich an den Sonntagen besser nicht mit all den Reaktionären in der Kirche sehen lassen. Sie sind doch ein kluger Mann. Sie wissen ja, wie man sich bettet, so liegt man … Auf Wiedersehen, Genosse Ingenieur. Es war ein Vergnügen, sich mit Ihnen zu unterhalten.«

Liebmann war sehr überrascht, als Hajut ihn ausgerechnet am zweiten Weihnachtsfeiertag anrief und bat, sofort in den Betrieb zu kommen. Das Verwaltungsgebäude war leer und nicht beheizt. Hajut wartete in dem Sitzungszimmer der Betriebsparteizelle. Noch bevor Liebmann seinen Pelzmantel ausgezogen hatte, sagte Hajut:

»Ich habe Sie nicht hergebeten, um Ihnen zu Weihnachten alles Gute zu wünschen, doch wenn Sie einen Tannenbaum haben, kann ich ein hübsches Geschenk darunter legen. Ich muss mit Ihnen einige Dinge besprechen, die keinen Aufschub dulden. Die Genossen der Parteizentrale und des Ministeriums erwarten noch heute Abend eine Antwort.«

»Eine Antwort auf was?«

Hajut schob ihm ein Blatt Papier zu. »Lesen Sie, dann werden Sie alles verstehen.« Liebmann begann zu lesen. Olf Novotny hatte an die Parteizentrale geschrieben, mit Durchschrift an den Sekretär der Betriebsparteizelle:

Teure Genossen,
nach gründlicher Auseinandersetzung mit den Gründen für die Mängel der Betriebsführung der ›Universalwerke‹ bin ich zu der Schlussfolgerung gekommen, dass ich die mir von der Partei übertragene Aufgabe nicht erfüllt habe. Das Vermögen, alle Fehler und Niederlagen einzugestehen und vor Selbstkritik nicht zurückzuschrecken, ist eine grundlegende Eigenschaft, die linientreue Kommunisten wie mich auszeichnet. Im Vertrauen auf dieses Vermögen bitte ich darum, mich von meiner Position, der ich nicht gerecht werden konnte, zu entbinden. Ich bin selbstverständlich bereit, jede andere Aufgabe, die die Partei für mich als richtig erachtet, zu übernehmen.

Itzhak Liebmann gab Gedalja Hajut das Schriftstück zurück. Der Sekretär faltete es zusammen. »Nun, was sagen Sie, Genosse Nowak?«

»Der Gehorsam kann einen erschaudern lassen. Warum hat er einen solchen Brief formuliert und eine derartige Niederlage eingestanden?«

»Gar nichts hat er formuliert. Er hat nur unterschrieben.«

»Aber warum?«

»Konstantin hat ihm Ihr Gutachten vorgelegt, Genosse Nowak. Er hatte keine andere Wahl. Übrigens: Weil er seine Sünde eingesteht, darf er seinen Parteiausweis behalten. Was ist ein Olf Novotny ohne Parteiausweis schon wert? Er hätte den Wert einer leeren Nussschale. Und somit regelt sich alles irgendwie. Mit Sicherheit wird man in einer anderen Stadt eine neue Aufgabe für ihn finden.«

»Ich weiß nicht, was mir mehr Angst macht: Novotnys Kapitulation oder Ihre Aufrichtigkeit.«

»Sie haben Ihren eigenen Beitrag zu seinem Rauswurf vergessen ... Ja, es ist nur allzu menschlich, Dinge zu vergessen, die uns unangenehm sind. Aber Sie haben nichts zu befürchten. Die Genossen der Parteizentrale haben Ihr Vermögen, sich von den Konventionen der bürgerlichen Gesellschaft zu lösen, sehr positiv registriert. Sie sind meiner Empfehlung gefolgt und wollen Sie zum Generaldirektor der ›Universalwerke‹ ernennen. Die Ernennung tritt am ersten Januar in Kraft. Verstehen Sie jetzt die Dringlichkeit? Und noch etwas: Bald wird unser Betrieb an die Rüstungsindustrie angeschlossen. Wir unterstehen dann nicht mehr dem Ministerium für Schwerindustrie, sondern Armee und Landesverteidigungsministerium werden sich um alles kümmern. Und Sie, Genosse Nowak, werden alle erforderlichen Änderungen zur Gesundung des Betriebs vornehmen. Haben Sie vor einer Niederlage keine Bedenken, ich stehe Ihnen zur Seite und komme Ihnen, falls es erforderlich sein sollte, zu Hilfe. Was sagen Sie, Nowak?«

»Ich bin baff.«

»Das ist keine Antwort, die ich an meine Vorgesetzten weiterleiten kann. Die Antwort muss Ja oder Nein lauten.«

»Ja«, sagte Liebmann. Das Wort war ihm herausgerutscht, bevor er sich der Bedeutung bewusst geworden war.

»Ich habe nichts anderes erwartet. Übrigens: Wir müssen die offizielle Seite der Ernennung regeln. Der Generaldirektor muss Parteimitglied sein. Ich habe Ihnen schon gesagt, dass ich Sie gerne empfehlen werde. Jetzt ist es an der Zeit, das Versprechen einzulösen.«

Liebmann murmelte irgendeinen unverständlichen Dank. Hajut klopfte ihm auf die Schulter.

»Ich wusste, dass ich auf die richtige Karte gesetzt habe. Seit ich Sie zum ersten Mal sah, hatte ich das Gefühl, dass wir aus dem gleichen Holz geschnitzt sind.«

Liebmann schwieg. Ihn ergriff erneut das merkwürdige Gefühl, dass Gedalja Hajut um seine wirkliche Vergangenheit wusste. Doch warum sollte er sich verstellen? Was für ein Versteckspiel trieb er mit ihm?

Kapitel 4

Cherchez la femme

Als Regina Nowak in ihre Wohnung zurückkehrte, war es drei Uhr nachmittags. Der Himmel war schon seit dem Morgen verhangen, und sie hatte in den Gelenken gespürt, dass der Tag nicht ohne Regen verstreichen würde. Und tatsächlich, kaum war sie aus dem Haus getreten, ging ein dünner Herbstregen nieder, ein erbärmlicher Ersatz für Schnee.

Sie hasste es, mit nassen Haaren herumzulaufen. Im Grunde hasste sie es, überhaupt aus dem Haus zu gehen, egal zu welcher Jahreszeit. Obwohl seit Kriegsende fast drei Jahre vergangen waren, lag die Stadt noch immer in Trümmern, und ganze Wohnviertel wirkten wie offene Wunden, die nie abzuheilen schienen. In den Kellern der zerbombten Häuser lauerten noch immer Erinnerungen. Jedes Mal, wenn sie an den zerstörten Gebäuden vorbeiging, war es, als überfiele sie die Vergangenheit. Wenn es an ihr wäre, würde sie das Haus gar nicht mehr verlassen. Nur Gott wusste, wie sehr sie die Leute anwiderten, auf die sie in den Schlangen vorm Metzger, vor der Bäckerei oder an der Bushaltestelle traf.

Regina Nowak war noch keine vierzig Jahre alt, und Tante Lora hatte ihr geraten, ein neues Kapitel aufzuschlagen. Doch ihre Tante, so glaubte Regina Nowak, hatte keine Ahnung von ihrer verletzten Seele. Regina stellte sich prüfend vor den Spiegel. Vorsichtig fuhr sie sich mit den Fingern durch das nasse Haar und wischte die Hand sofort hastig ab. Sie konnte ihr Spiegelbild nur undeutlich erkennen. Im Zimmer war es immer halbdunkel. Dicke Samtvorhänge schützten sie vor dem Licht. Dunkelheit bedeutete Wärme und Intimität; Licht war kalt und stellte bloß.

Heute hatte sie frischen Schinken bekommen. Fleisch gab es nur gegen Lebensmittelmarken, und immer wurde damit gegeizt. Außerdem ließ die Qualität zu wünschen übrig. Aber Regina kannte die Spielregeln: Die staatlichen Fleischhändler hielten die besten Stücke unter der Theke versteckt für Kunden, die wussten, wie man sich erkenntlich zeigt. Regina hatte dem Metzger schon vor langer Zeit einen selbst gestrickten Schal versprochen, wenn er für sie ein halbes Kilo Fleisch beiseite legte, das Rudolf so sehr liebte. Von Rudolf sprach sie immer in der Gegenwart, als wäre nichts geschehen, als wäre er noch immer zu Hause. Rudolf hatte sich selbst immer mit Leckerbissen verwöhnt. Sie kannte alle seine Schwächen und liebte ihn so, wie er war. Nie wäre ihr in den Sinn gekommen, mit einem anderen zu leben. Daran änderten auch seine gelegentlichen Affären nichts. Regina war eine Frau mit dürrem Körper, und Rudi hatte ihr nie verheimlicht, dass er eine Vorliebe für füllige Frauen hatte. Aber sie betrog ihn nie.

Wie lange hatten sie zusammengelebt? Vergangenheit und Gegenwart waren wie die Fäden eines Stoffes miteinander verwoben. Regina hatte manchmal Schwierigkeiten, diese Zeiten, die für sie ein Ganzes ergaben, auseinander zu halten. In solchen Momenten suchte sie Trost bei einem guten Tropfen. Sie war vorsichtig und trank nur hinter verschlossenen Türen, damit niemand ihr Geheimnis entdeckte und ihrem Atem den Schnaps anmerkte. Den Schnaps kaufte sie für gewöhnlich in weit entfernten Stadtvierteln, in Geschäften, in denen man sie nicht kannte. Im Haus versteckte sie die Flaschen im untersten Regal der Speisekammer, hinter den Tüten mit Zucker, Mehl und Buchweizen. Bevor sie sich das erste Glas einschenkte, verschloss und verriegelte sie ihre Wohnung. Trinker, die ihrer Schwäche in aller Öffentlichkeit nachgingen, widerten sie an. Abends füllten sich die Straßen mit betrunkenen Arbeitern, die den Geruch von billigem Schnaps aus eigener Herstellung verströmten; es gab keinen Anblick, den sie mehr hasste. Trunkenheit hatte den ganzen Staat ergriffen, machte vor keiner gesellschaftlichen Schicht Halt, hinterließ ihre Spuren in Stadt und Land und wurde zur öffentlichen Seuche. Die Partei hatte überall Plakate anbringen lassen, die zum Kampf gegen den Alkoholismus aufriefen. Disziplinargerichte verurteilten Arbeiter, die – zumeist nach einem durchsoffenen Wochenende – am Montag den Fabriken fernblieben, zu Geldstrafen. Doch nichts half. Zu viele waren der Ansicht, dass nur Alkohol diese sinnlose Existenz vergessen ließ. Aber nicht immer ermöglichte der Schnaps Regina die Flucht vor der Realität. Manchmal schärfte er sogar ihren Verstand. In sollen Fällen trank sie einfach so lange weiter, bis der Alkohol sie auch vor dieser Klarheit schützte.

Die Uhr schlug zur halben Stunde, die Zeiger standen auf drei Uhr dreißig. Dumpf hallten die Schläge durch die Wohnung, und nur der Teufel wusste, warum Tante Lora behauptete, dass sie sich wie Engelsglöckchen anhörten. Die antike Wanduhr wurde in der Familie seit Generationen vererbt und ging noch immer erstaunlich genau. Tante Lora hatte sie als Hochzeitsgeschenk für Regina und Rudolf in die Stadt mitgebracht. Rudolf hatte einmal gesagt, ihn erinnere die alte Uhr an einen Sarg, und damit die Zuneigung der Tante vom Dorf verspielt. Lora stammte von einem Bauernhof und war selbst Bäuerin. Auch jetzt, im Alter von zweiundsiebzig Jahren, bestand sie noch immer auf ihrem Recht, einen privaten Hof zu führen, und weigerte sich, an eine landwirtschaftliche Genossenschaft angeschlossen zu werden. »Die Funktionäre lauern auf meinen Tod, um an meinen Hof zu kommen. Aber ich bin entschlossen, sie zu enttäuschen und noch viele Jahre zu leben«, sagte sie immer wieder, wenn sie bei Regina zu Besuch war. In die Stadt kam sie ungefähr alle drei Monate, stets mit selbst Gebackenem und Hausmannskost beladen, und machte Regina regelmäßig den gleichen Vorschlag: »Wozu brauchst du diese verdammte Großstadt mit all den Geistern, die sich in den dunklen Gassen rumtreiben? Komm zu mir. Auf dem Dorf ist die Luft rein und die Leute sind nett.« Das war die bodenständige Logik der Landbevölkerung. Lora hatte die seelische Verfassung ihrer Nichte längst erkannt. Doch je mehr sie Regina unter Druck setzte, desto größer wurde der Widerstand. »Ich gehe auf keinen Fall von hier weg«, beharrte diese. »Was, wenn Rudolf zurückkommt und mich nicht zu Hause antrifft?«

»Er wird nie mehr zurückkommen. Du bist doch schon ein großes Mädchen. Es ist an der Zeit, dass du dich mit den Tatsachen abfindest«, drängte Lora. Ohne Erfolg. Regina hielt stand wie ein Fels in der Brandung. Enttäuscht fuhr die Tante auf ihren Hof zurück, nur um die Kränkung zu vergessen und drei Monate später mit genau den gleichen Ratschlägen wieder aufzukreuzen. Ihr bäuerlicher Starrsinn erlaubte ihr nicht aufzugeben.

Selbst wenn sie vollkommen nüchtern war, fand Regina Nowak sich nicht mit den Tatsachen ab. Sie hätte die Wahrheit vermutlich auch dann nicht akzeptiert, wenn man ihr die Leiche ihres Mannes auf dem Rathausplatz dieser gottvergessenen österreichischen Kleinstadt gezeigt hätte, wo ein russischer Leutnant ihn erschossen hatte. So hatte sie auch früher schon reagiert: Wenn die Wirklichkeit sie erschreckte, versuchte sie, sie zu ignorieren. Sich solchen Herausforderungen zu stellen, überstieg ihre seelischen Kräfte.

Ihr seelisches Gleichgewicht war in jener Nacht ins Wanken geraten, als Polizisten in ihrer Wohnung aufgetaucht waren und Rudolf aufgefordert hatten, sie zu begleiten. Es sei nur eine Bagatelle, eine Routineuntersuchung, nichts weiter, hatten sie gesagt. Doch Rudolf war nicht einmal genug Zeit geblieben, um sich anzuziehen. Er hatte sich gerade noch einen Pelzmantel über den seidenen Schlafanzug werfen können, den sie ihm zum fünfunddreißigsten Geburtstag geschenkt hatte. Auch damals war es winterlich gewesen, die nächtliche Kälte war in jeden Knochen gedrungen. Rudolf erkältete sich leicht, und anstatt etwas Vernünftiges zu sagen, bat sie die Polizisten, darauf zu achten, dass ihr Mann keine Grippe bekäme. Er hatte sie angelächelt und noch versucht, sie zu beruhigen, bevor die Tür hinter ihm zuschlug. »Sorge dich nicht, meine Teure. Das ist bestimmt ein Missverständnis.«

Vor dem Krieg galt Rudolf Nowak als aufsteigender Stern in der Direktion der polnischen Eisenbahnbehörde. Er war auf stromgetriebenen Schienenverkehr spezialisiert und hatte einen unnachgiebigen Kampf gegen jene Beamten geführt, die an den Dampfloks festgehalten hatten. Dank seiner Bemühungen waren die wichtigen Strecken zwischen der Hauptstadt und den einzelnen Bezirksstädten elektrifiziert worden. Regina bewunderte ihn und seinen Kampf gegen die Bürokratie. Im Herbst 1939 hatten die Nazis in den von ihnen besetzten Gebieten eine neue Eisenbahndirektion eingesetzt. Nach kurzer Zeit waren sie auf Rudolf aufmerksam geworden und hatten ihn zum stellvertretenden Leiter der Abteilung für Gütertransporte ernannt. Rudolf stammte aus einem Landesteil, in dem die Bevölkerung von jeher Deutsch sprach. Die Besatzungsbehörden hatten besondere Ämter eingerichtet, die die Herkunft der deutschsprachigen Bevölkerung überprüften, und wer eine deutsche Abstammung nachweisen konnte, wurde zum Volksdeutschen erklärt. Ohne große Schwierigkeiten hatte auch Rudolf Nowak den neuen Ausweis erhalten, der ihm alle Türen öffnete und Zugang zu Lebensmittelkarten verschaffte.

Nicht bei allen Nachbarn war er damit auf Zustimmung gestoßen. Einige betrachteten ihn seither als Verräter und hatten seinen Gruß nicht erwidert, wenn sie ihm im Treppenhaus begegnet waren. Andere hingegen suchten die Nähe zu ihm und Regina in der Hoffnung, mit ihrer Hilfe in der Stunde der Not einen Zugang zu den neuen Machthabern zu finden. Und Rudolf hatte nicht gegeizt, wenn sie gekommen waren, um von den reichhaltigen Lebensmittelvorräten der Nowaks zu kosten. Aber eines Nachts hatte eine unbekannte Hand »Räder müssen rollen für den Sieg« an ihre Tür geschmiert.

Dieses Schlagwort stand auf allen Reichsbahnlokomotiven. Die Botschaft war klar: Rudolf war ein Handlanger der Besatzer. Der anonyme Täter hatte Ölfarbe benutzt, und Regina hatte schwer arbeiten müssen, um die Schmiererei zu entfernen. Rudolf war sehr wütend gewesen und hatte sogar erwogen, die Gestapo zu informieren. Regina, die die Beziehungen zu den Nachbarn nicht noch weiter belasten wollte, hatte ihn überzeugen können, die Sache auf sich beruhen zu lassen. Doch sie beklagte sich bei ihren Freunden bitter: »Ich verstehe nicht, was sie von meinem Mann wollen? Er macht doch nur seine Arbeit. Wer ihn einen Kollaborateur nennt, begreift offenbar nicht, dass sich, auch wenn er kündigen würde, sofort ein anderer fände und die Räder trotzdem weiter rollten. Man muss schon blind sein, um nicht zu sehen, wer diesen Krieg gewinnen wird ...«

Etwa ein Jahr nach der Besetzung der Stadt waren alle Juden angewiesen worden, in ein abgegrenztes Wohnviertel zu ziehen. Familie Gibsohn aus dem dritten Stock lud ihre Habe auf einen Pferdewagen und verschwand spurlos. Als die Nachbarn sich auf die Wohnung stürzten und die zurückgelassenen Möbel und Teppiche stahlen, hatte Regina geweint. Sie war nicht befreundet mit den Gibsohns, aber als sie sah, wie sich Sarah, die achtjährige Tochter, neben den Kutscher setzte, ihre Puppe fest umschlungen, hatte es ihr das Herz zusammengezogen. Sie war auf die Straße hinuntergeeilt und hatte den Unglücklichen noch rasch ein Päckchen mit Tee und Kaffee zugesteckt, bevor sich der Wagen in Bewegung setzte. Rudolf hatte sie verspottet. »Du hast dir deinen Seelenfrieden ja billig erkauft.« Erschreckt entdeckte sie einen Zynismus an ihm, den sie nicht von ihm kannte. Ihr Rudi hatte sich verändert, war gefühllos und verschlossen geworden. Sie hatte ihn deswegen nicht weniger geliebt, aber unter der Fremdheit gelitten, die sich in ihre Beziehung geschlichen hatte.

Seit dem Tag, an dem er sich über ihren »billigen Seelenfrieden« lustig gemacht hatte, hörte sie nichts von der Familie Gibsohn. Schnell war um das Ghetto eine Mauer errichtet und jeder Kontakt strengstens untersagt worden. Wachen kontrollierten die Eingänge. Anfangs war es einigen Juden noch erlaubt, zum Arbeiten auf die »arische Seite der Stadt« zu gehen, wie es damals hieß. Doch ein Jahr später wurden die Passierscheine eingezogen, und seither wusste niemand mehr, was sich auf der anderen Seite der Mauern abspielte. Es wollte auch kaum einer wissen. Einige Monate später war das Gerücht umgegangen, im Ghetto seien Seuchen ausgebrochen. Kurz darauf hatten die Nazis verkündet, die Bevölkerung des Ghettos müsse »ausgedünnt« werden, damit die Krankheiten sich nicht auf die ganze Stadt ausbreiteten. Es gehe, schrieb die einzige Zeitung, die mit Genehmigung der Besatzungsbehörden erscheinen durfte, um das öffentliche Wohl. Rudolfs Abteilung war die Organisation der Güterzüge übertragen worden, mit denen man die »Evakuierten« in Arbeitslager im Osten transportierte. Nur einmal fragte Regina, wohin genau sie gebracht wurden. »Das geht dich nichts an«, hatte Rudolf sie grob angefahren. Das war zu jener Zeit gewesen, als die örtlichen Polizeioffiziere und Befehlshaber des Bahnschutzes häufig zu ihnen kamen. Die Männer schlossen sich manchmal im Speisezimmer ein. Regina hatte einen Imbiss servieren und sich in die Küche zurückziehen müssen. Rudolf und seine Gäste unterhielten sich lautstark, aber sie hatte unter keinen Umständen wissen wollen, worüber.

Im Allgemeinen arbeitete Rudolf bis spät in die Nacht, und manchmal war er nicht einmal zum Schlafen nach Hause gekommen. Um sie für seine häufige Abwesenheit zu entschädigen, brachte er ihr kostbare Geschenke mit, zumeist Schmuck oder Kunstgegenstände. Sie hatte nie wissen wollen, woher die Geschenke stammten.

Niemand erklärte ihr, aus welchem Grund Rudolf verhaftet wurde. Die Offiziere, die bei ihnen ein und aus gegangen waren, verschwanden von einem Tag auf den anderen, und die wichtigen Bonzen der Eisenbahndirektion, die sie immer »Frau Ingenieur« nannten, verschanzten sich plötzlich hinter ihren Sekretärinnen. Jemand aus dem Kreis der Machthaber flüsterte ihr einmal zu, Rudolf sei wahrscheinlich den Prestigekämpfen zwischen Wehrmacht und SS zum Opfer gefallen. Das war während des Krieges oft vorgekommen. Armee und Sicherheitskräfte rangen permanent um die Herrschaft über das Eisenbahnnetz. Die SS forderte zusätzliche Güterzüge für den Transport von Juden und anderen Gefangenen, die Wehrmacht wiederum bestand auf Erfüllung ihrer Kontingente. Die Version ihres Bekannten war nie bestätigt worden, im Gegenteil. Einige Monate nach Rudolfs Verhaftung war im *Völkischen Beobachter* ein ausführlicher Bericht über »Die kriminellen Machenschaften eines gierigen Eisenbahningenieurs« erschienen. Einer der Nachbarn hatte die Zeitung in ihren Briefkasten gesteckt, und alle, die ihr übel wollten, lauerten auf ihre Reaktion. Doch Regina fand nicht den Mut, den Artikel zu lesen. Noch am gleichen Abend hatte sie die Zeitung in den Papierkorb geworfen.

Zu ihrem großen Erstaunen brachte der Briefträger ihr weiterhin jeden Monat das Gehalt ihres Mannes. Regina hatte darin den Beweis gesehen, dass der Bericht und die Gerüchte nichts anderes als Verleumdung waren. Der letzte Lohnstreifen war einige Wochen vor dem Rückzug der Deutschen aus der Stadt im Januar 1945 eingetroffen. Sie wusste, wie man sich mit wenig begnügt, und hatte auch danach keine Not gelitten. Zunächst lebte sie von ihren Ersparnissen, dann verkaufte sie einige der Schmuckstücke, die sie von Rudolf bekommen hatte. Auf dem Schwarzmarkt war die Nachfrage nach Gold und Edelsteinen groß. Es gab noch immer Leute, die nach einem sicheren Weg suchten, ihr Geld anzulegen. Wegen jedem Ring oder jeder Brosche, die sie verkaufte, hatte sie eine Träne vergossen; nicht, weil sie sich von dem Schmuckstück trennen musste, sondern weil sie sich vor Rudolfs Reaktion fürchtete. Das Gefühl, er könnte jeden Augenblick an der Tür klingeln und ihr sein übliches »Hallo, meine Teure« entgegenschmettern, als kehre er lediglich von einem weiteren Arbeitstag zurück, beeinflusste ihr Verhalten vierundzwanzig Stunden am Tag. Nur für ihn achtete sie darauf, sich jeden Morgen zu schminken, und nur für ihn trug sie die Kleider, die er so sehr liebte, obwohl sie schon lange nicht mehr in Mode waren.

Heute hatte sie, trotz Regen und Kälte, ein schwarzes Kleid mit weißem Kragen angezogen. Unzufrieden betrachtete sie sich im Spiegel. »Wie sehe ich bloß aus«, murmelte sie und begann ihre widerspenstigen Haare zu kämmen. In solchen Situationen hellte ein Gläschen Schnaps immer die Stimmung auf. Auch jetzt konnte sie der Versuchung nicht widerstehen. Nach dem dritten Schluck, als sie einen leichten Schwindel verspürte, sagte sie sich, dass sie damit auf der Stelle aufhören müsse. Rudolf hasste nichts mehr als den Anblick einer betrunkenen Frau. Doch der Reiz der Umnebelung war stärker, und Regina glitt langsam in jene Welt hinüber, in der alles samtweich und warm war.

Plötzlich holte das Telefon in der Diele sie mit schrillen Tönen in die Wirklichkeit zurück. Wochenlang schwieg der Apparat, manchmal vergaß sie sogar, dass es ihn überhaupt gab. Es verging eine Minute, vielleicht sogar mehr, bis sie das Klingeln erkannte und sich aufrappelte, um den Hörer abzunehmen.

»Hallo, wer ist da?«, fragte sie abweisend.

»Ich möchte gern Herrn Rudolf Nowak sprechen.«

Die Stimme des Unbekannten war sehr tief, und obwohl sie beschwipst war, bemerkte sie ein Zögern.

»Sie sprechen mit Frau Nowak«, antwortete sie. »Was wollen Sie? Wenn Sie einer von diesen Spaßvögeln sind, die mich verrückt machen wollen, dann legen Sie besser auf, bevor ich Hilfe hole.«

Der Mann am anderen Ende der Leitung schwieg. Als sie den Hörer schon auflegen wollte, sagte er ruhig:

»Ich halte mich nicht für einen Spaßvogel, meine Dame.«

»Wer sind Sie dann? Und was wollen Sie?«

»Ich ... ich war mit Rudolf Nowak im Konzentrationslager und dachte ...«

Regina hörte nur den Namen ihres Mannes. Ihr Herz begann zu klopfen. Endlich ein Licht am Ende des Tunnels, nicht dieses kalte und blendende Licht, vor dem sie sich hinter den schweren Vorhängen verbarg, sondern Hoffnungsschimmer. Würde er ihr Rudis Rückkehr ankündigen? Gütiger Gott, wie sah sie aus ... Ihr Haar war nicht frisiert, und im Kopf drehte sich alles.

»... ich dachte, Sie hätten nichts dagegen, dass wir uns treffen«, endete der Fremde. Wieder erfasste sie nicht, was er davor gesagt hatte.

»Ja, ja, das wäre sehr schön«, antwortete sie und hielt den Hörer fest umklammert. Noch hatte sie nicht die wichtigste aller Fragen gestellt, aber sie wusste, dass sie sie nicht würde stellen können. Zumindest nicht jetzt, nicht am Telefon. Würde Rudolf zurückkommen? Die Wahrheit konnte noch einige Stunden warten. Der Mann schlug vor, um sieben Uhr abends zu kommen.

»Das ist eine gute Zeit, mein Herr. Übrigens: Wie ist Ihr Name?«

»Ich heiße Itzhak Liebmann.«

Liebmann hängte den Hörer in den Telefonapparat ein, der an der Wand montiert war. Prüfend blickte er um sich. Keiner der Gäste im Foyer des Hotels beachtete ihn, niemand hatte sein Gespräch mit Regina Nowak mitgehört. Er hatte nicht geglaubt, dass ihm die Worte »Ich heiße Itzhak Liebmann« so leicht über die Lippen kämen. Verdammt, warum hatte er das getan? Es war ein überflüssiger und gefährlicher Versprecher. Es wäre besser gewesen, sich mit falschem Namen vorzustellen. Doch es war nun einmal geschehen. Es lohnte sich nicht, über verschüttete Milch zu jammern.

Vor ihm lagen zwei anstrengende Tage. Die Zusammenkunft mit dem Minister für Schwerindustrie war für den nächsten Morgen um neun Uhr angesetzt. Vorher musste er sich nochmals mit den vertraulichen Dokumenten und den technischen Zeichnungen beschäftigen, die in der Aktenmappe waren, die ihm Gedalja Hajut mitgegeben hatte. Vor allem das Dokument zur Produktion von Stahlplatten für militärische Zwecke war wichtig. Die Befehlshaber des Feldzeug- und des Panzerkorps hatten einen genauen technischen Entwurf vorgelegt, und das Ministerium für Schwerindustrie gewährte den »Universalwerken« Vorrang in der Zuweisung von Produktionsmitteln. Da mehrere Behörden involviert waren, würden sie vermutlich um die Zuständigkeit bei Entscheidungen streiten. Liebmann ging davon aus, dass ihm dieser Zustand die Leitung des Betriebs erschweren würde. Doch aus Erfahrung wusste er auch, dass es zwecklos war, die Schwerfälligkeit des Systems zu bekämpfen. Es war effektiver, diese Sachzwänge als gegeben hinzunehmen und zu übernehmen.

Gedalja Hajut hatte ihn beauftragt, in die Hauptstadt zu reisen. Das war am Neujahrsabend gewesen, auf dem Silvesterball, den das Bezirksparteikomitee veranstaltet hatte. Zum ersten Mal war er zu einem solchen Ereignis eingeladen worden und hatte die Gelegenheit, mit namhaften Funktionären der Partei zusammenzutreffen. Der Plenarsaal war mit buntem Papier geschmückt worden, und entlang der Wände hatten Tische mit allen möglichen Leckerbissen gestanden. Noch nie hatte er solche Mengen echten Astrachankaviar gesehen. Um die Tanzfläche im Zentrum des Saals waren kleine Tische aufgebaut, und auf einer Bühne hatte das Opernorchester beschwingte Melodien gespielt. Die Frauen der Funktionäre waren in Abendkleidern erschienen, doch Liebmann hatte ihre Gesichtszüge nicht übersehen können. Es waren einfache und grobe Frauen. Die Männer, zumeist in dunklen Anzügen, machten einen besseren Eindruck. Auf seine Bitte hin schenkte ihm ein Kellner ein Glas Champagner ein. Er hatte allein gestanden und die Gäste, von denen er nur wenige kannte, neugierig beobachtet. Plötzlich näherte sich ihm ein dürrer Mann, der klein und beinamputiert war. Er hob sein Glas und sagte: »Sie sind Genosse Nowak, richtig? Lassen Sie uns auf das neue Jahr anstoßen.« Sie hatten einander zugeprostet, und dann war der Fremde so plötzlich, wie er aufgetaucht war, wieder verschwunden. Später hatte Gedalja Hajut ihm erklärt: »Das war der Leiter der Staatssicherheit. Es lohnt sich, ihn näher kennen zu lernen.« Liebmann grübelte über die Irrwege der Natur nach: Ja, das war die Realität. Dieser kleine Krüppel war der allmächtige Vorgesetzte des breitschultrigen Inspektors Konstantin. Aus irgendeinem Grund war ihm die Redewendung »Gebeine wie eiserne Stäbe« in den Sinn gekommen. Ihm fiel allerdings nicht ein, woher er sie kannte. Diese Frage hatte ihn mehrere Minuten lang beschäftigt, und als er sich schließlich erinnerte, spielte das Orchester gerade einen langsamen Foxtrott. Natürlich, aus dem Buch Hiob! Es gab nur eine Person, die ihn immer wieder mit der Bibel konfrontiert hatte: sein alter Lehrer Herszkowicz. Doch Herszkowicz gehörte nicht zu dieser fröhlichen Ballgesellschaft, und Liebmann verbannte ihn aus seinem Gedächtnis.

»Anstatt sich zu amüsieren, stehen Sie hier gedankenverloren herum«, bemerkte Hajut, legte ihm die Hand auf die Schulter und wollte wissen, warum Liebmann allein gekommen sei. »Konnten Sie sich nicht zwischen Rita und Maria entscheiden?«, hatte er gescherzt.

»Richtig erkannt«, hatte Liebmann in demselben humorvollen Tonfall entgegnet und die Antwort bewusst offen gelassen.

»Sie stehen vor einem großen Sprung«, sagte Hajut weiter. »Der Minister für Schwerindustrie hat Ihre Ernennung bestätigt. Die Partei segnet Ihre Berufung nur noch ab.«

»Danke.«

»Jetzt hängt alles von Ihnen ab, und vielleicht auch von General Broza. Sie werden ihn nach den Feiertagen treffen. Ein wunderbarer Mann. Einer von denen, die leere Phrasen und Schlagwörter verabscheuen und Intellekt und Umsetzungsvermögen zu schätzen wissen. Ich bin mir sicher, Sie werden gut miteinander auskommen.«

Hajut hatte ihm nicht gesagt, dass sich seine Gastgeber in der Hauptstadt auch um ein kulturelles Programm kümmern würden. Liebmann war überrascht, auf dem Nachttisch seines Hotelzimmers zwei Karten zur Premiere der Inszenierung »Der rote Mohn« mit einem persönlichen Gruß des Ministers vorzufinden. Das 1927 von Glière komponierte Ballett war als Vorzeigestück der sowjetischen Kultur bekannt und wurde in ganz Europa aufgeführt. Jetzt, so stand auf der Rückseite der Einladungen, würde eine verbesserte Neuinszenierung dargeboten.

Liebmanns Gedanken galten nicht den Werken Reinhold Glières. Schon seit einiger Zeit fürchtete er, der echte Rudolf Nowak könnte plötzlich auf der Bildfläche erscheinen und seine gestohlene Identität zurückfordern. In Nowaks Rucksack hatte er auch Briefe gefunden, die an seine Anschrift in der Hauptstadt adressiert waren. Er dachte oft daran, einfach den nächsten Schnellzug zu nehmen und zu ergründen, was aus Nowak geworden war. Doch jedes Mal hatte er eine andere überzeugende Ausrede gefunden, die ihn den Moment der Wahrheit aufschieben ließ. Die Stadt war groß, die Leute zogen um, hatte er sich herausgeredet. Der Gedanke, eines Tages Rudolf Nowak in Fleisch und Blut gegenüberzustehen, ließ ihn erbeben. Was würde er tun? Würde er eine Pistole ziehen und ihn erschießen? Lächerlich, er besaß gar keine Pistole.

Als er dann in der Hauptstadt war, ließ ihm diese Frage keine Ruhe. Wie lange konnte er sich davor drücken, der Sache auf den Grund zu gehen? Er musste den Kreis schließen. Wenn er es nicht tat, würde er sich nie von den Sorgen befreien, die die Ungewissheit hervorrief. Wie zufällig blätterte er im Telefonbuch, das neben den Ballettkarten auf dem Nachttisch lag. Er hatte nicht die Absicht gehabt, die Nummer der Nowaks herauszusuchen, doch wie von Zauberhand öffnete sich das Telefonbuch beim Buchstaben »N«. Er hatte die Nummer gewählt, hatte mit der Frau gesprochen, und jetzt gab es kein Zurück. In einem unbedachten Moment war ihm sein richtiger Name herausgerutscht. Wenn er jetzt nicht zu ihr ginge, würde sie so lange Himmel und Hölle in Bewegung setzen, bis sie ihn ausfindig gemacht hätte.

Liebmann blickte auf die Uhr. Er hatte noch zwei Stunden Zeit. Er musste die Dokumente unbedingt durchgehen. Nach einigen Seiten merkte er jedoch, dass er kein einziges Wort aufgenommen hatte. Er legte die Blätter zusammen, versteckte die Mappe unter dem Kopfkissen, zog seinen Mantel an und verließ das Hotel.

Das Hotel lag im Stadtzentrum und war wichtigen Gästen

vorbehalten. Die Stadt, die sich noch nicht vom Schrecken des Krieges erholt hatte, litt unter einem Mangel an Hotelzimmern. Viele Reisende mussten sich mit drittklassigen Pensionen oder Zimmern in Privatwohnungen begnügen und im Allgemeinen einen überteuerten Preis für irgendein Dach über dem Kopf zahlen. Liebmann wusste nichts davon und hatte keine Ahnung, wie teuer sein Hotelzimmer war. Je höher man die Karriereleiter erklomm, desto weniger Kontakt hatte man zur alltäglichen Realität. Den Protegés der Regierung standen spezielle Geschäfte, Erholungsheime und Krankenhäuser zur Verfügung. Irgendwer hatte sich einmal über dieses Phänomen lustig gemacht und behauptet, bald würde es sogar separate Friedhöfe für die rote Elite geben. »Und dort werden dann Leute der Staatssicherheit jedes Grab bewachen, um die Flucht der Seele in das Paradies des großen Konkurrenten zu verhindern.«

Regina Nowak wohnte in einem entfernten Stadtviertel. Trotz des schlechten Wetters wollte er zu Fuß gehen. Außerdem hatte er noch immer viel Zeit. Er sah sich auf dem Zimmer einen Stadtplan an. Dank seines ausgeprägten Orientierungssinns hatte ihm ein Blick darauf gereicht, sich den Weg einzuprägen. Es waren nur wenige Autos und Passanten unterwegs, ab und an fuhr ein Wagen an ihm vorüber und verspritzte das Wasser der Pfützen in alle Richtungen. Eine elektrische Straßenbahn knirschte in einer Kurve. Vor einem Gemüse- und Obstladen stand eine lange Schlange. Die Waren in der Auslage sahen genauso erbärmlich aus wie die Schlangestehenden. Not, dachte er, macht Menschen hässlich.

Nach dem Anruf hatte Regina weiter getrunken und eine geschlagene Stunde vor dem Kleiderschrank gestanden, um pedantisch ihre Kleidung für dieses Treffen auszuwählen. Zu guter Letzt entschied sie sich für einen schlichten dunkelblauen Rock und eine weiße, fast durchsichtige Seidenbluse. Rudolf liebte diese Kombination von schlichter Eleganz und angedeuteter Erotik.

Rudolf? Warum auf einmal Rudolf? Nicht Rudolf, sondern ein fremder Mann würde sie besuchen. Ein fremder Mann? Warum auf einmal ein fremder Mann? Sie hatte noch nie fremde Männer in ihrer Wohnung empfangen. Wo war ihr Glas? Da war es. Die Kehle brannte, die Seele beruhigte sich. Noch ein Schluck und dann Schluss damit. Rudolf würde sich über ihre Schnapsfahne aufregen. Nein, er würde nichts bemerken. Noch ein Schluck und dann Schluss damit. Wie schön doch auf einmal die Welt war. Ein Regenbogen fröhlicher Farben und angenehmer Glockenklänge. Glocken? Warum waren ihre Beine so schwer? Wieso schwankte das Zimmer? Wieder war dieses Glockenläuten zu hören. Klingelte etwa jemand an der Tür?

»Einen Moment, ich mache dir auf, Rudi.«

Liebmann bemerkte sofort den Geruch von Alkohol. Regina zog ihn herein. Die Tür fiel hinter ihm ins Schloss. Sie blickte ihn an, wich einen Schritt zurück und fragte:

»Moment mal, wer sind Sie denn?«

Bevor er antworten konnte, war sie die Diele zum Wohnzimmer entlanggeeilt. Er folgte ihr. In dem abgedunkelten Zimmer war es unordentlich. Liebmann zog seinen nassen Mantel aus und legte ihn auf das Sofa. Sie stand am anderen Ende des Tischs und stützte sich auf eine Stuhllehne, denn sie konnte sich kaum aufrecht halten.

»Wie sind Sie hereingekommen?«, wunderte sie sich, als wäre nicht sie selbst zur Tür gegangen.

»Wir haben telefoniert, erinnern Sie sich? Wir haben über Ihren Mann gesprochen. Ich habe ihn im Konzentrationslager kennen gelernt, wir haben uns angefreundet. Ich wollte nur wissen, ob er heil nach Hause zurückgekehrt ist.«

Eine Welle der Ernüchterung ergriff sie.

»Wie war noch gleich Ihr Name?«, fragte sie.

»Mein Name ist nicht von Bedeutung«, sagte er und überlegte, wie er aus dieser peinlichen Situation herauskommen könnte. Die vernachlässigte Wohnung und die betrunkene Frau ließen nicht den geringsten Zweifel: Rudolf Nowak war nicht nach Hause zurückgekehrt. Er hatte keinen Grund, das Gespräch fortzusetzen, denn es bestand keine Gefahr, erkannt zu werden. Jedenfalls nicht hier und nicht in nächster Zeit. Je kürzer dieser Besuch ausfallen würde, desto geringer das zukünftige Risiko. Regina ging um den Tisch herum und hielt ihn am Jackettärmel fest. Der Moment der Ernüchterung war verflogen. In der nächsten Sekunde fand er sich in ihren Armen wieder. »Mein Rudi«, flüsterte sie, »ich wusste, dass du mich nicht vergessen hast.«

Sanft wies er sie von sich und half ihr, sich zu setzen. Sie stützte die Ellbogen auf die Tischplatte. Die halb leere Flasche war in Reichweite. Liebmann räumte sie weg.

»Erinnerst du dich an die Bluse?«, fragte sie.

Er verstand die Frage nicht und betrachtete sie neugierig. Erst jetzt erkannte er die erstaunliche Ähnlichkeit mit der hübschen jungen Frau auf Nowaks Foto.

»Trinken Sie ein Glas mit mir?«

Sie hörte sich ruhig und höflich an. Ihr Gemütszustand wechselte überraschend schnell. Sie schwankte zwischen Ernüchterung und Trunkenheit, zwischen guter Laune und seelischer Frustration. Er wollte schon ablehnen, doch dann änderte er plötzlich seine Meinung. »Sehr gerne«, stimmte er zu.

Es war besser, dass sie so lange weitertrank, bis sie sich an nichts mehr erinnerte. Später würde sie dann zu dem Schluss kommen, dass sie sich das Telefonat und den Abend mit ihm in ihrem Suff nur eingebildet habe.

Die Gläser standen aufgereiht in einem Regal des Büfetts. Liebmann nahm eines heraus und schenkte ein. Sie leerten die Gläser mit einem Schluck. Bevor er sie erneut füllen konnte, stand sie auf und klammerte sich mit aller Macht an ihn. Vergeblich versuchte er, sich zu befreien. Sie hatte ihm die Hände um den Hals geschlungen. Er versuchte sie zu lockern und dem Mund zu entgehen. So urplötzlich wie sie sich an ihn geklammert hatte, ließ sie wieder von ihm ab.

»Du bist nicht Rudolf!«, rief sie vorwurfsvoll, dann sank sie zu Boden.

»Frau Nowak?«, fragte er besorgt und beugte sich über sie. »Frau Nowak, sind Sie in Ordnung?«

Sie antwortete nicht. Was für eine idiotische Frage, dachte er. Die Frau liegt bewusstlos da, und er wollte wissen, ob sie in Ordnung sei. Angst schnürte ihm die Kehle zu: Lag sie im Sterben? Er würde einen Krankenwagen rufen müssen. Sicherlich würde dann auch die Polizei erscheinen. Wie sollte er seine Anwesenheit in ihrer Wohnung erklären? Was sollte er den Polizisten sagen, wenn sie ihm Fragen stellen würden? Sie würden schnell herausfinden, dass er und Regina den gleichen Nachnamen haben, und schwierige Fragen stellen: Wenn Sie der Ehemann sind, warum waren Sie dann so lange Jahre weg? Wenn dies nicht Ihre Frau ist, was machen Sie dann in ihrer Wohnung? Und überhaupt, wie war doch gleich Ihr Name? Bei allen guten Geistern, eigenhändig würde er die Falle zuschnappen lassen. In seiner Panik kniete er sich nieder und drückte ein Ohr an ihre Brust. Sie atmet, Gott sei Dank, sie atmet.

Ein Gedanke jagte den anderen. Wenn er jetzt verschwinden würde, könnte ihm niemand irgendetwas vorwerfen. Im

Grunde wusste niemand, dass er in dieser Wohnung gewesen war. Niemand hatte ihn im Treppenhaus gesehen. Wenn er beim Verlassen der Wohnung kein Licht machen würde, könnte er das Haus auch wieder unbemerkt verlassen.

Doch was war mit Regina Nowak? Hätte er nicht den Fehler gemacht, ihr seinen richtigen Namen zu nennen, gäbe es jetzt keinen Grund zur Sorge. Doch inzwischen kannte sie Itzhak Liebmann. Er konnte sich nicht darauf verlassen, dass sie im Rausch alles vergessen würde. Wieder nüchtern, würde sie sich womöglich an seine Gesichtszüge erinnern, später das ganze Zusammentreffen rekonstruieren. Sie würde ihn mit ihrem Mann in Verbindung bringen und keine Ruhe geben, bis sie die Wahrheit herausbekommen hätte. Sein neues Leben würde, noch bevor seine große Karriere richtig begonnen hatte, wie ein Kartenhaus in sich zusammenfallen.

Musste alles wirklich so kommen? Es gab nun einmal keine Sicherheit, dass es nicht geschehen würde. Ginge er weg, ohne die Dinge zum Abschluss zu bringen, würde er niemals Ruhe und Frieden finden. Gütiger Gott, warum hatte er sich bloß auf dieses überflüssige Abenteuer eingelassen?

Regina Nowak lag rücklings auf dem Teppich. Der Mund stand weit offen, und die glasigen Augen starrten ins Leere. Die alte Wanduhr schlug achtmal. In einer halben Stunde würde die Vorstellung beginnen. Es wäre besser, nicht zu spät zu kommen. Liebmann vergewisserte sich, dass er die Karten eingesteckt hatte. Für ihn waren zwei Plätze in der siebten Reihe Mitte reserviert. Warum eigentlich zwei?

Liebmann blickte wieder Regina an. Nein, niemand konnte sie damit gemeint haben. Zu seiner Rechten und Linken würden vermutlich wichtige Bonzen sitzen, vielleicht sogar der Minister für Schwerindustrie. Hatten seine Gastgeber geglaubt, er würde in Begleitung in die Hauptstadt reisen?

In Rudolf Nowaks Dokumenten hatte gestanden, dass er verheiratet sei. In den Fragebögen der »Universalwerke« hatte Liebmann darauf geachtet, »allein stehend« einzutragen. Das hieß weder »ledig« noch »geschieden«, denn auch ein verheirateter Mann konnte, wenn seine Ehefrau nicht an seiner Seite lebt, »allein stehend« sein. Und dennoch, verdammt noch mal, laut der amtlichen Dokumente war er mit dieser besoffenen Frau rechtskräftig verheiratet. Es könnte katastrophale Folgen haben, dass er ihr leichtfertig seinen richtigen Namen genannt hatte. Nicht Rudolf Nowak bedeutete eine Gefahr für ihn, sondern dessen Frau Regina.

Sie war immer noch nicht zu Bewusstsein gekommen. Liebmann fürchtete nicht mehr, sie könnte sterben. Im Gegenteil, ihr Tod schien plötzlich eine wunderbare Lösung zu sein. Tote schweigen für immer und ewig. Er würde sie nicht anrühren müssen, und trotzdem wäre sie aus seinem Leben verschwunden. Die Arbeit der Gerechten verrichten andere. Wer hatte das gesagt? Sein Großvater? Lehrer Herszkowicz? Unwichtig. Hauptsache, diese Frau würde nie mehr den Mund aufmachen. Er würde gehen und nie wieder herkommen, nicht zu Regina Nowak und nicht zur Welt seiner Ängste.

Plötzlich richtete sich Regina auf, stützte sich auf die Ellbogen und blinzelte. Ihr Blick war noch glasig. Doch es bestand kein Zweifel, in ein paar Minuten würde sie bei vollem Bewusstsein sein, die Hand nach ihm ausstrecken und seinen Namen rufen.

Sie durfte nicht leben.

Itzhak Liebmann schreckte vor der Macht dieses Gedankens zurück. Wer war er? Ein Mörder? Er mochte es nicht mehr ausschließen. Menschen brachten einander aus viel nichtigeren Gründen um. Wenn er eine Pistole hätte, würde er eventuell den Mut finden, sie zu töten. Aber so? Was sollte er machen? Sie erwürgen, ihr die Kehle zudrücken? Liebmann betrachtete seine Hände. Dazu war er nicht imstande. Vor seinem geistigen Auge sah er, wie sie gerade dann wieder zu sich käme, wenn seine Hände ihren Hals packten.

Wenn er sie loswerden könnte, ohne sie anfassen zu müssen, hätte er keine Minute gezögert. Den Todeskampf eines anderen fürchtete er nicht, solange er nicht direkt daran beteiligt wäre. Er war dem Tod viel zu oft begegnet und hatte ihn bei seinem verdammten Handwerk beobachtet. Er erinnerte sich an die Leichenberge neben seiner Baracke in Mauthausen. Die Häftlinge waren ermordet worden, durch Seuchen oder aus Schwäche gestorben. Die Leichen hatten ihm nichts ausgemacht. Sie waren ein Teil der Landschaft gewesen, genau wie der Tod ein integraler Bestandteil des Lebens im Lager gewesen war. Die Jahre im Konzentrationslager hatten ihn abgestumpft, und er konnte den Schmerz eines Mitmenschen nicht mehr nachempfinden.

Liebmann nahm seinen Mantel und ging zum Flur. Er löschte das Licht. Im Dunkeln fand er die Wohnungstür nicht und gelangte in das Badezimmer. Später dachte er, dass es kein Zufall gewesen war, sondern Schicksal.

Er tastete nach dem Lichtschalter. Die nackte Glühbirne tauchte den Raum in fahles, deprimierendes Licht. Es war eines dieser Badezimmer, wie man sie vor dem Krieg gebaut hatte, ein schmaler Schlauch in grünlicher Ölfarbe. Über der Emaillebadewanne hing ein Gasboiler, in dem eine winzige Flamme brannte. Liebmann kannte solche Warmwasserboiler. Aus Sicherheitsgründen war ihre Installation in neueren Gebäuden verboten; denn erlosch die Flamme, zum Beispiel durch einen Luftzug, breitete sich das geruchlose Gas in der ganzen Wohnung aus. Es waren schon zahllose Unglücksfälle geschehen, vorwiegend nachts, wenn die Bewohner schliefen.

Als er den Gasboiler sah, war alles bis ins letzte Detail klar. Ohne zu zögern ging er ins Wohnzimmer zurück. In dem schwachen Licht, das aus dem Badezimmer fiel, wirkte Regina wie ein formloser Gegenstand. Liebmann fasste sie an den Handgelenken und zog sie die Diele entlang ins Badezimmer. Sie reagierte nicht, sie kam nicht wieder zu Bewusstsein. Als er sie auf die Gummimatte neben dem Waschbecken legte, platzten die Knöpfe ihrer Seidenbluse auf. Sie trug keinen Büstenhalter.

Liebmann ging zum Boiler und versuchte die Flamme zu löschen. Obwohl er stark blies, brannte sie weiter. Er musste den Gashebel umlegen. Sofort erlosch die Flamme. Dann drehte er den Gashebel wieder auf und hielt die Nase an die Öffnung, um zu prüfen, ob das Gas wirklich geruchlos war. Er wich zurück und nickte zufrieden. Seine Handlungen waren wie von einer fremden Macht gesteuert. Er selbst schien überhaupt nicht beteiligt zu sein. Ihn beschäftigte nur ein Gedanke: Er musste die Spuren beseitigen. Um den Anschein eines zufälligen Unglücks zu erwecken, war es besser, Regina auszuziehen. Es würde aussehen, als hätte sie ein Bad nehmen wollen und sei dabei ohnmächtig geworden. Doch Liebmann wollte sie nicht berühren. Eigentlich, so grübelte er, könnte man wegen ihrer Betrunkenheit ohnehin nur einen Unfall vermuten. Allerdings könnten die Inspektoren auch zu der Schlussfolgerung kommen, dass es sich um Selbstmord handle. Sie hatte gute Gründe, ihrem Leben ein Ende zu setzen.

Jetzt wollte er nur noch eins: weg. Er würde nie erfahren, wann das giftige Gas in ihre Lungen gedrungen war, wann genau sie zu atmen aufhören würde. Es war sehr bequem zu glauben, dass Regina Nowak aus irgendeinem anderen Grund sterben würde. Vielleicht würde das Herz versagen.

Dann hätte nicht er ihren Tod herbeigeführt. Bevor er die Tür zum Badezimmer zuzog, warf er ihr einen flüchtigen Blick zu. Sie lag regungslos da.

Liebmann schloss vorsichtig die Tür hinter sich. Er wollte nicht, dass die Nachbarn ihn bemerkten. Niemand begegnete ihm im Treppenhaus. Es hatte aufgehört zu regnen, doch die Feuchtigkeit hing noch immer in der Luft.

Einige hundert Meter vom Haus entfernt parkte ein Taxi. Im Grunde war es gar kein Taxi, sondern ein staatlicher Pobieda. Es war üblich, dass die Chauffeure nach Dienstschluss auf der Straße waren, um Gelegenheitsfahrgäste mitzunehmen und ihr mageres Gehalt aufzubessern.

»Können Sie mich zum Opernhaus bringen?«

»An jeden Ort, außer zum Gefängnis«, scherzte der Fahrer und öffnete die vordere Tür. Itzhak Liebmann zog es vor, auf dem Rücksitz Platz zu nehmen. Besser, der Mann sieht mein Gesicht nicht, dachte er. Je näher sie der Innenstadt kamen, desto heller waren die Straßen erleuchtet.

»Ein ungemütlicher Abend. Sogar einen Hund würde man nicht vor die Tür jagen.«

Der gelangweilte Fahrer suchte etwas Unterhaltung. Liebmann schwieg. Möglich, dass der Mann ihn später an der Stimme wiedererkannte und verriet. Nach einer Minute entschied er sich anders. Auch grundloses Schweigen weckte unter Umständen Verdacht, dachte er.

»Das schlechte Wetter ist sicherlich gut für das Geschäft«, bemerkte er, nur um etwas zu sagen. Der Fahrer wollte anscheinend nicht näher auf seine Nebenverdienste eingehen und antwortete mit einer Gegenfrage:

»Was wird in der Oper gegeben?«

»›Der rote Mohn‹.«

Das Taxi fuhr jetzt die Hauptstraße entlang. Auch hier war recht wenig Verkehr. In Mäntel gehüllte Menschen warteten an den Bushaltestellen. Eine vereinzelte Neonanzeige rief das Volk dazu auf, sich in den sozialistischen Kampf einzureihen. Die roten Buchstaben spiegelten sich im nassen Asphalt.

»›Der rote Mohn‹, sagten Sie?«, der Fahrer überlegte einen Moment und meinte: »Das ist nichts für mich. Das Einzige, was ich an den Chinesen schätze, ist der Reis.«

Das Stück »Der rote Mohn« handelt von einem sowjetischen Schiff mit Hilfsgütern, das in einen chinesischen Hafen einläuft. Liebmann wunderte sich, dass der Fahrer die Handlung des Ballettstücks kannte. Das Taxi bog in eine Seitenstraße und verlangsamte die Fahrt. Etwa einhundert Meter vor ihnen parkten mehrere Dutzend Wagen.

»Von hier ist es nicht mehr weit. Ich will nicht, dass man mich am Opernplatz sieht«, erklärte der Fahrer und nannte den Fahrpreis. Liebmann zählte die Scheine ab und reichte sie dem Fahrer über die Schulter nach vorne, der ohne den Kopf zu wenden danach griff.

»Danke«, sagte er, »und viel Vergnügen.«

Bis zum Beginn der Vorstellung blieben ihm noch einige Minuten. Ein Platzanweiser führte ihn zur siebten Reihe, wo seine reservierten Plätze waren. Früher hatte hier ausschließlich das Philharmonische Orchester Konzerte gegeben. Die Renovierungsarbeiten des großen Theaters, das durch Bombenangriffe beschädigt war, hätten vor einem Jahr abgeschlossen werden sollen. Doch da die Auftragsfirma des Ministeriums für Bauwesen den Zeitplan nicht eingehalten hatte, fanden alle wichtigen Aufführungen in diesem repräsentativen Saal statt.

Der Sitzplatz zu seiner Linken blieb leer. Vor Beginn der Vorstellung flüsterte der hinter ihm sitzende Mann seiner Begleiterin noch zu, dass es sich um eine Neuinszenierung handle. Reinhold Glières habe sich persönlich daran beteiligt. Liebmann drehte den Kopf nach hinten. Er erkannte den flüsternden Mann: Es war der Kulturminister. Sein Foto wurde häufig in den Zeitungen und Magazinen abgedruckt. Auch in seiner Reihe saßen wichtige Funktionäre, deren Gesichter er aus der Presse kannte, doch er konnte ihnen nicht die richtigen Namen zuordnen.

Die Aufführung war beeindruckend und erntete stürmischen Applaus. Danach fand in einem der Säle hinter der Bühne ein Empfang für prominente Gäste statt. Liebmann war nicht geladen. »Ich bin nicht wichtig genug«, sagte er etwas verbittert zu sich, fügte dann aber hinzu: »Noch nicht.«

Der Mann an der Hotelrezeption begrüßte ihn mit demonstrativer Höflichkeit. »Möchten Sie geweckt werden?«, fragte er. »Man hat vom Ministerium für Schwerindustrie angerufen und gebeten, Ihnen auszurichten, dass der Dienstwagen um sieben Uhr fünfundvierzig bereitsteht. Im Allgemeinen sind sie pünktlich.«

»Danke, ich brauche keinen Weckruf«, antwortete er.

Er hatte seinen kleinen Wecker mitgenommen, obwohl er wusste, dass er ihn nicht brauchen würde, denn er wachte immer eine Minute vor dem Klingeln auf. Heute Nacht, da war er sich sicher, würde er ohnehin kein Auge zutun. Doch er hatte kaum den Kopf auf das Kissen gelegt, da schlief er auch schon. Am Morgen erwachte er mit Kopfschmerzen. Wieder hatte er einen ermüdenden Traum gehabt. Er versuchte, ihn zu rekonstruieren, konnte sich aber an nichts erinnern. Der Traum hatte sich verflüchtigt, und nur die Müdigkeit war zurückgeblieben.

Der Minister für Schwerindustrie war um die fünfzig, korpulent und bekam eine Glatze. Sein volles Gesicht wirkte selbstzufrieden. Er streckte Liebmann wie einem alten Bekannten herzlich die Hand entgegen und bot ihm einen Stuhl gegenüber seinem riesigen Schreibtisch an. Er selbst versank, seinen Status sichtlich genießend, in einem Ledersessel.

»Zigarette?«, fragte er.

Liebmann schüttelte den Kopf: »Danke, ich habe mir das Rauchen noch nicht angewöhnt.«

»Dann vielleicht etwas zu trinken, Genosse Nowak?«, fragte er.

»Eine Tasse Tee, wenn es geht.«

»Ich hatte eigentlich ein richtiges Getränk gemeint«, lächelte der Minister. Hinter seinem Schreibtisch stand ein verriegelbarer Eisenschrank, in dem üblicherweise vertrauliche Dokumente waren. Der Minister angelte sich eine Flasche französischen Cognac und schenkte ein. »Auf den Erfolg unserer Missionen«, sagte er und spülte den Cognac wie Schnaps hinunter. Liebmann wärmte das Glas in seinen Händen und nippte nur daran.

»Ich sehe, Sie kennen sich aus«, bemerkte der Minister. Liebmann grübelte, ob das ein Kompliment oder eine tadelnde Bemerkung sei. »Ich habe viele Jahre in den Gefängnissen des alten Regimes verbracht. So nennt man das doch, wenn ich mich nicht irre? Dort habe ich Marx und Lenin studiert, allerdings nicht Knigge. Auch die Tanzstunde habe ich verpasst, und jetzt ist es zu spät.« Der Minister deutete auf Liebmanns Glas und lächelte erneut. Liebmann hörte aus dem trockenen Lachen eine gewisse Überheblichkeit heraus. Die herzlichen Worte waren nichts anderes als Fassade und genauso bedeutungslos wie der ideologisch gefärbte Vortrag.

»Auch ich habe nicht tanzen gelernt. Ich habe nur den

Geistertanz in den Konzentrationslagern der Nazis mitgemacht.«

»Ich habe Ihren Lebenslauf gelesen, Genosse Nowak. Sie wurden nicht wegen Ihrer tänzerischen Fähigkeiten zu mir bestellt. Die Genossen des Bezirks haben Sie wärmstens empfohlen. Ich habe ein Jahr lang zusammen mit Gedalja Hajut in einer Zelle gesessen, im Trakt für gefährliche politische Häftlinge. Wir sprechen die gleiche Sprache und senden auf ein und derselben Frequenz. Deshalb habe ich entschieden, Ihre Ernennung zum Generaldirektor der ›Universalwerke‹ ohne die üblichen bürokratischen Formalitäten zu genehmigen. Ich beglückwünsche Sie.«

Liebmann stammelte einige Dankesworte.

»Sie brauchen sich nicht zu bedanken«, unterbrach ihn der Minister. »Sie kennen Ihre künftigen Aufgaben?«

»Ich habe die Planungsakte eingesehen.«

»Besondere Erklärungen sind also überflüssig. Um zehn Uhr dreißig wurde für Sie eine Zusammenkunft mit dem Abteilungsleiter vom Versorgungsamt des Verteidigungsministeriums vereinbart. Weil die ›Universalwerke‹ ab sofort für die Armee produzieren, wird er die Entscheidungen treffen. Übrigens ...«

»Übrigens?«

»... mag ich den Namen ›Universalwerke‹ nicht. Er hat einen kosmopolitischen Klang, der das Ohr beleidigt.«

»Der alte Name wurde nicht geändert, um die Kontakte zu den Exportmärkten im Westen aufrecht zu halten.«

»Quatsch. Wir haben noch nicht einmal für einen einzigen müden Dollar Ware dorthin verkauft. Außerdem wird es ab jetzt keinen Export mehr geben. Alle Produkte kommen der Stärkung unserer eigenen Sicherheit zu.«

»Ich habe da eine Idee, und wenn Sie mir erlauben ...«

»Raus damit, Nowak, nur raus damit.«

»… Rote-Fahne-Werke. Wie hört sich das an, Genosse Minister?«

»Großartig! Wirklich großartig. Wie sind Sie denn darauf gekommen?«

»Dank Ihrer Großzügigkeit war ich gestern in der Aufführung ›Der rote Mohn‹, und dabei kam mir in den Sinn, eine Verbindung zwischen den Namen herzustellen.«

»Ich schätze assoziatives Denken … Wenn Sie zurück sind, organisieren Sie eine Zeremonie anlässlich der Namensänderung. Beraten Sie sich mit Hajut, er hat darin Erfahrung. Fahnen und Reden und alles, was so dazugehört. Und abgesehen davon ist das eine günstige Gelegenheit, alle unzuverlässigen Elemente aus der Belegschaft zu entfernen. Ich vertraue auf Ihre Umsicht, eine neue Belegschaft aufzubauen. Habe ich mich deutlich ausgedrückt?«

»Voll und ganz, Genosse Minister.«

»Gut. Gleich wird man Sie zum Verteidigungsministerium fahren. Lassen Sie uns einen Schluck zum Abschied trinken.«

Der französische Cognac machte ihn schwindlig. Als die Sekretärin hereinkam und mitteilte, dass der Militärwagen unten warte, hatte Liebmann das merkwürdige Gefühl, nichts sei leichter, als die ganze Welt zu erobern.

Die Fahrt zum Verteidigungsministerium dauerte nur fünf Minuten. Es war in einem achtstöckigen grauen Gebäude untergebracht. Der Eingang war neoklassizistisch und passte nicht zum übrigen Stil des Hauses, doch die sozialistischen Bauherren griffen gerne auf monumentale Architekturtradition zurück.

Ein Unteroffizier wartete im Erdgeschoss. »Sind Sie Genosse Nowak?« – »Ja, ich bin Nowak.« – »Darf ich Ihren Personalausweis sehen?« Der Offizier führte ihn zum Fahrstuhl, der sie in den vierten Stock brachte. Der Flur war mit einem Teppich ausgelegt. Der junge Offizier klopfte an die Tür am Ende des Flurs, an der ein kleines Plastikschild hing:

General Tomasz Broza
Leiter der Abteilung für Versorgung

Die Tür wurde mit einem leisen Summen durch eine elektrische Anlage freigegeben. Der Offizier stieß sie auf und wies mit ausladender Handbewegung auf den Oberst, der an einem riesigen Schreibtisch saß. Liebmann fiel auf, dass auf dem Schreibtisch weder Papiere noch irgendwelche Gegenstände waren, dafür jedoch gleich mehrere Telefonapparate. Sein Begleiter salutierte und verschwand. Hinter ihm schnappte die Tür ins Schloss. Der Klickton verriet, dass sie automatisch verriegelt wurde

Der Sekretär der Abteilung bestätigte die Worte des Begleiters mit leichtem Nicken. »Ja, der General erwartet Sie schon ungeduldig. Sie können eintreten.«

Auf dem Glastisch stand eine Flasche einheimischer Schnaps und zwei Gläser, daneben eine Schale aus Korbgeflecht mit Salzgebäck. Bevor sich der General zu Liebmann setzte, legte er eine Schachtel Zigaretten und Streichhölzer auf den Tisch. Dann schaute er Liebmann direkt in die Augen und sagte:

»Sie also sind unser Mann.«

»Anscheinend«, grinste Liebmann.

»Haben Sie gedient?«

»Nicht wirklich. Während meiner Studienzeit am Polytechnikum habe ich an den Pflichtübungen teilgenommen.«

»Macht nichts, auch der Besitzer eines Bordells muss nicht unbedingt ein großer Ficker sein.«

Liebmann grübelte, ob der General das scherzhaft gemeint hatte oder ob es seine übliche Ausdrucksweise war. Er wusste nicht, ob er lächeln oder lieber Gleichgültigkeit zeigen sollte. Der General zündete sich eine Zigarette an. Liebmann nutzte die Pause, um ihn näher zu betrachten. Tomasz Broza schien so um die fünfzig zu sein und wirkte, als ob er schon in Uniform zur Welt gekommen sei. Seine Brust schmückten zwei Reihen Orden. Liebmann kannte alle, bis auf einen. Die Orden zeugten von einem langen kämpferischen Weg, von den Mauern des Kremls bis zum Brandenburger Tor. Der unbekannte Orden interessierte ihn, doch er wagte nicht, nach dessen Bedeutung zu fragen.

Ja, der General verwendete in seinen Ausführungen Begriffe, die in keinem Lexikon standen. Doch er überraschte ihn auch mit seinem außergewöhnlichen Wissen über die Stahlproduktion. Nach einer halben Stunde hatte Liebmann das Gefühl, sich mit einem Arbeitskollegen zu unterhalten, der über bessere Fachkenntnisse verfügte als er.

»Nun denn, Sie sagen, dass Sie Probleme mit der Qualität Ihrer Produkte haben. Ich weiß, auf was Sie hinauswollen, Nowak. Sie brauchen modernere Maschinen. Sie werden sie bekommen, auch wenn ich dafür einigen Bürokraten die Eier abschneiden muss.«

Die Maschinen wurden aus der Sowjetunion geliefert. Erst vor kurzem waren die Kohleminen mit Bergbaumaschinen ausgerüstet worden, die aus der Don-Region stammten. Die Stahlzähne waren schnell abgenutzt, da die hiesige Kohle härter als die von den Russen in der Don-Region geförderte war. Doch niemand fand den Mut, auf die Mängel der russischen Maschinen hinzuweisen, und die staatliche Presse beschuldigte die Bergmänner der Sabotage. Die Bezirksparteikomitees riefen dazu auf, wachsam zu sein. Doch

Worte reichten nun einmal nicht aus, um die Fördererträge der Minen zu steigern. Regierungsfunktionäre und Ingenieure vor Ort kannten selbstverständlich die Wahrheit. Liebmann erschrak und befürchtete, dass es ihm ebenso in den »Universalwerken« ergehen könnte; dann würde er die Auflagen niemals erfüllen können. Vorsichtig merkte er an, dass die russischen Gerätschaften zwar gut seien, sich jedoch nicht für die Verarbeitung von schwedischem Erz eignen würden.

»Wenn Sie mit mir reden, dann schleichen Sie nicht um den heißen Brei herum«, meinte der General. »Ich weiß, dass die Ausrüstung für den Arsch ist. Wir werden das Beste vom Besten kaufen, die Quelle ist unwichtig.«

»Strategisch-militärisches Gerät unterliegt einem westlichen Embargo«, rief Liebmann in Erinnerung. General Broza verwarf die Anmerkung mit einer Handbewegung.

»Wir haben hier und dort eine kleine Firma, die in Vaduz oder auf den Bahamas niedergelassen ist. Dieses Problem haben wir schon früher gemeistert, also werden wir es auch jetzt deichseln. Nichts kann sich dem Willen in den Weg stellen. Ich bin überzeugt, dass die Produzenten und Mittelsmänner im Westen wissen, für wen die verbotene Ware bestimmt ist. Doch was soll's? Wenn sie Geld riechen, dann führen sie sich wie Jagdhunde auf, die Blut gewittert haben. Man kann sie nicht mehr zurückpfeifen. Erinnern Sie sich, was Lenin schrieb? Aus lauter Geldgier verkauften die Kapitalisten sogar noch den Strang, an dem Bolschewisten sie dann erhängten.«

»Sehr gut formuliert.« Die Worte waren Liebmann herausgerutscht. Ihm war sofort klar, dass es wie überflüssige Heuchelei klang. Im Gegensatz zum Minister für Schwerindustrie musste Tomasz Broza keine Phrasen dreschen. Und wenn er Lenin zitierte, so war das kein Lippenbekenntnis, er glaubte an jedes Wort.

»Hajut hat mit Ihnen über die Lösung des Personalproblems gesprochen?«

Liebmann verneinte. Niemand hatte mit ihm über die Arbeitskräfte geredet, obwohl eine Erweiterung des Produktionsumfangs nicht ohne nennenswerte Aufstockung des Arbeiter- und Technikerkontingents möglich sein würde.

»Nein, der Minister für Schwerindustrie erwähnte nur die Notwendigkeit, unerwünschte Elemente aus der Belegschaft zu entfernen.«

»Und der alte Fuchs sagte natürlich nicht, warum. Ein Wort weniger bedeutet keine Gefahr. Ein Wort zu viel könnte ihn den Stuhl unterm Hintern kosten. Doch vermutlich übertreibe ich und beschuldige ihn zu Unrecht. Vielleicht will er Sie nicht in jede Einzelheit einweihen, solange noch nicht alles ausgemachte Sache ist. Wie auch immer, inzwischen gibt es dazu keinen Grund mehr. Ein Teil der Leute wird aus Ihrem Bezirk kommen. Es werden etwa zweitausend Arbeiter sein, die meinem Befehl unterstehen.«

»Soldaten?«, fragte Liebmann und ging sofort auf Distanz. »Ich fürchte, dass Soldaten nicht qualifiziert sind, und ich bin nicht sicher, dass wir Zeit für ihre Ausbildung haben – denn ...«

»Häftlinge«, unterbrach ihn der General. »Die meisten haben eine Berufsausbildung. Wir haben alle überprüft. Wir haben schon in anderen Betrieben Erfahrungen gesammelt. Doch vergessen Sie bloß nicht, dass auch Häftlinge Menschen sind. Lassen Sie ihnen ein wenig menschliche Behandlung zuteil werden, wecken Sie Hoffnung, stellen Sie ihnen eine frühere Entlassung in Aussicht. Sie werden sehen, wie gut sie arbeiten können. Ich denke, es bedarf keiner weiteren

Erklärungen. Ich bin mir sicher, dass Sie zurechtkommen werden, Nowak. Und bedenken Sie: Zuckerbrot und Peitsche bewirken Wunder.«

»Zuckerbrot und Peitsche? Das funktioniert immer!«

»Ihre Hände zittern, Genosse Nowak. Fühlen Sie sich nicht wohl?«

»Mir geht es bestens. Ich bin nur etwas aufgeregt, wohl wegen Ihres Vertrauens.«

»Gedalja Hajut hat sich für Sie verbürgt. Und außerdem: Je mehr Sie wissen und je öfter Sie an vertraulichen Aktionen teilhaben, desto enger wird Ihre Bindung an uns. Geheimnisträger sind bis in alle Ewigkeit zu Loyalität verpflichtet.«

»Die Ewigkeit ist vielleicht eine etwas zu lange Zeitspanne«, scherzte Liebmann, doch General Broza entgegnete plötzlich sehr ernst:

»Die Ewigkeit hängt von der Länge Ihres Lebens ab. Vergessen Sie nicht, dass Sie ab heute an staatstragenden Aktionen beteiligt sind, Genosse Nowak.«

Als Liebmann alle Angelegenheiten im Ministerium geregelt hatte, war es ein Uhr, und die Angestellten gingen in die Mittagspause. Auch sein Magen knurrte, doch die volkstümlichen Restaurants des Regierungsviertels regten seinen Appetit nicht gerade an. Er ging die Alleen entlang, die das Regierungsviertel mit dem Stadtzentrum verbanden, und dachte über General Brozas Bemerkung nach: Die Ewigkeit hängt von der Länge Ihres Lebens ab. Je höher ein Mensch die Pyramide erkletterte, desto mehr war er auf die Rettungsleine angewiesen, die ihm von der Spitze zugeworfen wurde. Doch wer diese Rettungsleine festhielt, könnte sie auch jeden Moment loslassen. Von einem Sturz aus solcher Höhe erholt man sich nicht.

»Itzhak Liebmann?«

Der Ausruf kam wie ein Schuss aus dem Hinterhalt. Ihm gegenüber stand plötzlich ein älterer lächelnder Mann. Er hatte schon den erprobten Ausspruch auf den Lippen – »Entschuldigung, Sie irren sich, mein Name ist Nowak« –, als er begriff, dass ein Sichverstellen sinnlos war. Baruch Rabinowicz, den Eigentümer der Aluminiumgießerei in seiner Heimatstadt, konnte er nicht täuschen. Rabinowicz kannte seine Familie, und als er sein Studium am Polytechnikum aufnahm, hatte sich sein Vater Geld bei ihm geborgt, um die Studiengebühren bezahlen zu können. Die Schulden hatte er nie beglichen.

»Rabinowicz«, sagte er mit hörbar gestellter Freude. »Gut zu wissen, dass du überlebt hast.«

»Tu mir den Gefallen und vergiss ein für alle Mal das ›Rabinowicz‹. Mein Name ist jetzt Bernhard Ribo. Bemerkst du den französischen Klang?«

Rabinowicz versuchte zu scherzen. Erst jetzt bemerkte Liebmann, dass auch dem alten Bekannten alles andere als wohl in seiner Haut war. Er antwortete mit erzwungener Heiterkeit:

»Für mich könntest du sogar Maximilian Françoise Marie Isidor de Robespierre heißen. Doch warum die Maskerade?«

»Ich war gezwungen, aus unserer Stadt zu verschwinden und mir einen neuen Namen zuzulegen, der mich nicht mit der Gießerei in Verbindung bringt. Ich bin ein verfluchter Kapitalist, ich habe die Arbeiterklasse ausgebeutet und gelte als Feind der Revolution. Du warst noch ein Kind, als ich in Schwierigkeiten geriet, den Betrieb verkleinern und einen Teil der Arbeiter entlassen musste. Das sind Sünden, über die das neue Regime nicht so einfach hinwegsieht.«

»Ich verstehe deine Lage.«

»Ich glaube nicht, dass du weißt, was es heißt, fortwährend mit einer Lüge zu leben. Aber ich habe keine andere Wahl. Und was ist mit dir?«

»Nichts Besonderes. Alles in bester Ordnung.«

»Wohnst du in der Stadt?«

»Nein, ich arbeite in einer kleinen Provinzstadt im Norden.«

»Du bist Ingenieur?«

»Ja«, bestätigte Liebmann. Er bereute sein Antwort sofort, denn Rabinowicz hielt ihn am Ärmel fest und sagte:

»Kannst du mir vielleicht in deiner Fabrik Arbeit beschaffen? Und wenn schon nicht richtige Arbeit, dann vielleicht eine Bescheinigung, dass ich dort arbeite? Der Lohn ist mir egal, ich begnüge mich auch mit wenig; außerdem habe ich diesen Krieg nicht unbemittelt überstanden. Ich habe etwas, wovon ich leben kann. Du weißt, wie das ist. Wir Juden haben immer etwas für schlechte Zeiten auf der Seite. Das Problem ist, dass ich keinen Arbeitsplatz nachweisen kann. Ich bin ein Schmarotzer, wie es in den Zeitungen heißt. Ich würde mich ja beim Arbeitsamt melden, habe aber Angst, dass sie in meiner Vergangenheit herumwühlen. Und nach Sibirien ist es nicht weit. Man muss dir sicherlich nicht die Tatsachen des Lebens erklären, schließlich lebst du hier?! Nimm mich. Ich bin Fachkraft für Gießereiarbeiten. Und ich bin gut. Wenn es sein muss, kann ich alles machen, was damit zu tun hat. Auch darin bin ich gut. Nimm mich, du wirst es nicht bereuen … Ich weiß nicht, ob dir dein Vater jemals erzählt hat, dass ich ihm einmal geholfen habe …«

»Ich weiß.«

»Wir Juden müssen zusammenhalten. Alle Angehörigen des Volkes Israel bürgen füreinander, erinnerst du dich?«

»Natürlich. Ich fälle allerdings nicht die Entscheidungen,

aber ich verspreche dir, mit unserem Betriebsleiter zu reden. Gib mir deine Adresse, ich werde mich baldmöglichst melden.«

Rabinowicz schrieb ihm seine Adresse und Telefonnummer auf. »Dich zu treffen ist wie ein Wunder des Himmels«, sagte er. »Ich werde auf eine Nachricht warten. Du bist meine große Hoffnung.«

Liebmann blickte ihm nach. Er war genauso schnell um die nächste Hausecke verschwunden, wie er aufgetaucht war. Er ging gebeugt, als laste die ganze Welt auf seinen Schultern. Liebmann zerknüllte den Zettel mit der Adresse. Er wollte ihn in den Rinnstein werfen, doch er änderte seine Meinung und steckte ihn ein.

Die Begegnung mit Gedalja Hajut hatte ihn unter Druck gesetzt. Rabinowicz hingegen lebte selbst wie ein gejagtes Tier, und vermutlich würden sich ihre Wege nie wieder kreuzen. Irgendwann würde er ihm vielleicht anonym das Geld schicken, das sich sein Vater geliehen hatte, vielleicht.

An der Ecke, um die Rabinowicz verschwunden war, war ein Zeitungs- und Zigarettenkiosk. Nur *Der Hauptstadtexpress* veröffentlichte manchmal Meldungen über Verbrechen. Liebmann wusste nicht, dass solche Meldungen nur gedruckt wurden, wenn die Regierung Interesse an einer Bekanntgabe hatte. Er kaufte die neueste Ausgabe und schaute aufmerksam alle Spalten durch. Er war zufrieden. Regina Nowak wurde nicht erwähnt. Wahrscheinlich machte sich die Polizei noch nicht einmal die Mühe, die Umstände ihres Todes aufzuklären. Wen interessierte schon eine erbärmliche Trinkerin, die sich selbst das Leben genommen hatte oder das Opfer ihrer eigenen Unvorsicht geworden war?

Wäre Tante Lora nicht so misstrauisch gewesen, wer weiß, wie lange die Leiche unentdeckt geblieben wäre. Die alte Bäuerin traute den Postbeamten nicht. Wenn sie Regina ein Päckchen mit Lebensmitteln schickte, rief sie einige Tage später an, um sicherzustellen, dass es wohlbehalten eingetroffen war. Diese Anrufe waren für sie sehr mühsam. Sie musste fünfundvierzig Minuten laufen, um vom Büro der landwirtschaftlichen Kooperative anrufen zu können, denn nur dort gab es einen Telefonanschluss. Doch weil sie der Ansicht war, dass »alle in diesem Staat Diebe sind«, verzichtete sie nie auf den Anruf.

Schon seit zwei Tagen ging Regina nicht ans Telefon. Tante Lora schaltete die Polizei ein. Zunächst wurde ihr Anliegen abgewiesen. Erst nach einer Woche gab man ihrem hartnäckigen Drängen nach und leitete die Beschwerde in die Hauptstadt weiter. Ein Polizist des zuständigen Reviers wurde angewiesen, der Sache auf den Grund zu gehen. Die Nachbarn erzählten ihm, dass sie Frau Nowak schon seit Tagen nicht mehr gesehen hätten. Der Polizist forderte eine Streife an, die Wohnungstür wurde aufgebrochen und man fand Regina Nowak leblos auf dem Boden im Badezimmer. Im offiziellen Protokoll war vermerkt, dass ein Gerichtsmediziner sowie die Spurensuchexperten der Kripo hinzugezogen wurden. Der Arzt bestimmte als Todesursache Gasvergiftung. Ein Mitarbeiter der Mordkommission bestätigte zwar dessen Bericht, fand darin aber keine Antwort auf die Frage, ob es sich um Unfall, Selbstmord oder Mord handle. Er wies seine Bediensteten an, von den Türklinken, der Schnapsflasche und den Gläsern Fingerabdrücke zu nehmen und die Zeugenaussagen der Nachbarn zu protokollieren. Außerdem wurden alle Personen verhört, die die Verstorbene gekannt hatten. Die Berichte wurden abgeheftet und der Staatsanwaltschaft vorgelegt. Der Staatsanwalt verwies auf die Verbindung zwischen Regina Nowak und ihrem vermissten Ehemann, schrieb sein Gutachten und gab die Akte an den Leiter der Staatssicherheit weiter. Eine Mitteilung an die Presse wurde nicht herausgegeben.

Kapitel 5

Zwei und zwei ist nicht immer vier

Am *Tag der Arbeit* war eine festliche Zeremonie anlässlich der Namensänderung des Betriebs geplant. Als der Maifeiertag näher rückte, wurden die Straßen geschmückt. Die Stadt schien sich zu Ehren ihres Metallbetriebs herauszuputzen. Der Stadtrat hatte angeordnet, an allen Häusern rote Fahnen zu hissen. Viele Einwohner hängten eigenmächtig die Nationalflagge daneben. Normalerweise vereinten sich die Züge der aus allen Richtungen kommenden Paradeteilnehmer auf der Hauptstraße zu einem beeindruckenden Strom. Sie marschierten dann zum Rathausplatz ins Stadtzentrum, wo die lokalen Größen ihre Reden hielten. Entlang der Bürgersteige würden Kinder stehen, die kleine Fahnen schwenken sollten. Seit der Krieg vorüber war, wiederholte sich dieses Schauspiel jedes Jahr. Doch dieses Mal gab es eine kleine Änderung: Die Abschlusskundgebung fand nicht auf dem Rathausplatz statt, sondern in der Nähe des Hauptwerktors der »Universalwerke«. Es war eine besondere Geste zu Ehren des Betriebs und seiner Leitung.

Die Abschlusskundgebung auf dem Gelände der »Universalwerke« begann um zwei Uhr dreißig mit Trompetenfanfaren und sollte bis in die frühen Abendstunden dauern. Rudolf Nowak fühlte sich wie der inoffizielle Held dieses Ereignisses. Zum ersten Mal war Liebmann auf der Ehrentribüne. Er sollte rechts vom wichtigsten Mann der Region, dem Bezirksparteisekretär, sitzen. Ungefähr fünftausend Arbeiter hatten sich auf dem Platz vor dem Verwaltungsgebäude versammelt. Für Spitzenarbeiter waren gegenüber der Tribüne Stühle aufgestellt worden, die anderen mussten stehen. Das Wetter war gut, es wurde Frühling und keine Wolke trübte den Himmel. Auf dem Vorplatz herrschte ausgelassene Stimmung. Ein Hobbymaler der Belegschaft hatte eine farbige Dekoration angefertigt und jedes Stadium der Metallverarbeitung dargestellt. Dahinter war das werkseigene Blasorchester platziert worden und spielte heitere Melodien.

Als Erster redete der Bezirksparteisekretär, anschließend sprach der Repräsentant der Metallarbeitergewerkschaft und als Dritter ging der Bürgermeister an das Rednerpult. Dann verlas jemand die Glückwunschtelegramme, die wichtige Institutionen der Hauptstadt und diverse Betriebe aus allen Regionen des Landes geschickt hatten. Den offiziellen Teil schloss Gedalja Hajut mit kurzen und treffenden Worten: »Genossen, genug der Reden, es ist an der Zeit, zur Tat zu schreiten. Die Namensänderung ist keine Formalität. Sie impliziert die zentrale Botschaft der Arbeiterregierung, sie kündet vom Ende der kosmopolitischen Irrwege und führt uns in ein neues Zeitalter, in die große rote Epoche. Es lebe das Proletariat! Ein Hoch auf die bolschewistische Revolution! Hier, an diesem Platz, legen wir ein Gelübde ab: Wir widmen unsere Kraft und unser Leben dem Aufbau einer neuen Gesellschaft, einer gerechten und siegreichen Gesellschaft!«

Unter tosendem Beifall kehrte Hajut an seinen Platz zurück. Das Orchester spielte wieder und es wurden Erfrischungen gereicht. Die Arbeiter stürzten zu den Tischen hinüber und stopften sich mit Würstchen voll, die es schon seit langem nicht mehr in den Schlachtereien der Stadt zu kaufen gab. Während einer Pause des Orchesters wurden Lieder von Majakowski vorgetragen: »Links, links, wer marschiert dort rechts …«, dröhnte es aus den Lautsprechern. Nur wenige hörten zu. Die Arbeiter suchten am Büfett nach Alkohol, doch dort standen nur Krüge mit Tee und Limonade. Auf einer der Vorbereitungssitzungen hatte der Bürgermeister behauptet, dass es ohne alkoholische Getränke keine richtige Feier sein würde. Hajut widersprach sehr energisch, und auch Nowak war von der Idee nicht angetan gewesen. »Ich werde mein neues Kapitel nicht mit einem Reinfall beginnen«, sagte er. Viele Arbeiter hatten genau dies kommen sehen und von zu Hause Alkohol mitgebracht, den sie mit wahrhafter proletarischer Solidarität untereinander teilten. Die Schauspieler des Stadttheaters hatten die übersetzten Majakowski-Lieder noch nicht zu Ende vorgetragen, als bereits das Gegröle von Besoffenen zu hören war. Jemand schrie lauthals, nicht der Lyriker der Revolution sei gefragt, um hier etwas zu bewegen. Da müsse schon ein Magier her. Itzhak Liebmann hörte die Rufe und regte sich auf. Er heftete seinen Blick auf die Versammelten, um den Schreihals ausfindig zu machen, doch er war in der Menschenmasse untergetaucht.

Die Kritik des Betrunkenen war unangebracht. Die Kundgebung wurde einige Monate nach dem Rationalisierungsprozess der »Universalwerke« veranstaltet, und der Betrieb verdiente inzwischen tatsächlich den Namen »Rote-Fahne-Werke«. Sofort nach Liebmanns Rückkehr aus der Hauptstadt war mit dem Bau eines weiteren Flügels für den neuen Maschinenpark begonnen worden. Die Arbeiten waren schnell vorangegangen. Ende März, als der Schnee schmolz und die Schaufelbagger mit dem gefrorenen Boden fertig wurden, war eine alte, seit Kriegsende leer stehende Kaserne hergerichtet worden. Liebmann war mitgeteilt worden, dass die

Häftlinge, die in der Fabrik arbeiten sollten, Anfang Juni eintreffen würden und in dieser Kaserne unterzubringen seien. Liebmann ließ das Team der Ingenieure schwer arbeiten, denn er führte Produktionsprozesse ein, bei denen Ersatzmaterialien verwendet wurden. Die Nazi-Wissenschaftler hatten nach Alternativen suchen müssen, damit die deutsche Rüstungsindustrie trotz Embargo hatte weiterlaufen können. Liebmann hatte die Einzelheiten über den technologischen Prozess in den deutschen Fachbüchern entdeckt. Die Quelle seines Wissens gab er nicht preis, und so konnte er viele Komplimente einheimsen. Zugleich waren mit Hilfe von General Broza die Rohstofflieferungen aus dem Ausland wieder angelaufen. Die Identität der Lieferanten wurde geheim gehalten, doch Liebmann war überzeugt, dass sie in Schweden saßen.

Gedalja Hajut war zufrieden. Sein Mann hatte ihn nicht enttäuscht. Auf den geschlossenen Versammlungen des Bezirksparteikomitees lobte er Rudolf Nowak. Schließlich war er seine Entdeckung, und wenigstens ein Teil des Erfolgs ging auf sein Konto. In der Hauptstadt hingegen war man geteilter Meinung. Die Entscheidungsträger der Führungsschicht zeigten Vorsicht, ja sogar Ablehnung. Bei einem seiner regelmäßigen Besuche im Ministerium für Schwerindustrie bekam Hajut eine deutliche Warnung des Ministers zu hören:

»Vorsicht, Genosse. Sie lassen einem gefährlichen Pferd freien Lauf. Es trabt über die Rennbahn und springt über Hindernisse, bis es sich eines Tages die Fesseln bricht und den Reiter abwirft.«

»Keine Sorge, ich halte Nowak an der kurzen Leine. Und wenn es Probleme gibt, lassen wir ihn gegen die Wand laufen.«

»Was meinen Sie damit? Schließlich bauen wir diesen

Mann gerade auf. Sollen wir etwa sagen: ›Entschuldigung, wir haben uns geirrt‹?«

»Wenn es so weit ist, dann werden Sie es schon verstehen. Ich bin mir allerdings sicher, dass es nicht so weit kommen wird.«

Mit Liebmann gab es tatsächlich ein Problem, denn dieser Mann hielt sich an die Wahrheit.

»Sie kennen doch sicherlich den Witz über den Betriebsleiter, der einen Buchhalter sucht?«, hatte er Gedalja Hajut einmal gefragt. »Nein? Genosse, das ist eine ziemlich aufschlussreiche Geschichte. Es stellen sich viele Bewerber vor, und er fragt jeden: ›Wie viel ist zwei plus zwei?‹ Die Antwort ist immer ›Vier‹, und der Betriebsleiter schickt sie nach Hause. Dann taucht ein Buchhalter auf, der antwortet: ›Wie viel brauchen Sie, Genosse?‹ Der Betriebsleiter ist höchst zufrieden. ›Sie sind mein Mann‹, sagt er und stellt ihn ein ... Das Problem ist, Genosse Hajut, dass bei mir zwei und zwei immer vier ergibt.«

Einige der persönlichen Mitarbeiter des Ministers für Schwerindustrie schmiedeten böse Pläne, um Liebmann zu Fall zu bringen, denn seine Grundregel gefiel ihnen ganz und gar nicht. Hätte er nicht die uneingeschränkte Rückendeckung der Abteilung für Versorgung des Verteidigungsministeriums genossen, hätten sie vielleicht Erfolg gehabt. General Broza war mit dem Generaldirektor der »Rote-Fahne-Werke« äußerst zufrieden. Der General verabscheute Funktionäre, die eigenständiges Denken als Gefahr für das System ansahen und nur um ihre eigenen Positionen besorgt waren. Nur wer linientreu war, so glaubten sie, setze sich keiner Gefahr aus. Doch Broza war aus einem anderen Holz geschnitzt und schätzte Männer, die mitdachten.

Liebmann wusste nur wenig über den Leiter der Versorgungsabteilung. Rita war wieder einmal besser unterrichtet. »Broza«, erzählte sie ihm, »hat in Spanien gegen Franco gekämpft. Auch Hajut hat einige Zeit in den Internationalen Brigaden gedient. Dort haben sie sich kennen gelernt und angefreundet.«

»Ich wusste nicht, dass Hajut in Spanien war. Er hat nie davon erzählt.«

»Natürlich war er in Spanien. Sie sind zusammen zurückgekommen, im April 1938, nachdem Madrid gefallen war.«

»Woher kennen Sie sich nur so gut aus?«, wunderte sich Liebmann.

Rita lächelte zufrieden. »Sie glauben, dass ich eine Frau bin, die sich ausschließlich für Tanz und Vergnügen interessiert. Doch da liegen Sie falsch. Ich weiß gerne über alles Mögliche Bescheid.«

»Ich habe nie etwas anderes angenommen.«

Rita zwinkerte, als wolle sie sagen: Sie können mich nicht einwickeln. Liebmann ermunterte sie: »Weiter, weiter, das ist sehr interessant. Auch ich weiß sehr gerne Bescheid.«

Man musste sie kein zweites Mal auffordern. »Nachdem Franco Madrid besetzt hatte, kehrten sie zurück. Französische Kommunisten halfen ihnen, die Pyrenäen zu überqueren. Sie sind über Italien, Jugoslawien und Ungarn nach Hause, da sie Angst hatten, durch Nazi-Deutschland zu reisen. Vermutlich glaubten sie, dass man zu Hause einen roten Teppich für sie ausrollt. Doch da hatten sie sich gewaltig geirrt. Am Grenzübergang warteten die Gendarmen auf die Helden des Spanienkrieges. Sie wurden verhaftet, noch bevor sie Pieps sagen konnten. Ungefähr ein halbes Jahr später brach der Weltkrieg aus. Ich weiß nicht wie, aber Broza und Hajut konnten aus dem Gefängnis entkommen und sind in die Sowjetunion geflohen, wo sie während des Krieges blieben. Broza ging zur Armee, kämpfte, erhielt zahllose Auszeichnungen und machte Karriere. Hajut schloss sich einer Organisation an, die sich ›Komitee der Patrioten‹ nannte. Er wurde Propagandabeauftragter. Seit dem Spanienkrieg sind die beiden wie Unterhose und Hinterteil.«

»Das ist nicht gerade eine elegante Umschreibung«, merkte Liebmann an.

»Aber sie stimmt«, verteidigte Rita sich. »Ich werde Ihnen noch etwas sagen: Alle, die in den Internationalen Brigaden gekämpft haben, benehmen sich, als seien sie Mitglieder eines Jesuitenordens. Vereint ziehen sie die Macht an sich. Sie können einem mit ihrer Zielstrebigkeit direkt Angst einjagen.«

Liebmann amüsierte sich über Ritas Vergleich. Wie konnte man Gedalja Hajut, einen eingefleischten jüdischen Kommunisten, bloß mit einem Jesuitenmönch vergleichen?

Doch merkwürdigerweise war Maria Kott ebenfalls der Ansicht, dass eine gewisse Übereinstimmung zwischen der kommunistischen Elite und dem Jesuitenorden bestand. Wie so oft in letzter Zeit, saßen sie am Abend im Wohnzimmer und unterhielten sich. Liebmann erzählte ihr von Ritas Bemerkung. Maria nickte.

»Beide fordern blinden Gehorsam im Namen einer übergeordneten Macht«, sagte sie. »Wirkliche Jesuiten und Kommunisten gleichen sich in ihrer Frömmigkeit. Kommunisten wie Jesuiten halten an Dogmen fest und lassen sich nicht auf Diskussionen ein. In meinen Augen ist das ein und dasselbe, nur anders verpackt.«

»Ich kenne mich damit nicht näher aus«, gab Liebmann zu.

»Das macht nichts, man kann nicht alles wissen. Es gibt viele andere Themen, über die wir uns unterhalten können.«

Maria Kott interessierte sich für die Vorgänge im Betrieb, und Liebmann erzählte ihr gerne über seine Arbeit. Sicherlich, es gab Dinge, die geheim bleiben mussten. Er berichtete nicht über die Häftlinge, die in Kürze eintreffen sollten, und brachte nie vertrauliche Dokumente mit nach Hause. Heute hatte er eine Ausnahme gemacht. Er hatte die dicke Mappe mitgenommen, die ihm General Broza überstellen ließ. Unter den Papieren war ein Bericht über einen Gussschmelzofen, der kürzlich in Linz entwickelt worden war. Die Österreicher waren auf diesem Gebiet sehr gut vorangekommen und hatten erstaunliche Ergebnisse erzielt: Der Schmelzofen basierte auf der Zufuhr von wassergekühltem Sauerstoff. Die Linzer Versuche galten als streng geheim. Man brauchte kein großartiger Detektiv zu sein, um zu wissen, dass diese Dokumente nicht auf dem normalen Postweg in die Versorgungsabteilung gelangt waren.

»Ihr Tee wird kalt«, erinnerte Maria.

»Sie wissen, wie man Tee aufbrüht«, antwortete er und nahm einen Schluck.

»Sie sagen das bloß, um mir ein Kompliment zu machen. Wichtig ist nämlich die Teesorte.«

»Wie auch immer, Tee und eine gute Frau sollten warm gehalten werden«, scherzte er.

»Das ist eine allzu leere Redewendung. Ich habe Sie eigentlich für raffinierter gehalten.«

Liebmann warf ihr einen neugierigen Blick zu. Ihre stichelnde Bemerkung hatte etwas Intimes, einen Ton, der sich noch nie in ihre Gespräche eingeschlichen hatte; doch er zog es vor, die Veränderung in ihrem Tonfall zu ignorieren.

»Dieser Tee wird aus Ceylon importiert«, sagte er.

»Was würden Sie nur machen, wenn Sie nicht das Recht hätten, in den besonderen Geschäften einzukaufen?«

»Dann würde ich Tee trinken, der wie Abwaschwasser schmeckt.«

»Sie meinen wohl: Sie würden das trinken, was Normalsterbliche trinken müssen.«

»Mir ist nicht bekannt, dass man davon stirbt.«

»Und was ist mit der sozialen Gerechtigkeit?«, stichelte sie.

»Entschuldigung, aber was hat das eine mit dem anderen zu tun?«

»Haben Sie das schon vergessen? Als Ihr Name auf die Liste der Kaufberechtigten gesetzt wurde, habe ich eine Bemerkung über die neue Statuseinteilung gemacht.«

»Ich entsinne mich. Aber ich verstehe nicht, warum Sie sich beschweren. Schließlich kommen auch Sie in den Genuss der Rechte, die mir mein Status einbringt«, sagte er unvermittelt, um anzudeuten, dass er über ihre Bemerkung nicht einfach hinweggehen würde.

»Wirklich, Herr Nowak, Sie brauchen gar nicht so direkt zu werden.«

Sie klang verletzt. Das hatte er nicht gewollt, trotzdem fuhr er fort:

»Ich verstehe. Sie sind bereit, die süßen Früchte unter der Bedingung zu genießen, sie nicht mit den eigenen zarten Händen pflücken zu müssen. Und was ist mit dem französischen Parfüm, das ich Ihnen aus den besonderen Geschäften mitgebracht habe? Auch so geht es, warum nicht?!«

»Es ist nicht nett von Ihnen, in dem Ton mit mir zu reden.«

»Verzeihen Sie den Tonfall, doch für den Inhalt entschuldige ich mich nicht.«

»Wir werden uns doch nicht streiten«, lächelte sie, »schließlich sind wir kein Ehepaar, das seit zwanzig Jahren verheiratet ist.«

»Ich kenne Ehepaare, die nie streiten.«

»Das kommt selten vor. Wer zum Beispiel?«

»Meine Eltern«, konterte er, ohne nachzudenken. Sie waren ihm als Erste in den Sinn gekommen. Sie waren nie laut geworden, zumindest nicht in seiner Gegenwart.

»Sie haben noch nie von Ihrem Vater und Ihrer Mutter erzählt«, bemerkte sie und blickte ihn forschend an. Vielleicht bildete er es sich nur ein, aber ihr Blick schien mehr als reine Höflichkeit oder Neugier auszudrücken. Er bekundete aufrichtiges Interesse.

»Da gibt es nichts zu erzählen. Ihr Haus ging in Flammen auf und die Vergangenheit verbrannte.«

»Ich verstehe. Sie brauchen nicht zu erzählen. Die Erinnerungen sind unser persönlichster Besitz.«

Liebmann nickte.

Maria räumte das Geschirr ab. Auf ihrem Weg zur Küche, die Teller und Tassen in der Hand, hielt sie einen Moment am Büfett inne, auf dem ein gerahmtes Foto ihres verstorbenen Mannes stand. Als sie aus der Küche zurückkehrte, nahm sie das Foto und drehte es zur Wand. Liebmann konnte sich nicht zurückhalten:

»Warum haben Sie das getan?«

»Er ist überflüssig geworden«, erwiderte sie trocken. Ihre Antwort beunruhigte ihn. Das Entfernen überflüssig gewordener Personen verband er mit der Realität im Betrieb. Aber warum sollte man sich noch von Toten distanzieren wollen?

»Was für ein Mensch war Ihr Mann?«, fragte er.

»Ich denke, er war der passende Mann am richtigen Ort. Er war ein schöner Mann und hatte gute Manieren. Er hatte einen sehr guten Beruf und spielte ausgezeichnet Bridge. Alle haben ihn immer sehr zuvorkommend behandelt. Ja, er genoss wirkliches Ansehen. Reicht Ihnen das, Herr Nowak?«

»Es tut mir Leid, ich wollte nicht in Ihrer Vergangenheit herumschnüffeln. Wir sind heute anscheinend in einer ganz besonderen Laune. Es tut mir wirklich aufrichtig Leid, dass ich mich zu einem solchen Ton habe hinreißen lassen. Ich weiß nicht, was mit mir los ist.«

»Mein Mann liebte Tiere. Menschen interessierten ihn weniger«, sagte sie wieder mit dieser zurückhaltenden Trockenheit, die irgendwie auch feindselig schien. Er wusste nicht, ob diese Feindseligkeit gegen ihn oder gegen ihren verstorbenen Ehemann gerichtet war.

»Ich verstehe.«

»Nein, Sie verstehen gar nichts, Herr Nowak. Sie haben zum Beispiel nie gefragt, warum ich keine Kinder habe.«

»Ich dachte nicht, dass ich danach fragen darf.«

»Ich werde es Ihnen trotzdem sagen: Egon hat in mir nie eine Frau gesehen.«

»Er hieß Egon?«

»Ja ... Übrigens vergessen auch Sie, dass ich eine Frau bin.«

»Es tut mir Leid, dass Sie den Eindruck gewonnen haben. Aber noch vor einem Moment haben wir darüber geredet, dass ich Ihnen Parfüm gekauft habe. Ich kann mich nicht entsinnen, je einem Mann Parfüm geschenkt zu haben.«

»Ich bin überzeugt, dass Sie den Duft nicht mögen.«

»Wie kommen Sie denn bloß darauf?«

»Ich benutze das Parfüm jeden Tag, aber Sie haben keinen einzigen Annäherungsversuch gemacht.«

»Ist das eine Aufforderung zum Tanzen?«, versuchte er zu scherzen.

»Ich habe nur gesagt, was mir auf dem Herzen liegt. Sie können es auslegen, wie immer Sie wollen.«

Schweigen erfüllte das Wohnzimmer. Ohne zu wissen warum, erinnerte Liebmann dieses Schweigen an seine Schulzeit, wenn sich die Schüler in den Pausen in einer Ecke des Klassenzimmers versammelten und schwiegen. Wer als Erster etwas sagte, musste eine Strafe zahlen: einen Schnürsenkel, einen Radiergummi, einen Bleistift oder ein wohlgehütetes Tauschbild. Bei solchen Spielen hatte er fast immer den Kürzeren gezogen. Der Anblick seiner schweigenden Kameraden hatte ihn immer zum Kichern gebracht, und langsam, aber sicher hatte er seine Sammlung mit Farbbildern berühmter Fußballer verloren. Jetzt hingegen konnte er beim besten Willen nichts Lustiges an Marias versteinertem Gesichtsausdruck finden. Dieses Mal war es ein ganz anderes Spiel. Er war wie paralysiert.

Maria strich eine unsichtbare Falte in der Tischdecke glatt und blickte ihm direkt in die Augen.

»Sind Sie verlegen?«, fragte sie.

»Warum sollte ich verlegen sein?«, er hob die Stimme, als habe man ihn auf frischer Tat ertappt.

»O ja«, lächelte sie mit einer Milde, die zuvor nicht da gewesen war, »und von Moment zu Moment werden Sie verlegener. Sie werden sogar rot. Ihre Aggressivität ist nichts anderes als eine Maske. Leugnen Sie es nicht, und Sie brauchen sich deshalb auch nicht zu schämen. Dazu gibt es keinen Grund. Starke Leute sind im Allgemeinen schüchtern. Ich bin der Ansicht, dass Ihnen das einen gewissen Charme gibt. Sind Sie schüchtern, Rudolf? ... Ich darf Sie doch Rudolf nennen?«

»In Ordnung, gehen wir einmal davon aus, dass ich ein wenig schüchtern bin. Na und?«

»Nichts. Sie sind schüchtern, aber Sie sind ein Mann, und ich bin eine Frau, und wir wohnen schon eine ganze Weile unter ein und demselben Dach.«

»Wie die Zeit nur verfliegt«, murmelte er, um anzudeuten, dass er den Gesprächsfaden nicht abreißen lassen wollte. Maria stand auf.

»Sie gehen schon?«

»Wollen Sie, dass ich noch bleibe?«

Sie wartete auf eine Antwort. Wie gewöhnlich hatte sie ein schlichtes Baumwollkleid an. Um den Hals trug sie eine feine Silberkette mit einem Perlmuttkreuz. Sie legte nie andere Schmuckstücke an. Ihm fiel auf, noch nie einen Ehering an ihrer Hand gesehen zu haben. Sie hat einen langen Hals. Modigliani, dachte er, hätte sie sicherlich mit größter Freude für eines seiner Porträts Modell sitzen lassen. Sein Blick glitt an ihr herunter und blieb an den Hüften hängen. Sie hatten einen gewissen Reiz, den er bisher noch nicht bemerkt hatte. Der feine Stoff des eng anliegenden Kleids betonte ihr feminines Wesen. Maria trat unruhig von einem Bein auf das andere. Nur zu gerne hätte er ihr gesagt: »Ja, bleiben Sie«, doch er fand weder den Mut noch die richtigen Worte. Wieder herrschte Stille. Liebmann hoffte, hoffte inständig, dass Maria das Zauberwort sagen und ihn aus seiner Verlegenheit retten würde. Doch sie schwieg, als wolle sie ihn die Sache bis zum bitteren Ende ausbaden lassen. Und als er sich schon sicher war, dass dieser sonderbare Abend die Atmosphäre im Haus vergiften würde, streckte sie ihm die Hand hin und sagte einfach nur:

»Komm.«

Es war vier Uhr morgens, als er aufstand und seine Kleider einsammelte. In der Wohnung gegenüber brannte kein Licht mehr. Es dämmerte noch nicht, und die Gegenstände im Zimmer verschmolzen mit den Wänden. »Bleibe bei mir«, bat sie ihn aus dem Dunkeln. »Ich dachte nicht, dass du wach bist«, sagte er. »Ich konnte nicht einschlafen«, erwiderte sie. Sie sprach sehr leise, und Liebmann fragte sich, warum die Leute im Dunkeln immer zum Flüstern neigen.

»Ich muss noch einige Papiere durchgehen«, entschuldigte er sich.

In seinem Zimmer brannte die Tischlampe. Liebmann erinnerte sich nicht, sie eingeschaltet zu haben. Er setzte sich an den Tisch und öffnete die Aktenmappe, die randvoll mit Dokumenten war. Für den Vormittag war eine Arbeitssitzung mit den hochrangigen Technikern angesetzt, und er musste gut über die Einzelheiten des österreichischen Gussschmelzofens Bescheid wissen. Die Versorgungsabteilung des Verteidigungsministeriums hatte das Vervielfältigen von Dokumenten untersagt und forderte sie innerhalb von achtundvierzig Stunden zurück. Obwohl er kaum geschlafen hatte, waren seine Gedanken glasklar. Eine gute Stunde saß er über dem Text, den Tabellen und den Zeichnungen. Noch bevor er alles gelesen hatte, wusste er, dass er mit den bescheidenen Mitteln, die ihm in den »Rote-Fahne-Werken« zur Verfügung standen, die Errungenschaften der Linzer Wissenschaftler nicht würde umsetzen können. Er wusste ebenfalls, dass General Broza mit seinem Gutachten sehr unzufrieden sein würde.

Vor einigen Monaten hatte er einen Dienstwagen, einen »ZIL-11«, erhalten. »ZIL« waren die Initialen der Moskauer Lichatschowa-Werke. Die schwarze Limousine, die amerikanischen Automodellen der vierziger Jahre ähnelte, galt als Statussymbol, und wer zudem einen Chauffeur hatte, war über jeden Zweifel erhaben. In der Stadt gab es nur vier oder fünf solcher Wagen.

Der Arbeitstag verlief wie üblich. Auf der Sitzung des technischen Stabs wurde entschieden, einige Änderungen einzuführen, die auf den österreichischen Versuchen basierten. Im internen Bericht an Broza hielt Liebmann jedoch nur fest, dass die Chancen, das System zu kopieren, nicht gut stünden. Im Allgemeinen wurden die Berichte an das Verteidigungsministerium in drei Durchschlägen angefertigt: Einer blieb in den Unterlagen des Generaldirektors, der zweite wurde Gedalja Hajut zur Kenntnisnahme überstellt und der dritte ging an das Bezirksparteikomitee. Dieses Mal erhielt Rita die Anweisung, alle Durchschläge im Safe aufzubewahren. Er wollte sie erst dann an die üblichen Adressaten weiterleiten, wenn eine Antwort aus dem Ministerium vorläge.

Liebmann stieg langsam die Stufen hinauf, legte auf jedem Treppenabsatz eine Pause ein, als wolle er den Moment der Konfrontation hinauszögern. Seine lederne Aktentasche kam ihm heute schwerer vor als sonst. Wie üblich ertastete er den richtigen der vielen Schlüssel, die an seinem Bund hingen. Maria stand im Flur. Liebmann fragte sich, wie lange sie dort wohl schon stehen mochte. Ihr Lächeln hatte etwas Vertrautes, etwas Warmes und Heimisches. »Gib mir bitte deinen Mantel.«

Er zog seinen Mantel aus, Maria nahm ihn und ging anschließend ins Wohnzimmer. Er folgte ihr. Sie blieb im Wohnzimmer stehen, drehte sich zu ihm um und sagte beiläufig: »Ich habe deinen Schlafanzug in mein Zimmer gebracht.« Er war total überrascht und konnte nichts sagen. Maria brach das Schweigen:

»Ich hoffe, du bist nicht verärgert.«
»Nein, nein, ich bin nicht verärgert.«

Es war Sonntagmorgen. Sie lagen im Bett und unterhielten sich. Ihr Teint sah auch ohne Schminke noch jugendlich frisch aus. Liebmann hatte dicke Tränensäcke unter den Augen. »Du arbeitest zu viel«, sagte sie und küsste ihn auf die Wimpern. Er hielt ihre Hand und küsste sie.

»Du hast gar nicht gefragt, warum ich heute die heilige Messe ausfallen lasse.«

»Ich dachte, du hättest endlich Marx gelesen: ›Religion ist das Opium des Volkes‹.« Sie reagierte nicht auf seinen Spott.

»Entschuldige, wenn ich dir wehgetan habe. Ich wollte nicht ... Ich fühle mich müde und träge und mir ist entfallen, dass heute Sonntag ist.«

»Der Pfarrer hat mir einen deutlichen Hinweis gegeben, dass es besser sei, wenn ich der Kirche eine Weile fernbleibe.«

Hoho, dachte Liebmann, der Seelenhüter belegt sein irregeführtes Schaf mit einem Bann. Laut sagte er: »Ausgerechnet du, eine so eifrige Gläubige?«

»Gott ist kein Pferdehändler, mit dem man einen Kompromiss aushandelt. Das zumindest hat der Pfarrer gesagt und mich vor die Wahl gestellt: Entweder ich gebe das Zusammensein mit dir auf oder ich komme nicht mehr zur Kirche. Es war ein schwieriges Gespräch. Er wollte alles wissen, hat in allen möglichen intimen Details rumgewühlt wie im Dreck.«

»Unsere Beziehung gleicht in deinen Augen Dreck?«

»Unsere Beziehung ist mir sehr wichtig. Du hast gar keine Ahnung, wie wichtig sie mir ist. Das ist ja das Problem.«

»Problem?«

»Eine Sucht nach körperlicher Nähe. Ich meine damit nicht ... Du weißt schon. Ich sehne mich danach, in deiner Nähe zu sein, sehne mich nach der körperlichen Berührung und der Wärme.«

»Warum hast du ihm davon erzählt?«

»Wie hätte ich es ihm verschweigen können? Bist du noch nie zur Beichte gegangen?«

»Du weißt doch, dass ich mich nicht um die religiösen Gebote schere.«

»Ja, du ... ich ... ich wollte schon immer alles beichten. Ohne Geständnis hätte ich es nicht ausgehalten. Ich hätte nicht weitermachen können, Rudi. Ich bin mir nicht sicher, ob du das verstehen kannst.«

»Auch ich bin für Offenheit, aber es muss nicht gleich die Beichte sein.«

»Absolute Offenheit?«

»Ja, totale und absolute Offenheit.«

Maria nahm die Hand von seinem Gesicht. »Ich habe ein gutes Gespür für Menschen«, sagte sie. Ihre Stimme hatte sich verändert, und Liebmann wusste, dass dies die Einleitung zu einer nicht weniger bedrückenden Angelegenheit war als die Bestrafung des Pfarrers. »Erinnerst du dich, als ich bei unserer ersten Begegnung sagte, dass du ein Gentleman seist? Ich habe mich nicht geirrt. Nur in einer Sache versagte mein Gespür. Unser Leben setzt sich aus drei Dimensionen zusammen: Vergangenheit, Gegenwart und Zukunft; Wurzeln, Taten und Streben. Zwei dieser Dimensionen deines Lebens sind mir bekannt, doch die Vergangenheit scheint nicht vorhanden. Ich habe dich noch nie über deine Kindheit erzählen hören. Du hast nie über dein Elternhaus gesprochen. Ich weiß noch nicht einmal, ob du Brüder und Schwestern hast.«

»Welche Bedeutung haben Erinnerungen, an denen man nicht interessiert ist?«

»Warum weist du sie zurück?«

»Die Vergangenheit hat es nicht gerade gut mit mir gemeint.«

»Und trotzdem, du kannst sie nicht verleugnen. Ist dir klar, dass man durch die Fälschung eines Namens auch seine Persönlichkeit ändert?«

Liebmann spannte sich an. Es kostete ihn große Anstrengung, eine ruhige Stimme zu bewahren.

»Du sprichst in Rätseln.«

»Ich habe überlegt, ob ich dir erzähle, was ich weiß. Rege dich bloß nicht auf, bitte. Ein Name, jeder Name, ist nur ein Zusatz für eine Persönlichkeit. Ein Zusatz, den ein anderer für dich aussucht. Ich messe dem keine Bedeutung bei. Und ich hätte nichts gesagt, wenn du nicht zuvor so vehement für absolute Offenheit in einer Beziehung votiert hättest.«

»Nun rede schon. Jemand hat dir Lügen aufgetischt, aber das macht nichts. Ich bin ganz Ohr.«

»Ich habe nie vorgeschlagen, dass wir heiraten, obwohl es in unserer Situation nichts Natürlicheres gäbe. Ich wusste nicht, wie du reagieren, was du sagen und über mich denken würdest, denn schließlich macht traditionell der Mann den Heiratsantrag. Du hast geschwiegen und mir keine andere Wahl gelassen. Ich konnte nur träumen und auf ein angenehmes Erwachen warten. Ich habe mit dem Pfarrer darüber geredet. Das war das Einzige, was ich machen konnte. Er ist ein kluger und außergewöhnlicher Mensch. Ich verlasse mich auf sein Urteil. Er riet mir, auf den passenden Moment zu warten, nichts zu fordern, es dir nicht schwer zu machen. ›Männer gehen nicht gerne zum Traualtar, wenn man sie zwingt‹, behauptete er. Ein aufgeklärter Mann. Ich denke, er spricht aus Erfahrung, denn schließlich hat er Hunderte Paare getraut. Wie auch immer, er erklärte sich bereit, die notwendigen Papiere vorzubereiten, nur für den Fall, dass du dich eines Tages dazu entscheiden solltest. Dafür habe ich ihm deine persönlichen Daten gegeben, so wie sie beim Einwohnermeldeamt registriert sind. Ich habe kein Geheimnis erfahren, denn schließlich hast du sie mir selbst an dem Tag mitgeteilt, als du das Zimmer gemietet hast. Erinnerst du dich? Du hast mich damals gebeten, für dich zum Meldeamt zu gehen und die Formalitäten zu erledigen. Aber um zur eigentlichen Sache zurückzukehren: Der Pfarrer tat, was er tun musste. Er forderte bei der Kirche deiner Geburtsstadt die Geburtsurkunde und den Taufschein an. Er hat mir die Prozedur erklärt und erzählt, dass viele Parteimitglieder im Geheimen eine religiöse Trauzeremonie abhalten. Obwohl es die Partei verboten hat, lässt ihnen ihr Gewissen keine Ruhe. Die Kirche befreit sie von der Pflicht, ein Aufgebot zu bestellen. Die Zeremonie selbst findet nicht in aller Öffentlichkeit statt, sondern wird abends in Anwesenheit weniger Zeugen abgehalten, die wissen, wie man den Mund hält. Wir dachten, dass der Tag kommen würde, an dem auch du ... folgst du mir?«

»Ja.«

»Letzte Woche bestellte mich der Pfarrer in die Gemeinde. Deine Papiere sind eingetroffen. Ich habe sie gesehen. Als man dich beim Amt für Rückkehrer registriert hat, hast du als Namen deiner Mutter Regina angegeben. Doch laut deinem Taufschein heißt sie Christina.«

Jetzt konnte Liebmann seinen Ärger nicht mehr verbergen.

»Wer hat dir erlaubt, in meinem Privatleben herumzuwühlen!«, schrie er und wusste sofort, dass er nur laut geworden war, um seine aufsteigende Panik zu vertuschen. Warum hatte er dem verdammten Beamten nur den Namen Regina genannt? Er war ihm wegen des Fotos eingefallen, das er zwischen Rudolf Nowaks Sachen gefunden hatte. Diesen »Fehler bei der Registrierung« könnte man mit der Zerstreutheit des Beamten erklären. Die eigentlich schreckliche

Frage war eine ganz andere: Wusste Maria Kott, wer Regina Nowak wirklich ist?

»Und was hat dir dein Kommissar spielender Pfarrer noch offenbart?«

»Wieso bist du denn so böse? Ich habe nichts getan, um dir zu schaden, oder ... Rudi? Verbirgst du etwas vor mir?«

»Ich stelle hier die Fragen, du antwortest.«

»Ich habe eine Kopie deiner Heiratsurkunde gesehen. Regina ist deine Frau, richtig?«

»Richtig.«

»Warum hast du mir nicht erzählt, dass du verheiratet bist?«

Sein Gehirn arbeitete fieberhaft. Eine unplausible Antwort würde sie nur dazu bringen, weiter nach der Wahrheit zu forschen. Jede Ausrede, die ihm einfiel, erschien wenig überzeugend. Doch dann bot sie ihm von selbst die richtige Formulierung an:

»Hast du befürchtet, dass ich dich zurückweisen würde, wenn ich erfahre, dass du eine Frau hast?«

Liebmann schwieg, und sie deutete sein Schweigen als Zustimmung.

»Dummerchen«, lächelte sie. »Ich hätte unter gar keinen Umständen auf dich verzichtet ... Wo ist sie jetzt?«

»Ich habe keine Ahnung. Sie ist vor vielen Jahren aus meinem Leben gegangen.«

»Hat sie dich verlassen, als du in den Lagern warst?«

»Dieses Kapitel meines Lebens ist endgültig abgeschlossen. Warum in Wunden stochern?«

»Die Wunde schmerzt noch?«

»Manchmal.«

»Ich werde warten, bis sie verheilt ist. Ich bin geduldig.«

Am nächsten Tag war sein Kopf wie mit Watte voll gestopft, in seinen Schläfen waren Vorschlaghammer am Werk; die eindeutigen Zeichen eines Katers. Im Restaurant hatten Maria und er eine Gruppe Funktionäre getroffen, die irgendeinen Franzosen umherführten, ein Mitglied des Weltfriedenskomitees, der behauptet hatte, mit Pablo Picasso befreundet zu sein und nach einigen weiteren Gläschen auch noch Jean-Paul Sartre und Salvador Dalí hinzufügte. Die Kellner hatten sie wie Bienen umschwirrt und schwer geschuftet, um jeden Wunsch prompt zu erfüllen. Speisen und Getränke wurden wahrlich königlich aufgetischt, um diesem Froschesser eine Lehre in der Bewirtung von Staatsgästen zu erteilen.

Liebmann hatte Schwierigkeiten, seinen Magen an hochprozentige Getränke zu gewöhnen. Als er an seinem Schreibtisch saß, spürte er noch immer den Geschmack der Magensäure im Mund. Rita sah sein blasses Gesicht und brachte ihm sofort ein Glas saure Milch, ihrer Meinung nach die beste Medizin gegen Kopfschmerzen wegen eines Katers. Zweifellos hatte sie Erfahrung mit Männern, die etwas zu tief ins Glas geschaut hatten.

»Wo hast du bloß die saure Milch her?«, wunderte Liebmann sich.

»Aus dem Erste-Hilfe-Kasten«, erwiderte Rita ernst. Sie wartete, bis er ausgetrunken hatte, und sagte dann:

»Du musst darauf vorbereitet sein, dich demnächst schon wieder mit der Flasche zu messen. Heute Abend wirst du einen weiteren Grund haben, anzustoßen.«

»Was ist los? Eine Geburt? Eine Hochzeit?«

»Na ja, irgendwie könnte man es als Hochzeit bezeichnen.« Rita überreichte ihm einen abgestempelten Umschlag.

»Machst du ihn nicht auf?«

»Warum die Eile?«

»Ich will die Erste sein, die dir ›Herzlichen Glückwunsch und viel Erfolg‹ wünscht.«

Liebmann riss den Umschlag auf und holte ein Blatt heraus. Rita lehnte am Schreibtisch. Mit zitternden Händen hielt er das Schreiben fest. »Ich darf nicht trinken«, sagte er entschuldigend. Dann begann er zu lesen. Es dauerte eine Weile, bis er den Inhalt begriffen hatte. Er las die Zeilen noch einmal:

An den Genossen
Rudolf Nowak
Generaldirektor
»Rote-Fahne-Werke«

Geehrter Genosse Nowak!
Wir freuen uns, Ihnen mitteilen zu können, dass die Politische Kanzlei des Bezirksparteikomitees einstimmig beschlossen hat, Sie als ordentliches Mitglied aufzunehmen. Diese Ernennung soll das seitens der Partei in Sie gesetzte Vertrauen und die Bedeutung Ihrer Position angesichts der eingeleiteten Veränderungen in Ihrem Betrieb zum Ausdruck bringen. Als Mitglied des eingeschränkten Kreises der Politischen Kanzlei werden Sie an allen Sitzungen teilnehmen, die sich mit der Entwicklung der Schwerindustrie in unserem Bezirk beschäftigen. Wir wünschen Ihnen viel Erfolg.
Der Erste Sekretär

Die Unterschrift war unleserlich. Liebmann faltete den Brief zusammen und legte ihn in die Schublade. Rita beobachtete seine Reaktion. Sein Gesicht verriet keinerlei Erregung. »Hut ab«, sagte sie. »Mit dieser Visage hast du eine gute Chance, beim Pokern zu gewinnen.«

»Der Umschlag war verschlossen. Woher weißt du, um was es geht?«

»Eine gute Sekretärin muss einfach alles wissen«, wand sie sich heraus. »Aber wenn du es unbedingt wissen musst, werde ich dir verraten, dass dieser Brief schon seit Mittwoch bei mir liegt. Gedalja hat mir gesagt, um was es sich dreht, und darum gebeten, ihn dir erst nach seiner Rückkehr auszuhändigen. Er ist in die Hauptstadt gefahren. Ich hoffe, man wird mich nicht wegen Ungehorsams hängen. Als ich dein erbärmliches Gesicht sah, beschloss ich, dir den Tag etwas zu versüßen.«

»Wenn du alles weißt, dann kannst du mir vielleicht auch sagen, was als Nächstes kommt?«

»Ich bin keine Wahrsagerin, doch die Erfahrung lehrt, dass nur jemand, der hoch aufsteigt, auch tief fallen kann.«

Liebmann mochte ihren Scharfsinn, doch die Wahrheit ihrer Worte erschreckte ihn. Rita ging zur Tür. Sie blieb im Türrahmen stehen, zögerte einen Moment und sagte dann: »Ich habe gehört, dass du den Abend gestern mit Frau Kott verbracht hast. Vielleicht wirst du mich rügen, weil ich meine Nase in Dinge stecke, die mich nichts angehen, aber ich muss dich einfach warnen: Egal, was sie dir sagen werden, diese Beziehung werden sie nicht gerne sehen. Und als Mitglied im Bezirksparteikomitee wird diese Freundschaft, welcher Natur auch immer, deiner Karriere im Weg stehen. Du solltest dir besser gut überlegen, ob es die Sache wert ist … Bevor es zu spät ist.«

Rita wartete seine Reaktion nicht ab. Als sie gegangen war, wandte er sich den Papieren zu, die er unterzeichnen sollte.

Liebmann wusste, welchen Wert dieses Stück Papier mit dem offiziellen Stempel der Partei hatte. Es war sein Ticket in die Zukunft: ein Billett erster Klasse.

Ihm war klar, dass Gedalja Hajut bei seiner Aufnahme in die Parteiinstitutionen ebenso die Finger im Spiel hatte wie bei allen Vorgängen im Betrieb. Manchmal brachten ihn diese Schönredner und Speichellecker in Rage, die ihren »Geistesblitzen und Inspirationen« freien Lauf ließen und praktische Anweisungen gaben, die im Grunde ausschließlich der Generaldirektor erteilen sollte. Egal, ob Hajut im Betrieb war oder nicht, er steuerte alles; nichts bewegte sich ohne seine Zustimmung. Rita hatte ihm einmal erzählt, dass die Ingenieure und Abteilungsleiter, die sein Büro mit genauen Anweisungen verließen, anschließend Hajut anriefen und seine Genehmigung einholten.

Diese Vorgänge machten Liebmann wütend, doch er wusste, dass eine Kritik an Hajut einer Kampfansage an die gesamte rote Elite gleichkäme. Wie so viele andere wusste auch er, wann es besser war, den Mund zu halten.

Er griff zum Telefonhörer, um Hajut anzurufen und ihm für die Unterstützung zu danken. Doch dann fiel ihm ein, dass Hajut nicht da war. Der Parteisekretär des Betriebs fuhr oft zu Beratungen im Ministerium und in der Parteizentrale. Er unterrichtete Liebmann nicht vorab von seiner Abwesenheit und machte bei seiner Rückkehr keine Anstalten, ihn über den Inhalt der Gespräche zu informieren. Obwohl er der Generaldirektor der »Rote-Fahne-Werke« war, besaß er weniger Autorität als der Sekretär der Betriebsparteizelle.

»Ich werde ihn morgen anrufen«, murmelte er. Die Hand ruhte noch immer auf dem Apparat. Plötzlich klingelte das Telefon. Der Schichtführer der Walzabteilung war in der Leitung.

»Genosse Nowak? Hier hat es einen schweren Zwischenfall gegeben. Sie müssen kommen. Sofort!«

»Ich bin schon da. Gibt es Verletzte?«

»Ja.«

»Haben Sie den Betriebsarzt angefordert?«

»Nein, Genosse Direktor. Das hat man mir verboten. Hier sind Sicherheitskräfte, die alles geheim halten wollen«, verkündete er mit erstickter Stimme und hängte ein.

Die Walzabteilung war in die Nähe der Häftlingsquartiere verlegt worden. Seit der Inbetriebnahme an dem neuen Standort war es zu endlosen Störfällen gekommen. General Broza hatte sein Versprechen gehalten und die »Rote-Fahne-Werke« mit modernsten Maschinen aus Westeuropa versorgt. Sie waren in riesigen Containern ohne Aufschrift angeliefert worden. Die Aufbau- und Betriebsanleitungen waren in fehlerhaftem Russisch geschrieben, und selbst die Arbeiter, die Russisch sprachen, hatten sie nicht verstanden. Liebmann schlug vor, bei der Herstellerfirma einen Fachmann anzufordern. Broza hatte nichts davon hören wollen. Auch Liebmanns Bitte, Fachliteratur in der Sprache des Herkunftslandes zu besorgen, hatte Broza abgelehnt. Die gesamte Transaktion stand unter strenger Geheimhaltung, irgendwer hatte sogar die Schildchen mit dem Herstellernamen und den Seriennummern von den einzelnen Maschinenteilen abmontiert. Nur die Arbeiter des Betriebs, die von Konstantin autorisiert worden waren, durften die neue Abteilung betreten. Ohne Fachliteratur und geschultes Personal war abzusehen gewesen, dass sie improvisieren müssten und es Störfälle geben würde. Er hatte ein zweites Mal sein Glück versucht und Broza angefleht, einen Facharbeiter aus dem Ausland kommen zu lassen. Sicherlich gab es auch in dem Staat, aus dem die Ausrüstung stammte, kommunistische

Ingenieure, auf die Verlass war. Doch Broza hatte nicht nachgegeben. »Es tut mir Leid, Nowak, dieses Mal müssen Sie allein klarkommen.«

Aber Liebmann wollte genau das nicht.

Der Fall Olf Novotnys hatte sich tief in sein Gedächtnis eingegraben. Er war umsichtig genug, die richtigen Schlussfolgerungen zu ziehen, denn er hatte nicht die Absicht, eventuell als Sündenbock herhalten zu müssen. Er hatte die neue Anlage mit Umsicht geplant und für jede Arbeitsphase sorgfältig die Verantwortlichen bestimmt. Offiziell hieß dies »Verteilung der Zuständigkeit«. Das Technikerteam war ihm dankbar. Sie glaubten, dass der neue Generaldirektor ihnen vertraue und sie am Entscheidungsprozess beteilige. Gedalja Hajut hatte ihm nach einer Sitzung einmal gesagt: »Sehen Sie, wie leicht man sie an der Nase herumführen kann.« Hajut war ein schlauer Mann.

Liebmann schaute rasch die Papiere auf seinem Schreibtisch durch. Es waren keine geheimen Dokumente darunter. Die Arbeit würde er später erledigen. Eilig durchquerte er das leere Sekretariat und stieg die Treppen des Gebäudes hinunter. Sein Wagen stand wie üblich gegenüber dem Eingang. Damit würde er in weniger als fünf Minuten bei der Walzabteilung sein. Sein Fahrer bemerkte ihn, und der schwarze »ZIL« rollte auf ihn zu. Die Tür wurde geöffnet und Liebmann sprang hinein. Zu seiner Überraschung war er nicht allein. Inspektor Konstantin machte ihm auf dem Rücksitz Platz. Der Fahrer gab Gas, der schwere Wagen wurde schneller. Doch anstatt zur Walzabteilung fuhr er Richtung Werktor. Der Pförtner erkannte den Wagen des Generaldirektors und öffnete die Schranke.

»Moment mal«, rief Liebmann, »wohin fahren wir?«

»Keine Sorge, Genosse Nowak, Sie sind in guten Händen.«

Konstantin hörte sich an, als leiere er den Text zum x-ten Male herunter. »Wir sind auf dem richtigen Weg. Der Beauftragte der Staatssicherheit erwartet Sie in seinem Büro.«

Kapitel 6

Ein Platz im Rettungsboot

Einen Tag vor Rudolf Nowaks Verhaftung war Olf Novotny in der Stadt eingetroffen. Niemand hatte etwas davon gewusst. Er zögerte, an Gedalja Hajuts Wohnungstür zu klingeln. Während der Fahrt mit Zug und Bus war er in Gedanken immer wieder durchgegangen, was er sagen wollte. Als er schließlich vor der Tür stand, war seine Kehle trocken. Er wußte nicht, wie er dem Parteisekretär der »Rote-Fahne-Werke« – über die Namensänderung hatte er in der Zeitung gelesen – seinen unangekündigten Besuch zu später Stunde erklären sollte. Er wollte den Grund nicht vorab preisgeben. Ganz klar war hingegen, dass er unter keinen Umständen die Wahrheit sagen dürfte. Hajut hätte sie nicht gefallen. Seit seiner Entlassung hatte Novotny ein weiteres Kapitel der Spielregeln des Parteiapparats gelernt. Die von ihm gesammelten Informationen könnten Gedalja Hajut in eine unangenehme Lage bringen und sich auch auf andere Funktionäre in gehobenen Positionen auswirken. Schließlich hatten sie Hajut in seine jetzige Position gebracht, gaben ihm Rückendeckung und waren bereit, seine Fehler zu kaschieren. Hajuts Niederlage wäre auch die ihre. Novotny machte sich über die »Mitglieder des Klubs für gegenseitige Hilfe«, wie er sie nannte, lustig. Dennoch wusste er, dass das ganze System auf diesem K.o.-Prinzip beruhte und man nur schwer dagegen ankam. Die ständige Sorge, ein Gestrauchelter könnte im Dominoeffekt auch andere zu Fall bringen, ließ zwischen ihnen einen Bund auf Leben und Tod entstehen. Bei Gefahr bauten sich die Funktionäre zu einer Mauer auf. Doch selbst diese Mauer würde zusammenbrechen, wenn jemand es schaffte, einen einzigen Stein herauszulösen. Olf Novotny wusste, dass er vorsichtig und listig sein musste. Nur dann hatte er die Chance, die Mauer einzureißen, ohne selbst zu Schaden zu kommen. Er hatte sich nichts vorgemacht: Es war eine schwierige, komplizierte und auch gefährliche Mission. Gedalja Hajut war ein hartgesottener Gegner. Der Überraschungseffekt war von entscheidender Bedeutung. Nur wenn Hajut keine Zeit bliebe, sich mit Vertrauten zu beraten, und nur wenn er keine andere Wahl hätte, würde er mitspielen bei der Aktion, die Novotny sich in unendlich vielen unruhigen Nächten ausgedacht hatte.

Gedalja Hajut wohnte in einem Viertel, das die Leute »rotes Paradies« nannten. In diesen Blöcken lebten zumeist Funktionäre. Damit das nicht auffiel, war entschieden worden, ebenfalls einige Journalisten, Künstler und Spitzenarbeiter in diese exklusive Wohngegend ziehen zu lassen. Offiziell hieß es, dass alle, die in vorderster Reihe auf dem Weg zur Verwirklichung des Sozialismus schritten, ein Anrecht auf eine dieser Wohnungen hätten.

Novotny hatte sich gewundert, dass sein Nachfolger nicht von seinem Recht Gebrauch machte, in diese Gegend umzuziehen. Inzwischen glaubte er zu wissen, warum: Nowak wollte den scharfen Blicken seiner Kollegen aus dem Weg gehen. Gedalja Hajut machte sich um solche Dinge keine Sorgen. Er gehörte zu den ersten Funktionären, die in das Viertel gezogen waren. Hajut fürchtete sich nicht vor dem prüfenden Blick des großen Bruders; bisher zumindest nicht.

Er drückte auf den Klingelknopf und in der Wohnung hörte man einen gedämpften Glockenton. Niemand war an der Tür erschienen. Er war sich sicher, dass jemand da war, denn unter der Tür fiel ein Lichtschein durch. Novotny hatte die Ohren gespitzt, jedoch nichts hören können. Plötzlich war ihm merkwürdig zu Mute gewesen; er glaubte, durch den Türspion gemustert zu werden. Dann wurde die Tür so urplötzlich geöffnet, dass er fast zu Tode erschrak. Vor ihm stand Sarah Hajut, Gedaljas rothaarige Frau.

»Guten Abend«, sagte sie ruhig, als hätte man seinen Besuch erwartet.

Er war stumm geblieben. Die einleitenden Worte, die er vorbereitet hatte, waren ihm im Hals stecken geblieben.

»Fürchten Sie sich etwa vor rothaarigen Frauen?« Sarah Hajut war bester Laune, was Novotny noch mehr aus dem Konzept brachte. Immer wieder hatte er sich klar gemacht, dass er Sicherheit und Entschlossenheit demonstrieren müsse.

»Warum stehen Sie da herum, Novotny?«, hatte sie gefragt. »Wollen Sie nicht hereinkommen?«

Zum Teufel mit deiner Haderei!, rügte er sich und sagte laut: »Wenn ich nicht störe …«

»Natürlich stören Sie. Trotzdem – herzlich willkommen.«

Olf Novotny war eingetreten. Er hatte Gedalja und Sarah noch nie zu Hause besucht. Seine Selbstsicherheit war langsam zurückgekehrt.

Sarah sagte herausfordernd: »In Ihren Augen flackert nicht der typische Glanz eines Mannes, der sich für eine Frau interessiert. Ich nehme an, Sie wollen Gedalja sprechen. Wir haben uns gerade zum Abendessen hingesetzt. Leisten Sie uns Gesellschaft. Ich hole noch ein Gedeck.«

Mit theatralischer Geste öffnete sie ihm die Tür zum

Esszimmer. Er erblickte den Sekretär der Parteizelle, der gerade an einer Fischgräte lutschte. Hajut wies auf einen freien Stuhl.

»Gefüllter Karpfen«, mokierte er sich, »ist das Einzige, was Sarah von ihrem Judentum beibehalten hat.« Und als Novotny eine große Portion Fisch aufgetischt wurde, fügte er hinzu: »Sie ist eine gute Köchin. Drei Sterne im Michelin-Restaurantführer.«

Novotny wusste nicht, was ein Michelin-Restaurantführer ist. Sie aßen schweigend. Hajut erkundigte sich nicht nach dem Grund für Novotnys Erscheinen, der sich schwer tat, ein Gespräch in Gang zu bringen. Sein Blick folgte Sarah.

Sie hatte die Teller mit den Fischresten abgeräumt und einen Korb frisches Obst auf den Tisch gestellt. Novotny hatte ihre feingliedrigen Hände bemerkt. Wie die einer Pianistin, hatte er gedacht. Nicht nur das Rezept für den Karpfen hatte sie von daheim mitgebracht, sondern auch die Hände verrieten ihre Herkunft.

Sarah war das einzige Kind eines gut situierten jüdischen Kaufmanns. Sie hatte eine Ausbildung genossen, die zumeist nur den Kindern der Reichen zuteil geworden war. Mit achtzehn Jahren – damals war sie wegen ihrer Haarfarbe und ihres umgänglichen Wesens Klassenliebling gewesen – lernte sie Gedalja kennen. Er hatte ihr eine Welt eröffnet, von deren Existenz sie nichts geahnt hatte: junge, intelligente Menschen, die sich mit den Lehren von Marx, Engels und Lenin beschäftigten und zu konspirativen Treffen zusammenfanden, um von der großen Revolution zu träumen. Mitten in den Abiturprüfungen war sie zum ersten Mal verhaftet worden. Ihr Vater hatte die besten Rechtsanwälte engagiert und einflussreiche Personen bestochen. Mit vereinten Kräften hatten sie Sarah aus dem Schlamassel gepaukt. »Das ist nichts weiter als eine jugendliche Rebellion«, erklärte ihr Vater seinen Geschäftspartnern. Doch als die »jugendliche Rebellion« zu einer Lebensweise geworden war, gab er seine Tochter auf und zerschnitt die Bande; für ihn war sie damals gestorben.

Diese Geschichte hatte Novotny vor einigen Jahren von seiner Sekretärin Rita gehört. Die Frau war eine wandelnde Enzyklopädie. Er war nie dahinter gekommen, woher sie alles so genau wusste. Während er mit Gedalja und Sarah am Esstisch saß, hatte Novotny darüber nachgegrübelt, ob diese Geschichte vielleicht eine gezielte Irreführung sei. Die Leute bauschten ihre Lebensgeschichten immer auf. Der Krieg hatte sie von ihrer Vergangenheit getrennt, Archive und staatliche Behörden waren in Flammen aufgegangen, Originaldokumente zu Asche geworden, Zeugen umgekommen oder in ferne Länder ausgewandert. Nichts war leichter, als die Vergangenheit an die gegenwärtigen Bedingungen anzupassen. Sarah hatte ihn angesehen. Hatte sie seine Gedanken gelesen? Doch sie fragte nur, ob er noch einen Apfel wolle.

»Nein, danke«, hatte er erwidert.

Gedalja hatte seinen Teller von sich geschoben, Mund und Hände mit einer Ecke der Stoffserviette abgewischt und den Blick auf seinen Gast gerichtet. »Trinken wir etwas oder ziehen Sie lieber trockene Schläge vor?«

»Ich bin nicht hierher gekommen, um mich mit Ihnen anzulegen, Genosse.«

»Sind Sie etwa gekommen, um mir zu sagen, wie sehr Sie mich verehren?«

»Zwischen Schwarz und Weiß gibt es auch noch Grau.«

»Nicht bei mir, Genosse.«

Ihre Blicke kreuzten sich. Da war weder Feindseligkeit noch Freundschaft. Sie standen vor einem Kräftemessen.

Doch noch hatte Hajut keine Ahnung, um was es ging, und Novotny hatte Probleme, Hajuts Reaktion vorauszusehen. Novotny war noch nicht kampfbereit. Er musste Zeit gewinnen und sagte:

»Könnte ich eine Tasse Kaffee bekommen? Die Fahrt hat mich etwas ermüdet.«

»Selbstverständlich«, hatte Sarah gesagt und war in die Küche gegangen.

»Nun denn«, hatte Hajut gemeint, »schießen Sie mal los.«

»Warum die Eile?«, Novotny hatte gespürt, wie er festen Boden unter die Füße bekam. Er hatte alle erdenklichen Szenarien dieses Gesprächs durchgespielt und sich immer wieder gesagt, dass er einen kühlen Kopf bewahren müsse.

»Sagen Sie mir nicht, dass Sie den weiten Weg gemacht haben, nur um vom Karpfen meiner Frau zu kosten.«

»Wie hätte ich ahnen sollen, was es bei Ihnen zum Abendessen gibt? Und ich wusste nicht, dass Sarahs Küche mit drei Gabeln des Muchelin-Restaurantführers ausgezeichnet ist.«

»Michelin«, hatte Hajut ihn korrigiert. »Das ist eine französische Reifenfirma, die auch Reise- und Restaurantführer für motorisierte Touristen herausgibt.«

»Sie wussten schon immer alles«, hatte Novotny gelächelt. So sehr Hajut sich auch bemühte, aus Novotnys Stimme war weder Abwertung noch Spott herauszuhören. Deshalb gab er genauso ernst zurück: »Fast alles.«

»Dann habe ich also durchaus die Chance, Sie zu überraschen.«

Novotny hatte eine alte, zusammengefaltete Zeitung aus seiner Tasche geholt, auf dem Tisch ausgebreitet und die Knicke mit dem Daumennagel geglättet. Teilnahmslos hatte Hajut sich einen Zahnstocher zwischen die Zähne gesteckt.

»Ich habe Ihnen interessanten Lesestoff mitgebracht.« Novotny schob ihm die Zeitung hinüber. »Was Sie hier sehen, ist das Pamphlet der Nazi-Partei von vierundvierzig. Es wird über einen gewissen Rudolf Nowak berichtet, einen Reichsbahningenieur. Laut Zeitung hat sich dieser Nowak – wohlgemerkt Rudolf Nowak und kein anderer – nicht mit dem Gehalt begnügt, das ihm die Besatzer zahlten. Er strich Nebenverdienste ein. Zunächst half er Juden, aus den Zügen zu entkommen, die sie in die Vernichtungslager bringen sollten, und anschließend sorgte er dafür, dass sie sich verstecken konnten. Wenn ihnen dann das Geld ausging, verriet er sie an die Gestapo. Die Deutschen waren nicht gerade begeistert, denn sie behielten sich das Ausrauben von Juden selbst vor. Sie hatten nichts für private Initiativen übrig. Die Nazis nahmen dieses Finanzgenie und seine Partner fest und machten die Geschichte publik. Vermutlich sollte sie ein abschreckendes Beispiel abgeben. Was sagen Sie dazu, Genosse Hajut?«

»Eine durchaus interessante Geschichte.«

»Das ist alles?«

»Ja, denn Rudolf Nowak ist ein weit verbreiteter Name.«

»Ich habe ein bisschen in den Archiven gestöbert und die Reste einer Polizeiakte gefunden. Darin gibt es ein Foto.«

Hajut hatte sich über ein Formular gebeugt, das anscheinend der Polizeiakte entnommen war, und das Bild angesehen. Dann hatte er das Dokument von sich geschoben und geurteilt: »Dieser Mann sieht niemandem ähnlich, den ich kenne.«

»Der Druck ist schlecht und es ist nur eine Kopie. Sie müssen bedenken, dass das Bild vor zehn, wenn nicht sogar mehr Jahren gemacht wurde. Gesichtszüge verändern sich. Sie können nicht einfach zur Tagesordnung übergehen.«

»Wollen Sie, dass ich Nowak die Unterlagen zeige? Kein Problem. Ich werde ihn morgen zu einem Gespräch bitten, und wir werden die Sache aufklären.«

So leicht durfte sich Hajut nicht aus der Affäre ziehen.

»Auch ich kenne Nowak. Ich hätte mich direkt an ihn wenden können. Dann hätte ich Sie nicht stören müssen.«

»Und was soll ich Ihrer Meinung nach tun?«

»Das wissen Sie sehr gut.«

»Sie wollen, dass ich auf Grund irgendeiner idiotischen Meldung in einer Nazi-Zeitung aktiv werde? Ich soll unsere Ermittlungsbehörden aufscheuchen, ohne dass ein handfester Beweis vorliegt? Soll ich alle in Zweifel ziehen, die Nowak ihr Vertrauen geschenkt und ihn auf den Posten des Generaldirektors gehoben haben?«

»Sie sind derjenige, der ihm Vertrauen schenkt.«

»Sind Sie etwa gekommen, um mich der Verschwörung zu beschuldigen?«

»Sicherlich nicht. Sie sind rein wie ein Kristall. Deshalb habe ich mich an Sie gewandt, denn jeder andere würde versuchen, die Spuren zu verwischen, um die eigene Haut zu retten.«

»Ihre Absichten sind leicht zu durchschauen. Wo leben Sie, Genosse Novotny? Im Dschungel?«

»In gewisser Weise – ja.«

»Vorsicht, im Dschungel wimmelt es nur so von Raubtieren.«

»Raubtiere überleben.«

»Da haben Sie Recht. Ihre Art und Weise hat mir von Anfang an missfallen. Sie sind bei mir an der falschen Adresse, Genosse Novotny. Offensichtlich sind Sie der eigenen Fehleinschätzung erlegen. Noch bin ich stark genug, um selbst unter Raubtieren zu überleben. Ich bin Ihnen für Ihre

Offenheit zu Dank verpflichtet, aber die Lektion haben Sie wohl immer noch nicht gelernt, Novotny.«

»Unterschätzen Sie niemals einen Mitstreiter. Erinnern Sie sich, wer das gesagt hat?«

»Ich erinnere mich, Novotny. Ich habe das gesagt. Das war, als wir die alten Mitarbeiter aus dem Betrieb entfernt haben. Einer von ihnen nutzte einen Moment der Unaufmerksamkeit und vernichtete die Kundenliste aus der Zeit vor dem Krieg.«

»Aber wir haben ihn erwischt. Wenn ich mich recht entsinne, hat er zehn Jahre gekriegt.«

»Das Beispiel und Ihr Gleichnis fallen nicht in dieselbe Kategorie, Novotny. Doch warum schleichen wir um die Sache herum? Schließlich sind wir beide erwachsene Männer. Lassen Sie uns die Karten auf den Tisch legen. Sie wollen den Mann jagen, der die ›Universalwerke‹ zu einem Betrieb gemacht hat, der die gestellten Anforderungen erfüllt. Ein Mann, der bewiesen hat, dass er talentierter ist als Sie. Ich kann Ihre Motive verstehen, auch wenn sie nicht so recht zu Ihrer Einstellung passen. Ein intelligenter Mann wie Sie erklärt wegen eines erbärmlichen Stückchens Papier den totalen Krieg ... Ein zerknitterter Zeitungsausschnitt als einzige Waffe ... Nun wirklich!«

»In zwei Punkten irren Sie sich, Genosse Hajut. Erstens: Ich habe die Lektion gelernt. Zweitens: Ich habe noch mehr Material.«

»Kann ich es sehen?«

»Nein.« Novotny klang entschieden.

Hajut trommelte mit den Fingern auf der Porzellanuntertasse und wartete, dass Novotny fortfuhr. Novotny starrte auf Hajuts trommelnde Finger, bis sein Gastgeber aufhörte. Erst dann fügte er hinzu:

»Sie haben gesagt, dass wir die Karten auf den Tisch legen sollten. In Ordnung, Genosse Hajut. Hier ist meine Karte: Ich kann beweisen, dass Rudolf Nowak, der Generaldirektor der ›Rote-Fahne-Werke‹, mit den Nazi-Besatzern während des Krieges kollaboriert hat und für den Tod Dutzender unschuldiger Menschen verantwortlich ist. Der Artikel aus der Nazi-Zeitung ist nur die Spitze des Eisbergs. Ich hätte mich auch an den Beauftragten der Staatssicherheit wenden oder direkt zum Bezirksstaatsanwalt gehen können, um dort das gesamte Beweismaterial vorzulegen.«

»Und warum haben Sie das nicht getan?«

»Weil es zwischen uns eine offene Rechnung gibt. Es ist an der Zeit, dass Sie sie begleichen.«

»Ich dachte, wir hätten diese Geschichte vor einer Minute hinter uns gebracht. Wenn Sie mir drohen wollen, sind Sie an der falschen Adresse.«

»Ihnen drohen? Das würde mir niemals einfallen. Ich bitte lediglich darum, dass Sie Ihre Lage, so wie ich sie einschätze, überdenken. Wenn Sie mich zurückweisen und ich deshalb zur Staatssicherheit oder zur Staatsanwaltschaft gehen muss, kann ich nicht erklären, warum Sie, als ich Sie aufsuchte und Ihnen einen Teil des belastenden Materials zeigte, weder zuhören noch aktiv werden wollten. Es könnte sein, dass Sie aus mangelndem Klassenbewusstsein handelten, es könnte aber auch angehen, dass Sie Ihren Schützling decken wollten. Wie auch immer. Ihnen würde fortan ein Makel anhaften. Das sind die Spielregeln des Dschungels, den Sie erwähnten. Und wenn bewiesen ist, dass ich Recht habe, werden Sie mit Nowak in ein und demselben Boot sitzen.«

»Und wenn es nichts anderes als eine niederträchtige List ist?«

»Das ist doch gerade das Hübsche an unserem Spielchen. Bis zum entscheidenden Moment werden Sie nicht erfahren, was ich im Sack habe. Sie müssen pokern: entweder gemeinsam mit mir gegen Nowak oder Sie zusammen mit Nowak gegen mich – und vielleicht auch gegen die Partei.«

Novotny schwieg. Sarah war aus der Küche zurückgekommen und trug ein Tablett mit einer Kaffeekanne und Tassen. Beide waren sich sicher, dass sie zumindest die letzten Sätze gehört hatte. Stumm hatte sie drei Tassen Kaffee eingeschenkt. Ein starker Duft hatte sich im Zimmer ausgebreitet. Hajut nippte vorsichtig an seinem Kaffee, denn er war sehr heiß. »Ausgezeichnet, aber ich mag ihn etwas süßer«, hatte Novotny gesagt. Hajut hatte seiner Frau zugelächelt. Ihre Anwesenheit hatte ihn nicht gestört. Sie würde ihn ohnehin mit Fragen bombardieren, nachdem dieser Bastard gegangen war. Dann hatte er seinen Gast kurz angeschaut. Nein, das war nicht mehr der Mann, der seines Postens enthoben worden war und alles hingenommen hatte. Novotny war gekommen, um ihm an den Kragen zu gehen. Er konnte der Auseinandersetzung nicht aus dem Weg gehen.

»Erwarten Sie, dass ich Ihre verrückte Version dem Bezirksstaatsanwalt vortrage und fordere ...«

»Genau.«

Plötzlich mischte sich Sarah in die Unterhaltung ein. »Gedalja würde niemals etwas unternehmen, wenn er nicht vom Nutzen überzeugt ist«, hatte sie gesagt.

»Nutzen, das ist ein ziemlich relativer Begriff«, hatte Novotny bemerkt. Hajut hatte Sarah mit einer Handbewegung angedeutet, sich nicht weiter einzumischen, und an ihrer Stelle geantwortet:

»Meine Frau wollte nur betonen, dass ich noch nie etwas

getan habe, das im Widerspruch zu den Interessen der Partei steht.«

»Ich weiß«, hatte Novotny bestätigt. Inzwischen war er sich sicher, in diesem Dialog die Oberhand zu haben, denn sonst hätte Sarah sich nicht eingemischt. Novotny hatte Hajuts gleichgültigen Gesichtsausdruck studiert. Ein Buch mit sieben Siegeln. Hajut hatte seinen Gast angesehen und ruhig gesagt:

»Sie wissen gar nichts, Genosse Novotny. Im Betrieb haben enorme Änderungen stattgefunden. Wir erklimmen gerade einen hohen Berg. Der Erfolg hängt wesentlich vom Generaldirektor ab. Und die Genossen der Parteigremien wissen sehr wohl, dass man nicht mitten im Rennen die Pferde wechselt. Und außerdem bin ich fest davon überzeugt, dass Rudolf Nowak uns bis zum Ende des Weges nach oben treu bleiben wird. Es gibt keinen Grund, warum die Partei ihm den Rücken kehren sollte.«

»Früher hätte ich gesagt, dass ich auf Ihr Gespür für Gerechtigkeit vertraue, Genosse Hajut. Doch in der Zwischenzeit habe ich die Relativität dieses Begriffs verstanden. Deshalb würde ich jetzt eher auf Ihren Überlebenssinn vertrauen. Zu Ihrem Glück stimmt der genau mit den Interessen der Partei überein, der Sie mit Leib und Seele verschrieben sind. Und er steht auch nicht im Widerspruch zu den Prinzipien der absoluten Moral, über die Sie auf den Parteiversammlungen so oft geredet haben. Als Sie die Genossen zusammenriefen und darum baten, über meine Entlassung abzustimmen, haben Sie gesagt, dass in Notsituationen das Allgemeinwohl ausschlaggebend sei. Der Einzelne habe, einerlei in welcher Position, überhaupt keine Rechte. Das waren Ihre eigenen Worte, und Sie haben sogar ein konkretes Beispiel angeführt, um Ihre Ausführungen weiter zu unterstreichen.«

»Sie haben an der Zusammenkunft nicht teilgenommen«, hatte Hajut ihn unterbrochen.

»Das stimmt. Aber ich habe noch immer einige Freunde im Bezirksparteikomitee. Sie waren sehr beeindruckt von Ihrem Beispiel: Elf Leute in einem kleinen Rettungsboot auf hoher See. Sie haben sehr dramatisch geschildert, wie diese Leute über die Reling des sinkenden Schiffes in das Rettungsboot springen. Doch das Rettungsboot fasst nur zehn Leute und droht ebenfalls zu sinken. Einer der Überlebenden würde ins Meer geworfen werden müssen, um die Rettung der anderen zu sichern. Eine sehr rührende Geschichte, Genosse Hajut. Doch eine Frage blieb offen: Wer würde der Mann sein, der ins Meer geworfen werden müsste? Wenn in diesem Boot sowohl Nowak als auch Novotny sitzen würden und Sie das Recht hätten, eine Entscheidung zu fällen, wen würden Sie dann opfern?«

»Sie treiben ein riskantes Spiel, Novotny.«

»Mir bleibt keine andere Wahl.«

»Dann legen Sie die Karten auf den Tisch.«

»In Ordnung, wenn Sie darauf bestehen ... Ich werde Ihnen nur so viel sagen: Es wäre mir eine große Freude, Ihren erstaunten Gesichtsausdruck zu sehen, wenn ich die Beweise liefern würde.«

»Sie wiederholen sich.«

»Ja, aber es ist eine andere Version. Können Sie sich vorstellen, was für ein Gerangel im Zuge der Ermittlungen losbrechen würde? Ha, sicher. Sie kennen unsere teuren Genossen besser als ich. Beim Kampf um einen Platz im Rettungsboot würde es keine Gefühlsduseleien geben, keine Vertrauten und keine Freunde. Niemand würde mit Sicherheit wissen, wer den Haien vorgeworfen würde. Nur Sie und ich würden wissen, wer dieses Drama unbeschadet übersteht.«

»Der, der die Ermittlungen einleitet«, war es Hajut herausgerutscht.

»Richtig. Er hätte den entscheidenden Vorteil, das Rennen anzuführen. Und wenn er seine Taten klug abwägt, wird er die Schuld problemlos auf die hinter ihm Laufenden abwälzen können. Kennen Sie den Witz über die beiden Russen, die zu zehn Jahren Haft verurteilt wurden? ›Wegen was haben sie dich eingelocht?‹, wird Iwan gefragt, und er antwortet: ›Weil ich zu spät gekommen bin.‹ – ›Wenn man zu spät zur Arbeit kommt, kriegt man nur ein Jahr‹, antwortet Gregory. Iwan lacht. ›Ich bin nicht zu spät zur Arbeit gekommen. Ich habe mit meinem Freund zusammengesessen, und wir haben uns Polit-Witze erzählt. Es war schon spät. Ich hatte ein Glas über den Durst getrunken und war zu faul, aufzustehen. Er war als Erster bei der Staatssicherheit, um mich anzuschwärzen.‹ – Warum lachen Sie nicht, Genosse Hajut?«

»Sie haben die Sache gut durchgeplant, nicht wahr?«

»Während vieler Monate«, hatte Novotny bestätigt. Ein zufriedenes Lächeln war auf seinen Lippen erschienen. Er stand auf und hatte mit demonstrativer Höflichkeit Sarah gedankt. »Ich habe schon lange nicht mehr so gut gegessen. Ich werde Ihre Ruhe nicht weiter stören. Ich übernachte im ›Monopol‹. Sie finden mich in Zimmer Nummer dreihundertzweiundzwanzig. Ich wünsche Ihnen eine gute Nacht.«

»Glauben Sie bloß nicht, dass Sie die Oberhand haben. Ein Vorteil zu Beginn des Rennens entscheidet nicht über dessen Ausgang«, hatte Hajut festgestellt und nach einigen Sekunden hinzugefügt: »Trotzdem, ich werde die Sache ernsthaft überdenken.«

»Nur keine Eile. Das Büro des Staatsanwalts macht nicht vor neun Uhr morgens auf.«

Beide Männer standen sich Angesicht in Angesicht gegenüber. Sie schienen zu überlegen, ob sie einander zum Abschied die Hände schütteln sollten.

Sarah hatte die Situation gerettet. »Ich begleite Sie zur Tür, Genosse«, hatte sie vorgeschlagen. Novotny war ihr gefolgt. Hajut hatte gehört, wie die Tür zum Flur geschlossen wurde, und schenkte sich noch eine Tasse Kaffee ein. Als Sarah ins Esszimmer zurückkehrte, hatte sie sich neben ihn gesetzt.

»Das Pokerspiel ist vorüber, Gedalja.«

Sarah hatte ihn neugierig angesehen.

»Warum starrst du mich an?«, hatte er gebrüllt.

»Ärger löst das Problem nicht, Gedalja. Glaubst du etwa nicht mehr daran, dass Eheleute wirklich alles miteinander teilen müssen?«

»Da gibt es nichts zu teilen. Ich habe mir diese Suppe selbst eingebrockt und werde sie auch allein auslöffeln müssen.«

Hajut hatte den Kopf in die Hand gestützt und langsam einen Schluck Kaffee genommen. Sarah hatte sich gefragt, ob sie ihn wirklich so gut kannte, wie sie immer geglaubt hatte. Sie hatte ihn zum ersten Mal bei Freunden getroffen. Gedalja gehörte nicht zu den schönen Männern ihres Freundeskreises, doch wenn er redete, zog er alle in seinen Bann. Seine Ausführungen hatten etwas von einer zurückhaltenden Begeisterung. Seine Altersgenossen schwangen viele hochtrabende Reden, doch Gedaljas Worte hatten Gewicht. Er war anders als die anderen, und diese Qualität hatte Sarah erst später erkannt, als er sie zu den konspirativen Gesprächskreisen der Komsomolzen eingeladen hatte.

Ihre Flucht in die Sowjetunion rettete sie vor den Schrecken des Nazi-Regimes. Kurz nach dem Einmarsch der Deutschen hatte sich eine Gruppe junger Mitglieder der Kommunistischen Partei organisiert und war in die Sowjetunion gegangen. Zu ihrer großen Enttäuschung hatten die Russen sie nicht mit offenen Armen empfangen. Es herrschte ein krankhaftes Misstrauen gegenüber Kommunisten aus anderen Ländern. Schließlich hätten sie von dort den liberalen Virus einschleppen können. Die NKWD-Mitglieder hatten jeden Flüchtling als potenziellen Spion betrachtet. Fast zwei Jahre musste sie in einer entlegenen Stadt östlich des Urals leben und in der Landwirtschaft arbeiten. Erst mit dem Überfall der Wehrmacht auf die Sowjetunion war alles anders geworden. Weil sie mehrere Sprachen beherrschte, wurde sie nach Moskau geholt und in einem Radiosender beschäftigt, der Propagandasendungen in deutscher Sprache ausstrahlte. Dort hatte sie endlich studieren können. Als sie nach Kriegsende nach Hause zurückkehrte, war sie diplomierte Politologin.

Ihre Familie war durch den Holocaust ums Leben gekommen. Es hatte sie nichts mehr mit ihrem früheren Wohnort verbunden. Die Partei bot ihr einen hohen Posten im Friedenskomitee an. Damals hatte das Komitee gerade eine internationale Konferenz der »Friedensfreunde« vorbereitet, die in einer der großen Bezirksstädte stattfinden sollte. Sarah war dorthin umgezogen, um die Leitung des Organisationskomitees zu übernehmen. Die Zusammenkunft war ein großer Erfolg, und sie wurde mit dem Orden »Heldin der Arbeit« ausgezeichnet.

Die Verleihung des Ordens war eine gute Gelegenheit zum Feiern gewesen. Ihre Freunde hatten eine Überraschungsparty organisiert. Doch die eigentliche Überraschung war das Wiedersehen mit Gedalja Hajut. Der Krieg hatte sie getrennt. Sie hatten sich seit Jahren nicht mehr gesehen, noch nicht einmal, als beide in Moskau gewesen waren. Sie hatte ihre Freunde im Verdacht, das Wiedersehen mit Hajut geplant zu haben. Schon lange flüsterten sie ihr zu, dass es an der Zeit sei, sich einen Freund zu suchen und Heim und Familie zu gründen. Obwohl Sarah Affären gehabt hatte, hatte sie nie daran gedacht, diese offiziell zu machen. Ein Familienleben war in ihren Augen eine veraltete Lebensform. Auf der Tanzfläche des Parteiklubs erklärte sie Gedalja ihre Einstellung. Er hatte sie fest umarmt gehalten und gelacht. »Du bist wahrhaftig eine Anarchistin.« – »Und du bist ein verfaulter Bourgeois in der Haut eines Kommunisten«, erwiderte sie und lachte ebenfalls.

Sie hatte ihn aus der Zeit vor dem Krieg als scharfsinnigen jungen Mann in Erinnerung, der ihr damals das Tor zu einer neuen Gedankenwelt geöffnet hatte. Er galt als Held des Spanischen Bürgerkrieges, und viele Freunde sahen in ihm eine autorisierte Quelle für Themen der marxistischen Dialektik. Doch trotz des großen Einflusses, den er damals auf sie gehabt hatte, fühlte Sarah sich nicht körperlich zu ihm hingezogen. Und Gedalja hatte seinerseits nie versucht, ihre intellektuelle Nähe in eine intime Beziehung zu verwandeln. Es waren zehn Jahre vergangen, und aus dem hässlichen jungen Mann war ein Mann mit Glatze und Hang zur Fettleibigkeit geworden. Er war kleiner als sie und musste sich auf die Zehenspitzen stellen, um sie zu küssen. Das war ungefähr zwei Wochen nach der Überraschungsparty gewesen. Sarah hatte die Berührung seiner Lippen genossen. Sie gaben eine verborgene Botschaft weiter, die sie mit Leichtigkeit entschlüsselte. Als er sie losließ, wich sie einen Schritt zurück und brach in Lachen aus. Er blickte verletzt drein. »Was ist denn an mir so komisch?«

»Ich lache über mich selbst«, hatte sie geantwortet. »Ich

lache, weil ich nie geglaubt hätte, einmal einen Mann zu heiraten, der kleiner ist als ich.«

»Ich habe dich nicht gebeten, mich zu heiraten.«

»Hast du noch nie etwas von Gleichberechtigung gehört?«, hatte sie leichthin geantwortet.

Einen Monat später hatten sie sich beim Standesamt registrieren lassen.

Nun saß Gedalja vor ihr, den Kopf in die Hand gestützt, und schwieg. Seine Augenlider waren geschwollen, ein deutliches Zeichen seiner Müdigkeit. Er leugnete immer vehement, vor Müdigkeit fast umzukippen, doch seine Augenlider verrieten die Wahrheit.

»Ich liebe dich«, hatte sie gesagt. Ihre Stimme war ruhig und samtweich gewesen.

»Was heißt das?«, hatte er gefragt.

»Warum musst du immer alles hinterfragen und interpretieren? Ich habe gesagt, dass ich dich liebe. Das ist alles.«

»Ich habe noch nie eine Liebeserklärung von dir gehört.«

»Du hast sie eben noch nie so sehr gebraucht wie jetzt. Wenn ich sage, dass ich dich liebe, will ich damit sagen, dass ich an deiner Seite stehe, in guten wie in schlechten Tagen.«

»… bis dass der Tod euch scheidet? Schwört man das nicht bei einem Pfarrer?«, lächelte er.

»Fang jetzt bloß nicht an, aus der Situation einen Witz zu machen. Noch vor einem Moment habe ich mich gefragt, ob ich dich wirklich kenne.«

»Und zu welcher Schlussfolgerung bist du gekommen?«

»Dass ich nicht Olf Novotny bin. Mich wirst du nicht täuschen können. Du sitzt in der Patsche, Gedalja. Du bist in Not. Bitte weise meine Hilfe nicht zurück.«

Sarah hatte nach seiner Hand gegriffen. Ihm war warm ums Herz geworden. Er war genau wie Sarah kein sentimentaler Mensch.

»Du kannst mir nicht helfen. Aber ich muss mich um die Sache kümmern. Ich muss schnell reagieren.«

»Willst du den Staatsanwalt anrufen? Mit Czerny kann man alles ins Lot bringen. Er verspeist deinen Nowak zum Frühstück. Du weißt, dass er es nicht wagen würde, dich anzugreifen. Er ist ein Angsthase.«

»Ich wünschte, die Lösung wäre so einfach. Es gibt da allerdings ein Problem. Rudolf Nowak hat mit den Nazis nicht kollaboriert, und er wird es beweisen können. Es ist einfach lächerlich, eine Untersuchung einzuleiten.«

»Vielleicht irrst du dich? Vielleicht hat Novotny tatsächlich weitere Beweise?«

»Quatsch. Rudolf Nowak hat nicht mit den Nazis zusammengearbeitet. Er ist Jude und hat im Konzentrationslager gesessen. Sein wahrer Name ist Itzhak Liebmann. Ich erinnere mich an ihn, genauso wie ich mich an meine Mutter erinnere. Ich habe ihn schon vor dem Krieg gekannt. Damals hat er am Polytechnikum studiert, und wir haben manchmal einige belanglose Worte gewechselt. Ich hatte erwogen, ihn in unsere Sache einzuweihen, habe es mir dann aber anders überlegt. Er hatte sich damals gerade mit einer dieser schillernden Töchter einer nationalistischen Familie angefreundet, deren Vater Verbindung zu Regierungskreisen hatte. Ihn einzuweihen war einfach zu gefährlich. Als ich ihn schließlich wieder traf, leugnete er, mich von früher zu kennen. Ich hätte auf meiner Version bestehen können, tat aber so, als würde ich seine Geschichte glauben. Vertraue mir, ich hatte guten Grund dazu.«

»Ich weiß, dass du nichts dem Zufall überlässt. Folglich

hat sich Novotny die ganze Sache aus den Fingern gesogen, und es gibt keinen Anlass zur Sorge.«

»Das ist kein Trost. Um seine Geschichte zu widerlegen, müsste ich das Bezirksparteikomitee einberufen und den Genossen erzählen, dass Nowak nicht Nowak ist und ich die ganze Zeit über seine wahre Identität kenne. Sie werden fragen, warum ich geschwiegen habe. Zu meinem Leidwesen kann ich ihnen keine überzeugende Antwort liefern. Wenn ich ihnen den wahren Grund nenne, werden sie mich hochgehen lassen. Schließlich kennst du das Prinzip: Offenheit gegenüber der Partei ist alles.«

»Und dennoch bist du davon abgewichen.«

»Ich habe einfach gespürt, dass es das Richtige ist. Und weise mich jetzt bloß nicht auf den Widerspruch hin. Das weiß ich selbst.«

Sarah nickte. »Du kannst die Sache so oder so drehen, Gedalja. Die Partei verzeiht Genossen nicht, die sie täuschen, aber sie wird auch nicht zu Bestrafungen greifen, wenn keine Köpfe rollen müssen.«

»Du hast viel gelernt, Sarah.«

»Hast du nicht schon immer behauptet, dass ich eine intelligente Frau bin?«

»Nur weil ich nicht zu sagen wagte, dass du die vollendete Schönheit bist«, hatte er gelacht. »Aber mal im Ernst: Die Partei braucht beständig Opfer. Wie ein Moloch.«

»Es ist schon merkwürdig, eine solche Bekundung aus dem Mund eines der Parteifunktionäre zu hören.«

»Eine gesellschaftliche Revolution ohne Feinde gleicht einer Lokomotive ohne Dampfkessel. Die Partei braucht das Kräftemessen, um ihre Kampffähigkeit zu wahren. Das ist in meinen Augen durchaus legitim. Und wenn es keinen wirklichen Feind gibt, dann muss man einen ausfindig machen.

Erinnerst du dich an Konstantins Standardspruch: Nennt mir den richtigen Paragraphen, und ich werde den passenden Schuldigen finden.«

»Ein verdorbener Typ.«

»Aber sehr effektiv.«

»Auch eine Hyäne hat eine nützliche Aufgabe; doch das ist noch lange kein Grund, sie zu mögen.«

»Konstantin würde deine Antwort schätzen.«

»Auch dein Geständnis würde er gerne hören.«

»Ich werde ihm keine Gelegenheit dazu bieten.«

»Was sollen wir also machen?«

»Du wirst gar nichts machen.«

»Und du?«

»Ich weiß, was ich gerne machen würde: Novotny ins Abseits befördern. Doch das bleibt, zumindest in der Zwischenzeit, ein süßer Herzenswunsch. Ich würde gerne den Bezirksstaatsanwalt aus dem Bett seiner Geliebten holen und ihm empfehlen, die Sache einstweilen auf Eis zu legen. Er soll Novotny erklären, dass seine Beschwerde erst einmal geprüft werden müsse, man nicht überstürzt handeln dürfe. Czerny wird es nicht wagen, gegen meine Empfehlung zu handeln. Nicht wenn ich ihn bei dieser Frau am Telefon erwische. Während ich mit ihm telefoniere, packe mir doch bitte einen kleinen Koffer, für ein, höchstens zwei Tage. Und vergiss meinen Rasierapparat nicht wieder. Dann werde ich duschen, und du bestellst mir ein überregionales Gespräch mit Broza. Es ist spät, man wird uns innerhalb von zehn Minuten verbinden ... Und dann nichts wie los.«

General Broza hatte sich ein Glas Wodka eingeschenkt. Das kühle Getränk ließ ein angenehm warmes Gefühl durch seinen Körper strömen. Seine Frau und Kinder waren in Urlaub gefahren, und das Haus war leer. Das Hausmädchen war mit der Arbeit fertig und hatte ihm einige Brote mit geräuchertem Schweinefleisch vorbereitet. Er hatte in eines der Brote gebissen, noch ein Glas getrunken und wieder einen Biss genommen. Geräuchertes Schweinefleisch war eine seiner Lieblingsspeisen, und seine Frau sorgte immer dafür, dass etwas im Haus war. Gestern Abend hatte er mit ihr telefoniert. Der Aufenthalt im Parteierholungsheim tat ihr sehr gut, und auch die Kinder hatten Spaß. »Die Bergluft ist rein wie dein Wodka«, hatte sie gekichert. Schade, dass die Luft in der Hauptstadt so verschmutzt war.

Broza hatte den letzten Bissen hinuntergeschluckt und die Krümel in einer Papierserviette gesammelt; er war ein ordentlicher Mensch. Dann hatte er sich in einen Sessel gesetzt und die Zeitungen durchzublättern begonnen. Obwohl er zwischen den Zeilen zu lesen verstand, langweilten ihn die Artikel.

Man müsste die Propaganda-Abteilung etwas wachrütteln, hatte er für sich gedacht. Die Genossen in der Abteilung für Propaganda kopierten blindlings die Methoden der Sowjetunion. Das sicherte ihnen größtmöglichen Schutz vor Kritik, denn wer würde es schon wagen, die vom Kreml geheiligte Arbeitsweise anzugreifen? Doch Broza hatte sich die Umsetzung jener Parteidoktrin zum Ideal gemacht, die einen sozialistischen Inhalt im nationalen Gewand für richtig hielt. Schon tausend Mal hatte er darüber nachgedacht, das Thema auf den Sitzungen des Zentralkomitees zur Diskussion zu bringen, und genauso oft im letzten Moment einen Rückzieher gemacht. Der Generalsekretär hätte darin den Versuch sehen können, die oberste Instanz zu kritisieren. Und der Generalsekretär war kein nachsichtiger Mann. Broza hatte genug interne Kämpfe auszutragen, um jene Angelegenheiten voranzutreiben, die in seinen Zuständigkeitsbereich fielen. Warum sollte er den Kampf an einer weiteren Front eröffnen?

Gewiss, selbst wenn es eine andere Form der Berichterstattung gäbe, wäre die skandalöseste Nachricht des Jahres ohnehin nicht bekannt geworden. Irgendwann in ferner Zukunft, wenn alle Feinde der Revolution kapituliert hätten, würde sich auch sein Land den Luxus einer freien Presse leisten können. Derweil war die Zensur unerlässlich. Es gab Wahrheiten, die nicht an die Öffentlichkeit dringen durften. So auch jene peinliche Affäre, die das Landesverteidigungsministerium wie ein Blitz aus heiterem Himmel getroffen hatte.

Er hatte guten Grund, wegen der Ereignisse der letzten Tage schlecht gelaunt zu sein. Der Skandal um den Luftwaffenstützpunkt im Süden des Landes schlug Wellen wie ein ins Wasser geworfener Stein. Broza hatte sich gefragt, wann eine dieser Wellen in der Abteilung für Versorgung ankommen würde. Dann bräuchten viele einen sehr stabilen Rettungsring. Er selbst wusste, dass das Überleben nicht von einem Rettungsring abhing, sondern vom Vermögen, mit dem Strom schwimmen zu können.

Als die Einzelheiten des Skandals in der Führungsspitze bekannt geworden waren, hatte er untersucht, inwieweit seine Abteilung betroffen war. Er hatte tief durchgeatmet, als er erfuhr, nichts damit zu tun zu haben; jedenfalls nicht persönlich. Dennoch würde er nicht behaupten können, eine völlig reine Weste zu haben. Er war an den Vorgängen, die dieser peinlichen Affäre vorausgegangen waren, beteiligt gewesen. Und gerade weil er den Apparat kannte, hatte er keinen Zweifel, dass einige Genossen ihn in den Strudel hineinziehen würden; vermutlich gingen sie davon aus, dass seine Involvierung das Urteil mildern könnte. Die Kämpfer der Internationalen Brigaden wurden schließlich nicht umsonst »spanische Mafia« genannt. Ihnen wurde großer Einfluss nachgesagt.

Das stimmte, war aber nicht die ganze Wahrheit. Die »Spanier« waren eine starke Lobby in der Parteizentrale. Doch das interne Kräftegleichgewicht änderte sich beständig, und immer wieder kam eine andere Gruppe in den Brennpunkt der Macht. Niemand konnte sich hundertprozentig sicher sein, welches Parteimitglied ihn unterstützt und welche Rechte er hat. Je höher jemand aufstieg, desto mehr Widersacher schaffte er sich, die auf das erste Zeichen von Schwäche geradezu lauerten. Broza hatte sich nichts vorgemacht: Wenn er strauchelte, wären auch andere in Gefahr. Sie würden bestimmt nicht warten, ob sein Sturz endgültig sein würde. Die Gesetze der Selbstverteidigung würden stärker als das Gefühl der Solidarität unter Kämpfern sein. Käme er zu Fall, würde man sofort ohne Mitleid auf ihm herumtrampeln. Sogar die altgedienten Kameraden der »spanischen Mafia« würden keinen Finger für ihn rühren. Jeder wusste, dass eine politische Niederlage eine ansteckende Krankheit war.

Die unglückliche Affäre hatte vor etwa zwei Jahren begonnen. Der Kalte Krieg tobte. Der Generalstab entschied, in der Gebirgsregion im Süden des Landes einen geheimen Luftwaffenstützpunkt zu errichten. In den Hügeln entlang der Landebahnen sollten gut getarnte Hangars gebaut werden. Offiziell wurde bekannt gegeben, die Regierung habe die Erschließung dieser entlegenen Region eingeleitet.

Broza war spät eingeweiht worden. Der Verteidigungsminister und die Genossen des Politbüros hatten die Projektleitung einem Zivilisten übertragen, einem Mann namens

Josef Benisch, der in der Sowjetunion studiert hatte und als Autorität auf dem Gebiet des militärischen Pionierwesens galt. Benisch hatte zwar laufend Berichte über den Fortgang der Bauarbeiten abgeliefert und immer wieder teure Maschinen und Material aus dem Westen heranschaffen lassen. Aber als die komplette Regierungsriege am Unabhängigkeitstag zur Einweihung angerauscht kam, stellte sich heraus, dass der wunderbare Stützpunkt nur auf dem Papier existierte. Der Kerl hatte das ganze System zum Narren gehalten.

Ein Sonderuntersuchungsausschuss hatte mehr als einen Monat gebraucht, um dahinter zu kommen, wie alles funktioniert hatte. Die strategisch wichtigen Gerätschaften waren anscheinend mit Hilfe von cleveren Mittelsmännern nach Südamerika verkauft worden. Benisch und einige seiner engsten Mitarbeiter hatten sich rechtzeitig ins Ausland abgesetzt. Die Staatssicherheit sollte weitere Mitwisser ausfindig machen. Eine groß angelegte Jagd begann.

Der Kopf der Bande war Jude; das gab die Jagdrichtung vor. Die Staatssicherheit hatte ausdrücklich angeordnet, dass die bösartigen Pläne dieser zionistischen Verschwörung aufgedeckt werden müssten. Ohne zionistische Helfer im In- und Ausland, so hatten die Leiter der Staatssicherheit behauptet, wäre Benischs Plan mit Sicherheit gescheitert. Auf der Suche nach Anhaltspunkten für Anklageschriften wurden die persönlichen Akten der leitenden Funktionäre jüdischer Abstammung entstaubt.

General Broza verfolgte die Entwicklungen aufmerksam. Die Kämpfer der Internationalen Brigaden hatten Schlüsselpositionen inne und brachten einander auf den aktuellen Informationsstand. Auch an diesem Abend waren einige Kameraden der »spanischen Mafia« zusammengetroffen, um die Ereignisse zu erläutern. Wegen Stalins Misstrauen waren schon zuvor »Spanier« zu Fall gekommen, aus hohen Ämtern in der Sowjetunion und in den Bruderstaaten entfernt und sogar ins Gefängnis geworfen worden. Der Diktator im Kreml litt an einem extremen Fremdenhass und fürchtete, dass sich jeder, der Kontakt zu Ausländern hatte, mit ketzerischen Ideen infizieren könnte. Dieser krankhafte Wahn hatte dazu geführt, dass er selbst mit den Soldaten der Roten Armee, die nach 1945 aus der Nazi-Gefangenschaft heimgekehrt waren, grausam umgesprungen war. Die meisten wurden zu einer erbärmlichen Existenz in Sibirien verurteilt. Seither hatten die Verfolgungen abgenommen, aber Broza und seine Kameraden wussten, dass sich die Geschichte im Allgemeinen zu wiederholen pflegt.

Als sich der Zorn gegen die Zionisten richtete, holten die »Spanier« tief Luft. Ein alter Freund, ein hoher Offizier der Staatssicherheit, hatte ihnen gesteckt, vor wem sie sich vorsehen mussten: »Haltet euch von Juden fern wie von Aussätzigen, dann droht euch keine Gefahr.« Seiner Meinung nach war im sozialistischen Lager seit 1948, als in der Sowjetunion jüdische Schriftsteller, Schauspieler und Intellektuelle ausgeschaltet worden waren, kein so groß angelegter antisemitischer Feldzug mehr unternommen worden.

Es war zehn Uhr abends, als Broza beschloss, sich ein drittes Glas zu genehmigen. Er war froh, dass seine Frau und die Kinder nicht da waren, denn er hätte seine Sorgen nur schwerlich für sich behalten können. Er erinnerte sich an eine von Gedalja Hajuts Geschichten. Hajut gab gerne Gleichnisse aus dem Talmud zum Besten. Diese Geschichte handelte von zwei Freunden, die in der Wüste umherirren und kaum noch Wasser bei sich haben. Wenn sie sich den Vorrat weiterhin gerecht teilten, würden beide innerhalb kürzester Zeit sterben. Wenn der Stärkere das Wasser bekäme, würde der Schwächere zwar zurückbleiben, der andere könnte jedoch an den Rand der Wüste marschieren. Auf diese Weise würde wenigstens einer der beiden gerettet werden. Die jüdischen Thoragelehrten waren der Meinung, dass ein Menschenleben wichtiger sei als zwei tote Freunde. Als Gedalja Hajut diese Geschichte erzählte, hatte Broza recht zornig reagiert: »Man hat mich noch nie des Antisemitismus beschuldigt, aber ich kann dazu nur eines sagen: typisch jüdische Moral.« Inzwischen hatte er seine Ansicht revidiert: Hajuts Geschichte barg eine nicht von der Hand zu weisende Logik.

Broza dachte gerade wieder einmal über die Moral von Hajuts Geschichte nach, als das Telefon schellte. Es war der Sekretär der Parteizelle der »Rote-Fahne-Werke«.

»Leiden Sie an Schlaflosigkeit?«, hatte Broza gefragt.

»Wenn ich Ihnen sage, um was es geht, dann werden auch Sie nicht schlafen können«, hatte Hajut erwidert. Die feinfühligen Ohren des Generals nahmen wahr, dass Hajut besorgt klang.

»Ist schon wieder etwas im Betrieb vorgefallen?«

»Nein, dieses Mal ist es etwas sehr Persönliches.«

»Ich höre.«

»Das ist ein Thema für eine Unterhaltung unter vier Augen.«

Das war eine sehr erstaunliche Bemerkung, denn beide wussten, dass ihre Gespräche höchstwahrscheinlich abgehört wurden. Wenn Hajut dennoch eine solche Bemerkung machte, musste er unter großem Druck stehen und die Sache dringend sein. Allen Eventualitäten vorbeugend, antwortete Broza:

»Ich habe keine Geheimnisse vor den Genossen des Zentralkomitees. Aber wenn Sie sich zunächst mit mir beraten wollen, habe ich nichts dagegen. Wann werden Sie eintreffen?«

»Ich nehme den Schnellzug um Mitternacht und bin um neun Uhr in Ihrem Büro.«

»Rufen Sie mich vom Bahnhof aus an. Ich werde Ihnen einen Wagen schicken«, hatte General Broza gesagt und das Gespräch beendet.

Der Wagen des Verteidigungsministeriums hatte am Haupteingang des Bahnhofs gewartet. Hajut kannte das Nummernschild des Ministeriums. Der Fahrer hatte salutiert und ihm die Tür geöffnet. »Der Genosse General erwartet Sie im Restaurant ›Zum Jäger‹«, hatte er gesagt und den Motor angelassen.

»Zum Jäger« war ein kleines Restaurant am Rand einer Waldlichtung ungefähr zehn Kilometer außerhalb der Stadt. Es war ein Holzhaus im Schweizer Chalet-Stil, allerdings Marke Osten. Vor dem Weltkrieg hatten hier die Reichen der Stadt gespeist, jetzt gingen Schwarzmarkthaie und Parteifunktionäre ein und aus.

Hajut war noch nie in dem Lokal gewesen. Er wusste, warum Broza diesen Ort gewählt hatte. Hier könnten sie sich ungestört unterhalten. Am Vormittag war das Restaurant leer, und auch zum Mittagessen kamen nur wenige Gäste. Der große Ansturm kam erst am Abend, nach der ersten Kinovorstellung, und hielt im Allgemeinen bis zum Morgengrauen an. Die Taxifahrer hatten ab vier Uhr morgens Konjunktur. Sie holten Gäste ab, die zu viel getrunken hatten und nicht mehr selbst hinterm Steuer sitzen konnten.

Als der Dienstwagen, der Hajut abgeholt hatte, neben dem Restaurant bremste, hatte dort nur ein Wagen gestanden, ebenfalls mit einem Nummernschild des Verteidigungsministeriums. Tomasz Broza war vor ihm eingetroffen. Beide Männer hatten sich herzlich die Hand geschüttelt. Der Kellner hatte eine tiefe Verbeugung gemacht und ihnen die Speisekarte vorgelegt. Broza hatte lächelnd abgewinkt.

»Bringen Sie uns einen viertel Liter Wodka, ein paar saure Gurken und einen eingelegten Fisch, Sie wissen schon, von diesem dicken da.«

Der Kellner hatte sich verbeugt und entfernt. Erst dann hatte der General zu seinem Gast gemeint:

»Entschuldigung. Ich vergaß, dass Sie direkt vom Bahnhof kommen. Sicherlich haben Sie noch nicht gefrühstückt. Hier gibt es sehr gutes geräuchertes Schweinefleisch, beste Qualität.«

»Danke, aber ich habe keine Lust zu essen.«

»Weil es Schweinefleisch ist?«, lachte Broza. Hajut war mit den Gedanken woanders.

»Ich habe keinen Appetit«, hatte er erklärt.

»Sie schlafen nicht, Sie essen nicht, Sie werden noch zum Mönch.«

»Viel schlimmer als das.«

Kurz und sachlich hatte Gedalja Hajut den Hergang der Unterhaltung mit Novotny geschildert. Anschließend hatte er von seinem ersten Zusammentreffen mit Nowak und dessen wahrer Identität berichtet. Um die Unterstützung des Generals zu gewinnen, durfte er nichts zurückhalten. Die Tische um sie herum waren frei, niemand konnte sie hören. Hajut hatte geredet, der General hatte zugehört. Von Zeit zu Zeit hatte er an seinem Glas genippt, einen Happen Fisch mit einem Zahnstocher aufgespießt und gegessen. Als Hajut mit seinem Bericht am Ende war, hatte Broza gefragt:

»Kann man diesem Novotny nicht die Zunge abschneiden?«

»Nein.« Und damit auch ja nichts im Unklaren bleiben würde, hatte Hajut hinzugefügt: »Ich nehme an, dass Novotny gerade beim Bezirksstaatsanwalt sitzt und Anzeige erstattet.«

»Dann muss man eben dem Bezirksstaatsanwalt den Mund stopfen. Zumindest bis wir uns auf eine passende Reaktion vorbereitet haben.«

»Ich habe ebenfalls daran gedacht.« Auch Hajut hatte sich ein Glas Wodka eingeschenkt. »Ich habe ihn vom Bahnhof angerufen. Kennen Sie den Mann?«

»Ich hatte nicht die Ehre.«

»Parteigenosse. Sehr gut im Bezirksapparat eingebettet. Er hat vielen einen Gefallen getan, die ihm nun etwas schuldig sind. Er ist verheiratet und hat zwei Kinder. Sein Sohn ist Führer in der Patriotischen Jugendbewegung, seine Tochter besucht die Oberschule. Seine Frau ist nicht berufstätig. Eine dumme Kuh, die keinen Schaden anrichten kann.«

»Eine vorbildliche Familie.«

»Ja, eine beispielhafte Familie, wie schon mehrmals auf den Sitzungen des Bezirksparteikomitees erwähnt wurde. Doch unser Genosse hat auch eine Geliebte. Eine sehr hübsche Frau. Denken Sie bloß nicht, das sei ein Geheimnis. Ich kenne einige junge Staatsanwälte, die ihn decken, wenn er sich eine ganze Nacht lang mit ihr vergnügt. Sie schwören seiner Frau Stein und Bein, dass ›die Ermittlungen bis in die Morgenstunden gedauert haben‹.«

»Vergessen Sie die Geliebte. Was haben Sie ihm gesagt?«

»Ich habe ihm das Prinzip der Gegenseitigkeit erklärt, entweder halten wir beide den Mund oder fangen beide zu singen an.«

»Anscheinend hat er keinen Schrecken bekommen. Ansonsten würden wir beide wohl kaum hier zusammensitzen, nicht wahr?«

»Er hat keinen Schrecken gekriegt, allerdings hat er auch nicht den großen Helden gespielt. Er wird ausgiebig über das, was ich ihm gesagt habe, nachdenken.«

Beide schwiegen.

»Hören Sie mal, Hajut, ich muss Sie etwas fragen: Warum, zum Teufel noch mal, haben Sie sich bloß darauf eingelassen? Warum haben Sie Ihrem Juden erlaubt, sich hinter einer falschen Identität zu verstecken? Warum haben Sie ihn auch noch gefördert und bei der Gelegenheit, abgesehen vom Minister für Schwerindustrie, auch mich mit in den Dreck gezogen? Warum haben Sie nicht gefordert, dass er wieder seinen richtigen Namen annimmt? Warum sollte ein Ingenieur Rudolf Nowak besser für uns sein als einer namens Itzhak Liebmann?«

»Das sind fünf Fragen auf einen Schlag.«

»Ich weiß, dass Sie in Mathematik gut sind.«

»Es gibt keinen Grund, ärgerlich zu werden. Ich wollte weder Sie noch den Minister in den Dreck ziehen, und schon gar nicht mich selbst. Was da passiert ist, lässt sich leicht erklären.«

»Nun reden Sie schon.«

»Ich hätte seine falsche Identität mit Leichtigkeit auffliegen lassen und ihn zum Teufel jagen können. Aber ich wusste, dass wir gute Männer mit technischer Ausbildung brauchen, die absolut loyal sind. Hier in der Hauptstadt ist der Mangel an hoch qualifizierten Arbeitskräften nicht ganz so schlimm wie bei uns. Die wirklich guten Leute flüchten aus der Provinz. Jeder will gerne an der Quelle sitzen. In den ›Universalwerken‹ standen wir kurz vor dem Abgrund. Wir brauchten einen Ingenieur, der den Betrieb wieder auf die

Beine stellt und dennoch das Kräftegleichgewicht in unserem Bezirk nicht stört. Sie kennen doch das feinfühlige Gleichgewicht, ohne das jeder jeden fressen würde.«

»Und weiter ...«

»Olf Novotny hatte alle erforderlichen technischen Qualifikationen. Wir haben ihn sozusagen adoptiert, gefördert und verhätschelt wie einen Sohn. Er kam mit den besten Referenzen der Partei zu uns. So gut, dass er entschied, besser als alle anderen zu sein und uns über die kommunistische Moral belehren zu können. Er hat die komplexen lokalen Probleme nicht berücksichtigt und die Parteidogmen nicht akzeptiert. Unverfroren und reinen Gewissens hat er auf uns herabgeblickt. Der Bastard hat uns auf die Finger geschaut und kontrolliert, ob sie auch wirklich sauber sind. Kurz gesagt, er war eine Plage, mit der man nicht leben konnte. Es war nicht einfach, ihn loszuwerden. Das war vor der Involvierung des Verteidigungsministeriums. Ich möchte, dass Sie verstehen, wie die Dinge vor Novotnys Entlassung standen. Wir haben viele Sitzungen abgehalten, haben alle Institutionen einbezogen, von der Gewerkschaft bis zur Staatssicherheit. In einem Punkt waren wir alle uns einig: Novotnys Nachfolger würde völlig anders sein müssen. Doch wie sollte er sein? Wir brauchten einen Mann, über den die Partei, je nach Bedarf, verfügen konnte. Liebmann schien mir der ideale Kandidat. Wenn ich ihn gezwungen hätte, seine richtige Identität wieder anzunehmen, hätte ich einen enormen psychologischen Vorteil eingebüßt. Wer entdeckt zu werden fürchtet, der gehorcht, ohne Fragen zu stellen, und belästigt die Partei nicht mit schwierigen ideologischen Fragen. Ich habe alle Fäden in der Hand, er ist wie eine Marionette, die nach den Klängen meiner Flöte tanzt und der Partei dient.«

»Doch jetzt wurden die Karten plötzlich neu gemischt. Der Golem hat sich über seinen Schöpfer erhoben, wie?«

»Erinnern Sie mich bloß nicht an Karten.«

»Warum? Haben Sie beim Pokern verloren?«

»In gewisser Weise ja.« Hajut hatte Broza direkt in die Augen geschaut. »Jetzt hängt viel von Ihrer Hilfe ab. Sie können Fäden ziehen. Sie brauchen neue Produkte, und wir brauchen Nowak, um unsere Verpflichtungen erfüllen zu können. Mit etwas Druck an den richtigen Stellen können wir diese stinkende Affäre begraben, bevor der Gestank an mir und vielleicht auch an Ihnen kleben bleibt.«

»Ich führe keinen Zauberstab in der Hand, teurer Genosse. Mir scheint, Sie überschätzen meine Macht.«

Gedalja Hajut war versehentlich an sein Glas gekommen und hatte es umgestoßen. Der Schnaps ergoss sich über den Tisch, und der Kellner eilte herbei, um die Tischdecke zu wechseln. Doch Hajut hielt ihn davon ab.

»Das heißt also, Genosse General, dass Sie mich im Stich lassen?« Hajut hatte sehr leise gesprochen, ja beinahe geflüstert, doch die Worte klangen dennoch stechend scharf.

»Kommen Sie nicht voreilig zu falschen Schlüssen, Hajut. Ich werde Ihre Bitte nicht abschlagen, aber zunächst muss ich die Fakten prüfen und mich organisieren. Ich brauche Zeit.«

»Die Zeit arbeitet gegen uns«, hatte Hajut gesagt, obwohl es schon keinen Zweck mehr hatte, die Unterhaltung fortzusetzen. Broza würde die Kastanien nicht für ihn aus dem Feuer holen, er wollte sich nicht die Finger verbrennen. Egal, auch ohne ihn hatte er, Gedalja Hajut, genug Beziehungen in gehobenen Positionen.

Es war um jede weitere Minute schade, die er in diesem Restaurant vergeudete. Hajut hatte dem Kellner angedeutet, die Rechnung zu bringen, und griff nach seiner Tasche, um die Geldbörse herauszuholen. Broza hielt ihn zurück.

»Ist schon gut, ich zahle.«

Beide hatten sich die Hand geschüttelt. Hajut hatte seine Tasche genommen und war zum Flur gegangen, wo ein öffentlicher Fernsprecher war. Er hatte sich umgeblickt. Niemand sah ihn. Er hatte den Hörer abgenommen und die Telefonistin in der Zentrale gebeten, eine Verbindung mit der Staatsanwaltschaft herzustellen. Die Leitungen waren nicht überlastet, und die Verbindung kam innerhalb von zwei Minuten zu Stande. »Czerny«, flüsterte er in die Muschel, »wir sitzen hier mit General Broza zusammen. Sie müssen ...«

Tomasz Broza hatte Gedalja Hajut nichts von den anti-zionistischen Säuberungen erzählt. Er hatte nicht verraten, dass er unter den gegebenen Umständen nicht in eine Affäre um einen Juden hineingezogen werden konnte. Sowohl Hajut als auch Liebmann waren Juden, und nur der Teufel wusste, wie sich die Dinge entwickeln würden. Es war am effektivsten, schnellstmöglich einen sicheren Weg zu finden, die Nabelschnur zu durchtrennen, die ihn mit der Leitung der »Rote-Fahne-Werke« verband. Er fühlte sich Gedalja Hajut nicht verpflichtet und hatte keine Gewissensbisse. Auch die jüdischen Genossen in der politischen Abteilung der Parteizentrale – und das waren nicht gerade wenige – würden in der Stunde der Not nicht zögern, mit dem Zeigefinger anschuldigend auf Hajut und Liebmann zu deuten; und sei es nur, um zu beweisen, dass ihre Herkunft ihre Loyalität gegenüber der Partei nicht beeinflusste. Wenn er sich nicht von dem sinkenden Schiff fern hielt, würde er mit Sicherheit im Sog ertrinken.

Den ganzen Tag war Hajut zwischen unterschiedlichen

Ministerien hin und her gependelt. Seine alten Kameraden empfingen ihn sonst immer mit offenen Armen und waren stolz darauf, mit ihm befreundet zu sein. Er verstand nicht, warum sie auf einmal keine Zeit für ihn hatten. Broza hatte sich in Schweigen gehüllt, doch Hajut wusste, dass er jeden seiner Schritte genau verfolgte. Wenn er doch nur an den Generalsekretär herankommen würde …, wenn er den Minister für Schwerindustrie überzeugen könnte …, wenn er erreichen könnte, dass Novotnys Rang in der Partei abgestuft und er zum diplomatischen Dienst in die Volksrepublik China oder an den Nordpol versetzt werden würde … Fantasien. Alles Fantasien. Die Türen wurden ihm vor der Nase zugeschlagen, und er hatte den süßlich-falschen Unterton in den Stimmen der Sekretärinnen wahrgenommen, die sich im Namen der Minister, der Generaldirektoren und der Abteilungsleiter der Parteizentrale entschuldigt hatten.

Als er am Abend erschöpft in sein Hotel zurückkehrte, hatte ihm der Nachtportier ausgerichtet, dass seine Frau Sarah mehrmals versucht habe, ihn telefonisch zu erreichen. Als er sie anrief, hatte sie ihm nur eine kurze und entsetzliche Mitteilung zu machen: Die Staatssicherheit hatte Rudolf Nowak verhaftet.

»Ich werde den Staatsanwalt eigenhändig grillen, über ganz kleinem Feuer«, hatte er in den Telefonhörer gebrüllt.

»Der Bezirksstaatsanwalt hatte nichts mit der Sache zu tun«, hatte Sarah eilig erklärt. »Ich denke, du solltest sofort nach Hause kommen. Abwesende sind niemals im Recht.«

»Ich nehme den ersten Zug. Ich werde sofort im Fahrplan nachsehen.«

»Das habe ich schon getan. Es gibt einen Schnellzug um Mitternacht. Spar dir deine Kräfte, buche einen Schlafwagen.«

»Weißt du, was du bist?«

»Sag du es mir.«

»Du bist die einzige Frau der Welt, die weiß, wie man ›Gefillte Fisch‹ zubereitet.«

»Schmeichler«, hatte sie geantwortet. »Ich werde am Bahnhof auf dich warten.«

Trotz des heiteren Tons war die Anspannung unüberhörbar. Hajut hatte den Hörer eingehängt und zu packen begonnen. Er hatte nicht viel dabei. Als er in seinem Schlafwagenabteil saß, ließ er die Ereignisse Revue passieren. Er ging alles Schritt für Schritt durch und analysierte jede Phase der Ereignisse. Weder Novotnys Beschwerde noch Rudolf Nowaks plötzliche Verhaftung beunruhigte ihn. Aber dass ihm die Türen in der Hauptstadt verschlossen blieben, war eine sehr ernst zu nehmende Sache. Warum? Was war passiert? Wo hatte er einen Fehler gemacht? Sein sechster Sinn, der Instinkt eines erfahrenen Kommunalpolitikers, sagte ihm, dass es eine gute Erklärung gab, die nicht mit bloßem Auge zu erkennen war und nichts mit den Vorgängen in den »Rote-Fahne-Werken« zu tun hatte. Doch er kam einfach nicht darauf. Er war allein im Abteil, hatte sich auf das untere Bett gesetzt und die Schuhe ausgezogen. Hajut wusste, dass er nicht würde schlafen können. Der Zug war durch die Nacht geglitten; doch die schlaflosen Stunden waren nur ärgerlich langsam verflossen. Eines der Rätsel hatte er gelöst: Novotny hatte ihn überlistet. In der Partei würde man von einer Beschwerde, die lediglich auf einem Stück zerknittertem Papier beruhte, keine Notiz nehmen, und der Staatsanwalt hätte nicht anhand eines derart nichtigen Beweises ein Verfahren gegen einen so hoch gestellten Mann wie Rudolf Nowak eingeleitet. Erst jetzt erfasste er die eigentliche Absicht von Novotnys Arglist: Novotny hatte ihn als Sprengmeister benutzt, der den vorbereiteten Sprengsatz hochgehen ließ, und er, Gedalja Hajut, hatte eigenhändig Novotnys Plan ausgeführt. Seit langem war er nicht mehr auf so dumme Art und Weise hereingefallen. Inzwischen war er felsenfest davon überzeugt, dass Novotny keine anderen Beweise hatte. Er hatte nur die alte Zeitung. Ausgerechnet sein Versuch, die Affäre zu vertuschen, sein Gespräch mit dem Bezirksstaatsanwalt, sein Zusammentreffen mit Broza und seine Bemühungen, in der Hauptstadt mit Funktionären zusammenzutreffen, hatte die Sache ins Rollen gebracht: Die Entscheidungsträger im Bezirk hatten einfach zu der Schlussfolgerung kommen müssen, dass wirklich etwas an der Sache dran sein musste, wenn ein Mann wie Gedalja Hajut aktiv wurde. Mit seinen Bemühungen, eine Untersuchung zu verhindern, hatte er genau das Gegenteil erreicht und für den entscheidenden Anstoß gesorgt. Jetzt konnte dem keine Macht der Welt mehr Einhalt gebieten.

Kapitel 7

Das Spinnennetz

Konstantin lachte laut. »Verehrte Frau Kott, ich habe keine Ahnung, wo Ihr Mann steckt. Ich hörte, er soll hier und da eine Affäre haben. Vielleicht ist er mit einer anderen auf und davon.«

Maria Kott knallte den Telefonhörer auf die Gabel. Konstantin wunderte sich, woher sie seine Nummer hatte. Alle direkten Telefonnummern der Staatssicherheit waren geheim, mit Ausnahme einer für Denunzianten. Seine Durchwahl war nur wenigen bekannt. Er konnte es nicht leiden, wenn jemand nicht dichthielt, und nahm sich vor, der Sache bei erstbester Gelegenheit nachzugehen.

Alles hatte am Vorabend begonnen. Maria war verärgert gewesen, weil Rudolf nicht zur üblichen Zeit nach Hause gekommen war. Es war immer später geworden, und er hatte nichts von sich hören lassen. Der Braten im Ofen war trocken geworden. Rudolf wusste ganz genau, wie sehr sie sich bemühte, ihm das Gefühl eines ordentlich geführten Zuhauses zu geben, und im Allgemeinen rief er immer an, wenn er aus irgendeinem Grund länger im Betrieb bleiben musste. Er war auf beinahe pingelige Weise korrekt und achtete auf jede Höflichkeitsnuance. Diese Eigenschaften waren in den letzten Jahren immer seltener geworden. Der Krieg hatte den Männern ihre guten Manieren geraubt, sie waren grob geworden und missachteten die Bedürfnisse ihrer Mitmenschen. Maria hatte sich oft darüber beklagt, und Rudolf hatte ihr immer Recht gegeben. »Was kann man schon erwarten?«, hatte er bemerkt. »Die Armeekasernen und Gefängniszellen sind nun einmal kein Schweizer Mädchenpensionat.« Ja, mehr als alles andere schätzte sie sein Vermögen, auf andere Menschen einzugehen. Auch ihre gemeinsame Alltagsroutine hatte daran nichts geändert.

Als sie um neun Uhr abends in Rudolfs Büro in den »Rote-Fahne-Werken« anrief, hatte sie keine böse Vorahnung. Seitdem Häftlinge im Betrieb arbeiteten, mussten der Generaldirektor und seine engsten Mitarbeiter viele Überstunden machen. Es war eine kleine Gruppe ausgesuchter Mitarbeiter, die teils zur alteingesessenen Belegschaft gehörten oder neu eingestellt worden waren. Ihr Aufgabenbereich war streng geheim. Sie hatte es vermieden, Rudolf nach den Zwangsarbeitern zu fragen, denn sie wollte ihn nicht in Schwierigkeiten bringen. Er sollte sich nicht verpflichtet fühlen, ihr etwas zu erzählen, was er nicht erzählen durfte. Er wusste, dass sie jedes Geheimnis an ihren Beichtvater weitergab. In der Stadt kursierten haarsträubende Gerüchte über die schändliche Ausnutzung politischer Gefangener und die Waffen, die in der neuen Abteilung angeblich hergestellt wurden. Alle waren der Ansicht, sie sei eingeweiht. Nur einmal, als ihr zu Ohren kam, dass Rudolf mit der Produktion chemischer Waffen zu tun habe, wagte sie, ihn um eine Erklärung zu bitten. »So ein Quatsch«, hatte er ihre Frage abgeschmettert. Seither schnitt sie solche Themen nicht mehr an. Sie wusste, dass die Achtung seiner Privatsphäre die Grundlage ihres Zusammenlebens war. Deshalb versuchte sie erst in den späten Abendstunden, ihn in den »Rote-Fahne-Werken« telefonisch zu erreichen.

Das Telefon im Büro des Generaldirektors klingelte lange. Niemand hob ab. Maria kannte die Arbeitsroutine sehr genau und wusste, dass Rita viele Überstunden machte und manchmal auch noch arbeitete, wenn Rudolf bereits gegangen war. Sie hatte die Nummer von Ritas Apparat gewählt, doch auch dort antwortete niemand.

Zum Teufel mit dem Braten, hatte sie sich gesagt, als die Uhrzeiger zur Zehn vorrückten und es von Rudolf noch immer kein Lebenszeichen gab. Vielleicht hat er einen Verkehrsunfall gehabt? Der Ärger wurde zur Sorge. Rudolf wusste, dass sie ungeduldig auf ihn wartete, und hätte angerufen, es sei denn, ihm war etwas zugestoßen. Schließlich wusste er, wie sehr sie an ihm hing. Sie hatten sich nie über die Bedeutung ihrer Liebe unterhalten oder versucht, den Charakter ihrer Beziehung zu analysieren. Weder hatte sie ihn zur Preisgabe beruflicher Geheimnisse gezwungen, noch ihm ins Ohr geflüstert: »Liebst du mich?« Sie hatte diese Frage noch nicht einmal gestellt, wenn sie im Dunkel des Schlafzimmers vereint waren – und dies doch der richtige Moment für ein Ja gewesen wäre. Glühende Liebesbekundungen waren in ihren Augen zweitrangig. Für sie war die Stabilität des Rahmens ausschlaggebend.

Es wäre am besten, sich an Gedalja Hajut zu wenden. Sie hatte bemerkt, dass sich Rudolf bei jedem seiner Schritte mit dem Sekretär der Betriebsparteizelle beriet. Für ihr Empfinden war diese Abhängigkeit durchaus ungewöhnlich. Manchmal hatte er alles stehen und liegen lassen, um Hajut anzurufen. Sie hatte ihren Ärger kaum zurückhalten können. Weil er dabei gelegentlich sogar sie vergaß. Doch jetzt sang sie ein Loblied auf die enge Beziehung der beiden. Gedalja Hajut wusste bestimmt, wo Rudolf war.

Sie hatte Hajut auf einigen öffentlichen Veranstaltungen

getroffen, sich aber noch nie persönlich mit ihm unterhalten. Hajut war ihr nicht sympathisch. Dieser Mann verkörperte zwei Dinge, die ihr zuwider waren: vulgärer Kommunismus und jüdische Arglist. Doch jetzt verscheuchte sie die Antipathie, schaute in dem Telefonbüchlein nach, das neben Rudolfs Bett lag, und wählte Hajuts Privatnummer.

»Hallo?«, hatte eine Frauenstimme geantwortet.

»Meine Dame, Sie sind sicherlich Frau Hajut.«

»Ich bin keine Dame. Wer sind Sie und was wollen Sie?«

Maria konnte nicht wissen, dass die Gerüchte über die Veränderungen in den »Rote-Fahne-Werken« wahre und falsche Freunde veranlasst hatten, Sarah um ihre Unterstützung bei einer guten Anstellung zu bitten. Maria hatte die Feindseligkeit in ihrer Stimme herausgehört. Unter anderen Umständen hätte sie das Gespräch mit einer spitzen Bemerkung beendet, doch in Anbetracht der Situation riss sie sich zusammen und erklärte höflich, warum sie zu so später Stunde noch störe.

»Es tut mir Leid«, hatte Frau Hajut lakonisch erwidert, »mein Mann ist nicht in der Stadt, und ich weiß nichts über Genosse Nowak.«

»Wann kommt Ihr Mann zurück?«

»Ich führe keine Abwesenheitsliste. Ich empfehle Ihnen, diese Frage der Personalabteilung der ›Rote-Fahne-Werke‹ zu stellen.«

»Ist Rudolf vielleicht mit Ihrem Mann unterwegs?«

»Ich kontrolliere nicht, mit wem mein Mann wegfährt.«

»Ich wollte nicht unverschämt sein, Frau Hajut. Ich frage doch nur, weil ich mir Sorgen mache. Es ist noch nie vorgekommen, dass sich Rudolf nicht gemeldet hat.«

»Irgendwann ist immer das erste Mal. Wollen Sie noch etwas?«

Wenn sie der Frau dieses Kommunisten hätte sagen können, was sie von ihr und ihrem abscheulichen Mann hielt, wäre ihr vielleicht wohler gewesen; doch Maria hielt sich zurück und sagte höflich:

»Es tut mir Leid, dass ich Sie gestört habe. Danke für die Hilfe, Frau Hajut.«

Ohne ein weiteres Wort hatte Sarah Hajut aufgelegt.

Und was jetzt?

Der Sekundenzeiger des Weckers neben dem Telefon stand nicht still. Maria hatte ihn angestarrt und wie hypnotisiert sein Hüpfen verfolgt.

Was jetzt? Jetzt bleibt nur noch Rita.

Sich an Rita zu wenden, kam einer Selbsterniedrigung gleich. Vielleicht würde dieses leichte Mädchen ihr die Tür vor der Nase zuschlagen, ähnlich wie Sarah Hajut den Telefonhörer einfach aufgeknallt hatte. Und selbst wenn Rita sie höflich empfinge, würde sie ihre scharfe Zunge bestimmt nicht im Zaum halten. Morgen, wenn es schon keinen Grund zur Sorge mehr gäbe, würde die Geschichte die Runde machen, und es gab keine pikantere Geschichte als eine eifersüchtige Frau, die des Nachts ihrem Mann nachspürt. Die ganze Stadt würde hinter ihrem Rücken lachen. Egal, nur Rita konnte ihr weiterhelfen.

Maria Kott hatte das Radio eingeschaltet. Eine Handlung, die gewiss keinen Sinn machte. Selbst wenn er einen Verkehrsunfall gehabt oder es im Betrieb einen Arbeitsunfall gegeben hätte, würde in den Nachrichten nichts gemeldet werden.

Maria hörte nur noch, wie das Mitternachtsmagazin mit einem Gute-Nacht-Wunsch für alle Zuhörer beendet wurde und eine Militärkapelle die Nationalhymne spielte. Dann verstummten die letzten Klänge. Eine bedrohliche Stille erfüllte das Wohnzimmer. Es gibt eine beruhigende Stille und es gibt die Ruhe vor dem Sturm; Maria kannte beide. Doch dies war eine andere Stille: Es war eine angsterfüllte Stille, die der Angst vor der Einsamkeit. Selbst als Maria allein gelebt hatte, hatte sie sich nicht so sehr vor der Einsamkeit gefürchtet wie jetzt.

Rita besaß kein Telefon.

Der Autobusverkehr wurde zwischen Mitternacht und vier Uhr morgens eingestellt. Die Taxizentralen waren nicht mehr besetzt, und ein Taxi auf der Straße zu erwischen, war um diese Uhrzeit aussichtslos. Maria hatte die Möglichkeit, vier Stunden zu warten oder zu Fuß zu gehen. Sie beschloss, sich sofort auf den Weg zu machen.

Vor einigen Monaten hatte man Rita eine Einzimmerwohnung im »roten Paradies« zugesprochen. Die Gerüchteküche brodelte. Genossenschaftswohnungen standen nur Familien zu, und deshalb hatte man gemunkelt, sie habe diese Junggesellenwohnung mit Gedalja Hajuts Hilfe bekommen. Doch nach einiger Zeit waren die Klatschmäuler verstummt. Hajuts Privatleben war durchsichtig wie Glas, und man konnte ihm einfach keine außereheliche Affäre anhängen. In Wirklichkeit hatte Rita die Wohnung dank der Hilfe ihrer älteren Schwester erhalten.

»Rudolf ist heute Nacht nicht nach Hause gekommen. Das ist noch nie passiert. Ich habe ihn schon überall gesucht und mache mir Sorgen«, sagte Maria Kott unumwunden.

»Sind Sie gekommen, um ihn bei mir zu suchen?«

Die direkte Frage brachte Maria in Verlegenheit. Hatte sie tatsächlich an diese Möglichkeit gedacht? Nein. Wenn sie befürchtet hätte, Rudi hier anzutreffen, wäre sie überhaupt nicht hergekommen. Wenn sie ihn in Ritas Wohnung vorgefunden hätte, dann wäre alles aus und vorbei gewesen. In einem solchen Fall wäre die Ungewissheit einer unerwünschten Wahrheit vorzuziehen.

»Nein, ich habe nicht geglaubt, Rudolf hier anzutreffen. Das ist mir überhaupt nicht in den Sinn gekommen.«

»Denken Sie etwa, ich sei nicht attraktiv genug, um ihn zu verführen?«

Maria konnte ihre Verlegenheit nicht mehr verbergen. Rita brach in Lachen aus:

»Um Ihnen die Wahrheit zu sagen, Frau Kott, ich würde es erst gar nicht versuchen. Ich mag keine Niederlagen. Ich weiß, dass Genosse Nowak mich als gute Sekretärin schätzt, mehr nicht. Zu meinem Glück ist er nicht der einzige Mann auf Erden.«

»Das haben Sie sehr nett gesagt.«

»Danke für das Kompliment.«

»Ich bin gekommen, weil Sie als seine Sekretärin sicherlich wissen, wo er ist.«

»Ich habe keine Ahnung. Ich bin vor ihm gegangen.«

»Dann habe ich Sie also umsonst bemüht.«

»Moment mal ... Jetzt fange ich an, zwei und zwei zusammenzuzählen. Hat Herr Nowak Sie angerufen, um Ihnen von seiner Ernennung zu erzählen?«

»Nein, welche Ernennung?«

»Man hat ihn in das Bezirksparteikomitee berufen. Ich hatte Weisung, das Ernennungsschreiben zurückzuhalten, bis Gedalja Hajut aus der Hauptstadt zurück ist. Ihr Mann wirkte heute etwas angeschlagen. Ich nehme an, dass er zu viel getrunken hat. Entschuldigung, dass ich das sage, aber ...«

»Das ist schon in Ordnung. Wir hatten einen sehr schönen Abend in einem Restaurant.«

»Ich wollte seine Laune aufbessern und habe ihm das

Schreiben gegeben, ohne Hajuts Rückkehr abzuwarten. Nach der Arbeit bin ich direkt meine Schwester besuchen gegangen. Dort rief man mich von der Abteilung des Bezirksparteikomitees an und bat, das Ernennungsschreiben an sie zurückzugeben. Na ja, im Grunde haben sie lediglich ihren Brief zurückerbeten – umgehend –, denn schließlich hätte ich nicht wissen dürfen, um was es geht. Ich war etwas erschrocken und rief im Büro an, aber Ihr Mann war schon gegangen. Dann habe ich beim Pförtner angerufen. Er sagte mir, dass der Generaldirektor bereits weggefahren sei, in Begleitung von Konstantin. Wenn Konstantin mitfährt, bestimmt er die Richtung. Kennen Sie ihn?«

»Nur vom Hören.«

»Konstantin gehört zur Staatssicherheit, politische Polizei. Die Schwerindustrie fällt in seinen Zuständigkeitsbereich.«

»Wenn sie mit irgendeinem Sicherheitsproblem beschäftigt gewesen wären, hätte Rudolf mich angerufen und gesagt, dass er später kommt.«

»Vielleicht hat man ihn nicht telefonieren lassen«, sagte Rita. Erst jetzt begriff Maria, worauf sie hinauswollte.

»Glauben Sie … Er hat nie erzählt … Das heißt, er hat sich nie Sorgen gemacht, mit der Staatssicherheit zu tun zu kriegen. Am Morgen werde ich diesen Herrn sofort anrufen und fragen, wohin man Rudi gebracht hat.«

»Ich werde Ihnen seine Durchwahl besorgen. Doch vielleicht hat sich bis dahin alles aufgeklärt. Es könnte sogar sein, dass Genosse Nowak gerade jetzt, während wir uns unterhalten, nach Hause kommt und sich wundert, wo Sie sind.«

»Ich war immer davon überzeugt, dass Rudi keinen Gefahren ausgesetzt ist. Er war sich seiner selbst so sicher.«

»Morgen sind wir schlauer. Wenn wirklich etwas passiert ist, dann habe ich eine Adresse, an die ich mich wenden kann. Meine Schwester ist mit dem Bezirksstaatsanwalt befreundet. Sicherlich haben Sie davon gehört. Die ganze Stadt weiß es. Hier passiert nichts ohne seinen Segen. Es gab da schon so einige Fälle, und auf meine Schwester kann man sich verlassen. Wenn es sein muss, wird sie Ihren Mann finden, Frau Kott.«

»Maria, sagen Sie doch bitte Maria zu mir.«

Rita war aufgestanden und zu einem niedrigen Glasschrank unter dem Fenster gegangen.

»Wodka, Cognac oder etwas Süßes?«, hatte sie gefragt.

»Danke, aber ich brauche einen klaren Kopf, und vor mir liegt noch ein weiter Heimweg.«

»Sie können hier schlafen. Ich habe zwar nur ein Bett, aber das ist so breit wie ein Boot.«

»Ich muss nach Hause. Sie haben selbst gesagt, dass Rudi vielleicht schon auf mich wartet. Es ist besser, wenn ich gehe. Das verstehen Sie doch?«

»Natürlich … Maria. Sorgen Sie sich nicht. Alles wird sich klären.«

»Danke für die Unterstützung. Auf Wiedersehen.«

Rita hatte die Tür verriegelt, war zur Hausbar gegangen und hatte sich ein großes Glas französischen Cognac eingeschenkt; Cognac, den es nur in den besonderen Geschäften zu kaufen gab. Ihre Schwester konnte ihr einfach nichts abschlagen.

Lala war fünf Jahre älter als Rita und einundzwanzig Jahre jünger als der Bezirksstaatsanwalt. Gute Freunde nannten sie Lale. Sie war ihm während ihres Jurastudiums zum ersten Mal begegnet. Er hatte an der Universität einen leidenschaftlichen Gastvortrag über die revolutionären Gerechtigkeitsprinzipien gehalten, deren Wurzeln im Volk begründet seien und nicht in den trockenen Buchstaben des Gesetzes. Die meisten Studenten klatschten Beifall, als sei er ein Volkstribun. Am Ende des Vortrags war Lala zu ihm gegangen und hatte gefragt:

»Glauben Sie tatsächlich an diesen ganzen Quatsch?«

Czerny hatte sie verwundert angesehen. Schon damals war er ein hoher Beamter der Justizbehörde und stellvertretender Staatsanwalt gewesen. Er war zweiundvierzig und Vater von zwei Kindern, die das Gymnasium besuchten. Auf ihre freche Frage hätte er durchaus mit aller Schärfe reagieren können. Ein einziges Wort hätte genügt, und sie wäre von der Fakultät geflogen. Doch sie hatte etwas, das ihn zum Lachen brachte, und so hatte er vorgeschlagen: »Wenn wir uns heute Abend treffen können, werde ich Ihnen die Grundlagen der sozialistischen Gerechtigkeit erklären.«

Lala hatte seine Gedanken so sehr eingenommen, dass er alle Vorsichtsmaßnahmen vergaß. Schon bald wussten alle, dass der stellvertretende Staatsanwalt eine junge Geliebte hat. Das hätte ein ernsthaftes Hindernis für seinen Aufstieg sein können, wären nicht die Geheimakten in seiner Kanzlei gewesen. Seit Beginn seiner beruflichen Laufbahn hatte Czerny über Dutzende, wenn nicht über Hunderte Persönlichkeiten des Bezirks Informationen gesammelt. Er war mit der Akribie eines Sammlers vorgegangen, hatte das Versagen leitender Funktionäre festgehalten und intime Informationen zusammengetragen, die ihm zufällig aus diversen Verhören in die Hände gefallen waren. Die hatte er mit persönlichen Kenntnissen und Einschätzungen kombiniert. Er brüstete sich Lala gegenüber, dass dieses Archiv seine »Atomwaffe« sei.

Lala graduierte mit Auszeichnung an der Universität. Sie hatte sich auf Verwaltungsrecht spezialisiert, war schon kurz nach ihrem Abschluss bei der Bezirksstaatsanwaltschaft eingestellt worden und arbeitete in der Abteilung, die sich mit der Formulierung von Schiedsgerichtssprüchen beschäftigte. Die verstaatlichten Betriebe waren nicht bevollmächtigt, vor Gericht zu ziehen. Die zwischen ihnen bestehenden Konflikte mussten sie zur Entscheidung vor ein Pflichtschiedsgericht bringen. Im Allgemeinen enthielten diese Schiedsgerichtsakten interne und geheime Informationen, von denen die Öffentlichkeit besser nichts erfuhr. Auf Justitias Waagschalen lagen nicht nur die wirtschaftlichen Interessen der vor Gericht ziehenden Betriebe, sondern auch das Schicksal von Menschen. Die Konfrontationen waren kompromisslos, und beide Seiten warfen sich gegenseitig Versäumnisse bei der Produktion und parteischädigendes Verhalten vor. Manchmal empfahlen die Schiedsleute der Staatsanwaltschaft, diejenigen zur Rechenschaft zu ziehen, die für die mangelhafte Leitung verantwortlich waren. In solchen Fällen wurden die Akten der Anklageabteilung übergeben, und die Beschuldigten wurden wegen Sabotage verurteilt. Auf diese Weise konnte man den Verfahren sicherheitspolitische Aspekte zuschreiben und sie hinter verschlossenen Türen führen.

Wichtige Beamte und Funktionäre versuchten, sich mit Lala gut zu stellen, um das Ergebnis der Schiedssprüche im Voraus zu erfahren. Manchmal baten sie Lala, die Empfehlungen zu mildern oder schärfer zu formulieren. Sie genoss ihren neuen Status und vergaß trotzdem nicht jenen Mann, der ihr den Weg geebnet hatte.

Rita rief sie sehr früh am Morgen an. Sie war gerade erst zur Arbeit in den »Rote-Fahne-Werken« erschienen. Das Büro des Generaldirektors war verwaist. Die unverschlossene

Tür und die auf dem Teppich verstreuten Papiere wiesen auf eine Durchsuchung hin. Die Fahnder hatten nicht versucht, die Spuren ihres Besuchs zu verwischen. Ein Besorgnis erregendes Zeichen. Lala versprach, sich umzuhören. Als sie um zehn Uhr in die Kantine der Staatsanwaltschaft hinunterging, setzte sie sich dem Staatsanwalt gegenüber und fragte grollend:

»Warum hast du mir nicht von Nowak erzählt?«

Czerny lehnte sich zurück. Anscheinend brauchte er die Stuhllehne als Stütze.

»Halte dich aus dieser Sache raus«, antwortete er. Und bevor sie ihm eine weitere Frage stellen konnte, war er aus der Kantine verschwunden. Sie hatte ihn noch nie so aufgewühlt gesehen.

Erst zwei Stunden zuvor, um acht Uhr morgens, hatte Staatsanwalt Czerny erfahren, dass die politische Polizei Nowak verhaftet hatte. Nur sehr selten geschah so etwas ohne Absprache zwischen Staatssicherheit und Staatsanwaltschaft. Gestern Abend hatten sich Czerny und Konstantin sogar noch im Klub der sowjetischen Freundschaftsliga getroffen. Sie hatten ein Glas zusammen getrunken und etwas geplaudert; doch dieser Hund hatte die Verhaftung noch nicht einmal angedeutet.

Staatsanwaltschaft und Staatssicherheit standen in dauerndem Kampf miteinander. Im Allgemeinen behielt die Staatssicherheit die Oberhand, und Czerny war immer wieder von den zuständigen Leitern der Justizbehörden gerügt worden. Es war zwecklos zu erklären, dass der Bezirksstaatsanwaltschaft weder die finanziellen Mittel noch die Arbeitskräfte der Staatssicherheit zur Verfügung standen. Laut Gesetz war es überhaupt nicht die Aufgabe des Bezirksstaatsanwalts, politische Verschwörungen aufzudecken oder Kriminelle zu jagen. Sein Büro war einzig und allein für die Anklageführung vor Gericht zuständig, und seine Effizienz wurde anhand der angestrebten und erfolgten Verurteilungen bemessen. Doch in der Hauptstadt forderte man von ihm, »nicht buchstabengetreu vorzugehen«. Sie wollten Ergebnisse sehen, und wenn Polizei und Staatssicherheit nicht genug Klienten auf die Anklagebank brachten, musste der Staatsanwalt nachhelfen.

Als sich Anfang der Woche Olf Novotny an ihn gewandt und mitgeteilt hatte, ihm läge gegen Rudolf Nowak belastendes Material vor, war er ziemlich misstrauisch gewesen. Czerny war ein erfahrener Bürokrat und wusste, dass man auch wegen zu hoch geschraubter Ambitionen reinfallen konnte. Vorsicht, mein Bester, Vorsicht, hatte er sich gesagt. Er wog sehr genau das Für und Wider ab und analysierte die Situation. Sicherlich würden einige schon die bloße Vorladung Olf Novotnys zu einem Gespräch als Kriegserklärung auffassen. Es war ihm durchaus bekannt, dass Novotny in Ungnade gefallen war und nun auf Rache sann. Rudolf Nowak hingegen war gerade erst zum Liebling der Partei avanciert. Der begabte Generaldirektor war die große Entdeckung, ein loyaler Mann, der zugleich keine Bestrebungen an den Tag legte, die die Genossen des Bezirksparteikomitees gefährdeten. Zudem hatte ihn auch noch Gedalja Hajut am frühen Abend angerufen und um einen Aufschub jeglicher Maßnahmen gebeten. Somit war es nicht verwunderlich, dass er es ablehnte, Novotny zu einem Gespräch zu empfangen. Er hatte sich Novotnys Ausführungen geduldig am Telefon angehört und gesagt:

»Es tut mir Leid, aber auf Grund laufender Angelegenheiten sehe ich keine Möglichkeit, vor Anfang nächster Woche einen Termin zu vereinbaren.«

»Sie werden es nicht schaffen, mich einfach abzuwimmeln«, hatte Novotny erwidert. Der Staatsanwalt hatte die überraschende Veränderung in der Wortwahl sehr wohl registriert. Das gefiel ihm nicht. Früher war Novotny nicht unhöflich oder ausfallend geworden.

»Ich schiebe Sie nicht ab, Genosse. Es ist einzig und allein eine Zeitfrage«, hatte er vorsichtig erklärt.

»Sagen Sie ruhig, dass Sie Zeit gewinnen wollen. Doch diese Masche zieht nicht. Ich kenne einige wichtige Persönlichkeiten in der Stadt, die mich sehr gerne empfangen würden. Ich bin ein loyaler Bürger und darf die wichtigen, mir in die Hände gefallenen Informationen nicht unterschlagen. Ich bin mir sicher, dass der zuständige Beauftragte der Staatssicherheit das verstehen und Zeit für ein Gespräch finden wird. Sind Sie noch dran, Genosse Staatsanwalt?«

»Ja.«

Novotny kannte die Spielregeln. Er hatte die besseren Karten.

»In Ordnung«, sagte der Staatsanwalt. »Ich erwarte Sie.«

»Das fehlt mir wie ein Loch im Kopf«, hatte er gemurrt, nachdem Novotny seine Kanzlei mit einem Türknall verlassen hatte. Es wäre verrückt, eine Untersuchung auf Grund eines alten Zeitungsartikels und eines verschwommenen Fotos einzuleiten. Es wäre ebenfalls verrückt, den Ausführungen des abgesetzten Generaldirektors zu glauben und sich auf irgendwelche zusätzlichen Beweise zu stützen, die ihm angeblich vorlagen. Allerdings wäre es auch verrückt, diese schwerwiegenden Anschuldigungen zu ignorieren. Man konnte schließlich nie wissen …

Der Anruf aus der Hauptstadt kam völlig unerwartet. Gedalja Hajut war am Apparat. Endlich jemand, der sich auskennt und kein Feind ist. Czerny setzte ihn über die Geschehnisse in Kenntnis. Hajut tat erstaunt.

»Eine abenteuerliche Geschichte. Das habe ich Ihnen schon gesagt, bevor ich in die Hauptstadt gefahren bin. Was haben Sie unternommen?«

»Ich habe ihm gesagt, dass ich mich mit der Rechtsprechung beschäftige, nicht mit Science-Fiction.«

Hajut hatte gelacht. In Czernys Ohren klang das Lachen trocken und aufgesetzt. Jemand war im Flur des Restaurants erschienen, und Hajut hatte geflüstert:

»Ich spreche vom Büro General Brozas. Wir sitzen hier beisammen und besprechen die neuen Aufgaben, die in Kürze unseren Metall verarbeitenden Werken übertragen werden. Das ist nicht der richtige Moment für weitere Umwälzungen in der Direktion. Alles, was Nowak angeht, fällt auf uns zurück. Wir brauchen jetzt dringend Ruhe an der Front.«

»Das ist nur allzu klar.«

»Gut, ich werde das umgehend auch Genosse Broza mitteilen. Sie kommen doch allein klar, oder brauchen Sie Hilfe? ...«

»Keineswegs«, grollte Czerny. »Ich wusste schon immer, wie man die Zügel hält. Sie können beruhigt schlafen gehen.«

»Dazu habe ich keine Zeit. Ich verlasse mich auf Sie.«

Czerny hatte nichts unternommen. Die Hinhaltetaktik hatte sich schon x-mal bewährt. Er war überzeugt, richtig gehandelt zu haben. Und tatsächlich: Novotny hatte kein zweites Mal angerufen, der Beauftragte der Staatssicherheit schwieg, und auch von Hajut hatte er nichts mehr gehört. In der Zwischenzeit beschäftigte er sich mit der Anklageschrift gegen eine Gruppe Schwarzmarktschieber, die beim illegalen Handel mit gestohlenen Baumaterialien erwischt worden war.

Die Angelegenheit kam ganz plötzlich wieder auf den Tisch. Neben seinem Schreibtisch standen mehrere Telefone auf einem Drehgestell. Ein Apparat verband ihn direkt mit dem Beauftragten der Staatssicherheit der Stadt. Eine Standleitung mit hoher Frequenz schützte die Gesprächspartner vor fremden Ohren. Wenige Minuten, nachdem er im Büro eingetroffen war, klingelte dieses Telefon.

»Sind Sie es, Czerny?«, fragte der Staatssicherheitsbeauftragte.

»Ich hoffe, Sie haben nicht erwartet, den Papst am Apparat zu haben«, erwiderte der Staatsanwalt. Die Anklageschrift gegen die Schwarzmarktschieber war fertig. Er war guter Dinge.

»Wenn ich religiöse Dienstleistungen benötige, wende ich mich direkt an Gott«, antwortete der Beauftragte. Czerny war unsicher, ob das ein Witz sein sollte. Der Staatssicherheitsbeauftragte rügte ihn anschließend hörbar lachend, als wäre er einer seiner rangniedrigsten Agenten. »Mir scheint, dass Sie in letzter Zeit nicht gerade aufmerksam gewesen sind. Sie spielen ein idiotisches Versteckspiel mit mir, bereiten irgendwelche Schauprozesse gegen private Spekulanten vor und lassen die Hauptsache außer Acht.«

»Was ist Ihnen denn heute Morgen schon über die Leber gelaufen, Genosse?«

»Eine Laus namens Olf Novotny.«

In der Hoffnung, den Schlag abschwächen zu können, hielt Czerny den Hörer leicht vom Ohr weg. Die Bemerkung des Beauftragten saß wie ein Messerhieb. Er wusste nicht, was sich seit seinem Gespräch mit Novotny ereignet hatte. Er hatte keine Ahnung, wie er reagieren sollte.

»Warum schweigen Sie, Czerny?«, grollte der Staatssicherheitsbeauftragte. »Haben Sie etwa Ihre Zunge verschluckt?«

»Ich versuche nachzudenken.«

»Das ist nicht gerade Ihre starke Seite«, fuhr sein Gesprächspartner im gleichen Tonfall fort. »Sie hätten nachdenken sollen, als Novotny bei Ihnen war. Doch anscheinend sind Ihre grauen Zellen in Lales Bett hängen geblieben. Übrigens, wie geht es ihr?«

»Ich habe Novotnys Beschwerde nicht ernst genommen. Er hat nicht wirklich etwas in der Hand.«

»Ich weiß. Sie haben ihm gesagt: Science-Fiction. Doch weise Menschen blicken in die Zukunft. Ich habe Sie nach Lale gefragt.«

»Lala?« Der Staatsanwalt zog es vor, sie gegenüber anderen nicht beim Kosenamen zu nennen. »Ich weiß es nicht. Ich habe sie schon länger nicht gesehen.«

Der Beauftragte brach in ein hohes, schneidendes Lachen aus, das laut durch den Hörer drang. Czerny dröhnte das Trommelfell.

»Für Sie ist Zeit anscheinend ein relativer Begriff. Haben Sie sich nicht erst vorgestern Nacht mit ihr vergnügt?«

»Ich wusste nicht, dass Sie mich beschatten lassen.«

»Sie brauchen überhaupt nicht zu übertreiben, Czerny. Beschattung ist etwas hoch gegriffen. Sie tun doch ohnehin alles in der Öffentlichkeit, oder liege ich falsch? Wie auch immer, Lale ist nicht gerade das große Geheimnis Ihres Lebens. Ich hoffe, Sie sind nicht verärgert, dass wir etwas Informationen über unsere Mitmenschen sammeln. Schließlich verdienen wir damit unser Brot, nicht wahr?«

Czerny wollte erwidern, dass auch er, wenn es um einen persönlichen Aktenkrieg ginge, ein recht gutes Waffenlager vorzuweisen habe. Doch er hielt sich zurück. Über Konstantins Privatleben sowie über einige andere Offiziere, die ihre Position bei der Staatssicherheit zum privaten Vorteil nutzten, hatte er nur wenig Informationen. Der Beauftragte war für ihn ein unbeschriebenes Blatt. Es bestand kein Kräftegleichgewicht, und deshalb ignorierte er die stichelnde Bemerkung.

»Wollen Sie, dass ich Novotny bestelle und eine Untersuchung einleite?«, fragte er.

»Nein, ich will, dass Sie mir einen Haftbefehl gegen Nowak ausstellen.«

»Einen Haftbefehl gegen Rudolf Nowak?«, fragte Czerny erstaunt.

»Spreche ich vielleicht Chinesisch?«

»So etwas haben wir noch nie ohne vorherige Abstimmung mit dem Parteiapparat getan. Das Bezirksparteikomitee wird nicht einfach zur Tagesordnung übergehen. Hajut wird Himmel und Hölle in Bewegung setzen. Wir sollten wenigstens auf seine Rückkehr aus der Hauptstadt warten. Außerdem bin ich mir nicht sicher, dass wir tätig werden können, wenn wir nur ...«

»Czerny, Sie mühen sich umsonst ab. Nowak sitzt bei uns, festgenommen wie jeder andere Sterbliche auch. Wir verhören ihn seit gestern Nachmittag. Ich kann ihn auch ohne eines Ihrer Schriftstücke weiter festhalten, wollte Ihnen aber eine Chance geben. Wollen Sie aus dem Dreck raus oder darin stecken bleiben?«

»Nowak hat gestanden?«

»Sie wollen wohl auf ein sicheres Pferd setzen, wie?«, lachte der Beauftragte erneut. »Haben Sie schon vergessen, dass das Leben manchmal Überraschungen bereithält?«

Czerny überlegte, ob er von seinem Telefonat mit Gedalja Hajut erzählen sollte. Schließlich hatte Hajut auch im Namen des Leiters der Abteilung für Versorgung gesprochen. Die beiden gegen einander aufzubringen, war beileibe keine Lappalie. Doch Hajut war noch immer in der Hauptstadt, während der Beauftragte der Staatssicherheit hier war, ganz nah und bedrohlich.

»Ich werde den Haftbefehl unterschreiben und in Ihr Büro schicken lassen«, sagte er stockend und begriff sofort, dass der Beauftragte sein Zögern wahrgenommen hatte. Er könnte es als mangelnde Kooperationsbereitschaft auslegen. Das Zögern war ein Fehler, der nicht so bald vergessen werden würde. Und tatsächlich, die Reaktion ließ nicht lange auf sich warten.

»Wenn Sie nicht voll dahinter stehen, dann können Sie Ihren Stempel Lale Sie-wissen-schon-wohin stecken.«

»Lassen Sie Lala bitte aus dem Spiel.«

»In Ordnung. Ach, noch etwas: Sie verlieren kein Wort darüber, bis ich Ihnen Erlaubnis erteile.«

»Ich muss dem Parteikomitee Mitteilung machen.«

»Gar nichts müssen Sie, nur schweigen. Haben Sie das kapiert?«

»Man wird mich steinigen.«

»Ich übernehme die Verantwortung.«

»Ich denke ...«

»Ich habe doch schon gesagt, dass das nicht Ihre stärkste Seite ist. Hören Sie endlich auf, herumzuschwafeln«, unterbrach ihn der Beauftragte.

»Aber warum?«

»Weil ich es sage. Und weil ich noch einen weiteren Tag brauche, um die erste Phase der Ermittlungen abzuschließen. Bis es so weit ist, will ich keine Einmischung von außen. Die Genossen im Komitee verstehen etwas von Politik, nicht von geheimdienstlichen Untersuchungen.«

Czerny erschrak. Erst jetzt wurde ihm klar, dass Nowak

kein Geständnis abgelegt hatte, dass der Beauftragte nichts in der Hand hatte und selbst in ein Abenteuer hineingeschlittert war, dessen Ausgang er nicht kannte. Vielleicht sollte er einen Rückzieher machen, sich weigern, den Haftbefehl auszustellen, oder zumindest seine Unterschrift hinauszögern? Doch bevor Czerny etwas sagen konnte, stellte der Beauftragte nachdrücklich fest:

»Innerhalb der nächsten Viertelstunde wird ein Bote bei Ihnen sein. Und machen Sie sich mal nicht in die Hosen. Ich werde mich zu erinnern versuchen, dass Sie mich nicht enttäuscht haben.«

Czerny öffnete die oberste Schublade seines Schreibtischs und holte die Formulare für einen Haftbefehl heraus. Die Vordrucke samt Durchschlägen waren nummeriert und in je zehn Exemplaren zu Blöcken gebunden. Gewöhnlich überstellte die Staatsanwaltschaft der Polizei und dem Büro des Beauftragten einen Packen unterzeichneter Blankoformulare. Ein oder zwei Mal im Monat traf sich einer der Mitarbeiter des Bezirksstaatsanwalts mit den Polizisten und Inspektoren, um die Durchschläge entgegenzunehmen und die Namen der Festgenommenen sowie die Anklagepunkte zu prüfen. Die Angaben wurden dann nachträglich in die Akten der Staatsanwaltschaft eingefügt. Dank dieser unkomplizierten Regelung konnte die offiziell korrekte Prozedur gewahrt werden, denn Justizministerium und Staatsanwaltschaft waren darauf bedacht, ihre Existenz in Erinnerung zu behalten. In einem Rechtsstaat, so hieß es in den Anweisungen, muss das Gerechtigkeitssystem ohne Makel funktionieren.

Czerny wusste, dass dem Beauftragten etliche Blankoformulare vorlagen. Er hätte eine ganze Kompanie Verdächtiger hinter Schloss und Riegel bringen können. Wenn er einen weiteren Haftbefehl forderte, dann tat er das aus Kalkül: Er wollte einen Haftbefehl mit neuer Laufnummer. Nur wenn er einen solchen Haftbefehl in der Hand hätte, könnte er nachweisen, in Abstimmung mit dem Staatsanwalt tätig geworden zu sein. Falls bei der Ermittlung etwas schief ging, könnte er – Czerny – nicht behaupten, die Verhaftung sei ohne seine Kenntnis erfolgt.

»Sauberes Geschäft«, verfluchte er im Stillen die List des Staatssicherheitsbeauftragten. Und zu allem Unglück hatte dieser ihn auch noch angewiesen, die Sache vor den Genossen des Bezirksparteikomitees zu verschweigen. Wie sollte er sich rausreden? Was würde er ihnen sagen? Dass er Weisungen vom Staatssicherheitsbeauftragten hatte? Lächerlich! Der Staatsanwalt unterstand nicht dem Befehl des Beauftragten. Und das Schlimmste war: Wie sollte man etwas geheim halten, von dem Lale und Rita wussten? Lale würde er eventuell überreden können, den Mund zu halten, doch Rita war nicht zu bremsen und akzeptierte keine Autorität. Schon tausend Mal hatte er Lale gebeten, sich vor ihrer kleinen Schwester in Acht zu nehmen und den Kontakt einzuschränken. Sie hatte es immer wieder versprochen, doch nie getan. Und jetzt hatte sich Rita auch noch mit Maria Kott zusammengetan. Zweifellos würden die beiden Weiber alles tun, um zu erfahren, was mit Nowak geschehen war. Die Nachricht würde schon bald die Runde unter den Genossen des Bezirksparteikomitees machen. Dann könnte nur noch Gott ihm helfen, wenn es denn einen gab …

Zum ersten Mal in seinem Leben verfluchte Czerny den Tag, an dem er zum Bezirksstaatsanwalt befördert worden war. Dann holte er eine Flasche französischen Cognac aus dem Schrank mit den geheimen Dokumenten hervor, packte den Flaschenhals und kippte den Alkohol wie Wasser runter.

»Aufstehen. Ich habe dir was zu trinken gebracht.«

Liebmanns Mund war trocken. Als er den Gaumen mit der Zunge berührte, schien ihm der ganze Rachen mit Schmirgelpapier überzogen zu sein. Langsam versuchte er, seine Gedanken zu fassen und zu ordnen. Wie lange war er schon hier? Er hatte das Zeitgefühl verloren. Er blickte auf sein Handgelenk. Die Uhr war weg. Ja, jetzt erinnerte er sich: Sie war ihm mit seinen anderen persönlichen Gegenständen abgenommen worden. Sogar Gürtel und Schnürsenkel hatte man ihm weggenommen, wohl aus Furcht, er könne Selbstmord begehen. Er und Selbstmord? Wirklich, es gab keinen absurderen Gedanken. Er liebte das Leben und betrachtete es als den höchsten Besitz, obwohl es manchmal keinen Pfifferling wert zu sein schien. Liebmann hatte in den Lagern der Nazis viele Gefangene gesehen, die das Leiden nicht ausgehalten hatten und in den elektrisch geladenen Stacheldrahtzaun gelaufen waren. Sie hatten bis zum Schluss in den Drähten gezappelt. Es war kein schöner Anblick gewesen, doch bemitleidet hatte er sie nicht. Zeitweise verachtete er sie sogar, weil sie dem Schicksal nachgegeben hatten. Auch als er ganz unten angelangt war, wusste er, dass er den Nazis ihr Handwerk nicht leichter machen würde. Sie hätten ihn schon eigenhändig ermorden müssen.

Der Gefängniswärter reichte einen Blechbecher durch die Gitterstäbe. Der Tee war lauwarm und ungesüßt, doch Liebmann trank ihn mit Genuss, dankbar, seine aufgeplatzten Lippen befeuchten zu können. Der Wärter wartete geduldig, bis er ausgetrunken hatte, nahm den Becher und ging.

»Einen Moment«, rief Liebmann ihm nach. »Wo bin ich überhaupt?«

Der Gefängniswärter antwortete nicht. Liebmann sah, wie er den Gang hinunterging und aus seinem Blickfeld verschwand. Die Einsamkeit war bedrückend. Er kam eigentlich ganz gut allein zurecht, doch in einer Einzelzelle zu sitzen, ohne mit einem anderen Menschen reden zu können, war etwas anderes. Er kam sich hilflos vor. Kein Geräusch von der Straße oder aus den Nachbarzellen durchschnitt die Stille. Tageslicht fiel durch ein kleines unverglastes Loch im Gang genau gegenüber seiner Zelle.

Das Verhör hatte die ganze Nacht gedauert. Er konnte sich nicht erinnern, wie er über die Gänge hierher zurückgebracht worden war, wann er auf den Boden gefallen und wann er eingeschlafen war. Erst jetzt, als der Wärter ihn aufgeweckt hatte, blickte er sich um. Die Zelle war sauber. Sie hatte kein Fenster, und die Wände waren mit abwaschbarer dunkelgrüner Ölfarbe gestrichen. Aus dem Betonfußboden stieg der scharfe Geruch eines Desinfektionsmittels. Die Zelle war ungefähr vier Quadratmeter groß. Im Grunde war es nichts anderes als eine Isolationszelle ohne Bett, Tisch oder Waschbecken. Der Eimer, der in einer Ecke stand, war für die Notdurft bestimmt. Er pinkelte hinein und setzte sich in die gegenüberliegende Ecke, zog die Knie ans Kinn und versuchte, sich zu erholen.

Zweifellos hatte die Untersuchung gerade erst begonnen. Das Schlimmste war, dass man ihm nicht sagte, was gegen ihn vorlag. Er hatte nicht die geringste Ahnung, was er falsch gemacht haben könnte, ob er sich durch leichtsinniges Handeln vielleicht selbst diesen Ärger eingebrockt hatte oder welchem Hinterhalt er zum Opfer gefallen war. Er fragte die Ermittler umsonst danach. Sie hatten nichts durchsickern lassen und in seiner Vergangenheit herumgewühlt wie Ratten im Müll. Wann sind Sie geboren? Und wo? Erzählen Sie von Ihrem Elternhaus. Haben Sie Geschwister? Wo haben Sie studiert? Wie lange? Mit wem sind Sie befreundet? In welcher Beziehung stehen Sie zu Maria Kott? ... Jede dieser Fragen war wie eine Falle, denn schließlich musste er sich die Einzelheiten seiner Vergangenheit ausdenken. Und gerade wenn er sich in seiner Unbefangenheit sicher gewesen war, dass seine Antworten den Ermittler zufrieden gestellt hatten, war ein anderer hereingekommen, und die Fragerei ging von vorne los. Seine Aussagen waren schriftlich festgehalten worden, und er hatte jedes einzelne Blatt unterschreiben müssen. Die Ermittler ließen ihm keine Zeit, die Aufzeichnungen durchzulesen. Beide Offiziere behandelten ihn sehr zuvorkommend, weder schlugen noch drohten sie ihm. Dennoch hatte er sich am Ende des Verhörs – vielleicht wegen der fortwährenden Anspannung – müde und erschöpft gefühlt. Seine Selbstsicherheit war geschwunden. Er wusste, dass die Ermittler ihn erst in Ruhe lassen würden, wenn er ihnen das Gewünschte geliefert hatte. Doch was wollten sie überhaupt von ihm? Liebmann hatte Schwierigkeiten, sich auf die Fragen vorzubereiten, die sie morgen oder übermorgen stellen würden, und Erklärungen für etwas zu finden, das nicht zu erklären war.

In seinem Kopf drehte sich alles. Hatte jemand eine Droge in den Tee getan? Er hatte einiges über so genannte Wahrheitsdrogen gehört. Augenblicke später bekam er wieder einen klaren Kopf. Keine Droge, sondern physische und psychische Müdigkeit ließen das Blut bleischwer durch seine Adern fließen. Es wäre ihm nicht in den Sinn gekommen, dass er dort achtundvierzig Stunden rumsitzen würde, ohne zu wissen, was auf ihn zukam. Der verantwortliche Ermittler hatte es nicht eilig gehabt. Als Nowak zum zweiten Verhör geholt wurde, nahm er es mit einer gewissen Leichtigkeit hin. Egal, wie die Dinge ausgingen, er war schon froh, endlich wieder einen Menschen zu Gesicht zu bekommen.

Auf dem Gang war es dunkel. Vermutlich war es schon Spätabend. Der Wärter zeigte ihm die Richtung und ging, ohne ein Wort zu sagen, hinter ihm her. In diesem Teil des Ganges waren die Zellen mit Eisentüren verschlossen, so dass Liebmann nicht hineinblicken konnte. Sie stiegen eine Treppe hinauf, ungefähr einen halben Stock, dann berührte der Wärter ihn am Rücken. Er solle stehen bleiben. Liebmann harrte der Dinge. Sein Begleiter klopfte an eine Tür, an der kein Schild hing. Von drinnen war ein lautes »Herein!« zu hören. Der Wärter führte ihn in ein großes Zimmer – ein anderes als das, in dem sie ihn zuvor verhört hatten – und schubste ihn leicht vorwärts. Der Wärter betrat das Zimmer nicht. Er blieb auf der Treppe.

»Rudolf Nowak?«, fragte der Mann, der hinter dem großen Schreibtisch saß. Liebmann dachte über den Sinn der Frage nach, denn schließlich wusste der Ermittler, wen man ihm vorführen würde.

»Ja, ich bin Rudolf Nowak.«

»Setzen«, befahl der Offizier und deutete auf einen Stuhl mitten im Zimmer.

Liebmann setzte sich. Der Ermittler drehte am Arm einer Schreibtischlampe, so dass das Licht direkt auf Liebmann fiel. Obwohl das Licht ihn nicht direkt blendete, konnte Liebmann die Gestalt des Offiziers nicht mehr erkennen. Er saß im Dunkeln. Nur wenn sich der Offizier nach vorne über den Tisch lehnte, um irgendein Dokument zur Hand zu nehmen, trafen sich ihre Blicke für einige Sekunden. Liebmann konnte in seinen Augen keine Feindseligkeit entdecken. In der Stadt tratschte man über Folterkeller und grausame Geheimdienstagenten, die ihre Opfer in Isolationshaft hielten und ihnen die Knochen brachen. Dieser Ermittler benahm sich wie seine Kollegen. Er war demonstrativ höflich. Selbst wenn dieses zuvorkommende Verhalten zur Taktik gehörte, war es nach den Stunden des Wartens in der Zelle eine angenehme Abwechslung.

Das Verhör schleppte sich hin. Die ersten beiden Stunden vergingen mit dem Ausfüllen von Formularen und allgemeinen Fragen, auf die er während des ersten Verhörs mit den anderen Ermittlern mindestens schon zwei Mal geantwortet hatte. Irgendwo hinter seinem Rücken saß jemand, der alles protokollierte. Dieses Mal wurden die Aussagen nicht handschriftlich aufgenommen. Jemand hämmerte auf einer Schreibmaschine herum, nervenaufreibend langsam im Zwei-Finger-Suchsystem.

»Wir haben viel Zeit, Genosse«, hatte der Ermittler jedes Mal gesagt, wenn Liebmann keine Antwort parat hatte und stecken blieb. »Es brennt uns nicht, denken Sie gut nach, sagen Sie die Wahrheit, denn nur die Wahrheit kann Ihnen aus dem Schlamassel heraushelfen, in den Sie sich selbst hineinmanövriert haben.«

Liebmann verstand, dass die Zeit hier nach ganz anderen Regeln gemessen wurde als draußen. Trotzdem hatte er noch immer keine Ahnung, worauf der Ermittler hinauswollte. Liebmann wusste nicht, was er mit »Schlamassel« meinte und warum er die gleichen Fragen ein zweites, drittes, viertes und sogar ein fünftes Mal stellte. Warum musste er die Dinge wiederholen, die er erst vor einer halben Stunde gesagt hatte? Je länger sich das Verhör in die Nacht hinzog, desto durchschaubarer wurde das System. Er bekam einen gewaltigen Schreck. Es war ganz und gar nicht schwierig, über seinen Wohnort vor dem Krieg zu erzählen, in der Stadt, die zerbombt worden war. Sollten sie doch zwischen den Trümmern suchen! Die Verbindung zu seiner Frau war abgerissen, als er ins Konzentrationslager gekommen war. »Sie hat mich in der Not im Stich gelassen«, sagte er. »Haben Sie sie geliebt?«, wollte der Ermittler wissen. »Sicherlich«, antwortete Liebmann. »Gut«, freute sich der Offizier und fragte nach ihrer Augenfarbe. Als er seine Antwort für einige Sekunden abwog, wiederholte der Ermittler die Frage in scharfem Tonfall, als hinge der Ausgang der Ermittlungen von einem blauen oder grünen Pigment ab. Liebmann erinnerte sich an die verklärten Augen der betrunkenen Regina Nowak. Aber deren Farbe? Nein, daran erinnerte er sich nicht. Für jeden anderen wäre eine solche Frage nebensächlich. Doch für ihn konnte sie zur Falle werden. Jedes überflüssige oder falsche Wort konnte ihm zum Verhängnis werden. Anschließend fragte der Offizier, welche Gerichte sie am liebsten gekocht und wen sie zu sich nach Hause eingeladen habe? Namen, Berufe, Adressen. Wo war er 1935 und wo 1939 gewesen? Hatte er einer Organisation oder Partei angehört, vor und nach dem Krieg? Und wieder: Benutzt Ihre Frau ein Parfüm? Welches? Warum haben Sie keine Kinder? ...

Wie sollte er sich an solche Einzelheiten erinnern? Liebmann hatte das Gefühl, eigenhändig ein Netz kleiner Lügen zu stricken und sich zum großen Vergnügen seiner Ermittler darin zu verfangen. »Mir scheint, Sie irren sich«, bemerkten die Ermittler jedes Mal höflich, wenn Liebmann falsch oder ungenau geantwortet hatte. Gegen Morgen war er völlig erschöpft, verschwitzt und auch verletzbar – mehr als jemals zuvor in seinem Leben.

Vermutlich warteten die Ermittler darauf, in genau solchen Momenten ein Schuldgeständnis zu erhalten. Doch Liebmann konnte nichts gestehen, da er über die Anschuldigung noch immer im Dunkeln tappte. Vielleicht war er wegen seines Karrieresprungs parteiinternen Intrigen zum Opfer gefallen. Wollten sie ihm einen Sabotageakt oder Spionage im

Betrieb anhängen? Oder hatten sie seine wahre Identität herausbekommen und beschuldigten ihn der Fälschung von Ausweisdokumenten? Endlich hielt er den Druck nicht mehr aus und platzte laut heraus:

»Warum schleichen Sie um den Brei herum? Warum sagen Sie nicht endlich, worum es geht?«

»Alles zu seiner Zeit, Genosse«, sagte der Ermittler ruhig. »Ich sehe, dass Sie müde sind. Unterschreiben Sie das Protokoll, und dann können Sie sich ausruhen. Auf Kooperation steht immer Belohnung. Wir haben eine große Zelle für Sie vorbereitet und etwas Gesellschaft.«

»Ich heiße Schapira. Doktor Joachim Schapira«, sagte der Gefangene und hielt Liebmann die Hand hin. Die Handfläche war feucht und weich, und es war unangenehm, sie zu berühren. Liebmann, der sich seit seiner Verhaftung nach etwas Gesellschaft sehnte, blickte seinen Zellennachbarn misstrauisch an. Der Mann hatte seine Gedanken erfasst und beteuert:

»Nicht, was Sie denken. Ich bin kein Provokateur. Ich bin Arzt.«

Liebmann nickte. »Ich heiße Rudolf Nowak. Ich bin Ingenieur.«

»Noch immer im Verhör?«

»Ja.«

»Da haben Sie aber Glück.«

»Entschuldigung?«

»Ich sagte, dass Sie ein glücklicher Mensch sind. Solange Sie noch verhört und für eine Zeugenaussage oder eine Gegenüberstellung gebraucht werden, wird man Sie nicht antasten. Was wirft man Ihnen vor?«

»Ich habe keine Ahnung.«

»Sie können ganz offen mit mir reden. Ich kann Ihre Geheimnisse ohnehin nicht ausplaudern, denn ich stehe schon mit einem Fuß im Grab. Todesurteil. Sicher wollen Sie wissen, warum man mich noch nicht gehängt hat. Nun ja, bevor man mir den Strick umlegen wird, soll ich gegen einige Nazi-Kollaborateure aussagen. Ich kenne sie gar nicht, habe sie noch nie im Leben gesehen und weiß überhaupt nichts über ihre Taten. Doch das ist unwichtig, Hauptsache, man kann mich vor Gericht in den Zeugenstand rufen. Und ich bin zufrieden, denn nur deshalb schiebt man die Vollstreckung auf. Es ist, als ob man vom Todesengel Urlaub erhält. Warum stehen Sie? Kommen Sie, setzen wir uns ein wenig.«

In der neuen Zelle waren zwei Pritschen, auf denen Armeewolldecken lagen. Außerdem ein Rattanschemel sowie Blechschüsseln und Löffel auf einer Ablage, ein Waschbecken und sogar ein richtiges Klosett. Liebmann setzte sich auf eine der Pritschen, Schapira ließ sich auf dem Schemel nieder.

»Ich bin schon seit siebenundvierzig in dieser Zelle. Alle paar Monate bringen sie irgendeinen anderen Gefangenen in diese Zelle. Ihr Vorgänger war im Untergrund. Ein sehr nervöser Kerl, aggressiv und unsympathisch obendrein. Inzwischen ist er bestimmt ruhiger geworden, Sie wissen schon, was ich meine.«

»Nein, ich habe keine Ahnung.«

»Man hat ihn erhängt. Glauben Sie an ein Leben nach dem Tod?«

»Ich verstehe kaum das Leben auf Erden«, lächelte Liebmann.

»Ich zerbreche mir darüber schon lange den Kopf. Dieses Grübeln ist mein Verderben. Erinnern Sie sich an den großen Monolog von Hamlet?«

»Vage.«

»So macht Gewissen Feige aus uns allen ... Erinnern Sie sich?«

»Weshalb hat man Sie verurteilt?«, unterbrach Liebmann ihn trocken.

»Eine komplizierte Geschichte, mein Freund. Ich erzähle sie jedem, mit dem ich diese Zelle teile, und jedes Mal gerate ich erneut ins Grübeln über die Bedeutung der menschlichen Moral.«

»Ich bin ganz Ohr.«

»Es war vierundvierzig. In Majdanek. Ich war Lagerarzt. Eines Tages erhielt ich den Befehl, eintausendfünfhundert Juden, alles Häftlinge wie ich, zu ermorden. Die Nazis behaupteten, dass wegen der Enge Seuchengefahr bestehe und man die Belegung des Lagers zum Nutzen aller ausdünnen müsse. Ausdünnen – was für ein schönes und, ich würde sagen, antiseptisches Wort. Und was für eine humane Sichtweise: zum Wohle aller. Wir hatten eine kleine Krankenbaracke mit etwas Vorrat an Medikamenten und Verbandszeug, der noch nicht einmal für eine SS-Kompanie gereicht hätte. Ich habe dort mit einem Sanitäter zusammengearbeitet, der eigentlich Schmied war. Ein Mann so stark wie Eisen ...

Aus dem Vorratslager brachte man uns eine Kiste mit Spritzen und Phenol. Wenn Phenol direkt ins Herz gespritzt wird, hat man noch zwanzig, dreißig Sekunden zu leben. Den Juden wurde erzählt, dass sie gegen Flecktyphus geimpft würden. Damals grassierte eine Typhusseuche. Überall waren Läuse, die Typhus übertrugen. Die Juden standen Schlange, ohne zu wissen, dass es eine Warteschlange zum Himmel war. Oder vielleicht zur Hölle, wer weiß das schon?! Ich hatte einen weißen Kittel an. So merkwürdig das sein mag, aber ein weißer Kittel erweckt immer den Eindruck medizinischer

Hilfe und beruhigt die Opfer. Einer nach dem anderen kam herein, machte die Brust frei und wartete auf die rettende Spritze. Alle wussten, dass es bei Typhus unter Bedingungen wie hier kaum Überlebenschancen gab; die meisten starben in der provisorischen Krankenbaracke des Lagers. Krankenrevier nannte man das. Was für ein Spott. Hören Sie mir zu?«

»Ja, fahren Sie fort.«

»Die Menschen standen ganz ruhig vor mir, nur ich war nervös. Als ich beim Ersten die Spritze ansetzte, zitterte meine Hand so sehr, dass ich das Herz nicht traf und die ganze Prozedur wiederholen musste. Ich werde nie die Bemerkung meines Sanitäters vergessen: ›Doppelt hält besser.‹ Ich werde diese Worte niemals vergessen. Er war sehr effizient. Er begleitete jeden zur Hintertür, sprach beruhigende Worte und wartete draußen, bis das Opfer zusammengebrochen war. Einige kräftige Burschen des Bestattungskommandos luden die Leichen auf Karren und brachten sie zu einem Massengrab am Rand des Lagers. Diese schreckliche Prozedur dauerte mehrere Stunden. Aber ich habe nicht alle in den Tod geschickt. Ich weiß nicht, was mich geritten hat, ich habe es nicht aus Schuldgefühlen getan, allerdings auch nicht aus Mitleid. Wie auch immer, ich habe etwa siebenhundert Patienten das Gift gespritzt, den anderen gab ich physiologische Kochsalzlösung. Das schadet nicht. Ich habe ihnen gesagt, dass sie rausgehen, sich tot stellen und in dem Massengrab ausharren sollen. Im Schutz der Dunkelheit könnten sie sich dann in die Baracken zurückschleichen. Ich habe keine Namensliste geführt, die Kapos haben sie wahllos herausgepickt. Die Nazis interessierte nicht, wer ermordet wurde. Für sie war nur die Masse wichtig. Der Sanitäter wusste Bescheid und, das muss man ihm zugute halten, er hat mich nicht verraten.«

»Schließlich wussten viele von dem Geheimnis: die Überlebenden und die anderen Häftlinge. Hatten Sie keine Angst, dass jemandem ein Wort herausrutscht, ganz ohne böse Absicht?«

»Um die Wahrheit zu sagen, habe ich darüber überhaupt nicht nachgedacht. Ich war wie in Trance. Sicherlich, wenn die Nazis dahinter gekommen wären, hätten sie mich bestimmt erschossen. Es grenzt an ein Wunder, dass sie es nicht erfahren haben. Glauben Sie an Wunder? Nein? Schade. Wer in den Lagern und auch in den Gefängnissen nicht an Wunder glaubte, der war kein Realist. Das hört sich paradox an, ist es aber nicht. Denn ein Wunder ist in meinen Augen nur ein anderes Wort für Hoffnung. Die Hoffnung ist der letzte Rettungsring, den man uns aus einem sinkenden Schiff zuwirft. Deshalb glaube ich an Wunder ... Doch lassen Sie uns zur eigentlichen Geschichte zurückkehren. Unter den Häftlingen sprach sich schnell herum, dass der leitende Arzt achthundert Juden verschont hatte. Die Leute kamen auf mich zu, flüsterten mir Dankesworte zu, andere küssten mir die Hand, als sei ich der Papst höchstpersönlich. Hätte man damals Orden verliehen – ich hätte die höchste Auszeichnung erhalten. Es war ein gutes Gefühl, ein sehr gutes. Ich habe mich edelmütig gefühlt. Wenn ich jetzt an diese Zeit zurückdenke, bin ich mir der Edelmütigkeit meiner Tat nicht mehr so ganz sicher. Wir alle sind an allem schuldig, im Namen aller und vor allen, und ich bin schuldiger als alle anderen ... Das stammt aus den ›Brüdern Karamasow‹. Haben Sie das Buch gelesen?«

»Vor vielen Jahren. Als Junge habe ich Dostojewski sehr gemocht, doch das hat sich geändert, als ich erwachsen wurde. Viel zu viele Seelenqualen, viel zu viel Sündenreue.«

Doktor Schapira ging auf Liebmanns Bemerkung nicht ein

und fuhr fort: »Es gab im Lager Häftlinge, die wissen wollten, wo ich nach dem Krieg zu finden sei, um mich für meine Tat zu belohnen. Doch es ist anders gekommen. Anscheinend war ich ein richtiger Narr; denn nach meiner Heimkehr veröffentlichte ich die Geschichte im Mitteilungsblatt der ehemaligen NS-Häftlinge. Schon am nächsten Morgen wurde ich verhaftet. Wegen der Ermordung von siebenhundert Menschen. Man hat mir einen Schauprozess gemacht. Das kommunistische Regime kennt nur zwei Arten von Gerichtsverfahren: Verhandlungen unter Ausschluss der Öffentlichkeit, manchmal sogar in den Gefängnissen, und Schauprozesse, die der Öffentlichkeit vor Augen führen sollen, was Gerechtigkeit bedeutet. Alle Zeitungen im Land haben darüber berichtet. Ich erinnere mich, dass man mich in einer das ›Monster von Majdanek‹ nannte. Ich muss zugeben, dass mein Rechtsanwalt sein Bestes gab. Dutzende haben unter Eid beschworen, dass ich ihr Leben gerettet habe. Einige kamen zu den Verhandlungen, andere schickten eidesstattliche Erklärungen. Der Verteidiger hat sogar einen berühmten Professor für Philosophie in den Zeugenstand rufen lassen, der den Richter mit verschiedenen und merkwürdigen Lehren über den Dualismus der Moral zu überzeugen versuchte. Die Verhandlung dauerte zwei Wochen, und zum Schluss hat man mich zum Tode verurteilt. Der Richter legte seine Beweggründe dar, zitierte aus dem Eid des Hippokrates, sagte, dass es die Pflicht eines Arztes sei, Leben zu retten, und sich das Gericht nicht mit der Medizin, sondern mit dem Strafrecht befasse. Das Urteil machte Schlagzeilen, merkwürdig, dass Sie nichts davon wissen! Und wie gesagt, wartet auf mich, wenn ich meine Aufgabe erledigt und andere Angeklagte belastet habe, der Henker.«

Gedalja Hajut stand üblicherweise im Morgengrauen auf. Als nach seiner Rückkehr aus der Hauptstadt das Telefon klingelte, schlief er noch. Sarah hatte das Gespräch des Sekretärs des Bezirksparteikomitees entgegengenommen. Erst eine Stunde später stand Hajut vor dem Badezimmerspiegel und putzte sich die Zähne. Sarah teilte ihm mit: »Du sollst dich umgehend im Büro des Bezirksparteisekretärs melden. Aus irgendeinem Grund hat mir der Ton nicht gefallen.«

Hajut hatte die Zahnbürste aus dem Mund genommen. »Du siehst wohl eine Sonnenfinsternis aufziehen«, schob er ihre Sorge beiseite.

Gestern hatte er ihr vor dem Schlafengehen von den Ergebnissen seiner Reise berichtet, jedoch alles ausgespart, was ihn frustrierte. Er selbst hatte noch nicht alle Fakten verdaut. Er brauchte mehr Zeit, um die Situation zu analysieren und Schlussfolgerungen zu ziehen. Auf seinem Weg in die Büros des Bezirksparteikomitees fragte er sich, ob wohl auch die anderen hoch gestellten Parteigenossen des Bezirks im Dunkeln tappten. Wer, zum Teufel noch mal, zog diese verfluchten Fäden?

Der Bezirksparteisekretär wirkte besorgt. Er war der ranghöchste Mann der Nomenklatura des Bezirks. Von dieser hoch gestellten Position gab es nur zwei Abgänge: einer führte weiter nach oben zum Olymp der Partei, zum Politbüro. Der andere führte nach unten in die Ungewissheit. Dort unten gab es weder Dienstwagen noch Sekretärinnen. Auch sein persönliches Schicksal würde ungewiss sein. Der Sekretär strebte nach eindeutigen Situationen, er wollte ein klares Bild haben, das ihm – entsprechend den Erwartungen seiner Vorgesetzten – ein Handeln nach den Richtlinien ermöglichte. Seit Nowaks Verhaftung hatte er zwei Mal in der Hauptstadt angerufen, doch niemand hatte sich darum geschert, ihm den Hintergrund der Vorgänge zu erklären, und niemand erteilte ihm, wie in solchen Fällen eigentlich üblich, Instruktionen. Jetzt saß ihm Gedalja Hajut mit dem erstarrten Gesichtsausdruck einer Sphinx gegenüber.

»Du kannst mich mit deinem Pokergesicht nicht in die Irre führen, Gedalja. Was ist passiert? Warum hast du dich rausgehalten aus diesem Spiel?«

»Wer sagt denn das?«

»Ein kleiner Vogel hat es mir ins Ohr geflüstert. Wenn du dich nicht rausgehalten hast, verbirgst du mir etwas. Ich rieche eine Intrige. Hinter meinem Rücken braut sich etwas zusammen.«

»Ich weiß nichts davon.«

»Wir haben einander immer vertraut. Was ist passiert?«

»Du siehst eine Sonnenfinsternis aufziehen.«

»Und wennschon? Vielleicht sind wir tatsächlich Zeugen einer Sonnenfinsternis.«

»Es tut mir Leid, aber ich kann dir nicht ganz folgen.«

Sie saßen einander gegenüber, und jeder beobachtete die Regungen des anderen. Sie hatten einen langen Weg gemeinsam zurückgelegt. Jetzt fragten sich beide, ob sie an einer Wegkreuzung angelangt seien. Der Sekretär öffnete eine Schublade seines Schreibtischs, nahm eine Schachtel Zigaretten heraus und bot Hajut eine an.

»Nimm eine, es sind ausländische.«

»Hast du vergessen, dass ich nicht rauche?«

»Hast du etwa Angst vor Lungenkrebs?«

»Ich fürchte mich lediglich vor dem Krebs, der sich in der Partei ausbreitet.«

Der Sekretär zündete sich eine Zigarette an, nahm einen tiefen Zug und formte beim Ausblasen des Rauchs einen Ring. Hajut verfolgte ihn bis unter die Decke.

»Alles ähnelt diesem Rauch: Er existiert und existiert doch nicht«, platzte der Sekretär heraus. »Ich habe darum gebeten, für heute Abend eine Sitzung des Bezirkskomitees einzuberufen. Alle haben ihr Kommen bestätigt, abgesehen von Czerny. Rate mal, was der Bastard geantwortet hat. Er sagte, dass es eine exzellente Idee sei, unter der Bedingung, dass der Beauftragte der Staatssicherheit seine Anwesenheit fest zusage.«

»Das hört sich logisch an. Kein anderer kann Licht in die Sache bringen.«

»Sehr gut. Doch der Beauftragte hat mir mitgeteilt, er sei beschäftigt. Er sei auch morgen beschäftigt, genauso wie übermorgen. Möglicherweise sei er die ganze nächste Woche unabkömmlich. Ich habe ihn am Telefon gefragt, warum er mich über Nowaks bevorstehende Verhaftung nicht informiert hat. Anstatt zu antworten, hat er nur gelacht. Als ich ihn dann unter Druck gesetzt habe, sagte er: ›Keine Bange, Genosse, zur rechten Zeit werden Sie zur Vorstellung eingeladen und wie die anderen Beifall klatschen.‹ Was hättest du an meiner Stelle gemacht?«

»Ich hätte beim Politbüro um Aufklärung gebeten.«

»Die Genossen des Politbüros sind auf einmal alle taubstumm. Das ist mit großer Sicherheit ein abgekartetes Spiel, und wir sind in das Geheimnis nicht eingeweiht. Ich habe mich entschlossen, die Hände in den Schoß zu legen und die Entwicklung abzuwarten. Warum sollen wir uns auf eine Seite schlagen, bevor wir wissen, wie die Gewichte verteilt sind?«

»Ich schlage mich auf keine Seite, Genosse Sekretär. Die Partei repräsentiert den obersten Wert. Und auf ihrer Seite stehe ich.«

Der Sekretär konnte sich kaum beherrschen. Hajut bemerkte, dass dessen Hände zitterten. Der Sekretär hielt seine Verärgerung nicht zurück.

»Du hörst dich doch tatsächlich wie Novotny an. Hast du schon vergessen? Genauso hat er geredet, als wir versucht haben, ihn und seine beschissene Moral loszuwerden. Haben wir ihm damals etwa nicht gesagt, dass es heilige Ziele und dennoch eine alltägliche Realität gibt? Dass es eine Strategie und eine Taktik gibt und man die beiden besser nicht durcheinander bringt? Hast du bei unserer damaligen Sondersitzung etwa nicht eine realistische und flexible Herangehensweise gegenüber den allgemein gültigen Dogmen vertreten? Hast du dich damals vielleicht nicht hinter Zitaten von Marx, Lenin und Stalin versteckt, bis niemand mehr den Mund aufzumachen wagte? Du weißt, wie man Menschen manövriert, und dafür ziehe ich vor dir den Hut. Aber warum versuchst du, mir zu verbieten, was du dir selbst herausnimmst, nämlich Flexibilität?«

»Das heißt wohl, Genosse Sekretär, dass du deine Haltung erst dann festlegen wirst, wenn du weißt, woher der Wind weht. Ich bin anderer Meinung. Früher, als Ideologie und Moral noch keine zynischen Schimpfworte waren, hätten dich die Genossen wegen Opportunismus verurteilt, wegen deiner Schwäche, die nicht zu einem Mann mit ideologischem Rückgrat passt. Aber heute, wer weiß das schon, könnte jemand von der Staatssicherheit auftauchen, dir auf die Schulter klopfen und sagen: ›Gutes Kind, hier hast du einen Bonbon‹, und du darfst dann die Hand küssen, die dich streichelt.«

»Und was schlägst du vor? Den Kampf gegen die Staatssicherheit aufzunehmen?«

»Warum nicht? Schließlich untersteht die Staatssicherheit dem Parteiapparat, oder etwa nicht?«

»Jetzt bist du völlig übergeschnappt, Gedalja.«

»Wenn wir die führende Rolle der Partei nicht verteidigen, wird der Golem seine Schöpfungen auffressen. Ich habe den Fall von Gendrich Jagoda keineswegs vergessen. Wer weiß, was in der Sowjetunion geschehen wäre, hätte man ihn nicht rechtzeitig unschädlich gemacht.«

Der Sekretär drückte die Zigarette im Aschenbecher aus, der überquoll.

»Wir beide sind wahrlich lange genug mit diesem Spiel vertraut. Wir haben es nicht nötig, gezinkte Karten aus dem Ärmel zu ziehen«, sagte er. »Habe ich dir erzählt, dass ich mich ein wenig umhören wollte und nur auf taube Ohren und versiegelte Münder stieß? Ich war aufrichtig zu dir, Gedalja, du aber nicht zu mir. Du hast den Reinfall deiner Reise vor mir verborgen. Warum hast du mir nicht erzählt, dass du an alle möglichen Türen geklopft und keine Antwort erhalten hast? Du hast diese Lehre von der führenden Rolle der Partei auch in der Hauptstadt an den Mann zu bringen versucht und keinen einzigen Zuhörer gefunden, nicht wahr? Wolltest die Genossen des Politbüros mit der Staatssicherheit in Angst versetzen, doch niemand wollte deine Warnung hören. Und jetzt versuchst du, mich für einen Krieg zu gewinnen, der schon längst entschieden ist. Wirklich, Hajut, ich dachte, dass du meinen Überlebenswillen richtig einzuschätzen weißt.«

»Ich habe vom Überleben der Partei gesprochen, nicht von den persönlichen Interessen der Genossen.«

»Anscheinend reden wir aneinander vorbei. Schade. Es ist sinnlos, die Unterhaltung fortzusetzen. Wir werden schon bald wissen, wer von uns beiden Recht hat.«

»Es siegt nicht unbedingt immer der, der Recht hat«, statuierte Hajut und streckte dem Sekretär zum Abschied die

Hand hin. Der Sekretär schüttelte sie kräftig. Es wirkte wie ein endgültiger Abschied von einem guten Freund. Hajut ging, ohne sich umzusehen. Als er die Tür hinter sich geschlossen hatte, bat der Sekretär, mit dem Beauftragten der Staatssicherheit verbunden zu werden. »Umgehend«, wies er den Angestellten seines Büros an.

Dieses Mal war der Beauftragte der Staatssicherheit bereit, das Gespräch entgegenzunehmen. Dennoch wurde der Bezirksparteisekretär aus den Erklärungen nicht schlau. Im Grunde bekam er nur zu hören, dass er das Ende der Ermittlungen geduldig abwarten solle. »Wenn wir die Akte vervollständigt haben, werden Sie der Erste sein, der es erfährt«, versprach der Beauftragte.

Nowak war seit drei Wochen verschwunden. Nach einer kurzen Zeit in der Zelle mit Doktor Schapira kam er wieder in Einzelhaft. Er hatte Schwierigkeiten, hinter den Sinn dieser Verlegungen zu kommen. Noch viel weniger verstand er den Sinn der Verhöre, die Nacht für Nacht stattfanden. Die Ermittler konzentrierten sich auf die Zeit der NS-Besatzung. Aus irgendeinem Grund ignorierten sie völlig, dass er von 1941 bis Kriegsende in Zwangsarbeits- und Konzentrationslagern gesessen hatte. Viele Fragen drehten sich um vermeintliche Kontakte zu Ausländern, die er in der Hauptstadt besucht haben sollte. Wenn die Ermittler mit seinen Antworten unzufrieden waren, wurden seine Haftbedingungen verschlechtert. Er wurde eine Weile in eine Einzelzelle gesteckt, deren Boden mit Exkrementen bedeckt war. Er hatte sich nach einigen Tagen duschen dürfen, war den Gestank aber nicht losgeworden, denn das Wasser war nur lauwarm gewesen. Er haftete auch an den sauberen Kleidern, die man ihm gegeben hatte, bevor er zum Verhör geführt worden war. Der Stapel mit den Protokollen wurde immer höher und war zu mehreren Kartons voller Akten angeschwollen. Die Ermittler entdeckten darin viele Widersprüche und beschuldigten ihn, der Partei in den Rücken zu fallen. Je mehr Zeit verstrich, desto stärker hatte Liebmann das Gefühl, sich verstrickt zu haben und nie wieder aus dem Halbdunkel dieser Keller herauszukommen. Er konnte den Moment, in dem seine Standhaftigkeit gebrochen wurde, nicht genau benennen. Als der seelische Druck unerträglich geworden war, schrie er:

»Sagt endlich, was ich zugeben muss. Ich werde alles unterschreiben!«

»Der Vogel ist bereit, zu singen«, berichtete der Offizier, der die Verhöre leitete. Der Beauftragte grinste zufrieden. Es war also doch einfacher, als er gedacht hatte. Konstantin, der den Mann von seiner Arbeit in den »Rote-Fahne-Werken« kannte, hatte behauptet: »Nowak hat kein Herz, dafür aber Nerven wie Drahtseile.« Und auch die wechselnden Ermittler, die die Verhöre führten, machten ihm keine große Hoffnung auf einen schnellen Umschwung. Sie hatten ihm geraten, die Haftbedingungen zu verschlechtern. Als allerletztes Mittel hatte er physische Gewaltanwendung genehmigt. Er war froh, dass es nicht so weit gekommen war. Er würde Rudolf Nowak auf die Anklagebank bringen können, ohne dass sein Körper Anzeichen von Gewaltanwendung zeigte. Doch noch viel mehr freute er sich, die Sache abgeschlossen zu haben, bevor irgendwelche externen Stellen sich einmischen konnten. Noch vor einer Woche hatte er geglaubt, dass es vielleicht doch ein Fehler gewesen war, die übliche Verfahrensweise außer Acht zu lassen. Weil er befürchtet hatte, Gedalja Hajut könnte ihm Steine in den Weg legen, hatte er sich für einen Alleingang entschieden. Hajut hätte vermutlich sein jiddisches »Oj Gewalt« hervorgestoßen, das bis in das Politbüro zu hören gewesen wäre. Dieser Bastard aller Bastarde steckte seine Nase immer in Angelegenheiten, die ihn nichts angingen. Doch das war jetzt unwichtig. Er rieb sich die Hände und ordnete an, den Gefangenen in sein Büro zu bringen.

Nowak wurde von einem Wärter begleitet, der das Zimmer verlassen und auf weitere Befehle warten sollte. Er stand stramm, salutierte und ging. Lautlos wurde die Tür geschlossen. Der Beauftragte stand Nowak gegenüber. Er ging um den Schreibtisch herum und setzte sich auf eine Ecke. Nowak erkannte ihn sofort. Sie hatten einmal während eines zufälligen Zusammentreffens im Klub der sowjetischen Freundschaftsliga einige belanglose Höflichkeiten ausgetauscht. Doch der Beauftragte nahm keinerlei Bezug darauf. Sein Gesicht blieb starr. Beide standen sich Auge in Auge gegenüber, schwiegen und musterten einander. Der Blick des Beauftragten war scharf und durchdringend, Liebmanns Blicke hingegen drifteten immer wieder ab.

Der Beauftragte trug einen dunkelblauen Anzug mit feinen weißen Streifen, ein Stoff, der aus irgendeinem Grund »Tennismuster« genannt wurde. Diese Anzüge wurden an hoch gestellte Beamte der Staatssicherheit ausgegeben. Sie wurden maßgeschneidert, aber da alle in Farbe und Muster einheitlich waren, konnte man die Leute der Staatssicherheit mit Leichtigkeit erkennen. Maria Kott hatte immer behauptet, dass Absicht dahinter stecke. Der einfache Bürger erführe auf diese Weise, dass der große Bruder allgegenwärtig sei.

»Setzen«, sagte der Beauftragte schließlich und deutete auf einen Stuhl, der ungefähr zwei Meter vor dem Schreibtisch stand. »Zigarette?«

»Ich rauche nur sehr selten.«

»Ich dachte, dies sei eine seltene Gelegenheit«, scherzte der Beauftragte und ließ die Zigarettenschachtel in der Anzugtasche verschwinden. »Sie haben doch sicherlich erraten, warum ich Sie hierher gebeten habe.«

»Ich konnte der Einladung nicht widerstehen.«

Liebmann versuchte, obwohl er unter enormer seelischer Anspannung stand, Ruhe zu bewahren. Er setzte sich und verschränkte die Hände im Schoß. Das Zittern entging dem geschulten Blick des Beauftragten nicht.

»Ich habe gefragt, ob Sie wissen, warum Sie hier sind?«

»Zwei Männer haben mich Tag und Nacht verhört, mir allerdings nicht mitgeteilt, was der Grund für meine Verhaftung ist. Ich bin doch verhaftet, oder?«

»Hut ab vor Ihrem analytischen Denken, Nowak.«

»Analysen sind meine Stärke.«

Der Beauftragte zog eine Augenbraue hoch. »Zum Beispiel?«

»Mir ist klar, dass meine Verhaftung auf einem Missverständnis oder einem Fehler beruht.«

»Wer hat, Ihrer Meinung nach, einen Fehler gemacht? Ich?«

»Ich habe mich auf keine spezifische Person bezogen.«

»Sie wollen sagen, dass die Partei einen Fehler gemacht hat? Oder aber die Staatssicherheit falsch liegt?«

»Das wäre mir nicht in den Sinn gekommen.«

»Was ist Ihnen dann in den Sinn gekommen?«

»Ich beziehe mich auf meine Arbeit als Generaldirektor der ›Rote-Fahne-Werke‹. Ich weiß aber nicht, was für ein Fehler mir zur Last gelegt wird.«

Der Beauftragte nahm ein Blatt Papier zur Hand und studierte es ausführlich. Dann setzte er sich, überlegte einen kurzen Moment, als wüsste er nicht, wo er beginnen sollte.

Endlich fing er an zu reden. Er sprach sehr sachlich. Obwohl er Liebmann den Kopf zugewandt hatte, waren seine Worte wie nicht persönlich an ihn gerichtet.

»Rudolf Nowak, Sie sind einiger schwerer Straftaten angeklagt, von denen nur eine mit Ihrer Arbeit in den ›Rote-Fahne-Werken‹ zu tun hat. Dieses Gespräch ist Ihre letzte Chance, ein Geständnis abzulegen, die Taten zu bereuen und um Verzeihung zu bitten. Noch befinden Sie sich in einer guten Position, irgendwo zwischen einigen Jahren Haft, mit der Hoffnung auf ein Drittel Hafterleichterung bei guter Führung, und der Todesstrafe. Die Entscheidung hängt ganz allein von Ihnen ab. Sie sind sich sicherlich bewusst, welchen Stellenwert unser Gutachten hat. Die Staatsanwaltschaft wird es bei dem geforderten Strafmaß berücksichtigen, die Richter werten es als eine Empfehlung für Strafmilderung. Noch nie haben Sie Ihr Schicksal so umfassend in der eigenen Hand gehabt wie jetzt. Haben Sie verstanden?«

»Ich habe verstanden.«

»Sind Sie bereit, offen auf meine Fragen zu antworten?«

»Ja.«

Der Beauftragte studierte erneut das Schriftstück und fragte:

»Wann genau haben Sie Ihr Elternhaus verlassen?«

»Auf diese Frage habe ich schon mindestens zehn Mal geantwortet.«

»Dann werden Sie jetzt eben zum elften Mal darauf antworten. Dieses Mal allerdings ohne zu lügen. Ich bin von Natur aus ein großzügiger Mensch, aber kommen Sie bloß nicht zu falschen Schlussfolgerungen. Wenn man mich an der Nase herumführen will, kann ich unangenehm werden, sehr unangenehm.«

Liebmann schwieg.

»Die Ermittler haben mich auf einige Widersprüche in Ihren Aussagen aufmerksam gemacht. Sie haben anscheinend einige Daten, Namen und Fakten durcheinander gebracht. Ich bin noch nie jemandem begegnet, der seinen eigenen Lebenslauf nicht richtig wiedergeben kann, der sich nicht an seine Familienangehörigen erinnert und bei der Beschreibung seines Elternhauses, in dem er aufwuchs, irrt. Wissen Sie, wer sich bezüglich Einzelheiten aus der Vergangenheit irrt? Das wissen Sie nicht? Ich werde es Ihnen verraten: Jemand, dem man eine Tarnung gegeben hat. Und wem gibt man eine Tarnung? Spionen natürlich. Allerdings scheinen Ihre Auftraggeber dieses Mal reichlich schlampig gearbeitet zu haben. Vielleicht haben Sie sich aber auch nicht bemüht, die Geschichte auswendig zu lernen.«

»Das ist eine absurde Anschuldigung!«, platzte Liebmann heraus. Der Beauftragte ignorierte den Ausbruch.

»Sie sind verheiratet, Nowak«, stellte er fest.

»Richtig«, bestätigte Liebmann. »Aber ich habe Ihren Ermittlern erklärt, dass ich keinen ...«

»Ich habe Konstantin losgeschickt, damit er bei Ihrer Frau einige Einzelheiten überprüft, die in den Ermittlungsprotokollen auftauchen.«

Der Beauftragte wartete auf eine Reaktion. Liebmann lief es heiß den Rücken hinunter. Er drückte die Hände fester zusammen, um das Zittern zu verbergen. Der Beauftragte schien ein Versteckspiel mit ihm zu treiben: kalt-kalt, lauwarm-lauwarm, heiß-heiß ... Langsam, Schritt für Schritt, führte er ihn zu dem Verborgenen. Doch es war kein naives Kinderspiel, sondern bitterer Ernst. Ein einziges unbedachtes Wort würde ihn an den Rand des Abgrunds bringen. Obwohl er mit aller Macht versuchte, seine Worte zu beherrschen, rutschte ihm die überflüssige Frage dennoch heraus:

»Wie haben Sie sie gefunden?«

»Genau wie Sie«, antwortete der Beauftragte und schaute wieder auf das Blatt Papier, als würde er dort die Erklärungen für alle Fragen finden. Das Gefühl unmittelbar drohender Gefahr wurde immer stärker, doch ausgerechnet dadurch gewann Liebmann seine Fassung zurück.

»Ich habe seit dem Krieg nicht mehr mit ihr gesprochen«, sagte er.

Der Beauftragte nickte. »Wissen Sie, was sie Konstantin erzählt hat?«

»Wie soll ich das wissen?«

»Sie hat ihm nichts erzählt, weil Tote schweigen. Wissen Sie, wie sie starb?«

»Nein, das weiß ich nicht.«

»Auch ich weiß es nicht. Doch ich werde es schon bald erfahren. Derzeit tut die Kripo ihre Arbeit. In der Hauptstadt haben wir ausgezeichnete Fachleute. Sie können sich darauf verlassen, dass sie schon viel schwierigere Fälle gelöst haben. Denken Sie darüber nach, was geschehen ist. Vielleicht kommen Sie doch noch zu dem Schluss, ein Geständnis ablegen zu wollen. Wenn Sie freiwillig unterschreiben, werden wir diese Untersuchung ruhen lassen. Wen interessiert schon, wie eine Trinkerin ums Leben gekommen ist? Was meinen Sie?«

»Was um Gottes willen soll ich denn eingestehen?«

»›Du sollst den Namen des Herrn, deines Gottes, nicht missbrauchen‹«, machte sich der Beauftragte lustig und wurde sofort wieder ernst. »Regina Nowak wird für immer und ewig schweigen, aber es fehlt uns nicht an Zeugen, die reden werden. Wenn wir wollen, wird sogar Doktor Schapira gegen Sie aussagen. Er würde alles tun, um noch ein, zwei Monate länger zu leben.«

»Dachte ich mir doch, dass Sie mich absichtlich in seine Zelle gesteckt haben.«

Der Beauftragte lachte trocken und zufrieden.

»Wenn Sie etwas Stahl gestohlen und auf dem Schwarzmarkt verkauft hätten, nun ja, dann könnte ich vielleicht ein Auge zudrücken. Doch uns liegen Beweise vor, dass Sie mit der Gestapo gemeinsame Sache gemacht haben. Sie haben geholfen, Dutzende, wenn nicht Hunderte armer Juden in die Gaskammern zu schicken. Westliche Aufklärungsdienste haben Ihr dunkles Geheimnis entdeckt, Sie erpresst und zu ihrem Geheimagenten gemacht. Ich will wissen, welche Informationen Sie ihnen zugespielt haben, wer die Kuriere waren, wo Sie sie getroffen haben, wie viel man Ihnen gezahlt hat und was Sie mit dem Geld gemacht haben.«

»Kollaboration mit der Gestapo, haben Sie gesagt? Spionage, sagten Sie?«

Liebmann traute seinen Ohren nicht. Nicht seine falsche Identität, nicht der Mord an Regina Nowak, ja noch nicht einmal ein schändlicher Versuch, ihm einen Sabotageakt im Betrieb anzuhängen ... Er würde die Absurdität dieser unfundierten Anschuldigung leicht beweisen können. Ihm fiel ein riesiger Stein vom Herzen. Die Anspannung war verflogen. Die Erleichterung kam so schnell und unvermittelt, dass er seine Regungen nicht mehr unter Kontrolle hatte. Ein plötzliches Gelächter hallte im Büro des Beauftragten wider: »Quatsch! Absoluter Quatsch!«, er lachte so laut, dass es sogar den Wärter vor der Tür alarmierte. Mit gezogener Waffe kam er hereingestürmt, um den Häftling zu überwältigen. Der Beauftragte stoppte ihn mit einer Handbewegung.

»Das sind nur die Nerven«, sagte er ruhig. »Nehmen Sie ihn mit nach unten und beruhigen Sie ihn. Eine Einzelzelle mit Eiswasser wird ihm gut tun.«

Kapitel 8

*Bei solchen Freunden braucht man
keine Feinde*

Nein, es war doch nicht so lustig, wie er zunächst gedacht hatte. Er war vierundzwanzig Stunden in einer schalldichten Zelle eingesperrt gewesen und hatte bis zu den Hüften in eiskaltem Wasser gestanden. Die Kälte war ihm in die Knochen gedrungen. Er hatte stehen müssen und weder schlafen noch logisch denken können. »Ich hoffe, Sie fühlen sich wie ein Fisch im Wasser«, spottete der Wärter, der ihn auf den Flur hinausholte. Er hatte sich duschen dürfen und neue Kleider bekommen. Nachdem er in eine andere Zelle verlegt worden war, bekam er eine Schüssel warme Suppe. Erst, als er wieder zwischen trockenen Betonwänden saß, konnte Liebmann das Gespräch mit dem Beauftragten rekonstruieren. Er hatte immer noch nicht ergründet, warum die Verhöre auf derart merkwürdige Weise geführt worden waren. Für die kommenden Gespräche mit dem Beauftragten hatte er sich noch keine Taktik überlegt. Er war sich sicher, dass solche Gespräche stattfinden würden. Dabei würde nichts Gutes herauskommen. Er war in die Hände des »schrecklichen Zwerges« gefallen und seinem Erbarmen und seinen Launen ausgeliefert. Liebmanns Wille beugte sich den Staatssicherheitsinspektoren. Je formbarer er in den Händen des Beauftragten sein würde, das war ihm klar, desto größer würde die Gefahr sein. Allmählich begriff er, in was für eine Lage er hineingeraten war.

Bisher hatte er kaum einen Gedanken an Rudolf Nowaks Lebenslauf verschwendet. Auch als er befürchtet hatte, Nowak könnte eines Tages auftauchen und einen Schatten auf seine Existenz werfen, hatte er sich nicht für dessen Vergangenheit interessiert. Erst im Nachhinein verstand er, dass es ein schwerwiegender Fehler gewesen war, denn dadurch würde er sich in Lügen verstricken. Es waren zwar nur kleine Unstimmigkeiten, aber sie würden ihn zu Fall bringen können. Kein Mensch lebt in einem Vakuum, ohne Beziehungen zu seinem Umfeld, ohne gute und schlechte Taten, ohne Liebe und Hass; jeder hinterlässt Spuren auf dem Weg, den er beschreitet. Als damals der wirkliche Rudolf Nowak an irgendeiner entlegenen Bahnstation aus dem Zug gestiegen war, war er aus Liebmanns Erinnerung entschwunden. Noch nicht einmal an die Gesichtszüge konnte er sich erinnern.

Itzhak Liebmann war mit einem selektiven Gedächtnis gesegnet, das beinahe automatisch alle unwichtigen Einzelheiten strich. Und somit wurde auch die Erinnerung an diese und jene Leute gelöscht, die für sein Leben nutzlos geworden waren. Dank dieser Eigenschaft konnte er sich aller Nebensächlichkeiten entledigen und auf die wichtigen Dinge konzentrieren. Er stand vor einer schicksalhaften Entscheidung, und Nebensächlichkeiten waren plötzlich zur Hauptsache geworden. Er versuchte mit aller Kraft, Nowaks Gestalt aus dem Abgrund der Vergessenheit hervorzuholen, ihr eine Form zu geben, so dass das verschwommene Bild Fleisch und Blut würde. Der Beauftragte hatte behauptet, dass Nowak mit den Nazis kollaboriert habe. Ironie des Schicksals oder Strafe des Himmels?

Er wollte sich ausruhen. Schlafen. Er legte sich hin, doch

die Gedanken ließen ihm keine Ruhe. Es dauerte lange, bis sich sein Körper an den harten Betonboden gewöhnt hatte. Doch auch als er endlich eingeschlafen war, trat die ersehnte Erleichterung nicht ein. In seinem Traum tauchte die bläuliche Gestalt Regina Nowaks auf, wie sie das giftige Gas in ihre Lungen einsog. Sie wollte einfach nicht verschwinden.

Richtige Kommunisten, so hieß es in der Propaganda, kämen nie vom ideologischen Pfad ab und würden nicht mit dem Gesetz in Konflikt geraten. Damit dies auch wirklich zutraf, war es üblich, jeden Verdächtigen, noch bevor er auf der Anklagebank saß, aus den Reihen der Partei auszuschließen. Es war eine komplizierte bürokratische Prozedur. Die Statuten der Partei besagten, dass das Exekutivkomitee der Basiszelle am Arbeitsplatz eines Genossen über dessen Parteiausschluss entscheiden muss. Die Parteizelle sprach eine entsprechende Empfehlung an die Generalversammlung der Parteigenossen des Betriebs aus. Wenn die Mehrheit dafür stimmte, und das war fast immer der Fall, wurde die Angelegenheit dem Bezirksparteikomitee zur endgültigen Bestätigung vorgelegt. Erst dann war der Parteiausschluss offiziell. In problematischen Fällen beriet sich das Bezirksparteikomitee mit anderen zentralen Gremien der Partei. Theoretisch konnte man bei diesen Widerspruch einlegen, doch die Erfolgschancen waren gleich Null.

Der Beauftragte hatte Rudolf Nowak über zehn Tage lang verhört. Obwohl der Gefangene seine Geständnisse widerrufen hatte und sich weigerte, die Vernehmungsprotokolle zu unterschreiben, war der Beauftragte zu dem Schluss gekommen, dass das Parteiausschlussverfahren eingeleitet werden könnte. Erst nach Abschluss dieser Prozedur könnte er Czerny die Anklageschrift zustellen. Er hatte es eilig, und jeder weitere Aufschub könnte, dessen war er sich bewusst, seine Pläne zunichte machen. Er glaubte, ausreichend Beweise in der Hand zu haben, um den Generaldirektor der »Rote-Fahne-Werke« der Kollaboration mit den deutschen Besatzern und der Spionage für das westliche Ausland beschuldigen zu können. Es war noch nicht entschieden worden, ob man Westdeutschland, die Vereinigten Staaten oder irgendeine der kleineren lateinamerikanischen Republiken in diese Sache verwickeln würde. In dieser wichtigen Frage hatte die politische Führungsspitze das letzte Wort. Die Erwägungen der internationalen Politik und die Konstellationen des Kalten Krieges waren ausschlaggebend. Doch eins stand fest: Nowak würde ein großer Schauprozess gemacht werden. Es würde ein Prozess werden, der den Status des Beauftragten heben, seine Talente herausstreichen und ihm den Weg zu einer großen Karriere ebnen würde, vielleicht sogar in das Amt eines Vizeministers oder Staatssekretärs im Ministerium für Staatssicherheit. Doch der Beauftragte dachte nicht nur an sich. Es gefiel ihm, dass ein Gerichtssaal zur Arena seiner unnachgiebigen Abrechnung mit einem Handlanger der Nazis werden würde. Schon mehrmals hatte er mit hoch gestellten Genossen in der Hauptstadt darüber geredet. Sie waren der Ansicht, dass ein solches Gerichtsverfahren maßgeblich dazu beitragen könnte, das Volk um die führende Macht – die Partei – zu scharen. Die Wunden der Okkupation waren ebenso wenig verheilt, wie der Hass gegen die Nazi-Besatzer abgeklungen war. Mit Leichtigkeit würde man alle Schichten des Volkes hinter einem solchen Thema vereinen können.

Nachdem Olf Novotny vom Staatsanwalt abgewiesen worden war, war er bei ihm aufgetaucht und hatte einen alten Zeitungsartikel auf dem Tisch ausgebreitet. Dieser Artikel wurde zum entscheidenden Katalysator. Wie die anderen Funktionäre des Bezirks verabscheute auch der Beauftragte Novotny und dessen utopische Ansichten. Doch er dachte in anderen Kategorien als Männer wie Albert Czerny und Gedalja Hajut. Er hatte Novotny nicht mit leeren Versprechungen abgespeist, sondern die persönliche Antipathie beiseite geschoben und einem seiner besten Ermittler eine ungewöhnliche Mission übertragen: Er solle sofort in die Hauptstadt reisen, alle möglichen Archive durchstöbern und die Akten der Nazis entstauben, die mit Rudolf Nowaks Verhaftung zu tun hatten. Wenn auch nur ein Funken Wahrheit an der Geschichte war, die Novotny ihnen aufgetischt hatte, dann durfte er sich eine solche Gelegenheit nicht wegen irgendwelcher Gefühle durch die Lappen gehen lassen.

Die aufgestöberten Informationen hatten seine Erwartungen bei weitem überstiegen. Noch bevor sein Mann mit dem Aktenmaterial und diversen Zeugenaussagen zurückgekehrt war, landete auf seinem Schreibtisch ein Bericht über Gedalja Hajuts Bemühungen, die Affäre schnell und ohne Aufsehen unter den Tisch zu kehren. Hajuts Motive waren eindeutig. Wäre er an seiner Stelle, hätte er sich vermutlich genauso verhalten. Rudolf Nowak stand unter Hajuts Schutz. Jeder Angriff auf Nowak war somit auch eine direkte Attacke auf Hajut.

Der Inspektor machte reiche Beute. Die nationale Untergrundbewegung – eine der beiden Widerstandsbewegungen, die, abgesehen von der vereinigten Linken, gegen die Nazis aktiv gewesen waren – hatte die ganze Affäre dokumentiert. Nach dem Krieg hatten die Behörden die Anführer dieser Untergrundbewegung festgenommen und deren Besitz einschließlich der Archivmaterialien beschlagnahmt. Die unter Verschluss gehaltenen Akten wurden nun der Staatssicherheit seines Bezirks zur Verfügung gestellt. Unter den Papieren war auch eine Liste mit Namen von Personen, die die Angelegenheit damals gehandhabt hatten. Sie würden nützliche Zeugen der Anklage sein. Der Beauftragte wusste, dass es große Mühe kosten würde, sie ausfindig zu machen. Viele hatten einen anderen Wohnsitz, andere waren mit Sicherheit während des Krieges umgekommen; sie waren in den Konzentrationslagern ermordet worden oder in den Gefängnissen der Nazis dahingesiecht.

Doch er gab nicht so leicht auf. Es waren dringende Telexmitteilungen an alle Polizeistationen und Zweigstellen der politischen Polizei versandt worden; sie hatten ein enges Netz über das gesamte Land gespannt, um jene Fische zu fangen, die der Beauftragte in seinem Privatteich halten wollte. Auch diese Aktion war erfolgreich verlaufen. Nach einer Woche trafen die ersten Rückmeldungen ein. Der Wortlaut war immer derselbe: »Der Mann wurde gefunden und ist zu einer Aussage bereit.« Der weit verzweigte Apparat der Staatssicherheit hatte sich wieder einmal als effizient erwiesen.

Dem Beauftragten stieg Erfolg nicht so leicht zu Kopf. Kühl und logisch wog er jeden seiner Schritte ab. Er analysierte, wie weit sie bisher gekommen waren. Er wusste, dass der schwierigste Abschnitt noch vor ihm lag. Nowak hatte, starrköpfig wie er war, noch immer kein Schuldgeständnis unterschrieben. Jeder Richter würde Nowak anhand der Indizien und Zeugenaussagen schuldig sprechen, dennoch wollte der Beauftragte auf ein Schuldgeständnis nicht verzichten. Es sollte der erste große Prozess unter seiner Leitung sein, und er wollte hören, wie der Angeklagte seine Schuld gestand und um Gnade wimmerte. Nur dann würde er Zufriedenheit verspüren und den Prozess als persönlichen Erfolg auffassen können. Doch tagelange Verhöre und Einzelhaft hatten Nowak nicht in die Knie gezwungen. Im Gegenteil, denn als er Nowak mit den schwerwiegenden Vorwürfen konfrontiert hatte, schien er sich zu fangen und neue Standhaftigkeit zu erlangen. Noch immer hallte Nowaks schallendes Lachen in den Ohren des Beauftragten. Er hatte noch immer nicht ergründet, was hinter diesem merkwürdigen Verhalten steckte. Zweifellos hatte er einen Fehler gemacht. Doch wann und wobei? Sicherlich, er konnte Nowak auch ohne Schuldgeständnis vor Gericht bringen, doch dann würde der Prozess zum großen Auftritt Albert Czernys. Er kannte Czerny und wusste, dass der Bezirksstaatsanwalt die Gelegenheit nicht ungenutzt verstreichen lassen würde. Er würde Nowak mit dem Rücken an die Wand argumentieren, ihn in der letzten Schlacht endgültig festnageln und besiegen. Jeden Tag trafen aus der Staatsanwaltschaft ausführliche Berichte über die Arbeit von Czerny und seinen Assistenten ein. Dieser Bastard war ein Meister wortgewandter Formulierungen. Schon mehrmals hatte der Beauftragte ihm gesagt, dass er bei seiner Begabung besser Schriftsteller hätte werden sollen. Ohne Nowaks Schuldgeständnis würde Czerny wieder eines seiner berüchtigten Schriftstücke verfassen, die zudem immer einen Seitenhieb gegen die Staatssicherheit enthielten, die angeblich nur halbe Sachen mache. Letztlich würde Czerny die Lorbeeren ernten, obwohl dieser Feigling nicht den Mut hatte, Ermittlungen auf eigene Initiative einzuleiten. Würde es der Staatssicherheit jedoch gelingen, Nowak vor Prozessbeginn zum Reden zu bringen, hätte der Bezirksstaatsanwalt nur gewöhnliche juristische Routine zu leisten, und der Beauftragte könnte sich des Erfolgs rühmen.

Es war spät. Die meisten Bediensteten hatten schon Feierabend gemacht, als er Rudolf Nowak in sein Büro führen ließ. Dieses Mal, so hatte er beschlossen, würden sie sich nicht als Ermittler und Gefangener gegenübersitzen, sondern ein freundschaftliches Gespräch unter Bekannten führen. Er schickte den Wärter, der Nowak begleitet hatte, weg. Nowak bot er einen bequemen Platz in einem Sessel neben dem kleinen Tisch in der Ecke des Zimmers an und entschuldigte sich.

»Es tut mir Leid, dass ich Ihnen keinen Kaffee oder Tee offerieren kann. Die Kantine ist geschlossen; die Mitarbeiter weigern sich, Überstunden zu machen.«

»Das macht nichts«, sagte Nowak mit gezwungenem Lächeln. »Ich habe mich daran gewöhnt, dass es in Ihrem Hotel keinen Zimmerservice gibt.«

Er war müde. Kein Lächeln konnte über die geschwollenen Tränensäcke unter den Augen hinwegtäuschen. Die Wangen waren bleich, die Lippen spröde und das Haar ergraut. Es war schwer zu sagen, ob daran der Dreck oder der plötzliche Schicksalsschlag schuld war. Der Beauftragte tat, als würde er nichts bemerken.

»Dieses Mal werden wir keine Zeit verschwenden. Auch ich will endlich nach Hause gehen.«

»Ein guter Grund, sich kurz zu fassen«, nickte Liebmann. »Ich persönlich habe es nirgendwohin eilig. Ich habe kein Zuhause.«

Der Beauftragte ignorierte die Bemerkung.

»Ich behandle Sie nicht wie einen normalen Gefangenen«, fuhr er fort. »In vielerlei Hinsicht sind Sie ein außergewöhnlicher Mensch. Ich schätze Ihr analytisches Denkvermögen und appelliere an Ihre Logik. Sie wissen, dass es keinen Sinn hat, gegen Tatsachen anzukämpfen. Haben

Ihnen die Ermittler das von uns gesammelte Beweismaterial gezeigt?«

»Sie haben viel daraus zitiert, aber nichts offen gelegt. Selbst wenn Sie mich darum bitten, würde ich es mir nicht ansehen. Sie wundern sich, warum? Weil nichts wahr ist. Ich habe schon tausend Mal erklärt, dass ...«

»Einen Moment«, unterbrach ihn der Beauftragte, »erlauben Sie mir, das Bild etwas zu erhellen. Eine Vogel-Strauß-Politik ändert gar nichts. Ich kann verstehen, dass Sie ein Kapitel Ihres Lebens abgeschlossen und ein neues aufgeschlagen haben, dass Sie die Vergangenheit ein für alle Mal auslöschen wollten. Ich weiß, dass man manchmal die Geschichte, wenn sie noch nicht geschrieben wurde, beschönigen und revidieren kann. Doch mir liegen Dokumente vor, die Ihre Geschichte schwarz auf weiß beweisen.«

»Gerade Sie wissen sehr gut, dass sogar geschriebene Geschichte geändert werden kann, wenn man den Geschichtsschreibern die entsprechende Anweisung erteilt. Ich habe die ›Große sowjetische Enzyklopädie‹ abonniert. Nur wenige Tage vor meiner Festnahme erhielt ich vom Moskauer Verleger einen Brief. Darin wurde mitgeteilt, dass man im dritten Band die Seite soundso viel herausreißen und das beigelegte Blatt einkleben solle. Ich erinnere mich, dass genaue Anweisungen gegeben wurden, wie man die alte Seite zu entfernen und das neue Blatt einzufügen hat, so dass keine Spuren zurückbleiben. Und warum das Ganze? Weil sich die historische Einschätzung einer der Führungspersönlichkeiten geändert hat. Die Person ist in Ungnade gefallen und wurde aller Titel und Auszeichnungen enthoben. Der Held von gestern wurde zum Verräter und landete im Gulag. Kommt Ihnen das bekannt vor? Nein? Schade, denn das ist auch meine Geschichte. Was wollen Sie eigentlich all denen erzählen, die mich vor zwei Monaten noch für die Auszeichnung ›Held der Arbeit‹ vorgeschlagen hätten?«

»Sie bringen einiges durcheinander, mein Freund«, sagte der Beauftragte ruhig. »Bei aller Wertschätzung, noch sind Sie kein Mann, der Geschichte gemacht hat. Menschen wie Sie verschwinden von der Bildfläche, ohne dass sich jemand bemühen muss, Seiten irgendwelcher Enzyklopädien auszutauschen. Wenn ich wollte, könnte ich Sie vor ein Militärgericht bringen, unter Ausschluss der Öffentlichkeit versteht sich. Man würde Sie wegen Spionage zum Tode verurteilen. Niemand würde es wagen, sich nach Ihrem Verbleib zu erkundigen.«

Liebmann reagierte nicht. Ihm war klar, dass der Beauftragte Recht hatte. Seine Nerven spannten sich an. Zittern meine Hände tatsächlich schon wieder?, dachte er. Da der Schreibtisch nicht mehr zwischen ihnen stand und sie sich direkt gegenübersaßen, konnte er das Zittern nicht verbergen. Seine für einen kurzen Moment aufflackernde Angst war dem geübten Auge des Beauftragten nicht entgangen. Er war sich sicher, dass Nowak endlich reden würde. Er musste zum endgültigen Schlag ausholen. Der Beauftragte stand auf, ging mit wohlbemessenen Schritten zum Panzerschrank und nahm einen dicken grünen Aktenordner zur Hand.

»Ich werde Ihnen einen Gefallen erweisen, den ich noch keinem anderen Häftling zugestanden habe. Nehmen Sie die Ermittlungsakte. Ich möchte, dass Sie sie lesen. Sie ist wie dieser Spiegel in den Märchen, der nie lügt. Jede Seite beschäftigt sich mit einer Ihrer Taten. Auf jeder Seite werden Sie auf alte Bekannte stoßen. Vermutlich sind Sie davon ausgegangen, dass sie längst verstorben sind. Sie sind am Leben, und ich werde für eine Gegenüberstellung sorgen. Das hier ist kein Lausbubenstreich, und wir haben auch keine Karnickel aus dem Hut gezaubert. Für alles findet sich in dieser Akte ein Beweis. Ich überlasse sie Ihnen zwei Stunden, Nowak. Bleiben Sie hier, machen Sie es sich bequem und vertiefen Sie sich in das Material. Jetzt ist es Mitternacht. Ich werde nach Hause gehen, eine Kleinigkeit essen und um zwei Uhr zurück sein. Angenehme Lektüre. Übrigens: Soll ich Ihnen ein Wurstbrot mitbringen?«

Der grüne Aktenordner enthielt ungefähr einhundert Seiten: Die erste Fassung der Anklageschrift sowie Zusammenfassungen der Zeugenaussagen, Kopien von Dokumenten aus der Zeit des Untergrunds und Berichte der Ermittler, die die Hinweise überprüft hatten. Liebmann hatte keine Ahnung, ob der Ordner vollständig war oder irgendeine Zeugenaussage – eventuell sogar die alles entscheidende – fehlte. Der Beauftragte hatte es bestimmt nicht eilig, seine Karten vorzeitig aufzudecken. Liebmann ließ sich Zeit. Er stand auf, trat an das Fenster und zog den Vorhang beiseite. Das Fenster war vergittert. Wie hätte es auch anders sein sollen? Weder überraschte noch störte es ihn. Ihm wäre ohnehin nicht in den Sinn gekommen, zu fliehen oder aus dem sechsten Stock zu springen. Im Grunde hatte er nur einige Momente an der Illusion der Freiheit festhalten wollen. Doch die Welt dort draußen war nicht weniger abweisend als das Gebäude, in dem er sich befand. Die Laternen warfen nur schwaches Licht, die Straße war leer und der sternenlose Himmel pechschwarz.

Der Beauftragte ging nicht nach Hause. Vom Sekretariat konnte er durch Gucklöcher in der Wand sein Büro beobachten. Dort waren die Spione mit Hilfe von Bildern getarnt. Er stand an einem der Gucklöcher und beobachtete Nowak neugierig. Als der Gefangene aufstand und zum Fenster ging, lächelte er zufrieden. Genau das hatte er erwartet, fast alle taten es; denn sie sehnten sich nach der Freiheit. Doch der Blick nach draußen verstärkte die Frustration der Gefangenen und führte ihnen ihre Hilflosigkeit vor Augen, was sich im Allgemeinen günstig auf die Ermittlungen auswirkte. Er fragte sich, wie es sich wohl bei Nowak bemerkbar machen würde. Als Nowak eine Minute später wieder an seinen Platz zurückgekehrt war, sich in den Sessel gesetzt und den Aktenordner geöffnet hatte, war der Beauftragte auf den Gesichtsausdruck neugierig. Doch Nowak hatte ihm den Rücken zugewandt, so dass der Beauftragte sein Gesicht nicht sehen konnte. Er hatte gelernt, Körpersprache zu interpretieren, und stellte selbst aus diesem Blickwinkel fest, dass Nowak sich verhielt, als ginge ihn der Inhalt des Aktenordners nichts an. Entweder hatte er starke Nerven, oder er war dem totalen Verfall nahe. Konnte er nicht mehr reagieren? Die Minuten verstrichen schleppend, doch der Beauftragte wartete geduldig. Letztlich, da war er sich sicher, standen Nowaks Nerven unter doppelter und dreifacher Anspannung.

Liebmann war beim letzten Blatt des Aktenordners angelangt. Es war ein handschriftliches Dokument: »Sie haben jetzt alle Dokumente eingesehen, die bei Gericht im Namen der Staatsanwaltschaft gegen Sie vorgelegt werden. Reue wird als strafmildernder Umstand gewertet. Sie haben Ihr Schicksal selbst in der Hand. Tun Sie sich selbst einen Gefallen und unterschreiben Sie das beigefügte Schuldgeständnis.«

Er legte den Aktenordner auf den Tisch. Er machte sich nicht die Mühe, das Schuldgeständnis zu lesen. Er drehte den Stuhl um und starrte auf die gegenüberliegende Wand. Er hatte den Gesichtsausdruck eines gelangweilten Reisenden, der auf einen verspäteten Zug wartet. Der Beauftragte verließ seinen Beobachtungsposten. Um Punkt zwei Uhr morgens wies er den Dienst habenden Offizier an, den Gefangenen in den Keller zurückzubringen. Auf der Treppe sagte dieser zu Nowak: »Diese Nacht verbringen Sie in der geräumigen Zelle, in der Sie mit Doktor Schapira gesessen haben. Doch dieses Mal haben Sie das Schloss ganz für sich allein. Schapira hat bei der Erfüllung seiner Aufgabe gezögert, gestern wurde das Urteil vollstreckt. Für Typen wie den ist kein Platz in einer anständigen Gesellschaft.«

Sarah Hajut hatte ihrem Mann zum Abendessen sein Lieblingsgericht zubereitet: Karpfen nach jüdischer Art, gewürzt mit etwas gewürfelten Zwiebeln, einem hart gekochten Ei, Semmelbrösel und einer guten Portion Zucker.

Im Allgemeinen ließ Gedalja seine Ehefrau an seinen Gedanken und Plänen teilhaben; doch seit die Affäre um Nowak ihren Lauf genommen hatte, hatte er nicht mehr mit ihr darüber geredet. Er setzte sie weder über die Vorgänge in Kenntnis, noch wollte er ihren Rat hören. Sarah hatte ihre eigenen Informationsquellen und wusste, dass Gedalja einen Ausweg aus dem Labyrinth zu finden versuchte. Anfangs hatte sie ihn unter Druck gesetzt. Irgendwann hatte sie nicht mehr auf ihrem Recht bestanden, informiert zu werden. Sie wartete geduldig, bis er ihr von selbst sein Herz ausschütten würde. Sie konnte nur hoffen, dass es nicht zu spät sein würde.

Den Karpfen hatte Sarah mehr als eine Stunde im eigenen Saft gedünstet. Er stand bereit und könnte, wenn Gedalja nach Hause käme, sofort aufgetischt werden. Früher hatte er immer angerufen und sich entschuldigt, wenn er etwas später zum Abendessen kam. Inzwischen waren solche Verspätungen an der Tagesordnung, und er rief nicht mehr an.

»Es tut mir Leid«, murmelte er schon im Eingang, legte den Mantel ab und ging direkt ins Badezimmer. Nach einer

Minute kam er wieder heraus und trocknete sich das Gesicht mit einem roten Handtuch. »Ich musste mir erst einmal kaltes Wasser ins Gesicht spritzen«, sagte er. Dann fügte er lächelnd hinzu: »Entweder ist es draußen warm, oder mir ist das Blut in den Kopf gestiegen.«

»Hitzewallungen sind typisch für die Wechseljahre«, entgegnete sie leichthin. Gedalja hängte das Handtuch über die Stuhllehne. Sarah ging durch den Sinn, dass es wie das rote Tuch eines Stierkämpfers aussah. Sie nahm das Handtuch und hängte es an den Haken im Badezimmer zurück. Als sie ins Esszimmer zurückkam, starrte Gedalja auf den Teller. Er hatte das Essen nicht angerührt.

»Ich danke dir für deine Mühe, aber ich habe keinen Appetit.«

Sarah war nicht beleidigt. »Iss, wann immer du willst«, sagte sie. Sie sah seinem Gesicht die Anspannung an und spürte, dass ihr Mann heute Abend irgendwie aus der Bahn geworfen wirkte. Ihr Gefühl sollte sie nicht täuschen. Sie schenkte ihm einen Schnaps ein.

»Du hast dir das Gesicht gewaschen, jetzt spüle deine Kehle.«

Anders als sonst nahm Gedalja nur vorsichtig einen kleinen Schluck. »Der Schnaps ist abgestanden«, sagte er.

Sarah erwiderte nichts. Gedalja nahm einen weiteren Schluck, verzog das Gesicht und schob das Glas weg.

»Willst du etwas anderes trinken?«

»Nein, danke.«

»Du bist müde. Kann ich dir dein Bett aufschlagen?«

»Ich bin nicht müde, und außerdem ist es noch zu früh, um schlafen zu gehen.«

»Der Schnaps ist in Ordnung. Aber wenn du Vergnügen daran hast, nörgel ruhig weiter. Wir haben schon seit langem kein so interessantes Gespräch mehr geführt.« Gedalja blickte sie prüfend an, konnte in ihren Mundwinkeln jedoch nicht dieses schelmische Lächeln entdecken, das sie aufsetzte, wenn sie ihn herausfordern wollte.

»Du hast Recht. Der Schnaps ist in Ordnung«, sagte er. »Weißt du, warum ich erst so spät nach Hause gekommen bin?«

»Nein, aber mir scheint, ich werde es gleich erfahren.«

»Du bist unausstehlich.«

»Darauf beruht mein persönlicher Zauber.«

»Ich habe einige Stunden mit Czerny und dem Beauftragten der Staatssicherheit zusammengesessen. Wir haben die Situation analysiert und beschlossen, Nowak vor Gericht zu stellen.«

»Was soll das heißen: Wir haben beschlossen? Auch du hast das entschieden?«

»Du und ich wissen, dass die ganze Geschichte an den Haaren herbeigezogen ist, denn du und ich wissen, wer Rudolf Nowak in Wirklichkeit ist.«

»Das hast du mir allerdings erst reichlich spät erzählt.«

Gedalja nahm den Vorwurf wahr. »Vorher gab es da nichts zu erzählen. Schließlich willst du nicht, dass ich dich mit allen möglichen Kleinigkeiten belämmere.«

»Sicherlich nicht. Wichtige Leute wie du konzentrieren sich ausschließlich auf die Hauptsache. Was ist also mit unserem Freund Nowak? Kann man einen Prozess nicht irgendwie umgehen?«

»Es steht zweifelsfrei fest, dass es in den vierziger Jahren einen Mann namens Rudolf Nowak gab, und es steht ebenso fest, dass er mit den Nazis kollaboriert hat.«

»Wo ist er heute?«

»Vom Winde verweht. Vielleicht tot. Vielleicht lebt er im

Untergrund. Eventuell wird er inkognito beim Prozess auftauchen, im Publikum sitzen und die Vorstellung genießen.«

»Vielleicht solltest du versuchen, ihn ausfindig zu machen, und im richtigen Moment in Erscheinung treten lassen? Das würde alles auf den Kopf stellen.«

»Ich weiß, auf was du hinauswillst. Aber wir beide wissen sehr wohl, dass ohne Zusammenarbeit mit der Staatssicherheit keine Chance besteht, diesen Mann ausfindig zu machen. Wo sollte ich ihn suchen? In Kirchen oder Bordellen? Ich kenne dich: Gleich wirst du sagen, dass es schließlich auch noch andere Orte gibt, an denen man nachsehen könnte. Aber ohne die Inspektoren kommt das der berühmten Suche einer Stecknadel im Heuhaufen gleich. Und du kannst mir nicht weismachen, dass der Beauftragte Harakiri begehen würde, nur um Gedalja und Sarah Hajut zu beglücken.«

»Sarah und Gedalja Hajut«, korrigierte sie ihn. »Was sagt Czerny zu der Sache?«

»Den hat der Beauftragte in der Westentasche. Der Bastard hat ihn einige Male gefragt, wie es Lale geht und ob die Wunden an ihrem zarten Hintern schon verheilt sind. Czerny hat sich in die Hosen gemacht und ist wie ein Taschenmesser zusammengeklappt. Das war mir sehr schnell klar. Als ich mit ihm telefoniert habe und er hoch und heilig versprach, dass es keinen Grund zur Sorge gibt, und er auch nicht zu erwähnen vergaß, dass er mir etwas schuldet, war mir klar, dass ich mich nicht auf ihn verlassen kann. Frei nach dem Motto: Bei solchen Freunden brauchst du keine Feinde.«

»Folglich hast du dich der Bande angeschlossen.«

»Es hat überhaupt keinen Sinn, gegen sie anzukämpfen. Sie haben einen Mann in ihren Händen, den man an jedes Schuldgeständnis anpassen kann ...«

»Ich kenne Konstantins Redewendung«, unterbrach sie

ihn. »Nennt mir den richtigen Paragraphen, und ich werde den passenden Schuldigen finden.«

»Das hat damit nichts zu tun«, brauste Gedalja auf.

»Das gehört sehr wohl hierher. Wenn das alles ist, dann ...«

»Nein, das ist noch nicht alles, meine Teure. Sie haben sehr überzeugende Argumente für einen Prozess.«

»Gut. Jetzt überzeuge auch mich. Mal sehen, was diese Argumente wert sind.«

»Ein Nazi-Kollaborateur auf der Anklagebank, dagegen kann kein Bürger des Staates etwas sagen. Selbst unsere Erzfeinde werden uns Rückendeckung geben, zumindest im Nachhinein. Bei dieser Gelegenheit wird zugleich eine ausstehende Rechnung mit jenen Staaten beglichen, die Kriegsverbrecher nicht vor Gericht gestellt haben: Westdeutschland, Bolivien, Argentinien und Konsorten. Zum Prozess werden ausländische Journalisten geladen, die unsere Botschaft in die Welt tragen sollen. Kein aufrichtiger und wahrhafter Kommunist wird den Stellenwert einer solchen propagandistischen Leistung von der Hand weisen können.«

»Das hört sich ernst an.«

»Das hört sich nicht nur so an, das ist sogar todernst.«

»Gedalja, du hörst mir nicht zu. Ich wollte damit sagen, dass du in ernsthafter Gefahr bist. Du hast vergessen, dass ihr wie siamesische Zwillinge seid. Wenn man Nowak schuldig spricht, wird auch deine glänzende Zukunft in der Partei in Zweifel gezogen.«

»Ich bin doch nicht von gestern.«

»Und dumm bist du schon gar nicht; ich kenne diese Sprüche. Es sei denn, du verbirgst etwas vor mir. Vielleicht hast du einen Joker im Ärmel?«

»In gewisser Weise.« Die Andeutung eines Lächelns, das erste seit Beginn ihres Gesprächs, verriet seine Genugtuung.

»Bei unserer heutigen Zusammenkunft haben wir die Aufgaben verteilt. Der Beauftragte wird die Dokumente sowie alle Zeugen liefern, ohne die der Prozess nicht stattfinden kann. Czerny wird die Anklageschrift verfassen, die solide wie ein Fels und rein wie Quellwasser sein wird, entschuldige, dass ich poetisch werde. Ich werde mich darum kümmern, dass Nowak aus den Parteireihen ausgeschlossen wird.«

»Du bist doch dumm: nur dafür brauchen sie dich, Gedalja. Du sollst ihnen die Kastanien aus dem Feuer holen, und was dann? Dann hast du deine Schuldigkeit getan und kannst gehen.«

»Überhaupt nicht, denn es gibt noch weitere Drecksarbeit. Abgesehen von dem Parteiausschlussverfahren wurde mir eine zusätzliche Aufgabe übertragen: Ich soll Nowak einen anständigen Verteidiger besorgen. Wir leben in einem Rechtsstaat, und der Angeklagte ist so lange unschuldig, bis das Gegenteil bewiesen wurde.«

»Du machst dich lustig.«

»Ganz im Gegenteil.«

»Aber ... aber warum gerade du?«

»Lass uns einmal annehmen, dass ich mich freiwillig für diese Arglist gemeldet habe.«

»Und worin soll diese Arglist bitte schön bestehen?«

»Ich habe vorgeschlagen, Butter zu nehmen. Was sagst du dazu?«

»Emil Butter?«

»Ja. Warum klingst du so skeptisch?«

»Er ist ein guter Rechtsanwalt, keine Marionette, die sich Vorschriften machen lässt.«

»Genau darauf beruht mein Plan ja gerade.«

»Du hast es geschafft. Ich komme mir vor wie in einem spannenden Krimi. Wird es auch einen Mord geben?«

»Lediglich Rufmord ..., aber dafür mit allem, was dazu gehört.«

»Nun erzähl schon.«

»In der Zwischenzeit weigert sich Nowak, seine Schuld zu gestehen. Er sitzt in Einzelhaft, und sie versuchen, ihn mit allen möglichen Versprechen in Versuchung zu führen. Er hält, stur wie ein Maulesel, an seiner Version fest: Es liege ein tragischer Fehler vor, er sei kein Verbrecher, er habe nicht gesündigt und zudem keine Ahnung, was man überhaupt von ihm wolle. Er sei rein wie ... wie ...«

»Wie Quellwasser.«

»So in der Art. Allerdings hat er seine Hausaufgaben nicht gemacht und ausgerechnet für die kritischen Jahre kein Alibi. Zwei Mal hat er sich in Erklärungen über seinen Verbleib während einer Periode verstrickt, in der Rudolf Nowak den Nazis diente.«

»Entweder hat Liebmann einen Fehler gemacht, oder er weiß nichts über den wirklichen Rudolf Nowak. Auf jeden Fall war er leichtsinnig.«

»Schade um ihn. Alles in allem ist er ein aufrichtiger Mensch.«

»Erstens ist er nicht aufrichtig. Er ist ein Opportunist, und zwar durch und durch. Du weißt, wie sehr ich Opportunisten verabscheue. Erinnerst du dich, wer uns Novotnys Kopf auf einem Tablett serviert hat? Nowak hat nicht eine Sekunde gezögert, und über Gewissensbisse brauchen wir gar nicht erst zu reden. Er hatte eine günstige Gelegenheit gewittert und unseren Köder freiwillig geschluckt. Übrigens, ausgerechnet Novotny war ein aufrichtiger Mann. Und jetzt kommt der Höhepunkt des Films: Nowak hat noch immer nicht erkannt, wie kritisch seine Lage ist. Vermutlich setzt er seine Hoffnungen auf mich und meinen Einfluss. Aber Butter ist ein alter Fuchs. Er wird lediglich einen kurzen Blick in das Material werfen müssen, um zu verstehen, was Nowak erwartet. Dann könnte er nur noch herumjaulen, die Richter um Gnade anflehen und ihnen eine ganze Palette mildernder Umstände unterbreiten. Doch wir kennen Butter; die Rolle eines erbärmlichen Komparsen steht ihm nicht. Er wird alle möglichen Verrenkungen machen, um seinen Mandanten vor dem Galgen zu retten. Sonst hat man ihn immer die Verteidigung laut Lehrbuch führen lassen. Erinnerst du dich an die Affäre Klempf? Der Mann, der einen fiktiven Förderkreis in Mitschurin organisiert und einen großen Geldbetrag ergaunert hat. Das Finanzministerium hatte damals auf Grund von gefälschten Dokumenten gezahlt ... Erinnerst du dich? So etwas vergisst man nicht. Butter hat ihn herausgepaukt, weil die Staatsanwaltschaft großen Mist gebaut hatte. Der Erfolg ist ihm zu Kopf gestiegen. Und genau darauf baue ich.«

»Auf was?«

»Auf seiner Illusion, dass dies die Spielregeln sind, nach denen er auch dieses Mal vorgehen kann. Der Beginn des Prozesses wird für ihn eine frustrierende Erfahrung sein. Alle Karten werden in der Hand der Staatsanwaltschaft liegen. Wenn irgendwann der entscheidende Beweis auftaucht, dass Nowak dennoch unschuldig ist, wird er wie ein wild gewordener Stier auf die Anklage losgehen. Niemand wird ihm das Maul stopfen können, denn im Saal werden viele ausländische Journalisten sitzen, die auf Sensationen aus sind.«

»Ich verstehe. Du willst auf den passenden Moment warten, um den schlagenden Beweis zu liefern.«

»Irgendwann werden sowohl Nowak als auch Butter begreifen, dass es keinen Weg um den Galgen herum gibt. Dann kann ich Nowak mit Leichtigkeit davon überzeugen, dass es an der Zeit ist, seinem Verteidiger seine wahre Identität zu offenbaren. Butter wird mit dieser Nachricht nicht zum Beauftragten rennen und schon gar nicht zu Czerny. Er liebt das Drama und wird nicht darauf verzichten, den größten Auftritt dieses Theaterstücks für sich selbst zu reservieren. Er wird die Bombe im Gerichtssaal platzen lassen und das Feuerwerk genießen, obschon er durch einen fliegenden Splitter ums Leben kommen könnte. Er weiß, dass Czerny versuchen wird, ihn in Stücke zu reißen. Das wird ihn nicht aufhalten. Er wird der Verlockung nicht widerstehen können. Das hat er im Blut.«

»Und was weiter?«

»Die Trompeten von Jericho. Die Mauern stürzen ein, die schreckliche Unterlassung wird allen vor Augen geführt, und diejenigen, die diese Suppe unter verbrecherischer Nachlässigkeit zusammengebraut haben, werden sie auch auslöffeln müssen.«

»Die Partei wird dabei in Mitleidenschaft gezogen.«

»Es wäre viel schlimmer, wenn sich Männer wie der Beauftragte der Partei bemächtigen.«

»Und du? Wie wirst du erklären, dass du es gewusst und dennoch geschwiegen hast?«

»Niemand wird davon erfahren. Nur eine Person wird es von mir gehört haben: Tomasz Broza.«

»Wie willst du ihn zum Schweigen verpflichten? Er gehört nicht zu den kleinen Fischen, die vor einem Karpfen Angst haben.«

»Heute Abend scheint es sich ausschließlich um Fische zu drehen, was? Lass uns dabei bleiben. Seit zwei Wochen weiß er die Wahrheit und ist stumm wie ein Fisch. Frage mich jetzt nicht, warum, denn ich weiß es nicht. Ich habe den Eindruck, dass er in Schwierigkeiten ist; aber das ist nur eine Vermutung. Es muss für sein Schweigen einen guten Grund geben, denn Broza hat noch nie einen unüberlegten Schritt unternommen. Ich denke, wir werden mit der Zeit schon noch erfahren, welche Motive er hat. Wie auch immer, eines ist sicher: Wenn er die Wahrheit bisher nicht preisgegeben hat, dann kann er es auch in der Zukunft nicht tun. Glaubst du etwa, Generäle seien unverwundbar? Natürlich würde man Broza ebenfalls fragen, warum er damit nicht schon früher herausgerückt ist!«

»Du hast sie umzingelt. Gedalja Hajut in Höchstform.«

Itzhak Liebmann hatte seinen Zeitsinn verloren. Er hatte einmal gelesen oder vielleicht auch in einem Film gesehen, wie ein Gefangener jeden Tag einen Strich an der Zellenwand machte. So etwas war ihm zu Beginn seiner Haft nicht eingefallen, und inzwischen war es zwecklos. Seiner Einschätzung nach war es zwei Monate her, seit man ihn aus seinem Büro in den »Rote-Fahne-Werken« abgeholt hatte. Die Ermittler ließen ihn seit einigen Tagen in Ruhe. Er wurde nicht mehr in ihr Zimmer gerufen, niemand stellte ihm Fragen und forderte Unterschriften. Sie schienen ihn vergessen zu haben. Doch je größer die Einsamkeit wurde und je schwerer es zu ertragen war, keinen Kontakt zu Mitmenschen zu haben, desto mehr vermisste er die Gegenwart seiner beiden Ermittler.

»Ich kann hier nicht Stunden und Tage untätig herumsitzen«, hatte er sich bei dem Wärter beschwert, der ihm die Mahlzeiten brachte und alle paar Tage zum Duschen begleitete. »Bitte bringen Sie mir ein Buch oder wenigstens eine Zeitung.« Der Wärter antwortete knapp: »Das ist verboten.« Doch eines Morgens, als er Liebmann eine Schüssel Suppe und eine Scheibe Brot brachte, murmelte er: »Schauen Sie in der Scheibe Brot nach.« Die Scheibe war dicker als sonst. Er blickte den uniformierten Mann an, der den Kopf schüttelte.

Liebmann befürchtete eine Falle und tat, als würde er nicht verstehen, worum es ging. Der Wärter machte keinen vertrauenswürdigen Eindruck, wenngleich er umgänglich war. Die Sicherheitsbehörden wählten Gefängniswärter mit großer Sorgfalt aus, und jemand, der politische Häftlinge beaufsichtigte, war mit Sicherheit ein loyaler Mann. Als Liebmann in die Brotscheibe biss, bemerkte er etwas. Es war eine aufgerollte Notiz. Er drehte sich mit dem Rücken zur Tür, damit man ihn nicht beobachten konnte, löste das Papier aus dem Brot und las die handschriftlichen Zeilen auf dem winzigen Zettel:

Mein teurer Rudolf,
glaube nicht auch nur einen Moment, dass ich Dich vergessen habe. Ich tue mein Bestes, um Hilfe zu organisieren. Zu meinem Verdruss haben es gerade Deine Freunde nicht eilig, aktiv zu werden. Ich kann nicht genauer werden, weil ich fürchte, diese Nachricht könnte in falsche Hände geraten. Ich will Dich wissen lassen, dass sich – selbst wenn die Taten, die man Dir unterstellt, zutreffen – nichts daran geändert hat, dass ich Dich liebe. Ich habe versucht, eine Besuchserlaubnis zu erhalten, was strikt abgelehnt wurde. Vernichte den Zettel.   *Deine Maria*

Liebmann zerriss den Zettel in kleine Schnipsel und schluckte sie hinunter. Dann setzte er sich auf eines der beiden Betten. Das zweite Bett, ein Eisengestell ohne Matratze, war erst gestern in die Zelle gestellt worden. Er hatte darüber nachgedacht, ob man ihm wieder Gesellschaft verschaffen und wer wohl sein Leidensgenosse sein würde. Jetzt tauchte vor seinem geistigen Auge die Gestalt von Maria Kott auf. Während der ganzen Haftzeit hatte er kaum an sie gedacht. Maria Kott war durch einen Zufall in sein Leben getreten und wieder daraus verschwunden, als die Zellentür hinter ihm ins Schloss gefallen war. Doch dieser Zettel, dessen Übergabe ihr sicherlich große Schwierigkeiten bereitet hatte und viele Risiken barg, berührte ihn. Er hatte nicht mit ihrer Hilfe gerechnet. Dennoch war es in seiner Lage besser, die Beziehungen zu einer solchen Frau, die mit der Bourgeoisie identifiziert wurde, weitmöglichst einzuschränken. Liebmann hatte nicht vergessen, dass Maria, als wolle ihn das Schicksal absichtlich ärgern, die Witwe eines Veterinärs war, der im Dienst der Nazis gestanden hatte. Czerny würde die Gelegenheit beim Schopf packen und frohlocken: »Zwischen Nowak und dieser Frau besteht ein ideologischer Bund.«

Er könnte sofort um ein Gespräch mit dem Beauftragten bitten und erklären: »Teurer Genosse, Sie spinnen hier ein Gerichtsverfahren zusammen, das jeder realistischen Grundlage entbehrt. Mein Name ist Itzhak Liebmann, ich bin der Sohn eines Kurzwarenhändlers und weisen Gelehrten, der im Holocaust ums Leben kam. Der wirkliche Rudolf Nowak ist nichts weiter als ein Geist, der in meiner Person Form angenommen hat.« Doch Itzhak Liebmann wusste, dass ihm diese Worte nicht über die Lippen kommen würden. Jedes Wort, das mit seiner jüdischen Identität zu tun hatte, blieb ihm im Hals stecken. Liebmann war in einem erbärmlichen Hotelzimmer gestorben. Nowak lebte, und er musste beweisen, dass dieser eine reine Weste hatte.

Und dennoch schaffte er es nicht, Liebmann zum Schweigen zu bringen, jedenfalls nicht dessen Jugenderinnerungen. Ausgerechnet Maria Kotts Zettel führte ihn in die Vergangenheit zurück.

Ungefähr ein Jahr, nachdem sein Land von der Wehrmacht besetzt und die ersten Befehle zur Einrichtung des Ghettos herausgegeben worden waren, hatte Natalie ihn angerufen und um ein Treffen gebeten. Er lebte noch immer in seiner kleinen Wohnung und trug, entgegen den Anweisungen, keinen gelben Stern. Natalies Bitte war sehr merkwürdig gewesen; doch er hatte keinen Grund gehabt, sie auszuschlagen. Sie hatten sich in einem der großen Cafés verabredet, wo man leicht unter den vielen Gästen hätte untertauchen können. Bei einer Tasse Muckefuck – Bohnenkaffee gab es nur noch auf dem Schwarzmarkt – hatte sie ihm Hilfe angeboten. Ihre Bereitschaft überraschte ihn. »Das berührt mich sehr«, hatte er ihr gesagt, »aber einstweilen droht mir keine Gefahr.« Er hatte ihr erzählt, dass er sich gefälschte Papiere besorgen wolle, die ihn als Arier ausweisen würden. Er habe bereits Kontakte aufgenommen, um einen gefälschten Personalausweis und einen Taufschein der katholischen Kirche zu kaufen. Natalie hatte ihn gewarnt. Er solle sich nicht nur vor den Nazis vorsehen, sondern auch die einheimischen Handlanger meiden. Sie würden Juden erpressen und damit drohen, sie an die Gestapo zu verraten. Sie verbarg auch nicht die Existenz nationaler Untergrundbewegungen, die den Nazis dabei halfen, das Land von den Juden zu säubern. Erst nach Vollendung dieser Aufgabe würden sie sich gegen die Nazis stellen. Bevor sie sich getrennt hatten, drückte sie ihm ein Blatt Papier in die Hand, auf dem einige Telefonnummern standen. »Wenn sich etwas ändert, rufe mich an. Ich habe Freunde, die helfen können«, sagte sie und fügte hinzu: »Wenn du mich aus irgendeinem Grund nicht erreichst, dann rufe eine dieser Nummern an. Vertraue mir. Wenn du darum bittest, wird dir geholfen.« Er hatte ihr versprochen, in der Stunde der Not von den Telefonnummern Gebrauch zu machen.

Innerhalb des nächsten Monats hatte er die erlösenden Dokumente erhalten und sich sicher gefühlt. Allerdings ging sein Geld zur Neige, denn die Papiere hatten ihn ein Vermögen gekostet. Er hatte die Wohnung gewechselt, um den Nachbarn aus dem Weg zu gehen, die wussten, dass er Jude ist. Glücklicherweise fand er eine gute Geldquelle: Juden, die ins Ghetto ziehen mussten, verkauften ihren Besitz zu lächerlichen Preisen. Er hatte zwischen ihnen und den Reichen der Stadt vermittelt, die sich einem neuen Hobby hingaben: Das Sammeln von antiken Möbeln, teuren Perserteppichen und Werken namhafter Künstler. Das Geschäft blühte, und Liebmann hatte gutes Geld gemacht. Er lebte von einem Tag zum anderen, ohne viele Gedanken an die Zukunft zu verschwenden. Er hatte inständig gehofft, dass der Krieg bald zu Ende sein würde und er wieder ein normales Leben führen könnte. Doch das war nicht geschehen.

Der Hauswart hatte ihn vor einem Spitzel in der Nachbarschaft gewarnt. »Er weiß, wer Sie sind. Er wird Sie verraten«, sagte er und riet Liebmann, den Wohnort zu wechseln. Doch in einer Stadt unter Besatzung verdächtigt jeder jeden, und eine neue Wohnung zu finden, war ein aussichtsloses Unterfangen. Er hatte Natalies Liste aus seiner Brieftasche hervorgekramt, war zu dem öffentlichen Telefon in der Nähe seiner Wohnung gegangen und hatte einige Nummern gewählt. Keiner der Gesprächspartner wollte ihm helfen. Sie hatten viele Ausreden parat: Angst vor den Nazis, sie müssten sich zuerst um ihre eigenen Familien kümmern, sie würden ihre Kinder nicht in Gefahr bringen können. Einige hielten es für richtig, sich zu entschuldigen. Andere taten das nicht. Eine Frau hatte gesagt: »Es ist höchste Zeit, dass wir die Juden loswerden«, und es hatte auch solche gegeben, die ohne ihn anzuhören den Hörer auflegten. Als er aus der Telefonzelle getreten und völlig verzweifelt und ratlos war, hielten ihn plötzlich zwei Männer an.

»Ich kenne dich, Liebmann«, sagte einer.

»Ich glaube, Sie irren sich, mein Herr«, entgegnete Liebmann. Er hatte sich sicher gefühlt und ihnen den Namen genannt, der in den gefälschten Papieren stand. Doch die beiden hatten nicht nachgegeben.

»Diese Maskerade wird nichts nützen. Es würde dich fünfhundert Dollar kosten, als freier Mann davonzukommen«, hatte der zweite Mann verkündet. »Du hast die Wahl: Geld oder Gestapo.«

»Ich habe keine fünfhundert Dollar«, stammelte Liebmann.

»Wir geben uns auch mit einem hübschen Diamanten zufrieden. Oder mit Goldmünzen.«

»Ich besitze nichts.«

»Ihr Juden jault beständig, nichts zu besitzen, und dennoch schafft ihr es immer, einige Hundert Dollar lockerzumachen. Wir sind nicht von gestern, Freundchen, wir kennen eure Tricks. Du bist nicht der Erste und wirst auch nicht der Letzte sein.«

Auf der Straße fuhr ein Taxi vorbei. Die beiden hatten es angehalten, ihn hineingezwängt und dem Fahrer die Adresse angegeben. Er war erschaudert. Sie waren auf dem Weg zum Gestapohauptquartier. Liebmann hatte begriffen, dass Flehen und Betteln keinen Sinn mehr hatte. Die Nazis zahlten für jeden ausgelieferten Juden ein Kopfgeld.

Am nächsten Tag war er in ein Zwangsarbeiterlager deportiert worden. Die Häftlinge mussten Eisenbahnschienen verlegen. Die Strecke führte nach Osten. Erst Jahre später begriff er, dass er und seine Schicksalsgenossen eigenhändig die

Transportwege gebaut hatten, auf denen die deutsche Armee im Sommer 1941 ins sowjetische Russland vormarschierte. Ein Jahr später, im August 1942, war die Nachricht umgegangen, die Wehrmacht habe im Norden von Stalingrad die Wolga erreicht. Doch damals, als der Krieg eine entscheidende Wendung genommen hatte, war Itzhak Liebmann auf dem Weg ins KZ Mauthausen gewesen, und von einem General von Paulus hatte er nichts gehört. Die Namen, die damals unter den Häftlingen die Runde machten, waren die der Kapos, die ihnen das Leben noch schwerer machten, als es ohnehin war.

Liebmann hatte die Schritte des Wärters wahrgenommen. Er hatte sie gehört, lange bevor der Schlüssel im Schloss gedreht wurde. Viele Male dachte er, dass nur wer blind war oder in Einzelhaft saß, ein solch gutes Gehör entwickeln konnte. Er konnte zwischen den schweren Schritten Gregors und dem leichtfüßigen Getrippel eines anderen Wärters unterscheiden. Wärter, die schon lange Dienst taten, entwickelten besondere Gangeigenarten. Das in den Fluren hallende Echo der genagelten Schuhe verstärkte die beklemmende Atmosphäre. Einmal hatte er zu Gregor gesagt: »Du sitzt hier genauso fest wie ich.« Das hatte die Antwort hervorgekitzelt: »Aber nur zwölf Stunden pro Tag.« Gregor und seine Kollegen arbeiteten im Schichtdienst: zwölf Stunden Dienst, einen Tag frei und wieder zwölf Stunden Dienst. Ihre Uniformen unterschieden sich nicht von denen der Kriminalpolizei, um sie vor einer beständigen Auseinandersetzung mit ihrer Umgebung zu schützen. Der Beruf des Gefängniswärters galt in den Augen vieler als verabscheuungswürdig. Doch gerade Maria Kott hatte diesen Berufsstand in Schutz genommen. Vor einigen Monaten hatten sie nach einer Theaterpremiere – er entsann sich, dass »Jegor Bulytschow« von Gorki gegeben worden war – den Leiter des Bezirksgefängnisses und dessen Frau kennen gelernt. Sie hatten sich als angenehme und interessante Gesprächspartner herausgestellt. Als sie auseinander gegangen waren, hatte Liebmann gesagt: »Trotz allem ist es wirklich keine große Ehre, Gefängniswärter zu sein.« Maria hatte ihm widersprochen: »Dieser Mann bietet seine Dienste gegen Geld an. Vielleicht ist es tatsächlich keine große Ehre, aber zumindest ehrlich. Mir sind Menschen zuwider, die sich in den Dienst ausgeklügelter und leerer Schlagworte stellen.«

Gregor kämpfte einen kurzen Moment mit dem Schloss. Dann öffnete er die Gittertür und sagte zu dem Mann, der ihn begleitete:

»Es tut mir Leid, es ist etwas eng. Das ist keine Suite in einem Fünf-Sterne-Hotel, sondern eine Einzelzelle.«

»Wie gut, dass ich keinen Bauch habe«, witzelte der Fremde und bat Gregor, sie allein zu lassen. Der Wärter zögerte einen Moment, doch der Mann bestand darauf. »Ich habe die Genehmigung des Beauftragten. Warten Sie draußen. Wenn ich Sie brauche, werde ich rufen«, sagte er und betrat die Zelle. Der Wärter schloss die Tür hinter dem Mann.

»Sie sind Nowak, nicht wahr?«, fragte er und streckte, ohne eine Antwort abzuwarten, die Hand aus. Liebmann erwiderte den Händedruck zögernd. Der Besuch eines Fremden konnte nichts Gutes bedeuten.

»Ich heiße Emil Butter. Ich bin Ihr Rechtsanwalt.«

»Ich kann mich nicht entsinnen, nach einem Anwalt verlangt zu haben«, erwiderte Liebmann, demonstrativ auf Distanz gehend. Butter bemerkte die Feindseligkeit.

»Hören Sie sich meinen Ratschlag an, Genosse Nowak«, sagte er. »Auch ohne mich haben Sie genug Feinde. Sie sollten sich nicht noch mehr Widersacher schaffen. Ich soll Ihnen helfen und werde mein Bestes tun, selbst wenn Sie nicht kooperieren. Ich kann allerdings bessere Arbeit leisten, wenn Sie mir vertrauen.«

»Warum sollte ich?«

»Weil Sie keine andere Wahl haben, mein Freund. Und außerdem haben Sie keinen anderen Rechtsanwalt. Ist das nicht Grund genug?«

Liebmann saß auf der Bettkante. Emil Butter stand im Eingang, an die Gitterstäbe gelehnt. Hinter seinem Rücken brannte Licht, so dass Liebmann seine Gesichtszüge kaum sehen konnte. Beide kannten die übliche Verfahrensweise. Bei Prozessen wie diesem ging es auch um das Prestige der Regierung. Somit hatte ein Angeklagter geringe Chancen, einen Anwalt seiner Wahl zu berufen. Die Behörden versuchten, jedes unnötige Risiko zu umgehen. Bei strafrechtlichen Verfahren bestand kein Problem. Laut Vorschrift musste sich der Angeklagte oder einer seiner Familienangehörigen an eine der kooperativen Anwaltskanzleien wenden, dem Sekretär der Kooperative die Angelegenheit darlegen und ein offiziell festgelegtes Honorar zahlen. Der Sekretär bestimmte, wer von den Rechtsanwälten der Kooperative den Fall übernehmen würde. Doch zwischen Vorschrift und Realität bestand eine große Kluft. Wer die Dienstleistungen eines bestimmten Rechtsanwalts in Anspruch nehmen wollte, musste den Sekretär bestechen und anschließend dem Rechtsanwalt eine hübsche Summe bar in die Hand zahlen. Das geschah keineswegs versteckt und war an der Tagesordnung. Rechtsanwälte, die einen guten Ruf genossen, machten ein Vermögen, vor allem bei Wirtschaftsprozessen, denn Spekulanten hatten immer genug Geld, der Gerechtigkeit nachzuhelfen.

Liebmann hatte noch nie von Butter gehört. Plötzlich verspürte er das Bedürfnis, das Gesicht dieses Mannes zu sehen, der sein Verteidiger sein sollte. Er stand auf und ging zu ihm hinüber. Er berührte Butter beinahe und schaute ihn neugierig an. Emil Butter hatte ein rundliches Gesicht, das dünne Haar legte eine hohe Stirn frei, die glänzte, als sei sie eingefettet. Die tief liegenden Augen strahlten Ruhe und Umsicht aus.

»Jeder andere Gefangene wäre bei der Nachricht, dass Emil Butter ihm zur Seite steht, außer Rand und Band geraten. Und Sie schauen mich prüfend an, als seien Sie ein Modeschöpfer und ich das Modell.«

»Ich wollte Ihnen nicht zu nahe treten. Entschuldigen Sie.«

»Vielleicht sollten wir aufhören, uns wie im englischen Oberhaus aufzuführen. Sie sind sich Ihrer Lage bewusst, Genosse Nowak?«

»Zu meinem großen Leidwesen, ja.«

»Gut.« Butter lächelte zufrieden. »Ich sehe, dass wir einander zu verstehen beginnen. Sollen wir zur Sache kommen?«

»Sie wollten sagen: das Verhör fortsetzen?«

»Ich stehe nicht im Dienst des Systems, Genosse Nowak. Gott kann bezeugen, dass ich die Verteidigung nicht übernommen hätte, wenn Gedalja Hajut mich nicht regelrecht bekniet hätte.«

»Hajut hat Sie gebeten, mich zu verteidigen?«

»Habe ich das nicht gerade eben ausdrücklich gesagt?«

»Ich habe seit meiner Verhaftung nichts mehr von ihm gehört. Ich dachte, dass er mich endgültig den Fängen der Staatssicherheit überlassen hätte.«

»Er sorgt sich um Sie, wie man sich um einen Schützling kümmert. Ich würde behaupten, dass er die ehrliche Absicht hat, Ihnen tatsächlich aus diesem Dreck herauszuhelfen.«

»Oder mir einen Wachhund an die Seite zu stellen, damit ich ihn nicht mit in den Dreck hineinziehe.«

»Entweder sind Sie undankbar oder ein beispielloser Narr.«

»Ich weiß. Es gibt keinen Grund für mein Misstrauen. Das ist die Haft, die Einsamkeit, das Unvermögen, sich auf Mitmenschen verlassen zu können. Ich bitte um Entschuldigung.«

»Das ist das zweite Mal, dass Sie sich entschuldigen. Die dritte Entschuldigung wird die letzte sein, denn dann wird man Ihnen einen anderen Rechtsanwalt schicken müssen. Vielleicht wird Ihnen dessen Nase besser gefallen.«

»Nein, nein, bitte verlassen Sie mich nicht.« Liebmann klammerte sich an den Ärmel des Rechtsanwalts. Er selbst konnte sich den plötzlichen Gemütswandel nicht erklären. Noch vor einem Moment hatte er in dem Besucher eine weitere teuflische Figur gesehen, die ihn quälen wollte. Jetzt regte sich in ihm die Hoffnung, dass Emil Butter das Unmögliche würde vollbringen können, dass er selbst verstehen und anderen erklären würde, wie töricht die Anklage war. Alles würde sich verflüchtigen wie der bläuliche Albtraum, der ihn in den Nächten heimsuchte.

»Wissen Sie, was Ihnen die Anklage vorwirft?«

Die Frage holte Liebmann in die Realität zurück. »Ja, ich habe den Quatsch gelesen.«

»Nennen Sie es, wie Sie wollen; doch andere sind schon wegen weitaus weniger Quatsch am Galgen gelandet. Wir haben zwei Verteidigungsmöglichkeiten: Die Tatsachen eingestehen und auf mildernde Umstände plädieren oder alle Anklagepunkte zurückweisen und Ihre Unschuld beweisen. Wenn Sie die erste Möglichkeit wählen, könnten wir zu einer durchaus passablen Übereinkunft mit der Staatsanwaltschaft kommen. Vermutlich können wir mit dem Generalstaatsanwalt einen Kompromiss über zehn bis fünfzehn Jahre Haft aushandeln. Bei guter Führung würde Ihnen ein Drittel erlassen. Sie sind ein starker Mann, und ich schätze, dass Sie gute Chancen haben, die Haft durchzustehen. Was meinen Sie?«

»Ich gestehe keine Verbrechen, die ich nicht begangen habe. Wie schätzen Sie meine Lage ein, Herr Butter? Sie haben in solchen Sachen mehr Erfahrung als ich.«

»Eigentlich liebe ich Herausforderungen. Aber es ist Ihr Leben, Genosse Nowak, nicht meins. Ich darf damit nicht spielen. Sie müssen entscheiden. Wenn wir in den Kampf ziehen und verlieren, dann müssen Sie sich für immer davon trennen.«

»Was ist ein Leben im Gefängnis schon wert«, murmelte Liebmann. »Ich denke …«

»Ich glaube, Sie haben mich nicht ganz verstanden«, unterbrach ihn der Rechtsanwalt. »Bei einem Schuldspruch erwartet Sie der Tod. Das ist so sicher wie der morgige Tag.«

»Ihr morgiger Tag, Herr Butter«, erwiderte Liebmann mit einer Portion Selbstironie. »Mein Morgen ist nicht ganz so selbstverständlich.«

»Wenigstens ist Ihnen der Sinn für Humor nicht abhanden gekommen.«

»Genauer gesagt: Galgenhumor.«

Butter ignorierte den Einwurf und spann seinen Gedanken weiter: »Im schlimmsten Fall können wir beim Staatspräsidenten ein Gnadengesuch einreichen; aber das ist nur Theorie. Ich kann mich nicht entsinnen, dass ein Spion und Nazi-Kollaborateur je begnadigt wurde.«

»Danke für Ihre Offenheit.«

»Wenn der Patient an Krebs leidet, darf man ihm nicht erzählen, er sei erkältet.«

»Spionage und Kollaboration mit den Nazis …« Liebmann tat einen tiefen Atemzug und platzte sichtlich bewegt heraus: »Sehr verehrter Herr Butter, ist Ihnen überhaupt schon in den Sinn gekommen, dass ein tragischer Fehler vorliegen könnte? Dass man mir etwas in die Schuhe zu schieben versucht. Ich habe nicht mit den Nazis zusammengearbeitet. Ich habe nicht die leiseste Ahnung, woher diese angeblichen Tatsachen kommen, die beweisen sollen, dass ich die Verbrechen begangen habe.«

»Ja, das ist mir durchaus in den Sinn gekommen«, antwortete Butter mit ruhiger Stimme.

Liebmann war erstaunt. Diese schlichte Antwort überraschte ihn. Könnte es sein, dass dieser Mann wirklich die Absicht hatte, ihn zu verteidigen?

»Meinen Sie das ernst?«

»Ich könnte es nicht ernster meinen. Doch die Wahrheit ist bedeutungslos. In einem normalen Prozess ist es einfacher, mit der Staatsanwaltschaft klarzukommen. Man kann immer irgendein Schlupfloch in der Anklageschrift oder den Zeugenaussagen finden. In einem politischen Prozess sichert sich die Anklage allerdings rundherum ab. Es werden regelrechte Generalproben mit den Zeugen veranstaltet. Den Regisseur der Inszenierung prüft man sehr sorgfältig. Wenn ich in einem regulären Verfahren siege, sagt man: ›Sehen Sie, es gibt Gerechtigkeit in unserem Staat.‹ Das ist bequem und zeugt von einer unabhängigen Justiz. Doch bei einem politischen Verfahren würden die Verantwortlichen für jeden Ausrutscher einen hohen Preis bezahlen. Sie gehen auf Nummer sicher und überprüfen jedes Detail Dutzende Male. Und ich sage Ihnen noch einmal: Die Wahrheit spielt keine Rolle; wichtig ist nur, dass man sie vor Gericht beweisen kann und sie sich glaubwürdig anhört. Ist Ihnen das auch wirklich klar?«

»Ja.«

»Gut. Wenden wir uns also der eigentlichen Arbeit zu.«

»Sagen Sie mir, was ich machen soll, und ich werde es tun.«

»Erste Bedingung: Sie müssen aufrichtig und ehrlich zu mir sein.«

»Das versteht sich von selbst.«

»Sie werden mir Fragen beantworten, auch wenn sie Ihnen irrelevant erscheinen.«

»Fragen Sie.«

Butter holte Notizblock und Bleistift aus der Tasche.

»Frage Nummer eins: Hatten Sie irgendeine Beziehung zu den Nazis? Ich meine damit auch Verbindungen, die nicht als Kollaboration ausgelegt werden können. Schwarzmarktgeschäfte zum Beispiel.«

»Nein. Kurz bevor ich ins KZ kam, habe ich den Verkauf von Kunstgegenständen und Schmuck vermittelt. Die Ghettoinsassen haben ihre Habe damals billig verkauft. Nazis waren nicht beteiligt.«

»Ich werde das für alle Fälle aufschreiben«, sagte Butter. Anschließend fragte er: »Haben Sie den Ermittlern davon erzählt?«

»Man hat mich nicht danach gefragt.«

»Dummköpfe«, lächelte der Rechtsanwalt. »Ein Pluspunkt für uns.«

»Sie sagten doch, dass keine Einzelheit ausgespart wird.«

»Das habe ich ganz allgemein gemeint. Wären Sie vollkommen, würden wir hier nicht zusammensitzen. Ich ziehe nicht in einen Kampf, wenn ich von vornherein weiß, dass ich nur verlieren kann. Übrigens: Ich bin Mitglied der Partei.«

»Das wusste ich nicht.«

»Ich bin schon seit zwanzig Jahren in der Partei. Ich gehöre nicht zu diesen neuen Opportunisten.«

»Meinen Sie damit etwa mich?«

»Unter anderem. Aber keine Angst. Das beeinflusst die Erfüllung meiner Aufgabe als Verteidiger nicht. Letztlich dienen viele, die der Partei erst beigetreten sind, als sie an die Regierung kam, unserer Sache sehr gut. Und es gibt keinen Grund, Ihre Motive anzuzweifeln.«

»Die nächste Frage.«

»Sind Sie sich bewusst, was vor Ihnen liegt? Die Verhöre waren im Vergleich zu dem, was Ihnen vor Gericht blüht, ein Spaziergang. Das wird eine mühselige Via Dolorosa werden, und Sie wissen, wohin sie führt. Nur, dass Sie nicht Jesus sind. Den haben die Juden ans Kreuz genagelt, und wenn man dem Neuen Testament Glauben schenkt, ist er in den Himmel aufgestiegen. Die Anklageschrift und die Zeugenaussagen verheißen Ihnen die Hölle.«

»Ich bin bereit.«

»Entweder sind Sie sehr mutig, Nowak, oder aber total blauäugig. Und ich werde Ihnen noch etwas sagen: Sollte ich im Verlauf des Gerichtsverfahrens zu dem Schluss kommen, dass Sie mich an der Nase herumgeführt haben, werde ich Sie, ohne mit der Wimper zu zucken, wohlverpackt dem Henker übergeben, mit roter Schleife und so.«

»Sie können sich sehr plastisch ausdrücken, Herr Butter.«

»So sagt man. Vielleicht ist das der Grund, warum Gedalja Hajut mich gebeten hat, Ihre Verteidigung zu übernehmen. Gut, weiter im Takt.«

»Ich habe bereits gesagt, dass ich Ihnen zur Verfügung stehe. Fragen Sie.«

»Wo waren Sie in den vierziger Jahren, einundvierzig, zweiundvierzig und so weiter bis einschließlich fünfundvierzig?«

»Das habe ich den Ermittlern schon Millionen Mal erklärt: Ab einundvierzig war ich im Lager.«

»Erzählen Sie es auch mir.«

»Das steht alles in den Protokollen.«

»Ich weiß, dass es in den Protokollen steht. Ich will es von Ihnen hören.«

»In Ordnung. Ich werde es Ihnen erzählen. Im Sommer einundvierzig wurde ich von den Nazis gefangen genommen. Das war während einer Routinefahndung. Damals haben sie eine oder mehrere Straßen abgeriegelt. Wir nannten das ›Belagerung‹. Männer und Frauen wurden getrennt und die Personalausweise kontrolliert. Wer nicht in einer Fabrik arbeitete, die als zentral für die Kriegsbemühungen eingestuft war, wurde auf Lastwagen verfrachtet und an einen Sammelplatz gebracht, in eine alte Kaserne am Stadtrand. Ich wurde mitgenommen, weil ich die erforderlichen Bescheinigungen nicht vorweisen konnte. Zunächst haben sie mich in ein Arbeitslager im Reich gesteckt, um mich in der Rüstungsindustrie arbeiten zu lassen. Die Fabrik nannte man, wie so viele andere auch, ›Hermann-Göring-Werke‹. In dem Lager waren unter anderem auch politische Häftlinge, zumeist Kommunisten. Die Nazis hatten es nicht weiter schwer, sie aufzuspüren, denn die alte Regierung hatte gut geführte Listen zurückgelassen. Vermutlich mit voller Absicht und Berechnung. Wie auch immer, diese politischen Häftlinge planten einen Ausbruch; der scheiterte, und man verlegte uns nach Mauthausen. Im Mai fünfundvierzig wurde ich von den Amerikanern befreit.«

»Während der Zeit, in die laut Anklage die Verbrechen fallen, waren Sie also überhaupt nicht in der Stadt.«

»Richtig.«

»Warum fällt es Ihnen schwer, das zu beweisen?«

»Es gibt keine Möglichkeit, die Männer, mit denen ich im Lager war, ausfindig zu machen. Ich habe keine Verbindung gehalten, mich nach dem Krieg nicht für ihr Schicksal interessiert, und außerdem erinnere ich mich nicht an Namen. Meine Frau hätte vielleicht für mich aussagen können, doch der Beauftragte hat mir erzählt, dass sie nicht mehr lebt. Alles würde sich aufklären, wenn wir den wahren Schuldigen finden könnten.«

»Ich verstehe Sie nicht ganz. Was soll das heißen: ›den wahren Schuldigen finden‹?«

»Ich habe viel darüber nachgedacht. Es könnte sein, dass ich für einen Schauprozess herhalten soll. Aber es könnte doch auch sein, und davon ist durchaus auszugehen, dass irgendwo ein anderer Rudolf Nowak lebt. Der Name kommt häufiger vor. Ich habe keinen Alleinanspruch darauf. Es könnte doch sein, dass dieser andere Nowak tatsächlich ein Denunziant der Gestapo war, sich die ganze Geschichte auf eine ganz andere Person bezieht, ich sozusagen einen Doppelgänger habe, zumindest hinsichtlich des Namens und der persönlichen Daten. Wenn auch Ihnen diese Vermutung wahrscheinlich vorkommt, dann müssen Sie meinen Doppelgänger umgehend und um jeden Preis finden.«

Butter hatte geduldig zugehört, genickt und dann gefragt:

»Und wie soll ich das anstellen? Sollen wir vielleicht eine Anzeige in der Suchrubrik für Verwandte aufgeben? Sollen wir vielleicht schreiben: ›Herr Rudolf Nowak, der mit den Nazis kollaboriert hat, wird gebeten, sich im eigenen Interesse bei der nächsten Polizeistation zu melden‹?«

»Das müssen Sie wissen. Schließlich sind Sie mein Rechtsanwalt.«

»Ich bin ein Rechtsanwalt, kein Zauberkünstler.«

»Hajut könnte vielleicht helfen. Sie haben doch selbst gesagt, dass er Sie bekniet hat, mich zu verteidigen.«

»Das stimmt. Er ist noch immer optimistisch. Erst gestern hat er Andeutungen gemacht, etwas in der Hand zu haben, das die Staatsanwaltschaft überraschen wird. Ich habe ihn gebeten, näher darauf einzugehen, doch er hat sich geweigert. ›Es gibt Dinge, denen Schweigen besser bekommt‹, hat er gesagt und versprochen, sein Geheimnis zu einem späteren Zeitpunkt offen zu legen. Für uns ist das allerdings kein guter Einstieg. Der Richter könnte Zeugen ablehnen, die wir nicht im Voraus angeben. In dieser Sache ist das Gesetz auf Seiten des Gerichts. Wenn ich nur wüsste, was Hajut in der Hand hat. Er hat versprochen, damit alles auf den Kopf zu stellen, der Teufel weiß, wie. Vielleicht meint er damit Beziehungen, Fäden, die er hinter den Kulissen ziehen kann. In unserem Bezirk wäscht eine Hand die andere, und jeder Funktionär ist wegen irgendeines Gefallens an einen Kollegen gebunden. Jeder schuldet jedem etwas, jeder hat Informationen, mit denen er andere festnageln kann.«

»Vielleicht kann Hajut erwirken, dass es nicht zum Prozess kommt?«

»Hören Sie auf, sich Fantastereien hinzugeben, Genosse Nowak. Sie sind doch kein Kind mehr. Wir müssen uns zwar auf alle Eventualitäten vorbereiten, dürfen aber nicht irgendwelchen leeren Träumereien nachhängen.«

»Zum Beispiel?«

»Jede Münze hat zwei Seiten. Wenn wir also den anderen Rudolf Nowak nicht auftreiben können, dann müssen wir eben beweisen, dass Sie nicht der gesuchte Mann sind. Ist das logisch?«

»Logisch, aber hoffnungslos.«

»Solange ein Mensch lebt, besteht Hoffnung. Erst wenn er stirbt, erlischt sie. Das stammt aus dem Jerusalemer Talmud. Kennen Sie das Buch?«

Liebmann blickte Butter direkt in die Augen. »Nein«, sagte er ruhig. »Ich kenne dieses Buch nicht.«

»Das habe ich mir gedacht. Das ist einfach nur eine von diesen jüdischen Weisheiten. Wussten Sie, dass ich Jude bin?«

»Nein, muss ich das wissen?«

»In der Anklageschrift heißt es, dass Sie im Dienst der Gestapo standen und Juden verraten haben. Sie können einen anderen Rechtsanwalt verlangen. Wenn Sie den Verdacht haben, dass ich Sie wegen persönlicher Befangenheit nicht repräsentieren kann, bitten Sie um einen anderen Rechtsbeistand.«

»Quatsch. Sie wissen, dass ich noch nie einem Juden etwas angetan habe.«

»Ich neige dazu, Ihnen zu glauben. Allerdings müssen wir auch das Gericht davon überzeugen.«

»Das ist fast so, als wolle man mit dem Kopf durch die Wand.«

»Eine sehr zutreffende Umschreibung. Glauben Sie, dass Ihr Kopf hart genug ist?«

»Warum stellen Sie mich nicht auf die Probe?«

»Die erste Prüfung steht Ihnen bei den Gegenüberstellungen bevor. Die Staatsanwaltschaft wird eine ganze Kompanie Zeugen auffahren. Sie werden aus allen Regionen des Landes herbeigeschafft werden. Es wird auch einen Kronzeugen geben, der aus Westeuropa anreist. Ein Kerl, der hasserfüllt ist und auf Rache sinnt. Nowak hatte ihn an die Nazis ausgeliefert, die ihn kastrierten. Mit Sicherheit haben Sie von den medizinischen Versuchen gehört, die die Nazis an Menschen durchführten. Menschen, die zu ihren Versuchskaninchen wurden, werden nie das Gesicht des Mannes vergessen, der sie ausgeliefert hat. Sie erinnern sich auf alle Ewigkeit an dessen Visage. Ich warne Sie, Nowak, das wird ein schwieriges Erlebnis werden. Sie werden mit anderen Häftlingen in einer Reihe stillstehen müssen, und die Zeugen werden langsam an Ihnen vorübergehen. Sie werden Ihnen direkt in die Augen sehen, um darin einen bekannten Blick zu erspähen. Wenn auch nur ein einziger Gesichtsmuskel zuckt, sind Sie erledigt. Die, die sich nicht sicher sind, werden versuchen, eine Bestätigung für ihre Befürchtung in einem Zittern Ihrer Stimme, in einem nervösen Zucken der Lippen oder dem gesenkten Blick wahrzunehmen. Sie werden nie ihr seelisches Leid verstehen, nie erfahren, warum sie auf Sie zeigen, auch wenn sie sich nicht sicher sind, dass Sie der Mann sind. Die Taten der Nazis fordern Vergeltung und Bestrafung. Und darüber hinaus kann man auch nicht ausschließen, dass der Beauftragte und der Staatsanwalt der ›Wahrheit‹ nachhelfen werden. Sie könnten unter die Zeugen ein oder zwei Personen eingeschleust haben, deren Erinnerung von der Staatsanwaltschaft für die bevorstehende Gegenüberstellung ›aufgefrischt‹ wurde. Ich habe keine Ahnung, wie lange das dauern wird; doch selbst wenn Sie diese Prüfung bestehen, liegen noch weitere vor uns. Erst gegen Ende des Hindernislaufes werden wir wissen, ob der Henker arbeitslos bleibt. Ein einziger Ausrutscher und Sie stecken endgültig im Dreck fest. Vielleicht werden Sie den Moment verfluchen, in dem Sie geboren wurden. Sind Sie sich dessen wirklich bewusst?«

»Ja.«

»Und Sie sind für die Auseinandersetzung bereit?«

»Ich bin bereit.«

»Wenn es einen Gott gibt, dann hoffe ich, dass er auf Ihrer Seite steht. Beten Sie.«

»Ich brauche keine Hilfe des Himmels, Genosse Butter. Ich brauche einen Rechtsanwalt, der mich nicht hintergeht.«

Kapitel 9

Die Gerechtigkeit ist nicht blind

Eine Woche vor Beginn des Prozesses wurde Rudolf Nowak aus den Kellergewölben der Staatssicherheit in eine Zelle des Bezirksgefängnisses verlegt. »Sie kommen in ein Fünf-Sterne-Hotel«, hatte der Wärter gescherzt, der ihn zum Wagen begleitete. Auch im Bezirksgefängnis kam er in Einzelhaft, doch die Zelle war geräumig und hatte fließend Wasser. An der Wand über dem eisernen Bettgestell hatte der vorherige Bewohner ein zerfleddertes Plakat zurückgelassen, das zum freiwilligen Arbeitsdienst in den staatlichen Landwirtschaftskollektiven aufrief. Eine korpulente Bäuerin, die mit einem Arm an einem Traktor lehnte, lächelte ihn an. Liebmann war sich sicher, dass der Gefangene das Plakat nicht wegen der politischen Parole aufgehängt hatte. Wie auch immer, jedenfalls hing die lächelnde Bäuerin mit üppiger Oberweite wie eine beständige Provokation dort an der Wand.

Die einzige Verbindung zur Freiheit waren Bücher. Die Gefangenen durften die Gefängnisbibliothek benutzen. Liebmann war überrascht, dort einen Rilke-Sammelband zu entdecken. Er mochte Rilkes Gedichte. Doch dieses Mal störte ihn die obsessive Auseinandersetzung des Dichters mit dem Tod. Schon am nächsten Tag gab er das Buch zurück. »Haben Sie keine Science-Fiction-Romane?«, fragte er den Bibliothekar, der wegen Mord an seiner Frau zum Tode verurteilt worden war. Im letzten Augenblick war seine Haftstrafe dann in »lebenslänglich« umgewandelt worden. Er schaute ihn verwundert an: »Was in den Büchern steht, ist keine Fantasie. Science-Fiction – das ist die Realität dort draußen.«

Mit der Verlegung in das Bezirksgefängnis besserte sich auch die Behandlung. Seine Kleidung war gewaschen worden. Er durfte noch immer kein Rasiermesser in seiner Zelle haben, konnte aber jeden Morgen zum Gefängnisfriseur gehen. Ein schweigsamer und unzugänglicher Mann, der sein Handwerk verstand. Bei seiner Ankunft im Bezirksgefängnis hatte ihn ein Arzt untersucht. Die Untersuchung war sehr gründlich und peinlich gewesen, denn der Arzt sparte auch den Genitalbereich nicht aus. Liebmann wurde gewahr, überhaupt keine Privatsphäre mehr zu haben. Dieses Gefühl hatte ihn seit Beginn der Haft belastet. Die Zelle war jederzeit für die Wärter einsehbar, ein Wärter hatte ihn immer zur Toilette begleitet und neben ihm gestanden; und die Beleuchtung war rund um die Uhr eingeschaltet gewesen. Diese Situation hatte ihn oft an die Lager der Nazis erinnert.

Seit Ende des Weltkrieges bemühte er sich, die Erinnerungen an die Jahre des Holocaust auszulöschen. Die Natur hatte ihn mit einem Schutzmechanismus ausgestattet, der ihm ermöglichte, die traumatischen Erlebnisse zu verdrängen. Tausende von Menschen wurden noch immer davon verfolgt. Sie hatten physisch überlebt, doch ihre Seelen wurden weiterhin von schweren Albträumen gequält. Zunächst hatte er geglaubt, dass die totale Loslösung von seiner jüdischen Vergangenheit ihm beim Verdrängen geholfen hatte. Diese Jahre gehörten zur Vergangenheit. Doch je länger er in Haft saß, desto öfter quälten auch ihn Albträume. Er kämpfte dagegen an, doch zumeist gelang es ihm nicht. Die Geister der Vergangenheit suchten ihn mit aller Macht heim. Es waren nicht nur die Erlebnisse des Holocaust, sondern auch seine Jugenderinnerungen: Schultzes Sohn verprügelte ihn wieder in dunklen Treppenhäusern; während der Vorlesungen am Polytechnikum musste er sich in das »Ghetto der Bänke« setzen; im wirklichen Ghetto ging sein Elternhaus in Flammen auf; und Sofia, die hübsche Offizierstochter, genoss das verbotene Liebesverhältnis zu einem Juden und distanzierte sich in der Öffentlichkeit von ihm. Er schaffte es nicht, die Gestalten aus der Zelle zu vertreiben, und war wütend, keine Macht über seine trübsinnigen Gedanken zu haben.

Eine Woche vor Prozessbeginn fuhr Albert Czerny zum Anwesen »Morgenröte«. Die luxuriöse Villa samt Landwirtschaftsgebäuden lag an einer Waldlichtung in den Bergen, keine halbe Stunde Fahrt außerhalb der Stadt. Zuvor hatte das Haus dem Bezirksdirektor der Dresdner Bank gehört, einem gut situierten Familienvater. Gegen Ende des Krieges waren die Bewohner vor der Roten Armee geflüchtet und hatten das Anwesen samt Inventar zurückgelassen. In der Umgebung waren Plünderer am Werk gewesen, doch der Beauftragte war ihnen zuvorgekommen und hatte dort einige Soldaten einquartiert. Als das Parlament ein Gesetz zur Enteignung von Flüchtlingen verabschiedete, war das Anwesen verstaatlicht worden. Der Bauernhof war zur Kooperative und das Wohnhaus zu einem Erholungsheim für die Mitarbeiter der Staatssicherheit umgewandelt worden. Die schöne Lage machte die »Morgenröte« zu einem beliebten Erholungsziel für die hochrangigen Mitarbeiter der Staatssicherheit und andere namhafte Persönlichkeiten des Bezirks.

Für Czerny wurde immer ein Eckzimmer im zweiten Stock reserviert. Im Grunde war es eine Garçonnière, ein Schlafzimmer mit Sitzecke und ein so großzügiges Bad, wie er es bisher nur in amerikanischen Filmen gesehen hatte.

»Der Genosse Staatsanwalt liebt seine Privatsphäre«, sagte der Direktor der Villa immer und gab dem Personal entsprechende Anweisungen. Die Angestellten und Kellner waren besonders ausgesuchtes Personal. Es wurde Wert darauf gelegt, dass sie ihr Handwerk verstanden. Zudem wurde ihre Vergangenheit und Loyalität immer und immer wieder überprüft. Angestellte, die ihren Mund nicht halten konnten, wurden fristlos entlassen. Doch im Allgemeinen hielten sie sich an die strengen Regeln des Direktors, denn ihr Gehalt überstieg die üblichen Löhne um ein Vielfaches.

Albert Czerny verbrachte hier seine Wochenenden. Vor allem im Frühjahr und im Herbst kam er gerne hierher, denn dann waren nur wenige Gäste im Haus. Hierher zog er sich vor dem langweiligen Geschwätz seiner Frau und den unaufhörlichen Ansprüchen seiner heranwachsenden Kinder zurück. Auch Lale nahm er mit hierher.

Dieses Mal traf Albert Czerny allein in der Villa »Morgenröte« ein. Der Direktor stellte keine überflüssigen Fragen, das Wort »Diskretion« war ihm förmlich ins Gesicht geschrieben. Doch Czerny war der Ansicht, die Situation erklären zu müssen.

»Ich bin nur zum Mittagessen gekommen«, sagte er. »Es werden noch zwei weitere Genossen eintreffen. Bitte sorgen Sie für ein separates Sitzungszimmer.«

Der Direktor nickte. »Selbstverständlich stehen Ihnen alle Dienstleistungen des Hauses wie üblich zur Verfügung, Genosse.«

»Ich werde draußen warten«, sagte Czerny und ging hinaus. Auf der mit hellen Marmorplatten gepflasterten Veranda waren Liegestühle aufgebaut. Czerny machte es sich bequem.

»Haben Sie Zeitungen?«

»Auf der Anrichte«, sagte der Direktor und beeilte sich, die neueste Ausgabe der *Stimme der Arbeiter* zu holen.

Die Veranda lag an der Südseite der Villa, an einem Berghang, und bei einer traumhaften Aussicht hatte man beinahe das Gefühl, frei zu schweben. In der Luft hing der erfrischende Duft von Kiefern, und Czerny entsann sich der Tannenzapfen, die er in seiner Kindheit so gerne gesammelt hatte. Nur das Vogelzwitschern fehlt, dachte er. Er las den Leitartikel zur Verurteilung von Julius und Ethel Rosenberg. Der Artikel langweilte ihn; er legte die Zeitung weg und schloss die Augen. Im Haus spielte ein Radio, und durch die offene Tür drangen die bekannten Klänge von Saint-Saëns »Samson und Dalila«, zweiter Akt. Czerny konnte sich daran erinnern: Dalila flirtet mit Samson, um ihm das Geheimnis seiner Kraft zu entlocken. Sie singt: »Mon cœur s'ouvre à ta voix.«

Die Musik störte ihn. Er rief nach einem der Bediensteten und bat, das Radio abzustellen.

Motorengeräusch durchdrang die plötzliche Stille. Eine Minute später tauchten aus dem Wald zwei schwarze Limousinen auf. Czerny blickte auf die Uhr: zwanzig nach zwölf. Genau wie ausgemacht. Wenig später fuhren die Wagen auf den Parkplatz vor, und die Fahrer öffneten die Türen. Aus dem großen »ZIL« stieg der Beauftragte der Staatssicherheit. Er entdeckte Czerny und winkte ihm zu. Aus dem kleineren Wagen des Typs »Pobieda« kletterte ein ungefähr sechzig Jahre alter Mann. Er trug einen dunklen Anzug und stützte sich auf einen Gehstock. Czerny kannte auch ihn. Es war der Bezirksrichter Kurt Abusch. Sie hatten sich noch nie gut verstanden. Abusch zweifelte an Czernys professionellem Können. In den Augen des Richters, der lange Jahre eine Professur an der Universität gehabt hatte, mangelte es dem Bezirksstaatsanwalt an Bildung. Czerny hielt Abusch für einen aufgeblasenen und borniertem Mann. Der Richter konnte seinen Status nur noch deshalb genießen, weil es für die Regierung einstweilen bequem war, sich mit den Federn eines Juristen der alten Schule zu schmücken. Vor dem Krieg hatte Abusch als ein Mann mit liberaler Weltanschauung gegolten. Für die neue Regierung war er ein Gewinn, solange er sich nicht allzu selbstständig machte. Die Partei hatte ihn, ohne auf Mitgliedschaft zu drängen, sozusagen adoptiert. Man machte ihn zu einem wichtigen Mann im lokalen Justizsystem und profitierte von seinen Kontakten zu akademischen Kreisen im Ausland. Abusch war eine der namhaften Persönlichkeiten der Friedensbewegung; das Trojanische Pferd, das der Sowjetblock in die westlichen Staaten lanciert hatte.

Das Essen wurde im »Blauen Salon« serviert, der im zweiten Stock lag. Die himmelblauen Tapeten hatten ihm seinen Namen gegeben. Es war der einzige Raum der Villa, der durch einen kleinen Dienstaufzug direkt mit der Küche im Keller verbunden war. Am anderen Ende des Flurs lag der große Speisesaal. Die Tür stand weit offen, und der Direktor, der die prominenten Gäste begleitete, sagte:

»Heute ist es ruhig bei uns. Die wenigen Gäste, die wir zurzeit haben, nutzen das schöne Wetter und machen eine Wanderung. Sie werden erst gegen Abend zurück sein. Was möchten Sie trinken?«

»Ich möchte einen Wodka, aber eiskalt, bitte«, lächelte Czerny.

»Ich ziehe Cognac vor. Gibt es einen Martell?«, fragte der Richter.

»Selbstverständlich. Und für Sie, Genosse?«

»Für mich bitte Mineralwasser«, entgegnete der Beauftragte ruhig. Czerny und Abusch wechselten Blicke.

»Ich glaube, auch ich werde mich mit Mineralwasser begnügen«, änderte der Richter seine Meinung.

»Und der Genosse Staatsanwalt?«

»Ich bleibe beim Wodka, einen doppelten, bitte.«

Der Beauftragte lächelte. »Wir haben noch nicht einmal mit der Vorspeise begonnen und Sie verselbstständigen sich schon, Czerny? Ich hoffe, dass wir in allen anderen Angelegenheiten besser kooperieren werden.«

»Da sind wir einer Meinung«, sagte der Staatsanwalt versöhnlich. »Dieser Prozess ist für uns alle wichtig.«

Der Direktor brachte eine Flasche »L'eau de Vichy« und schenkte das Wasser kunstvoll in die Kristallgläser. Ein Kellner in weißem Jackett brachte dem Staatsanwalt ein großes Glas Wodka. »Moskowskaya«, betonte er. Czerny nahm einen kleinen Schluck, als wolle er die Qualität prüfen. Dann kippte er den Wodka, den Kopf in den Nacken gelehnt, in einem Schluck hinunter. »Sie trinken wie ein Offizier am Zarenhof«, stichelte der Richter. »Das stimmt nicht ganz«, entgegnete der Staatsanwalt rasch, »so trinke ich mit meinen russischen Kollegen, wenn ich sie in der Sowjetunion besuche.« Der Beauftragte lächelte. Die Anfeindungen waren unüberhörbar.

»Wir sollten uns auf das Essen konzentrieren«, schlug der Beauftragte vor. »Was steht auf der Karte?«

»Heute haben wir russische Kohlsuppe mit Fleisch- und Pilztaschen nach Litauer Art, Kaninchenpastete mit süßherber Johannisbeersauce und zum Nachtisch Birne Hélène«, erläuterte der Direktor.

Der Beauftragte nickte zufrieden und sagte: »Sorgen Sie dafür, dass wir nach dem Essen nicht gestört werden.«

Die drei aßen schweigend. Keiner brachte ein Gespräch in Gang. Erst als der Kellner die Gedecke abräumte und die Tür hinter sich geschlossen hatte, wandte sich der Beauftragte an den Staatsanwalt.

»Nun denn, Genosse Czerny, von unserer Seite ist alles hundertprozentig wasserdicht. Sie bekommen einen maßgeschneiderten Fall präsentiert. Ich hoffe, Sie sind schlau genug, das richtig zu nutzen.«

»Ich habe die Anklageschrift gelesen und muss zugeben, dass es ein Kunstwerk ist«, mischte sich der Richter ein. »Klar und logisch und eine exzellente juristische Argumentation. Ja, ein Kunstwerk. Sicherlich haben Sie irgendein temporär anwesendes Genie in der Staatsanwaltschaft.«

Czerny wollte seinem Ärger über diese Bemerkung Luft machen. Dieser aufgeblasene Mann wusste sehr wohl, dass er selbst die Anklageschrift verfasst hatte. Doch bevor er etwas sagen konnte, schaltete sich der Beauftragte ein.

»Ich verordne einen Waffenstillstand. Die große Konfrontation findet nicht zwischen Staatsanwalt und Richter statt, sondern zwischen Anklage und Angeklagtem. Ich werde nicht zulassen, dass durch Ihre dummen Streitereien eine Angelegenheit von nationaler Bedeutung in Mitleidenschaft gezogen wird. Und vergessen Sie bloß nicht Ihre eigentliche Aufgabe. Obwohl Sie auf der Bühne in Erscheinung treten, obliegt mir die Leitung.«

»Das stimmt nicht ganz«, protestierte Czerny. Der Beauftragte blickte ihn erstaunt an, und der Staatsanwalt stellte umgehend klar: »Wir werden uns nicht über die Urheberrechte streiten. Auf jeden Fall nicht, bevor die Lorbeeren verteilt werden. Ich will damit nur sagen, dass wir Partner sind und die Last gemeinsam tragen.«

Vorsichtig fügte Richter Abusch hinzu: »Übrigens, können Sie Nowak nicht dazu bringen, ein Schuldgeständnis zu unterschreiben? Dann wäre der Prozess viel einfacher und glatter zu führen.«

»Sie wollen sich wohl ein leichtes Leben machen, Genosse Abusch?«, spottete Czerny. »Wollen alles auf einem Silbertablett serviert bekommen, wie?«

»Ich kann schon jetzt die Verteidigungsstrategie Nowaks prophezeien. Sein Rechtsanwalt wird behaupten, dass wir ihn mit einem anderen Mann verwechseln, der den gleichen Namen hat«, sagte der Beauftragte.

»Ich würde nicht unbedingt auf diese Version wetten. Man kann unmöglich wissen, welche hässlichen Überraschungen dieser Butter für uns bereithält«, sagte Czerny.

»Wir schließen hier keine Wetten ab, Genosse. Wir sind nicht im Kasino, sondern haben eine sehr ernste Angelegenheit vor uns. Seit der Erfindung von Abhöranlagen sind wir vor Überraschungen sicher. Ich weiß, dass das Butters Hauptargument ist. Wir werden es nicht schwer haben, dies vor Gericht zu widerlegen. Es wird Zeugen geben, die Nowak identifizieren können. Das wird eine einwandfreie Identifizierung sein, die niemand anzweifeln kann. Der Bezirksstaatsanwalt hat Zeugenaussagen gesammelt, nicht wahr?«

»Vertrauen Sie mir. Meine Zeugen haben die Fotos gesehen und ihre Hausaufgaben gemacht.«

»Einen Moment, Genossen«, brauste Abusch plötzlich auf. »Das hört sich wie ein abgekartetes Spiel an. Haben Sie vergessen, dass ich der Richter bin?«

»Wie konnte ich das nur vergessen?«, bemerkte der Beauftragte. »Ohne meine Zustimmung wären Sie schließlich nicht in das Amt ernannt worden.«

»Ersparen Sie mir solche Gespräche. Derartige Unterredungen sind nicht unbedingt der Ehre des Gerichts zuträglich. Es gibt Dinge, die ich nicht hören will.«

Czerny legte die Stirn in Falten. »Meinen Sie das wirklich ernst? Denken Sie wirklich …«

»Genosse Abusch hat völlig Recht«, unterbrach ihn der Beauftragte. Dann wandte er sich an Abusch. »Niemand wird von Ihnen verlangen, gegen das Gesetz zu handeln, und falls mir irgendein überflüssiges Wort herausgerutscht sein sollte, bitte ich um Verzeihung. Ich gehe allerdings von der Annahme aus, dass es besser ist, Sie vorab auf alle zu erwartenden Überraschungen vorzubereiten. Schließlich wollen Sie uns doch keinen Ärger einbrocken, mit dem wir anschließend nicht fertig werden.«

»Es sind keine Überraschungen zu erwarten«, sagte der Richter ernst. »Bemerken Sie denn nicht den Widerspruch?«

»Ich liebe Ihre juristische Logik, Genosse. Sie sollten im Hinterkopf behalten, dass dieser Prozess von Anfang bis Ende im Zentrum des öffentlichen Interesses stehen wird. Das ist eine große Verantwortung, und der Preis für jeden Fehler wäre sehr hoch. Die Augen der Welt werden auf uns gerichtet sein.«

»Ich weiß. Ich habe die Mitteilung erhalten, dass ausländische Korrespondenten erwartet werden.«

»Ja, wir haben sie eingeladen, damit sie sich selbst davon überzeugen können, dass der Prozess kein Femegericht ist. Das ist ein fairer Prozess, der die Unabhängigkeit des Justizsystems unter einer sozialistischen Regierung nachweisen wird. Wir sind nicht Amerika, wo die Bürger zu Unrecht erhängt werden.«

»Bevor Sie eingetroffen sind, habe ich über die Verurteilung der Rosenbergs gelesen. Schrecklich«, merkte Czerny an. Der Beauftragte wandte sich wieder an Richter Abusch.

»Ich verlasse mich auf Ihr Vermögen, diesen Prozess mit eiserner Hand zu führen.«

»Ich werde mein Bestes tun, im Rahmen des Gesetzes versteht sich.«

»Sehr gut. Die Tatsache, dass Nowak auf ›nicht schuldig‹ plädiert, wird im Gerichtssaal für Spannung sorgen. Das ist gut für die ausländischen Journalisten. Sie werden nicht behaupten können, alles sei inszeniert. Können Sie sich noch erinnern, was die Presse über den Slánsky-Prozess schrieb? Es soll ein Schauprozess gewesen sein.«

»Mit Verlaub, Genosse, aber der Vergleich passt nicht«, hielt Czerny dagegen. »Ich erinnere mich, dass die ausländischen Korrespondenten der tschechischen Staatsanwaltschaft antisemitische Motive vorwarfen. Absoluter Quatsch, der bei der Öffentlichkeit im Westen allerdings sehr gut ankam. Die Tschechen hatten Schwierigkeiten, damit fertig zu werden. Slánsky und seine zehn Kollegen waren ausnahmslos Juden. Unser Klient hingegen repräsentiert genau das Gegenteil. Dieses Mal sitzt jemand von der antisemitischen Seite auf der Anklagebank, und die Staatsanwaltschaft vertritt die jüdischen Opfer.«

»Mich haben Sie schon überzeugt«, der Beauftragte lachte.

»Ich werde alle überzeugen.«

Der Beauftragte räusperte sich. »Ich würde es mit dem jüdischen Aspekt jedoch nicht übertreiben. Das ist nicht ganz so einfach, wie es auf den ersten Blick scheint. Ich kann und will das nicht weiter ausführen. Mit der Zeit wird Ihnen alles klar werden. Übrigens habe ich General Broza hergebeten.«

»Was hat Broza denn mit der Sache zu tun?«, wunderte sich Czerny.

»Wie spät ist es?«

»Fast zwei.«

»Er ist immer pünktlich. Ich nehme an, er wird jeden Moment eintreffen.«

»Er ist ein sehr netter Mann, und ich freue mich auf seine Gesellschaft. Ich habe ihn einmal im Haus gemeinsamer Freunde kennen gelernt«, sagte der Richter und fügte hinzu: »Allerdings muss ich sagen, verstehe auch ich nicht, warum er eingeladen wurde.«

»Das Ministerium für Landesverteidigung hat ein direktes Interesse an dem Prozess. Broza wird uns in allen Angelegenheiten beraten, die die Rüstungsindustrie betreffen. Im Ministerium befürchtet man, dass beim Prozess Produktionsgeheimnisse der ›Rote-Fahne-Werke‹ bekannt werden könnten. Broza weiß, was an die Öffentlichkeit dringen darf und was nicht. Er wird in der ersten Reihe sitzen und sich die Zeugenaussagen anhören. Wird ein Thema angeschnitten, das unter die Geheimhaltung fällt, gibt Broza Ihnen, Genosse Richter, ein Zeichen, und Sie müssen dem Angeklagten, seinem Rechtsanwalt oder einem Zeugen, der zu viel plappert, das Wort abschneiden. Ich hoffe, dass dies Ihrer richterlichen Ehre keinen Abbruch tut?«

Abusch suchte nach einer passenden Antwort. Er wollte den Beauftragten nicht verärgern. Ein Klopfen an der Tür erlöste ihn. Tomasz Broza enttäuschte den Beauftragten nicht. Er betrat um Punkt zwei Uhr das Zimmer. Czerny, Abusch und der Beauftragte standen auf. Broza trug ein graues Hemd und eine bordeauxrote Krawatte. Auch ohne Uniform und Orden war er ein beeindruckender Mann. Er schüttelte den Anwesenden die Hand, setzte sich und blickte in die Runde.

»Ohne Wodka? Wie muslimische Brüder?«, witzelte er.

»Nach der Besprechung werden wir anstoßen«, versprach der Beauftragte.

»Ich sehe, Sie haben ein diktatorisches Regime eingeführt. Haben Sie noch nie davon gehört, dass sich Soldaten vor dem Angriff auf den Feind einen Schluck genehmigen?«

»Sie sind General, wir jedoch sind Zivilisten und stürzen uns ohne Bajonett und Schnaps auf den Feind.«

»In Ordnung.« Broza zuckte mit den Schultern. »Wenn man in Rom ist ...«

»Ich habe meinen Kollegen gerade Ihre Aufgabe beim Prozess erläutert, Genosse General.«

»Lassen Sie meinen Dienstgrad weg. Im Gerichtssaal werde ich ohnehin nur in grauem Anzug in Erscheinung treten.«

»Wie sagt man doch so schön: eine graue Eminenz«, lachte der Staatsanwalt trocken.

»Nein, nein, Genossen. Ich ziehe keineswegs die Fäden hinter den Kulissen. Diese Aufgabe ist für einen anderen reserviert. Sicherlich erraten Sie, wer das ist. Ich bin nur für die Wahrung der Produktionsgeheimnisse zuständig. Mir genügt, dass ich auf die Kooperation des Richters zählen kann.«

»Ich werde es nicht zulassen, dass geheime Informationen ihren Weg aus meinem Gerichtssaal direkt in die ausländische Presse finden«, antwortete Abusch pathetisch. Die anderen schmunzelten amüsiert.

»Gut, dann ist alles besprochen und vorbereitet.«

»Das glaube ich nicht«, platzte Abusch dazwischen. »Ich bin es nicht gewohnt, einen Drahtseilakt zu vollführen, schon gar nicht im Dunkeln.«

»Das ist eine reichlich prosaische Umschreibung«, sagte der Beauftragte.

»Sie haben zuvor den jüdischen Aspekt der Sache angesprochen. Ich hatte gehofft, dass General Broza uns diesbezüglich aufklären kann. Sie erwarten, dass ich mit Ihnen kooperiere, aber Sie behandeln mich nicht wie einen Partner.

Ich weiß, dass Sie sich hinter meinem Rücken gerne über mich lustig machen.«

»Das käme mir überhaupt nicht in den Sinn«, beteuerte der Beauftragte.

»Trotzdem, noch weiß ich, wie viel zwei und zwei ist. Ich habe die Einzelheiten kombiniert, und mir sind einige Zweifel gekommen.«

»Zum Beispiel?«

»Zum Beispiel: Wenn wir schon über Juden reden – ist Gedalja Hajut mit von der Partie?«

»Sie haben eine ungewöhnliche Begabung, die unmöglichsten Fragen zur unpassendsten Zeit zu stellen«, konstatierte der Beauftragte ungehalten.

»Ich frage nur, weil weder Hajut noch der Bezirksparteisekretär zugegen sind. Das ist eine ziemlich erstaunliche Neuerung.«

»Der Sekretär wird laufend unterrichtet«, stellte der Beauftragte klar.

»Und der Sekretär der Parteizelle des Betriebs?«

»Sie sind ein unverbesserlicher Starrkopf, Abusch.«

»Sie haben gesagt, dass Überraschungen zu erwarten sind. Das ist nicht nach meinem Geschmack. Und Hajuts Abwesenheit ist, zumindest für mich, bereits die erste Überraschung.«

»Und aus irgendeinem Grund ist Ihnen dabei unwohl?«

»Um es gelinde zu umschreiben.«

»Erlauben Sie mir, diesen Sachverhalt zu erklären«, mischte sich Broza ein. »Ich hatte noch nie etwas gegen Juden. Sie haben an meiner Seite in Spanien gekämpft und leisten einen wichtigen Beitrag zu allen gesellschaftlichen und wirtschaftlichen Lebensbereichen des Landes. Es erübrigt sich zu betonen, dass einige Mitglieder des Politbüros Kinder jüdischer

Eltern sind. Aber vor nicht allzu langer Zeit wurden wir Zeugen eines groß angelegten Betrugs, der von Genossen jüdischer Herkunft geplant wurde. Ich kann nicht weiter ins Detail gehen. Nur so viel: Dem Verteidigungssystem unseres Landes wurde enormer Schaden zugefügt. Diese Kombination von Verletzung unserer Sicherheit und Identität der Beteiligten, einerlei, ob zufällig oder nicht, hat ein gewisses Misstrauen gegenüber unseren jüdischen Genossen geweckt. In der Hauptstadt redet man von einer zionistischen Verschwörung. Ich hoffe, dass ich Ihnen nicht den feindseligen Charakter des internationalen Zionismus erklären und erzählen muss, auf welche Weise er den imperialistischen Interessen in die Hände spielt. Deshalb, ohne auf konkrete Verdachtsmomente hinzudeuten, ist es sowohl der Sache als auch Gedalja Hajut persönlich zuträglich, wenn wir ihn lediglich zusehen lassen.«

»Ich zweifle in keiner Weise Gedalja Hajuts Loyalität an«, beteuerte Czerny und warf dem Richter einen kurzen Blick zu. Er wollte, dass sich seine Äußerung zu Hajuts Gunsten tief in Abuschs Gedächtnis eingräbt und auch die anderen sie wahrnahmen. Die internen Machtkämpfe waren noch nicht vorüber, und Gedalja Hajut könnte seine Gegner immer noch überraschen. Das kleinste Straucheln während der Gerichtsverhandlung könnte die Karten neu mischen. Czerny kannte sich in der Geschichte der kommunistischen Parteien aus. So etwas war schon vorgekommen.

Der Beauftragte hatte keine Schwierigkeiten, die Absicht des Staatsanwalts zu durchschauen. Er schätzte Leute, die sich nach allen Seiten absichern. Bis kurz vor Beginn des Prozesses war Czerny gegen jeden Übergriff immun. Doch er wusste, dass es nach dem Morgen noch ein Übermorgen gibt und er auch für die zukünftige Absicherung seiner Position sorgen musste. Er hatte den richtigen Zeitpunkt gewählt, um sich eine Hintertür offen zu lassen. Hut ab, dachte der Beauftragte. Doch General Broza interpretierte die Bemerkung des Bezirksstaatsanwalts falsch und meinte, eine umfassende Erklärung abgeben zu müssen.

»Mir scheint, es gibt keinen anderen Weg, als dieses Phänomen näher zu erläutern. Das Problem wurde in kleinem Kreis erörtert, in der Leitung der Partei. Einige Genossen, alles altgediente Kommunisten, die niemand des Antisemitismus zu verdächtigen wagen wird, haben auf den Unterschied zwischen der Loyalität von Juden und der unserer Volksgenossen hingewiesen. Sie sind der Ansicht, dass wir von Geburt an dem Vaterland loyal sind. Wir haben die Loyalität im Blut. Doch Juden haben den Patriotismus, auch wenn er echt erscheinen mag, erst mit der Muttermilch aufgesogen. Es ist eine Vaterlandsliebe, die von ihrer Anwesenheit in unserem Land rührt.«

Broza deutete sich an den Kopf. »Ihre Vaterlandsliebe läuft über den Verstand und ist wohl kalkuliert. Es ist ein gewählter Patriotismus. Heute wählt man A und morgen B. Meiner Ansicht nach hat diese Eigenschaft, die dem Menschen die Wahl zwischen gegensätzlichen Dingen lässt, etwas Abschreckendes an sich.«

»Bei allem Respekt, General, erlauben Sie mir, Ihnen zu widersprechen.«

»Genug!«, fiel der Beauftragte ein und ließ die Faust auf die Tischplatte niedersausen. »Wir haben uns hier nicht zusammengefunden, um über jüdische Eigenschaften zu diskutieren. Wir haben noch andere Dinge zu besprechen, und es ist schon spät. Ich gehe davon aus, dass jeder den Abend lieber zu Hause verbringen möchte, bei Frau und Kindern. Richtig, Genosse Czerny?«

»Stimmt«, beeilte sich der Staatsanwalt zu bestätigen und erschauderte erneut bei dem Gedanken, dass die Staatssicherheit seine Treffen mit Lale aufgezeichnet haben könnte. Warum sprach der Beauftragte ausgerechnet ihn darauf an? Auch Richter Abusch hatte Familie.

»Trotzdem muss ich betonen, dass ich mich nicht auf Gedalja Hajut persönlich bezogen habe. Alles in allem wollte ich Ihnen nur vermitteln, womit sich derzeit einige wichtige Genossen der Partei auseinander setzen«, stellte Broza richtig.

»Das haben wir durchaus verstanden«, resümierte der Beauftragte. »Ich schlage vor, wir machen eine Pause. Um vier Uhr dreißig geht es weiter. Die Diskussion wird sich ausschließlich auf Verfahrensaspekte des Prozesses konzentrieren.«

Abusch und Czerny wussten nicht, dass der Beauftragte Anfang der Woche in die Hauptstadt gefahren war und Broza getroffen hatte. Vieles hatte vorab geklärt werden müssen. Sie mussten einen Weg finden, so dass weder Nowak noch die Zeugen Geheimnisse der »Rote-Fahne-Werke« verraten konnten. Broza hatte den Gast wie gewöhnlich an dem kleinen Ecktisch in seinem Büro empfangen. Er bot ihm Schnaps mit einem Schuss Himbeersaft an. Der Beauftragte begnügte sich, ebenfalls wie üblich, mit einer Tasse Tee. Broza konnte das nicht leiden; alle tranken, nur der Beauftragte musste mit seiner Abstinenz aus dem Rahmen fallen. Trotz seines Ärgers hatte er nichts gesagt. Es war weder die richtige Zeit noch der passende Ort für Kritik. Im Allgemeinen hatte der General die Oberhand; doch es waren ganz besondere Zeiten angebrochen. Aus Moskau blies ein Wind, der den »Spaniern« nichts Gutes verhieß. Die Säuberungswelle war noch nicht bei ihm angekommen; doch Broza hatte ein feines Gespür und erkannte eine Gefahr schon von weitem. Nein, es war keine gute Zeit, sich noch mehr Widersacher zu schaffen. Anstatt eine spitze Bemerkung zu machen, hatte er gebeten, dem Beauftragten eine Tasse Tee zu bringen, und war sofort zum eigentlichen Anlass des Treffens übergegangen. Während des Gesprächs hatte Broza immer wieder abgewogen, ob er den Beauftragten der Staatssicherheit in das Geheimnis einweihen sollte. Sollte er ihm von der wahren Identität Rudolf Nowaks erzählen? Wenn er Gedalja Hajuts Geschichte für sich behielte, hätte er einen wertvollen Trumpf im Ärmel. Ihm gefiel der Gedanke, über eine Geheimwaffe zu verfügen, mit der er viele Funktionäre unter Druck setzen könnte. Doch Broza war auch Realist. Er wusste, dass er auf dieses Geheimnis keinen Alleinanspruch erheben konnte. Gedalja Hajut wusste Bescheid. Vielleicht hatte er auch mit anderen geredet, eventuell tat er es gerade in diesem Augenblick oder würde es in Zukunft tun. Dann würde seine Geheimwaffe zu einem zweischneidigen Schwert. Er könnte nicht erklären, warum er diese überaus wichtige Information für sich behalten hatte.

Broza beschloss, keine Risiken einzugehen.

Gegen Ende des Gesprächs mit dem Beauftragten ging er zum Telefon, drehte die Wählscheibe des Apparats etwas und klemmte sie dann mit einem Bleistift fest. Das war ein primitives, aber bewährtes Mittel, um Lauscher auszuschalten. Im Allgemeinen waren winzige Mikrofone in den Telefonhörern eingebaut, die durch den Stromfluss des Netzes aktiviert wurden. Er hatte keine Ahnung, wie das genau funktionierte; doch ein Blockieren der Drehscheibe unterbrach die Verbindung zu den Abhöranlagen.

»Selbst bei Ihnen?«, hatte der Beauftragte verständnisvoll gelächelt.

»Ich gehe nie unnötige Risiken ein«, gab der General zurück. Er senkte die Stimme und teilte dem Beauftragten das Geheimnis mit, das er von Gedalja Hajut erfahren hatte.

Der Beauftragte hörte zu. Er war ruhig und zeigte keine Regung. Er war derart beherrscht und zurückhaltend, dass Broza befürchtete, er sei bereits eingeweiht. Der Beauftragte beherrschte seine Mimik gut, das wusste Broza, aber so gut?

»Mein bester General«, sagte der Beauftragte und zog wie nebenbei den Bleistift aus der Wählscheibe, »ich hatte nicht eine einzige Sekunde Zweifel, dass Novotny falsch lag, als er den neuen Generaldirektor des Betriebs anklagte. Das sollte uns eine Lehre sein. Wir müssen aus den Fehlern unserer Mitmenschen lernen.«

Der Beauftragte war nicht weiter darauf eingegangen, und Broza grübelte über die Bedeutung dieser Worte nach. Eine Minute später hatte sich der Beauftragte von Broza verabschiedet. »Wir sehen uns bald wieder.« Broza wollte ihn hinausbegleiten, was er jedoch freundlich ablehnte. »Danke, das ist nicht notwendig. Ich kenne den Weg. Nur aus meinem Büro haben die Gäste Schwierigkeiten, ohne Begleitung hinauszufinden.« Die beiden Männer verabschiedeten sich mit einem Händedruck. Draußen hatte der Beauftragte die Straßenluft tief eingesogen und ebenso heftig wieder ausgestoßen. Wie ein Läufer, der am Ziel angekommen war.

Die Entdeckung war erstaunlich. Wenn das keiner von Gedalja Hajuts ausgeklügelten Tricks war, dann musste er diese neue Information sehr ernst nehmen. In Gedanken war er nochmals alle Ereignisse durchgegangen, die mit der Affäre in Zusammenhang standen. Er versuchte, das schwache Glied der Ermittlungen ausfindig zu machen. Warum waren seine Agenten nicht auf eine derart wichtige Information gestoßen? Wo hatten sie versagt? Was war aus seiner Wachsamkeit geworden, jene Wachsamkeit, auf die er immer so stolz gewesen war? Die Angelegenheit war noch viel komplizierter, als er anfangs gedacht hatte. Der Prozess gegen Nowak ähnelte inzwischen einem Fass Dynamit. Der Beauftragte hatte nichts gegen den Einsatz von Sprengstoff, allerdings nur unter der Bedingung, dass er über die Zündschnur verfügte. In diesem Fall war er sich dessen inzwischen nicht mehr ganz so sicher.

Das Verkehrsaufkommen im Regierungsviertel war schwach. Nach Arbeitsschluss, wenn die Lichter in den Hochhäusern gelöscht wurden, wirkte das Viertel wie eine Geisterstadt. Doch auch tagsüber traf man nur wenige Passanten an. Es war töricht, die Ministerien im Zentrum der Großstadt zu bauen, dachte er. Allen hochrangigen Funktionären standen in jeder Stadt Dienstwagen zur Verfügung. Er war zu Fuß zu Brozas Amtssitz gegangen und entschied, auch den Rückweg zu Fuß zu machen. Schon in seiner Jugend hatte er sich angewöhnt, im Laufen nachzudenken. Als Kind hatte er seine Hausaufgaben im Gehen gepaukt. Das System bewährte sich, er hatte die Oberschule mit Auszeichnung abgeschlossen.

Während er die Hauptstraße des Regierungsviertels entlangging, analysierte der Beauftragte die Lage. Hajut hatte noch nie spontan und unüberlegt gehandelt. Er benahm sich wie ein Schachspieler, der keinen Zug machte, ohne nicht zuvor mindestens drei weitere durchdacht zu haben. Es war ein Vergnügen, sich in einem gedanklichen Duell mit ihm zu messen. Der Beauftragte spielte leidenschaftlich gerne Schach und hatte Hajut schon oft zu einer Partie herausgefordert, der jedoch immer dankend abgelehnt hatte. Nein, das hier war kein Spiel mehr. Noch vor einer Stunde war er sich sicher gewesen, alles durchdacht und unter Kontrolle zu haben. Das Gespräch mit Broza hatte ihn eines anderen belehrt. Die Motive von zwei Beteiligten warfen beunruhigende Fragen auf: Was veranlasste Gedalja Hajut zu seinen hektischen Bemühungen? Und warum hielt Rudolf Nowak seine jüdische Herkunft geheim? Schließlich bräuchte er nur die Wahrheit zu sagen. Die Ermittlungen wären sofort eingestellt worden. Was hinderte ihn daran, seinen Betrug zuzugeben? Warum nahm er ein Todesurteil in Kauf? Es musste einen guten Grund für sein Schweigen geben. Der Beauftragte spürte, dass er erst dann zur Ruhe kommen würde, wenn er dieses Rätsel gelöst hatte.

Warum ließ er den Gefangenen nicht zu sich rufen und bat ihn, sein sonderbares Verhalten zu erklären? Doch was wäre, wenn Nowak in diesem Stadium seine Version tatsächlich ändern und seine jüdische Herkunft zugeben würde? Würde er dann den Prozess abblasen müssen? Lächerlich. Das käme einem politischen Selbstmord gleich, und das hatte der Beauftragte nicht vor.

Er könnte Konstantin auf die Sache ansetzen. Er war ein erfahrener und guter und vor allem ausdauernder Inspektor. Allerdings hatte Konstantin einen schwachen Punkt: Er war ein sehr intelligenter Agent, obwohl der plumpe Leib und das grobschlächtige Gesicht einen anderen Eindruck erweckten. Konstantin war sich dieses Widerspruchs bewusst und nutzte ihn. Es waren schon viele hereingefallen, die geglaubt hatten, es mit einem Dummkopf zu tun zu haben. Für ihren Fehler hatten sie schwer bezahlt. Wäre Konstantin nicht so intelligent, hätte er ihn auf Nowaks Vergangenheit angesetzt; doch es war einfach zu riskant. Konstantin hätte das Geheimnis erfahren, das noch nicht ganz enträtselt war und dessen Auswirkungen somit noch nicht abzusehen waren. Das könnte ihn den Kragen kosten.

Als Olf Novotny in seinem Büro erschienen war und ihm seine Geschichte aufgetischt hatte, hatte der Beauftragte darin die Chance für seinen beruflichen Aufstieg gesehen. Er hatte einen Alleingang unternommen, weil er den Erfolg nicht teilen wollte. Czerny und Abusch behandelte er wie seine Knappen. In den Berichten an seine Dienstzentrale sparte er Einzelheiten aus. Je weniger man dort wusste, desto größer würden die Überraschung und seine Belohnung sein. Doch das von Broza offenbarte Geheimnis änderte alles. Inzwischen war ein Alleingang zu gefährlich. Er würde um eine Unterredung mit dem »großen Boss« bitten müssen. Der Beauftragte hatte ein chiffriertes Telegramm in die Hauptstadt geschickt. Innerhalb von zwei Stunden war die Antwort eingetroffen: Der Kommandant der Staatssicherheit erwartet Ihr umgehendes Erscheinen.

Nur sehr selten sprachen die Beauftragten der Bezirke mit dem Mann an der Spitze der Pyramide. Sie nannten ihn »Kommandant«, obwohl er Zivilist war. Seine Anweisungen waren mit »Julius Benda« unterzeichnet, ohne Angabe von Rang oder Funktion. Niemand wusste, ob er wirklich so hieß. Vermutlich war es ein Deckname. Die altgedienten Kommunisten hatten ihre Untergrunddecknamen, auch nachdem die Partei an die Macht gekommen war, beibehalten. Viele Funktionäre rühmten sich damit, als seien es Adelstitel.

Julius Benda hatte ihm eine Viertelstunde zugebilligt. »Halten Sie Ihre Ausführungen knapp und sachlich«, riet ihm die Sekretärin im Vorzimmer. Bevor er ihr hatte danken können, summte das Telefon. Die Sekretärin, eine ältere Frau mit derben Gesichtszügen, deutete auf eine lederverkleidete Tür: »Nach dort.«

Das Zimmer hatte sich nicht verändert. Der Beauftragte

war vor mehreren Jahren schon einmal hier gewesen. Damals war er ein einfacher Offizier gewesen und hatte Benda auf einer Rundfahrt durch den Bezirk begleiten sollen. Seit er Beauftragter des Bezirks war, hatten sie nur noch telefonisch und schriftlich in Kontakt gestanden. Benda war nie wieder auf Besuch vor Ort gekommen. Eingeweihte wussten zu berichten, dass er sein Büro nur äußerst selten verließ, und wenn, dann rollten anschließend einige Köpfe.

Benda bot ihm keinen Sitzplatz an, und der Beauftragte war sich wie ein Soldat vor einem Disziplinargericht vorgekommen. Noch nie hatte er sich so erniedrigt gefühlt wie in diesen Momenten. Der Kommandant ließ ihn deutlich die Grenzen seiner Autorität spüren. Vor lauter Aufregung wusste er nicht, wo er beginnen sollte. Der Kommandant der Staatssicherheit herrschte ihn an: »Worauf warten Sie? Reden Sie schon!«

»Ich möchte Ihnen über einen überraschenden Fortschritt in der Affäre Nowak berichten.«

»Warum berichten Sie nicht schriftlich?«

Der Beauftragte biss sich auf die Zunge. Er hatte keinen freundschaftlichen Empfang erwartet, allerdings auch nicht mit einer derart abweisenden Haltung gerechnet. Er brauchte eine Weile, um sich wieder zu fassen. Benda hatte zugehört, sich in seinem ausladenden Ledersessel zurückgelehnt und Gleichgültigkeit zur Schau gestellt. Der Beauftragte berichtete über die neuesten Entwicklungen. Irrelevante Einzelheiten sparte er aus. Dafür ging er näher auf einige der Beteiligten ein und beschrieb deren Charaktere und Verhaltensweisen. Am Ende seines Berichts sagte Benda lakonisch:

»Sie können sich setzen.«

Unter anderen Umständen hätte der Beauftragte vermutlich zufrieden gelacht. Der Kommandant schien seinen Bericht als Routinesache hinzunehmen. Er war ungefähr fünfzig Jahre alt, mager und klein. Das unrasierte Gesicht wirkte übermüdet. Nur die Augen waren rege und wachsam. Er trug einen abgewetzten Anzug, der aussah, als hätte er ihn von seinem großen Bruder geliehen. Er schien keinen Wert auf eine gepflegte Erscheinung zu legen, er musste keinen Eindruck damit schinden. Dem Beauftragten war klar, dass dieser kleine Mann die uneingeschränkte Autorität besaß, jeden seiner Bediensteten zu befördern oder zu entlassen. Er war niemandem Rechenschaft schuldig. Auch seine eigene Zukunft lag in Bendas Händen.

Für die Unterredung war eine Viertelstunde angesetzt gewesen; doch sie hatte länger als eine Stunde gedauert. Bendas Sekretärin rief auf der Hausleitung an und erinnerte ihn daran, dass weitere Vorgeladene auf ihren Termin warteten. »Ich bin beschäftigt«, fuhr der Kommandant sie ungeduldig und barsch an.

»Es ist wünschenswert«, sagte er vorsichtig, »dass General Broza an Ort und Stelle ist, da, wo sich die Dinge abspielen. Ich werde mit dem Verteidigungsminister reden. Uns liegt daran, die Natur seiner Beziehung zu Gedalja Hajut zu ergründen. Wir wollen Bescheid wissen, mehr nicht. General Broza ist der Leiter der Abteilung für Versorgung, und sein Minister wird eine Einmischung nicht dulden. Das Gleiche gilt für Hajut. Behalten Sie ihn im Auge, ohne die Partei zu verärgern. Nicht Nowak und seine doppelte Identität gefährden unser Vorgehen. Den können wir jederzeit mundtot machen, haben Sie verstanden?«

»Ich habe eine schnelle Auffassungsgabe, Kommandant.«
»Festina lente.«
»Entschuldigung?«
»Nichts. Wichtig ist nur, dass Sie wissen, was ich meine.«

O ja, der Beauftragte wusste, was er meinte, und war nicht begeistert. Nicht der in Haft sitzende Mann würde den Verlauf des Prozesses stören können, sondern zwei andere Beteiligte: Hajut und Broza. Über sie hatte er keine Macht. Julius Benda hatte die Kastanien ins Feuer geworfen, und er sollte sie herausholen. Und wenn er sich verbrennen würde, konnte er nicht auf dessen Hilfe zählen.

Als er an diesem Sonntagnachmittag im kleinen Speisesaal der Villa »Morgenröte« saß, bereitete der Beauftragte seine Versicherungspolice vor. Sie sollte »alle Risiken« abdecken, und Bezirksrichter Kurt Abusch sollte dafür bürgen.

»Ich hoffe, dass wir den Prozess bis Ende Juli abschließen können«, sagte er wie nebenbei und warf dem Richter einen Blick zu. Abusch reagierte nicht.

»Warum die Eile?«, fragte Czerny schulterzuckend. »Niemand hat uns einen Termin gesetzt. Wenn alles wie geplant vonstatten geht, habe ich nichts dagegen, dass die Inszenierung lange läuft.«

»Ich gehe davon aus, dass Richter Abusch im August ungebunden sein möchte«, fuhr der Beauftragte mit gleichgültiger Stimme fort.

»Ich habe keine Pläne für den Sommer«, sagte Abusch.

»Anscheinend treffen gute Nachrichten mit Verspätung ein.«

»Was für Nachrichten, Genosse.«

»Ich spreche von der internationalen Zusammenkunft für Bürgerrechte in den Dritte-Welt-Ländern, die Mitte August in Helsinki stattfindet. Daran nehmen Sie doch sicherlich teil.«

»Es sind ausschließlich Richter geladen, die an einem Obersten Gerichtshof amtieren«, stöhnte Abusch.

»Merkwürdig, ich habe Ihren Namen auf der Liste unserer Delegationsmitglieder gesehen«, sagte der Beauftragte. »Man kann wohl davon ausgehen, dass Sie die Berufung zum Obersten Gerichtshof noch vor der Abreise erhalten.«

»Das ist unwahrscheinlich.«

»Und warum denn nicht? Meinen Sie etwa, dass Ihnen die Ernennung nicht zusteht?«

»Jeder Soldat führt in seinem Marschgepäck das Zepter eines Marschalls«, witzelte Czerny.

»Ich habe es ernst gemeint, Genosse Staatsanwalt«, unterbrach ihn der Beauftragte. »Die Ernennung ist abgesegnet.«

»Sind Sie sicher, dass Sie sich nicht irren?«

Czerny und Broza tauschten Blicke. Die Absicht des Beauftragten war zu offensichtlich; doch Abusch hatte den Köder geschluckt. Zweifellos würde er bis zum Ende des Prozesses kein einziges Wort ohne vorherige Abstimmung mit dem Beauftragten sagen. General Broza bemerkte, wie der Bezirksrichter rote Wangen bekam. Es ist ein Trauerspiel, wie sich solche Menschen in aller Öffentlichkeit erniedrigen, schoss es ihm durch den Kopf. Auch Czerny bemerkte die veränderte Gesichtsfarbe des Richters. Plötzlich bekam er Angst. Vielleicht war er als Nächster an der Reihe, und der Beauftragte würde in irgendeiner Weise seine Beziehung zu Lale ansprechen. Er musste sofort und umgehend seine Loyalität demonstrieren. Er schüttelte dem Richter die Hand und wünschte ihm viel Erfolg. »Ich werde mein Bestes tun, um Ihre Arbeit im Gerichtssaal zu erleichtern«, versprach Czerny dem Bezirksrichter, wobei er den Beauftragten im Auge behielt.

Der Beauftragte nickte zufrieden. Broza war angewidert.

Der Beauftragte hob die Hand, als wollte er um Gehör bitten. »Auch außerhalb des Gerichtssaals werden Ihre Begabungen und Ihr Einsatz gefragt sein. Wir blasen zum Krieg, und wie immer ist der Ausgang ungewiss. Jeder Soldat ist wichtig.«

»Ich bin an Ihrer Seite, Genosse«, hallte Abuschs Stimme wie der Treueschwur eines Soldaten im Zimmer wider.

»Ich habe meine Genossen noch nie enttäuscht«, versprach Czerny.

Broza kochte. Das war einfach widerwärtig. Er blickte die Anwesenden an, sein Blick glitt von einem zum anderen, er schwieg einige Sekunden und verkündete dann:

»Wir sollten auf unsere Brüderschaft anstoßen.«

Der Beauftragte nickte zufrieden. »Unter den gegebenen Umständen«, sagte er, »kann man diesem Vorschlag nicht widersprechen.«

Kapitel 10

Die Zeugin Monika Ross

Die Blitzlichter der Kameras blendeten Itzhak Liebmann. Schützend hielt er die Hand vor das Gesicht. »Ich sehe nichts«, beschwerte er sich.

»Sie werden sich daran gewöhnen, ein berühmter Mann zu sein, Nowak«, spottete Konstantin und klopfte ihm auf die Schulter. Liebmann hatte Konstantin seit seiner Verhaftung nicht mehr gesehen. Manchmal hatte er sich gefragt, warum Konstantin an den Verhören nicht beteiligt gewesen war. Am Abend vor Verhandlungsbeginn wies der Beauftragte seinen ranghöchsten Inspektor an, Nowak zum Gericht zu begleiten. »Sorgen Sie dafür, dass der Gefangene anständig aussieht. Keine Handschellen und eine Blume im Knopfloch.« Konstantin hatte sich an die Anweisungen gehalten. Da Nowaks Jackett kein Knopfloch hatte, verzichtete er auf die Blume. Stattdessen hatte er sein Hemd bügeln und den Kragen stärken lassen. Schon am frühen Morgen ließ er den Gefängnisfriseur in Nowaks Zelle rufen. Als der Friseur fertig war, hielt er dem Gefangenen einen Spiegel hin.

»Sie sehen wie ein Bräutigam aus, der vor den Altar tritt«, hatte er zu Liebmann gesagt. Konstantin war guter Laune gewesen und hatte hinzugefügt: »Ich hoffe, dass Ihnen die Braut gefallen wird.«

Der Prozess hätte um neun Uhr morgens beginnen sollen. Wegen der zahllosen Schaulustigen, die schon in den frühen Morgenstunden zum Haus der sowjetischen Freundschaftsliga geströmt waren und den Zugang versperrten, kam es zu einer Verspätung. Einige trugen ihre gestreifte Häftlingskleidung aus der Zeit in den Lagern der Nazis. Als der Konvoi der Polizeiautos am Gebäude vorfuhr, hielten sie Plakate mit antifaschistischen Parolen hoch und buhten den Kollaborateur der Gestapo aus.

Liebmann war zu schockiert, um die Rufe wirklich wahrzunehmen. Konstantin öffnete die Wagentür und stieß ihn hinaus. Das wütende Publikum hatte sich auf ihn stürzen wollen, doch aus dem Minibus, der vor ihrem Wagen gefahren war, sprangen Polizeikadetten. Sie reihten sich entlang des gepflasterten Weges zum Haupteingang auf und versperrten der schaulustigen Menge den Weg. Aus dem vierten Stock des Gebäudes verfolgte der Beauftragte den Tumult. Er war äußerst zufrieden. Die Pressefotografen hatten die Absperrungen, die um das Gebäude errichtet worden waren, passieren dürfen und ihre Kameras ohne Unterlass auf den Gefangenen und seine Begleiter gehalten. Liebmann hatte versucht, sich gegen die Blitzlichter zu schützen, doch Konstantin hielt ihn am Arm fest, damit er sein Gesicht nicht verdecken konnte.

Das Haus der sowjetischen Freundschaftsliga lag inmitten eines Gartens und war ungefähr zehn Meter vom Bürgersteig entfernt. Man hatte diesen Ort wegen des großen Saals und der Kommunikationsanlagen gewählt, die den ausländischen Journalisten zur Verfügung gestellt werden sollten. Der Beauftragte registrierte zufrieden, dass die Kadetten bestens auf ihre Aufgabe vorbereitet waren. Selbst inmitten dieser Menschenmasse achteten sie darauf, dass niemand auf die Blumenbeete trat. Der Duft von Hyazinthen und Jasmin hing in der Luft. Liebmann und Konstantin gingen umringt von Uniformierten durch die Menge auf das Gebäude zu. Czerny hatte geraten, Nowak in einem geschlossenen Wagen zur Hintertür bringen zu lassen. »Wir dürfen keine unnötigen Risiken eingehen. Was sollen wir machen, wenn irgendein Verrückter auf ihn schießt?«, hatte er gewarnt. Doch der Beauftragte blieb dabei, dass es ein beeindruckender Auftritt »so wie in Amerika« sein sollte. Er glaubte daran, dass eine erfolgreiche Eröffnung des Verfahrens über den Prozessausgang entscheiden würde. »Ich verlasse mich auf die Polizisten«, hatte er gesagt. Zur Sicherheit ordnete er jedoch an, dass sich ein Dutzend Zivilbeamte unter die wütende Menge mischen sollte.

Neben dem Eingang wartete Emil Butter. Als sie an ihm vorübergingen, winkte er Nowak mit seiner prall gefüllten ledernen Aktentasche zu und rief: »Aufrecht gehen!« Für Liebmann hatte sich das pathetisch und lächerlich angehört. Konstantin trieb ihn wieder an: »Schneller, schneller.« Umringt von Polizisten in Zivil und Uniform, stieg Liebmann die Treppe hoch. Der Beauftragte hatte verboten, dass Liebmann im Fahrstuhl fuhr, denn in neuen Gebäuden hatten sie die nervtötende Angewohnheit, stecken zu bleiben. Der Fahrstuhl dieses Hauses war keine Ausnahme.

Der Saal, in dem die Verhandlungen stattfinden sollten, lag im zweiten Stock und wurde üblicherweise für Volksversammlungen und künstlerische Darbietungen genutzt. Für das Publikum gab es dreißig Reihen Klappsitze. Viele geladene Gäste waren schon lange vor Verhandlungsbeginn eingetroffen. Die Arbeiterkomitees der staatlichen Betriebe hatten an Werktätige, die Spitzenleistungen erbrachten, Eintrittskarten vergeben. Eingeweihte wussten, dass in dem Saal mehr Inspektoren und Parteifunktionäre saßen als neugierige Bürger. Um Viertel vor neun waren die Türen geschlossen worden. Für die westlichen Journalisten hatte man die erste Reihe reserviert. Jeder ausländische Journalist bekam Kopfhörer, um die Simultanübersetzung verfolgen zu können. In einem angrenzenden Zimmer, das sonst als Garderobe genutzt wurde, standen ihnen Telefone und Telexgeräte zur Verfügung.

Obwohl die Dekoration von den Wänden genommen worden war, war es nicht gelungen, die Atmosphäre eines Gerichtssaals zu erzeugen. Die Bänke des Richters und der Anklage waren auf der erhöhten Bühne aufgebaut worden. Es sah so aus, als würde ein Theaterstück gegeben. Schreiner hatten die ersten drei Stuhlreihen entfernt, um Platz für die Tische der Assistenten der Staatsanwaltschaft, für den Tisch des Angeklagten und seines Rechtsanwalts sowie einen weiteren Tisch zu schaffen, der mit einem geschnitzten Holzgeländer umrahmt und für die Zeugen vorgesehen war. Auf einer einfachen Bank hinter dem Angeklagten saßen drei Polizeioffiziere. Sie trugen Helme. Die Riemen waren unter dem Kinn gespannt. Ihre Gesichter sollten auch in den dramatischsten Momenten ausdruckslos bleiben. Als der Angeklagte in den Saal geführt wurde, war kein Platz mehr frei. Liebmann suchte die erste Reihe ab. Er suchte nach bekannten Gesichtern und hielt nach Gedalja Hajut Ausschau. Doch er wurde enttäuscht. Er konnte nicht wissen, dass Hajut zu diesem Zeitpunkt in einem besonderen Zimmer im vierten Stock des Gebäudes saß. Für gewöhnlich diente es dem Direktor einer Aufführung sowie den Elektrikern. Jetzt befanden sich dort neben dem Beauftragten der Staatssicherheit auch der Parteisekretär der »Rote-Fahne-Werke« sowie General Broza, der Zensor und sein Assistent und zwei Techniker, die die Aufnahmeanlage überwachten. Sie sollten auf

Anweisung die Mikrofon- und Aufnahmeanlage auf dem Tisch des Angeklagten oder im Zeugenstand abschalten. Es war zudem entschieden worden, dieses Zimmer den Berichterstattern des staatlichen Radios für ihre Übertragungen nach Freigabe durch die Zensur zur Verfügung zu stellen.

Emil Butter hatte sein Versprechen gehalten. Am Sonntagabend klopfte einer seiner Gehilfen an Maria Kotts Tür, überreichte ihr ein verschlossenes Kuvert und verschwand sofort wieder. Maria hatte darin die Eintrittskarte für das Haus der sowjetischen Freundschaftsliga gefunden. »Gültig nur für den Versammlungsraum« stand auf dem Papier, allerdings war nirgendwo ein Datum angegeben. Sie wusste nicht, ob die Genehmigung für alle Verhandlungstage galt. Es war kein Brief, ja noch nicht einmal eine kurze Notiz beigefügt; Rechtsanwalt Butter hatte kein Interesse, engeren Kontakt mit ihr zu unterhalten.

Von ihrem Platz in der achtundzwanzigsten Reihe konnte Maria Rudolfs Gesichtszüge kaum erkennen. Vielleicht hatte das sogar etwas Gutes. In dem bläulichen Licht der Neonröhren wirkte er sehr blass. Rechts und links neben ihr saßen Unbekannte. Doch schon zu Beginn des Prozesses wurde ihr klar, dass die für sie Unbekannten wussten, wer sie war. Es waren viele Menschen da. Sie hatte nur Albert Czerny erkannt. Er war auf dem Flur an ihr vorbeigegangen, als sie auf den Einlass in den Saal gewartet hatte. Sie hatte ihn einige Male im Kino getroffen, und einmal hatten Czerny, Rudolf und sie an einem Tisch gesessen, als die Partei einen Abend zu Ehren von Yves Montand veranstaltete. Damals war der Sänger mit einem besonderen Programm aufgetreten, das unter der Schirmherrschaft der Weltfriedensbewegung stand. Der Erlös war einer internationalen Stiftung für politische

Häftlinge in den kapitalistischen Ländern zugeflossen. Czerny hatte sich als informierter Gesprächspartner herausgestellt. Mit seinem Wissen, seiner Redegewandtheit und Bereitschaft, ihr zuzuhören, hatte er sie stark beeindruckt. Jetzt, an der Eingangstür zum Verhandlungssaal, tat er allerdings so, als hätte er ihren Gruß nicht gehört. Er war an ihr vorbeigegangen. Maria hatte ihm nachgeblickt, bis er in einem Seiteneingang verschwunden war. Sie vermutete richtig, dass man von dort auf den Flur hinter die Bühne gelangte.

Der Prozess wurde mit einer Einleitung der Staatsanwaltschaft eröffnet. Czerny hatte schwer gearbeitet, um jedes Wort, den Tonfall und die Nuancen richtig herüberzubringen. Vor einigen Tagen hatte er der Justizabteilung des Bezirksparteikomitees eine Kopie der fertigen Eröffnungsrede zugesandt. Der Inhalt war genehmigt worden, und er durfte danach weder Worte noch Satzzeichen ändern. Allerdings konnte niemand seine Stimmlage kontrollieren. Czerny wusste, dass der Ton die Musik macht. In der Nacht vor Prozessbeginn hatte er seinen Wecker auf drei Uhr morgens gestellt und war die Rede wieder und wieder durchgegangen. Er war im Wohnzimmer auf und ab gewandert, hatte mit den Händen gestikuliert, anklagend auf die Stehlampe in der Ecke gezeigt und den alten Bücherschrank mit einem scharfen Blick bedacht. Hätte ihn jemand in seinem bunten Schlafanzug dozierend durch das Wohnzimmer spazieren sehen, wäre er sicherlich für verrückt erklärt worden.

Er wollte eine Rede halten, an die man sich noch lange erinnern würde. Er wollte sie nicht ablesen, sondern nach allen Regeln der Rhetorik frei halten. Er wollte den Angeklagten in Stücke zerfetzen und mit ihm stellvertretend für all jene abrechnen, die vom Weg abgekommen waren, den die Nation eingeschlagen hatte. Er wollte beweisen, dass die Eigenschaften, die Rudolf Nowak zu einem Handlanger der satanischen Taten der Nazis hatten werden lassen, ihn später mit den Feinden der Revolution in den kapitalistischen Ländern einen betrügerischen Bund eingehen ließen. Nowak hatte in der Zeit der Nazi-Besatzung geholfen, jüdische Bürger zu ermorden. Auf Grund des gleichen Charakterzugs war er auch bereit gewesen, Produktionsgeheimnisse der Stahlindustrie zu verraten, die für den Schutz des Vaterlands von zentraler Bedeutung sind. Nowak war kurz davor gewesen, als Ingenieure getarnte Spione in den Betrieb einzuschleusen, und hatte vorgegeben, ihre technische Hilfe zu benötigen. Nur die Wachsamkeit der Staatssicherheit hatte eine größere Katastrophe verhindert. Hier ein bisschen Pathos, dort ein Unterton in Sorge um die Nation, ein Abschnitt wohlinszenierten Zorns, und immer wieder kleine Pausen, damit die Dolmetscher ihrem Handwerk nachgehen könnten. Anschließend würde er langsam zu der Ruhe und Logik einer trockenen juristischen Argumentation übergehen. Mit einer wohl geordneten und unwiderlegbaren Anklageführung, die auf den Paragraphen des Strafgesetzbuchs aufbaute, wollte er sich vorsichtig Schritt für Schritt vortasten. Die Anschuldigungen sollten in das Bewusstsein aller im Saal Anwesenden dringen. Sie müssten sich wie Geschworene vorkommen. Er musste sie vereinnahmen, sie zum Weinen und zu Zornausbrüchen bringen. Sie würden Nowak schon vor der offiziellen Urteilsverkündung in ihren Herzen für schuldig erklären müssen.

Im Gerichtssaal hallte das Echo seiner Ausführungen wider. Als erfahrener Jurist war er mit den Spielregeln vertraut. Eigentlich war es besser, einen Prozess mit dem schlichten

Verlesen der Anklageschrift zu eröffnen und die schweren Geschütze für das Schlussplädoyer aufzubewahren. Doch der Wunsch, von der ersten Minute an Eindruck zu schinden, war stärker. Er ließ sein gesamtes rhetorisches Vermögen auf Rudolf Nowak niederhageln. Czerny wollte sich, ebenso wie der Beauftragte der Staatssicherheit, eine gute Ausgangsposition verschaffen. Maria Kott lauschte seinen Ausführungen. Sie konnte nicht begreifen, wie ein Mann, der ein intelligentes Gespräch über Dichtung und Musik führen konnte, fähig war, eine solch giftige Rede zu halten, die ausschließlich aus Lügen und leeren Phrasen bestand. »Niemand wird diesen Quatsch ernst nehmen«, beschwichtigte sie sich.

Emil Butter war weniger optimistisch. Er stützte die Ellbogen auf den Tisch, als er sich zu Liebmann hinüberlehnte und ihm ins Ohr flüsterte:

»Ich habe nicht damit gerechnet, dass er sich auf eine Analyse Ihres Charakters einlässt.«

»Hier wird nicht über meinen Charakter gerichtet«, erwiderte Liebmann ungehalten.

»Czerny zieht eine Verbindung zwischen Ihren Taten während der Nazi-Zeit und Ihrer Arbeit in den ›Rote-Fahne-Werken‹. Diese Verbindung werden wir nicht so einfach widerlegen können. Warum haben Sie mir nicht erzählt, dass Sie westliche Fachkräfte in den Betrieb holen wollten?«

»Broza wusste davon. Er hat meinen Vorschlag abgelehnt. Damit war die Sache erledigt.«

»Und jetzt macht Czerny einen Leckerbissen daraus. Wenn wir Broza in den Zeugenstand rufen würden, wird er behaupten, nichts davon gewusst zu haben. Können Sie das Gegenteil beweisen?«

»Wir haben keine Sitzungsprotokolle geführt.«

»Schade. Auch wenn wir nachweisen können, dass Sie

nicht mit den Nazis gemeinsame Sache gemacht haben, wird man Sie wegen versuchter Sabotage und Spionage verurteilen.«

»Vor den Augen ausländischer Reporter?«

»Czerny hätte sie nicht zur Verhandlung zugelassen, wenn er sich seiner Sache nicht ganz sicher wäre.«

In den ersten fünf Verhandlungstagen rief die Anklage einige Zeugen auf, die über die umstürzlerischen Aktivitäten des Generaldirektors der »Rote-Fahne-Werke« aussagten. Die Antworten des Schichtführers und einiger einfacher Arbeiter auf Albert Czernys Fragen hörten sich wie eine ausgeleierte Schallplatte an. Sie beschrieben eine Reihe von Zwischenfällen, die in den Walz- und Schmelzabteilungen vorgekommen war. Gegen Ende der Zeugenaussagen entwickelte sich jedes Mal derselbe kurze Dialog zwischen Staatsanwalt und Zeuge.

Czerny: »Wer hat die allgemeine Verantwortung für alle Vorgänge in Ihrer Abteilung getragen?«

Zeuge: »Der Generaldirektor.«

Czerny: »Ich bitte, dies zu Protokoll zu nehmen.«

Butter: »Ebenso wie die Tatsache, dass keine Sabotage meines Mandanten nachgewiesen ist.«

Jedes Mal, wenn ein Zeuge einen Zwischenfall als Sabotage bezeichnete, nahm Butter ihn anschließend ins Kreuzverhör. Er setzte sie unter Druck. Die Zeugen hielten dem nicht stand. Obwohl sie auf ihre Aufgabe mit Sicherheit gut vorbereitet worden waren, nahmen sie ihre Behauptungen zurück, so dass schon bald keine Verbindung mehr zwischen den Zwischenfällen und Nowaks vermeintlicher Sabotage hergestellt werden konnte. Der Beauftragte war wütend und beschloss, diesem Schlagabtausch ein Ende zu bereiten.

In den Verhandlungspausen ging Butter zumeist in die Kantine des Hauses der Freundschaftsliga. Als er mit einer duftenden Tasse Kaffee und mit dem Rücken an ein Fenster gelehnt in der Kantine stand, kam der Beauftragte auf ihn zu.

»Tanken Sie auf?«, fragte er freundlich.

»Ich habe Sie nicht im Verhandlungssaal gesehen«, erwiderte Butter. Er ging nicht auf die Frage ein.

»Ich ziehe es vor, die Geschehnisse aus der Ferne zu verfolgen.«

»Vom vierten Stock aus?«

Der Beauftragte beugte sich zu ihm hinüber. »Alle Ehre, Genosse Butter, Ihnen entgeht auch gar nichts.«

»Ich kenne mich in den Geheimwissenschaften gut aus.«

Der Beauftragte lächelte. »Sie brauchen kein Rätsel zu lösen. Dieses Mal führen wir einen offenen Kampf. Alles liegt auf dem Tisch, vor den Augen der Welt. Mir scheint, Sie haben die Situation etwas übertrieben ausgenutzt. Vergessen Sie nicht: Letztlich dienen wir alle den Interessen des Volkes.«

»Sind Sie sich nicht bewusst, dass eine gute Verteidigung ebenfalls in Einklang mit den Interessen des Volkes steht?«

»Bis zu einer gewissen Grenze.«

»Und wo liegt diese Grenze Ihrer Meinung nach?«

»Ab einem bestimmten Punkt müssen Sie entscheiden, wem Sie dienen wollen.«

»Der Gerechtigkeit natürlich.«

»Tun Sie doch nicht so naiv. Sie wissen genauso gut wie ich, dass es keine absolute Gerechtigkeit gibt, Genosse Butter.«

»So steht es aber nicht in der Verfassung des Staates.«

»Ich bin nicht gekommen, um mit Ihnen über das Wesen der Verfassung zu diskutieren.«

»Ich dachte, Sie wären hier rein zufällig vorbeigekommen«, spottete Butter.

»Ich muss sogar einen Zufall planen.«

»Ich habe den Wink schon verstanden. Jetzt kommt das eigentliche Anliegen, richtig?«

»Abermals richtig.«

»Ich bin ganz Ohr.«

Der Beauftragte hakte sich bei dem Rechtsanwalt unter und zog ihn in eine Ecke der Kantine. »Ich will, dass Sie mir gut zuhören«, sagte er. »Morgen Früh wird die Anklage beweisen, dass Nowak den imperialistischen Nachrichtendiensten Zugang zu Industriegeheimnissen zu verschaffen plante. Das ist keine Verleumdung, mein Freund. Das ist die reine Wahrheit. Ihr Mandant hat versucht, ausländische Agenten in den Betrieb einzuschleusen. Sie sollten als Ingenieure getarnt werden. Ohne sie wäre es angeblich unmöglich gewesen, die ›Rote-Fahne-Werke‹ als fortschrittliche Fabrik zu betreiben. Eine niederträchtige Taktik. Wir können beweisen, dass es eine Lüge ist; denn schließlich wird im Betrieb inzwischen auch ohne westliche Hilfe hochqualitative Ware hergestellt. Ist ein überzeugenderer Beweis notwendig? Sie dürfen ruhig fragen, warum ich Ihnen das vorab erzähle. Nun denn, dieses Mal wird dem Gericht eine eidesstattliche Erklärung vorgelegt. Der Zeuge wird anonym bleiben. Und Sie werden darauf verzichten, ihn in den Zeugenstand zu rufen. Wenn die Identität dieser Person bekannt würde, kämen Staatsgeheimnisse an die Öffentlichkeit. Es handelt sich um ein militärisches Projekt von höchster Bedeutung für die Verteidigung des Landes. Sie haben gefragt, wo die Grenze zwischen den Rechten des Individuums und dem obersten Interesse der Gesellschaft liegt. Nun denn, Genosse Butter, das hier ist die Grenze.«

»Wer ist es?«

»General Tomasz Broza, Leiter der Abteilung für Versorgung des Verteidigungsministeriums.«

»Ich habe ihn schon gesehen. Selbst in einem Anzug wirkt er nicht wie ein Zivilist.«

»Einmal Soldat, immer Soldat.«

»Was für eine Rolle spielt er überhaupt?«

»Das steht unter Geheimhaltung, Butter, Geheimhaltung.«

»Und dennoch ist noch eine Sache unklar.«

»Und das wäre?«

»Warum haben Sie sich zu dieser Unterredung mit mir bemüht? Eigentlich ist das die Aufgabe der Staatsanwaltschaft.«

»Mit dem Bezirksstaatsanwalt hätten Sie die Möglichkeit, einen Kompromiss auszuhandeln.«

»Und bei Ihnen gibt es keine Gegenleistung, wollen Sie damit sagen, nicht wahr?«

»Nein, wenn wir beide uns zusammentun, dann dienen wir einem übergeordneten Ziel und benehmen uns zudem nicht wie Pferdediebe. Mit der Staatsanwaltschaft schließt man einen Kompromiss, mit mir verbünden Sie sich gegen einen Volksfeind. Was ist wohl ehrenwerter?«

»Ich jage keiner Ehre nach.«

»Das ist keine Antwort auf meine Frage.«

Butter nickte. »In Ordnung«, stimmte er zu. »Ich rufe Broza nicht in den Zeugenstand. Allerdings müssen auch Sie mir einen Gefallen erweisen.«

»Sagen Sie schon, was wollen Sie?«

»Dass Sie die Zeugen der Verteidigung nicht antasten.«

»Sie sind zu misstrauisch, Genosse Butter. Wer sind wir? Gangster? So etwas würde mir im Traum nicht einfallen, egal, wie ihre Aussage ausfällt. Aber wenn es Ihnen so sehr am Herzen liegt: Ich gebe Ihnen mein Pfadfinderehrenwort.«

»Danke.«

Sie schüttelten sich die Hände. Der Beauftragte hatte es eilig, die Kantine zu verlassen. Butter blieb, wo er war. Sein Kaffee war kalt geworden und das Aroma verflogen. Er hielt die Tasse noch immer in derselben Hand. Die andere war zu einer Faust zusammengeballt, dass es schmerzte.

Olf Novotny kam nicht zum Prozess. Er wohnte in einer anderen Bezirksstadt und verfolgte die Entwicklungen im Radio. Er hörte die Berichterstattung über die Zeugenaussagen der Arbeiter der »Rote-Fahne-Werke«. Die Staatsanwaltschaft hatte gute Vorarbeit geleistet. Er hatte immer behauptet, dass Albert Czernys beruflich schwache Seite in vollem Umfang zu Tage treten würde, wenn er es mit einem ernsthaften Widersacher aufnehmen müsse. Früher, als er noch Mitglied im Bezirksparteikomitee war, warnte er die anderen Genossen des Komitees vor Czerny. Wie üblich, hatten sie seine Meinung zurückgewiesen. Der Bezirksparteisekretär behauptete, dass seine Feindseligkeit gegenüber dem Staatsanwalt auf seinen eigenen puritanischen Ansichten beruhe und keine Verbindung zwischen Czernys Privatleben und seinen beruflichen Fähigkeiten bestehe. »Ihm werden alle Prozesse auf einem silbernen Tablett serviert«, hatte Novotny entgegnet. »Er muss erst noch beweisen, ob er eine wirkliche Nuss knacken kann.« Emil Butter war eine harte Nuss. Olf Novotny war weiterhin der Ansicht, dass der Staatsanwalt seiner Aufgabe selbst dann nicht gerecht werden würde, wenn Nowaks Opfer aus der Zeit des Holocaust in den Zeugenstand gerufen würden. Der ihm verhasste

Czerny brauchte eine Aufputschpille, und Novotny entschied, sie ihm baldmöglichst zu verabreichen.

Die Telefondurchwahl des Beauftragten stand noch immer in seinem Adressbuch. Er schlug es auf, wählte und wartete. Es vergingen mehrere Sekunden. Dann meldete sich der Beauftragte mit einem trockenen »Hallo«. Obwohl er sich nicht mit Namen meldete, erkannte Novotny seine Stimme sofort.

»Sie sind sicherlich überrascht, von mir zu hören«, sagte Novotny mit gezwungener Stimme in den Telefonhörer. »Legen Sie nicht auf. Hören Sie sich erst einmal an, was ich Ihnen zu erzählen habe. Nehmen Sie ein Blatt Papier und einen Bleistift zur Hand; es lohnt sich, die Einzelheiten festzuhalten.«

»Kommen Sie zur Sache. Ich bin beschäftigt.«

Novotny lächelte. Der Fisch hatte den Köder geschluckt. Er setzte sich auf einen Stuhl, streckte die Beine von sich und machte es sich bequem. Er wirkte vollkommen entspannt. Es tat ihm Leid, dass der Beauftragte ihn nicht sehen konnte. Er berichtete ausführlich, ließ nichts aus und ging bis ins kleinste Detail. Am anderen Ende der Leitung herrschte Stille. Für einen Moment befürchtete Novotny, der Beauftragte könnte eingehängt haben. Aber nein, als er seine Geschichte vorgetragen hatte, reagierte der Beauftragte mit einem trockenen »Wir gehen dem nach« und knallte den Hörer auf die Gabel. Novotny hielt den Hörer noch für einige Sekunden in der Hand. »Ein halbes Königreich, wenn ich jetzt seine Visage sehen könnte«, sagte er. Und tatsächlich verpasste Novotny einen sehr seltenen Anblick. Der Beauftragte schäumte vor Wut. Zum zweiten Mal im Verlauf dieser Ermittlung hatte ihn ein überraschender Schlag getroffen. Novotnys Informationen waren sehr wertvoll. Er musste etwas im Schilde führen, ansonsten hätte er sie nicht so ohne weiteres preisgegeben. Der Beauftragte machte sich nichts vor: Dieser Mann war nicht naiv. Er glaubte nicht, dass es Novotny ausschließlich um die Wahrheit ging. Dieser Mann war ein Schurke, der auf Rache sann.

Novotny war es egal, was der Beauftragte über ihn dachte. Sie hatten sich nie gut verstanden. Nur das Ergebnis war jetzt wichtig. Dieses trockene »Wir gehen dem nach« hatte seine Vermutungen bestätigt. Jetzt könnte nur noch Monika Ross seinen Plan zunichte machen. Doch Novotny verließ sich auf ihren Überlebensinstinkt.

Monika Ross bewohnte ein großes altes Haus in einem luxuriösen Stadtviertel der Hauptstadt. Die Nazis hatten diesen Stadtteil nicht zerstört, denn hier waren bis kurz vor ihrem Rückzug die Besatzungsbehörden und der Befehlsstand der Armee untergebracht.

Frau Ross war eine hoch gewachsene Frau von ungefähr vierzig Jahren. Sie hatte ein längliches Gesicht mit hervorstehenden Wangenknochen, die ihr etwas Finsteres gaben. Sie blickte ihre Gesprächspartner nicht an – anscheinend wollte sie nicht kokettieren –, sie gestikulierte kaum und blieb eiskalt. Das zumindest war der erste Eindruck des Beauftragten.

Er hatte sie allein aufgesucht. Sein Fahrer war unten im Auto geblieben. Sie waren am Sonntagmorgen in aller Frühe aufgebrochen und ohne Pause durchgefahren, um am Mittag in der Hauptstadt einzutreffen und abends wieder zu Hause zu sein. Der Beauftragte wollte nicht, dass jemand seine Abwesenheit bemerkte und von diesem Besuch erfuhr.

Er klingelte an der Wohnungstür. Die Tür wurde geöffnet, so weit es mit vorgehängter Kette ging. Die Frau blickte ihn an und fragte:

»Wen suchen Sie, mein Herr?«

»Monika Ross.«

»In welcher Angelegenheit?«, fragte sie misstrauisch.

Der Beauftragte holte seinen Dienstausweis hervor und hielt ihn so, dass sie ihn durch den Spalt sehen konnte.

»Staatssicherheit«, sagte er.

Monika Ross schloss die Tür, hängte die Kette aus und öffnete.

»Bezahlt man Ihnen Überstunden, so dass Sie auch am Sonntag arbeiten?«, fragte sie sarkastisch.

Der Beauftragte wartete nicht, bis er hineingebeten wurde, er drängte sie beiseite und ging in die Wohnung.

»Hierher bitte«, sagte sie und führte ihn in ein geschmackvoll eingerichtetes Gästezimmer mit teuren Teppichen. Monika Ross bemerkte seinen Blick.

»Der rötliche Teppich ist ein echter Kum«, erklärte sie. »Ich hoffe, dass Perserteppiche nicht unter irgendein Verbot fallen.«

»Das hängt davon ab, woher sie ihn haben«, antwortete er.

»Darf ich Ihnen etwas zu trinken anbieten? Vielleicht einen Tee?«

»Nein, danke.«

»Mit was kann ich der Sicherheitspolizei dienen?«

Der Beauftragte setzte sich in einen samtbezogenen Sessel.

»Setzen Sie sich bitte«, sagte er. »Sie haben mit Sicherheit über den Prozess gelesen, der gerade einem Mann namens Rudolf Nowak gemacht wird.«

Er beobachtete sie. Frau Ross zeigte keine Regung. Obwohl sie schweigt, ist sie unter Hochspannung, dachte er. Das kam ihm entgegen. Erst als er zu der Schlussfolgerung kam, dass Monika Ross die Lage erfasst hatte, fragte er unvermittelt:

»Das war hier, in dieser Wohnung, nicht wahr?«

»Was wollen Sie von mir?«

»Eine Antwort auf meine Frage.«

»Ich verstehe nicht ...«

»Wir können dieses Gespräch hier führen, in einer freundlichen Atmosphäre«, unterbrach er sie. Dann fügte er großzügig hinzu: »Hier bin ich Ihr Gast und werde mich wie ein Gentleman benehmen. Sollten Sie galante Männer allerdings nicht mögen, können wir uns auch in meinem Büro unterhalten. Waren Sie schon einmal in den Büros der Staatssicherheit?«

»Ich habe dort nichts verloren.«

»Das ist ein ziemlich traumatisches Erlebnis. Hat man Ihnen noch nie davon erzählt? Oh, ich verstehe, nur sehr wenige hatten die Gelegenheit, dort wieder herauszukommen und darüber zu berichten. Wir vergeben sehr gerne Zimmer für zehn Jahre und mehr ... Wie war das damals, Frau Ross? Hat er Ihnen Miete gezahlt? Oder haben Sie sich die Beute geteilt?«

»Ich war an seinen Geschäften nicht beteiligt.«

»Aber er war doch Ihr Geliebter, oder?«

Monika Ross wurde rot.

»Ich weiß, dass er es war. Haben Sie ihn geliebt?«

»Warum ist das wichtig?«

»Schlichte Neugier. Wir sind nicht nur Offiziere der Staatssicherheit, sondern auch Menschen. Ich möchte Ihr Motiv verstehen: Silberbeute oder Emotionen?«

»Er war der einzige Mann in meinem Leben.«

»Haben Sie seine Frau gekannt?«

»Regina? Nein, nein, ich habe sie nicht kennen gelernt.

Ich habe sie nur einmal getroffen, aber das war schon nach dem Krieg. Ich habe sie aufgesucht. Auch ich bin neugierig und wollte es wissen.«

»Was wissen?«

»Wie sie als Witwe aussieht.«

»Glaubten Sie, dass Rudolf Nowak tot sei?«

»Wenn er nicht tot wäre, hätte er ein Lebenszeichen von sich gegeben. Er hätte sich bei mir gemeldet.«

»Vielleicht hat er eine andere Frau gefunden und lebt mit ihr irgendwo in der weiten Welt zusammen?«

»Selbst dann hätte er sich gemeldet.«

»Wegen der Wertsachen, die er in Ihrem Haus versteckt hat?«

»Sie sind nicht hier. Sie werden sie nie finden.«

»Was für einen Eindruck hat sie auf Sie gemacht?«

»Wer?«

»Regina Nowak.«

»Völlig abgedreht.«

»Bitte?«

»Ich will damit sagen, dass sie eine wundersame Erscheinung war. Sie hatte sich von allen Menschen zurückgezogen. Als ich bei ihr war, ging es ihr nicht besonders gut. Man hat sich erzählt, dass sie trinkt.«

»Wann haben Sie sie gesehen?«

»Kurz bevor sie ermordet wurde.«

Der Beauftragte zog eine Augenbraue hoch. »Ermordet? Nach meinem Wissen hat sie Selbstmord begangen.«

»Ich habe nie an diese Selbstmordtheorie geglaubt. Außer der Polizei war niemand davon überzeugt.«

»Interessant. Und warum, bitte schön?«

»Regina konnte sich nichts antun, schließlich lebte sie nur für die Rückkehr ihres Mannes. Das war derart lächerlich.«

»Sie schätzen Loyalität wohl nicht sehr, wie?«

»Das war keine Loyalität. Sie war eine treuherzige, wenn auch primitive Frau.«

»Wo hat Rudolf gewohnt, bei ihr oder bei Ihnen?«

»Bei ihr.«

»Aber er hat Ihr Auskommen bestritten.«

»Er hat mir nicht erlaubt, zu arbeiten.«

»Schließlich mussten Sie sich um seine Mieter kümmern, richtig?«

»Ich habe nur für sie gekocht und sauber gemacht.«

»Und Sie haben die Gegenstände eingesammelt, die sie zurückgelassen haben. Pelze, Teppiche und andere Wertgegenstände. Bargeld haben Sie nicht genommen, richtig? Ich kann Sie verstehen. Die Geldscheine der Besatzungsmacht waren kaum das Papier wert, auf dem sie gedruckt waren.«

»Das stimmt nicht. Ich wollte doch nur helfen.«

»Rudolf Nowak helfen? Oder wollten sie die Juden ihres Besitzes erleichtern und ihnen anschließend behilflich sein, sich von ihrem Leben zu verabschieden? Sie haben Ihnen Zuflucht angeboten, um sie letztlich doch an die Nazis auszuliefern. Wie viel hat die Gestapo pro Kopf gezahlt? Haben sie den gleichen Betrag für ein Kind, eine Frau und einen Mann gezahlt, oder gab es unterschiedliche Tarife, nach Alter und Geschlecht gestaffelt?«

»Sie reden, als sei ich ein Monster.«

»Sie sind ein Monster, Frau Ross.«

Monika Ross stand auf und machte einen Schritt zurück, als wolle sie von dem Vorwurf Abstand nehmen. Dann sagte sie ruhig:

»Wenn Sie mich festnehmen wollen, warum veranstalten wir dieses Katz-und-Maus-Spiel? Ich habe damit gerechnet, dass es eines Tages passieren wird.«

»Ich will Sie nicht verhaften, sondern mich mit Ihnen unterhalten. Und weil Sie den Eindruck einer klugen Frau machen, werden wir uns in aller Ruhe und Sachlichkeit unterhalten. Wissen Sie, welches Strafmaß Nazi-Kollaborateure erwartet?«

»Ich habe mich noch nie für Gesetzbücher interessiert … Ich nehme an lebenslänglich.«

»Sie sind eine weise Frau. Das ist eine gesunde Ausgangsbasis für eine Übereinkunft. Alles hat seinen Preis.«

»Ich verstehe … Sie wollen, dass ich meinen Mund halte. Doch dann hätten Sie sich überhaupt nicht bemühen müssen. Mir wäre nicht in den Sinn gekommen, mich in diese Komödie einzumischen, die Sie mit Ihrem Angeklagten veranstalten. Ein armer Idiot.«

Der Beauftragte blickte erstaunt drein. »Sie wussten die ganze Zeit …«

»Natürlich. Sein Foto war in allen Zeitungen. Er sieht meinem Rudolf noch nicht einmal ähnlich. Rudolf war ein stattlicher Mann … Keine Sorge, Herr Offizier. Lassen Sie mich in Ruhe, und ich verspreche, stumm wie ein Fisch zu sein.«

»Mir liegt nicht an Ihrem Schweigen, Frau Ross.«

»Von den Wertsachen ist nicht mehr viel übrig. Aber wenn Sie irgendein funkelndes Geschenk für Ihre Frau im Sinn haben oder für Ihre Geliebte, dann werde ich mich bemühen, etwas Hübsches zu finden. Oder ziehen Sie grüne Scheine vor?«

»Ich werde Ihnen sagen, was ich vorziehe.« Der Beauftragte verbarg seinen Zorn nicht. Die Unverfrorenheit dieser Frau ließ ihn beinahe überkochen, und nur mit Mühe hielt er sich unter Kontrolle.

»Setzen Sie sich wieder«, befahl er. »Setzen Sie sich und

hören Sie gut zu. Sie werden bei Nowaks Prozess als Zeugin der Anklage auftreten. Sie werden dem Richter die Geschichte dieser Wohnung erzählen und den Angeklagten ohne den geringsten Zweifel als Rudolf Nowak, Ihren ehemaligen Liebhaber, identifizieren. Ohne zu stottern und zu zögern. Ich glaube, dass Sie diese Rolle eiskalt spielen können. Im Gegenzug für diesen Dienst werden Sie die Immunität einer Kronzeugin genießen. Mit anderen Worten: Sie können sich mit einem halbstündigen Auftritt die Freiheit erkaufen. Ist das klar?«

»Wer bürgt dafür, dass Sie mich nicht anlügen und nach meiner Aussage doch festnehmen lassen?«

»Sie werden sich auf mein Wort verlassen müssen. Ist das klar?«

Monika Ross nickte. Dann antwortete sie leise:

»Ich habe wohl keine andere Wahl. Ich werde tun, was Sie wollen.«

»Davon war ich ausgegangen.«

Staatsanwalt Czerny wollte unbedingt wissen, wo der Beauftragte Monika Ross aufgetrieben hatte; doch er traute sich nicht, danach zu fragen. Der Beauftragte brachte sie in sein Haus, spät am Abend, als er gerade zu Bett gehen wollte, und verkündete knapp:

»Vernehmen Sie sie, und morgen werden Sie sie in den Zeugenstand rufen. In der Zwischenzeit bewachen Sie sie wie Ihren Augapfel. Sie ist der Kronjuwel der Anklage.«

Es war sehr ungewöhnlich, eine Kronzeugin bei sich im Wohnzimmer zu haben. Monika Ross ließ sich auf dem Sofa nieder und erzählte ihm die spannendste und schrecklichste Geschichte, die er je gehört hatte. Wenn sie stecken blieb und nach den passenden Worten suchte, gab er sich geduldig und gewährte ihr ein, zwei Minuten, damit sie den Faden wieder fand. Er hielt jedes Detail schriftlich fest, für den Fall, dass er vor Gericht seine Erinnerung auffrischen und sie mit gezielten Fragen in die richtige Richtung lenken müsste. Es dauerte zwei Stunden, bis sie ihre Geschichte erzählt hatte. Czerny blickte auf seine Armbanduhr und stellte fest: »Es ist schon nach Mitternacht, Zeit, sich auszuruhen.« Bis zu diesem Moment hatte er überhaupt noch nicht darüber nachgedacht, wo er sie bis zum Morgen unterbringen sollte. Für gewöhnlich wurden Kronzeugen in besonderen Zellen festgehalten, im Gebäude der Staatssicherheit. Doch der Beauftragte hatte noch nicht einmal angedeutet, Monika Ross in die Obhut seiner Leute übernehmen zu wollen.

»Sie können hier schlafen, auf dem Sofa«, schlug er vor und fügte, um Missverständnissen vorzubeugen, sofort hinzu: »Meine Frau und ich schlafen im Nebenzimmer.«

»Ich habe keine Zahnbürste dabei«, antwortete sie.

Czerny brachte ihr Waschsachen und einen sommerlich-leichten Schlafanzug seiner Frau. Als sie ins Badezimmer gegangen war, eilte er den Flur entlang, um die Eingangstür zu verriegeln. Seine Frau lag in ihrem Bett. Sie hatte ihm den Rücken zugewandt und schlief bereits. Czerny legte sich vorsichtig ins Bett, um sie nicht zu wecken. Sicherlich würde sie unendlich viele Fragen stellen. Er hatte einfach keine Geduld für ihr Geschwätz. Der morgige Tag würde anstrengend werden; vermutlich würde es der entscheidende Tag werden. Czerny liebte dramatische Auftritte, bei denen er das Publikum mit einer unerwarteten List überraschen und elektrisieren konnte. Im Fall von Monika Ross störte ihn allerdings eine Sache: Nicht die Staatsanwaltschaft, sondern der Beauftragte hatte sie ausfindig gemacht. Mit dieser Tatsache würde er sich wohl oder übel abfinden müssen.

Die Stunden vergingen schleppend. Albert Czerny konnte kein Auge zumachen. Alle paar Minuten stand er auf und öffnete die Tür zum Wohnzimmer, um sicherzugehen, dass Monika Ross nicht verschwunden war. Ihre Atemzüge waren langsam und sehr gleichmäßig. Czerny wunderte sich, wie dieses Monster von Frau den Schlaf der Gerechten schlafen konnte. Als er sie am Morgen weckte, war sie ausgeruht. Er hingegen war völlig übermüdet, die Augen brannten und es plagten ihn Kopfschmerzen.

»Ich protestiere!«, schäumte Butter. »Das widerspricht allen Verfahrensregeln!«

Richter Abusch entzog ihm das Wort. Butters Wutausbruch war zu erwarten gewesen. In der Nacht hatte ihn der Beauftragte angerufen und auf den Auftritt der neuen Zeugin vorbereitet. Laut Richtersatzung konnte er den Einspruch der Verteidigung zurückweisen. Wenn ein allgemein-öffentliches Interesse vorlag, konnte die Staatsanwaltschaft Zeugen aufrufen, über die die Verteidigung nicht vorab informiert worden war. Die Entscheidung in einem solchen Fall oblag dem Richter, und Abusch entschied zu Gunsten der Staatsanwaltschaft.

»Ich habe Ihnen bereits gesagt, dass Ihr Einspruch abgelehnt ist«, wiederholte Abusch.

Czerny bedachte ihn mit einem wohlwollenden Blick und fragte demonstrativ höflich: »Euer Ehren, darf ich Frau Monika Ross jetzt in den Zeugenstand rufen?«

Abusch nickte. Dem Gerichtsdiener wurde ein Zeichen gegeben, Monika Ross hereinzuführen. Sie wurde durch eine Seitentür neben der Bühne gebracht und schritt mit aufrechtem Gang und erhobenem Kopf an den in der ersten Reihe Sitzenden vorüber. Das Publikum beobachtete sie neugierig.

Sie trug ein graues Kostüm mit weißer Bluse und helle Schuhe mit flachem Absatz. Sie war ungeschminkt, trug keinen Schmuck und sah wie eine Oberschullehrerin aus, die ihren Schülern die Abiturprüfung abnehmen will. Der Gerichtsdiener fragte laut:

»Wollen Sie einen Bürgereid ablegen oder auf die Bibel schwören?«

Der Eid auf die Bibel war schon lange abgeschafft, doch der Bezirksparteisekretär hatte ihn wegen der anwesenden ausländischen Journalisten zeitweise wieder zugelassen. Frau Ross blickte nach unten und sagte kühl:

»Einen Eid auf die Bibel.«

Der Beauftragte, der wieder in dem Zimmer im vierten Stock war, konnte sich nicht zurückhalten und platzte heraus: »Sie kann sich gut verstellen, diese Hündin. Eine wirkliche Norma Desmond.« Seit er den Film »Sunset Boulevard« in einer geschlossenen Vorführung für Funktionäre gesehen hatte, war er von Gloria Swanson angetan.

Der Gerichtsdiener legte die Bibel vor Monika Ross, wies sie an, die linke Hand auf das schwarz eingebundene Buch zu legen und ihm den Eid nachzusprechen. Kaum hatte sie ihm die letzten Worte »... und nichts als die Wahrheit« nachgesprochen, fragte der Staatsanwalt auch schon:

»Erkennen Sie den Angeklagten?«

»Sicherlich.«

»Sehen Sie ihn im Gerichtssaal?«

Sie ließ ihren Blick über die Anwesenden schweifen. Sie hielt inne, als sie an der Bank angekommen war, auf der Nowak und sein Verteidiger saßen. »Das ist der Mann, der da neben dem Dicken«, sagte sie sicher und zeigte mit dem Finger auf Liebmann. Dann blickte sie in das Publikum. Sie schien Beifall zu erwarten.

»Bitte richten Sie Ihre Ausführungen an den Richter«, merkte Czerny an. Monika Ross tat, wie ihr geheißen. Abusch lächelte ihr zu. Sie deutete das Lächeln als Aufmunterung. Zuvor hatte sie sich angespannt gefühlt und es mit einem überzogenen Verhalten zu überspielen versucht. Ihre Nervosität war verflogen. Sie erzählte ihre Geschichte mit einer Ruhe, die in totalem Widerspruch zum Inhalt stand:

»Ich habe Rudolf Nowak zweiundvierzig kennen gelernt; er war damals ein hochrangiger Ingenieur der Reichsbahn. Ich war zu der Zeit Sekretärin in einer Abteilung für Instandhaltung der Bahnlinien. Ich erinnere mich sogar an das Datum. Es war der siebenundzwanzigste Mai. An diesem Tag hat nämlich Rommel einen Großangriff auf El-Alamein gestartet. Die Deutschen jubelten. Sie redeten von einem großen Sieg und behaupteten, die Wehrmacht würde innerhalb weniger Tage Ägypten erobern und dann nach Palästina vordringen, um mit dem Rest der Juden abzurechnen. Die Direktion hatte die deutschen Angestellten zur Feier des Ereignisses zu einem Umtrunk eingeladen. Rudolf war kein Deutscher, aber er genoss ihren Respekt und hat manchmal an den Sitzungen der Leitung teilgenommen. Er war, einen Packen Papiere unterm Arm, zum Zimmer des Generaldirektors gestürmt. Ich bin in die andere Richtung gegangen, und Rudolf ist versehentlich mit mir zusammengestoßen. Als er sich bückte, um die umherliegenden Dokumente aufzusammeln, bin ich erschrocken stehen geblieben. Als er wieder aufstand, kreuzten sich unsere Blicke. ›Warum begleiten Sie mich nicht zum Umtrunk‹, hatte er vorgeschlagen. Und ich bin mit ihm zur Feier gegangen; anschließend ging er mit mir nach Hause.

Ich habe eine große Wohnung. Im Vergleich zu den meisten heutigen Wohnungen war sie sehr luxuriös. Meine Eltern haben die Stadt bei Kriegsausbruch verlassen. Ich wohnte allein. Ich war sehr jung, war unbedarft und hatte noch nie Fremde zu mir eingeladen. Doch Rudolf hatte etwas an sich, ich kann es bis heute nicht genau definieren, er hatte etwas Anziehendes und zugleich auch Teuflisches an sich. Er hatte mein Herz sofort erobert. Damals, an unserem ersten Abend, drehte sich alles in meinem Kopf, denn ich hatte einige Gläser getrunken. Ich war Alkohol nicht gewohnt. Dennoch, die Geschichte endete nicht mit diesem zufälligen Zusammentreffen. Um die Wahrheit zu sagen: Er hat mich verzaubert, und ich wäre ihm durch dick und dünn gefolgt. Ich hätte damals nicht gedacht, dass ich mit ihm durch das Fegefeuer würde gehen müssen.«

»Können Sie das näher ausführen?«, fragte Czerny.

»Ja, sicherlich. Die Deutschen hatten Schwierigkeiten, das Eisenbahnnetz richtig zu betreiben, und die unterschiedlichen Behörden stritten beständig miteinander, wem Vorrechte zustünden. Die Armee forderte Eisenbahnwaggons und freie Zuglinien an der Ostfront; die Zivilverwaltung forderte regelmäßige Versorgungstransporte für die Bevölkerung im Hinterland; Gestapo und SS hingegen bemächtigten sich der Züge, die auf den Abstellgleisen standen, um darin sowjetische Gefangene und Juden zu transportieren.«

»Wohin wurden sie gebracht?«, wollte Czerny wissen.

»Das weiß ich nicht. Das heißt, damals wusste ich es nicht.«

»Und heute wissen Sie es?«

»Heute wissen das alle. In die Konzentrationslager.«

»Zur Vernichtung?«, hatte Czerny nachgehakt.

»Auch zur Vernichtung«, antwortete sie.

»Ich bitte die Anklage, die Ausführungen der Zeugin nicht zu unterbrechen«, merkte Richter Abusch an. Czerny machte einen Schritt zurück. Monika Ross fuhr fort:

»Einmal wurde ich losgeschickt, um einem Befehlshaber einen Bericht über den Zustand einer bestimmten Eisenbahnlinie vor Abfahrt eines Zuges zu bringen. Ich ging den Zug ab, und plötzlich hörte ich ein Flüstern: ›Oh, Mädchen, hilf mir.‹ Ein Gefangener, offensichtlich ein Jude, hatte sich unter einem Waggon versteckt. Ich habe keine Ahnung, wie er dorthin gekommen war. Er wartete darauf, dass ihm jemand hilft.«

»Und was haben Sie getan?«, fragte der Staatsanwalt erneut.

»Ich bin, so schnell ich nur konnte, weggerannt. Was hätte ich schon tun können? Es gab keine Möglichkeit, ihm zu helfen. Aber ich habe den Juden auch nicht verraten, obwohl ich dadurch in den Augen der Deutschen ein schweres Vergehen beging. Am Abend habe ich Rudolf von dem Zwischenfall erzählt. Ihn hat das nicht besonders bewegt, er sagte nur, dass ich mich falsch verhalten hätte. Juden würden viel Geld besitzen, und der Mann hätte bestimmt eine gute Summe gezahlt. Ich glaube, dass Rudolf damals auf die Idee kam, den Juden zu helfen; ihnen zu helfen, den Gaskammern zu entfliehen.«

»Hatten Sie nicht gerade erst gesagt, dass Sie überhaupt nicht wussten, wohin man die verhafteten Juden schickte?«, platzte Rechtsanwalt Butter in ihre Ausführungen hinein. Der Richter reagierte verärgert.

»Diese Frage ist bezüglich der Darstellung der Taten des Angeklagten nicht von Bedeutung. Sie dürfen die Frage ignorieren, Frau Ross.«

»Danke.«

Monika Ross bemühte sich, nicht in Richtung der Verteidigung zu blicken. Der Staatsanwalt hatte ihr in der Nacht zuvor versprochen, dass ihr die Verteidigung keine Fragen stellen würde. »Vielleicht nur hier und da eine belanglose Frage, um der Pflicht Genüge zu tun«, hatte er gesagt.

»Rudolf hatte Freunde bei der örtlichen Hilfspolizei. Die Deutschen übertrugen den lokalen Polizisten alle möglichen Handlangerdienste, manchmal auch die Bewachung der Züge. Eines Abends hat Rudolf dann gefragt, ob er ihren Befehlshaber einladen könne. Ich stimmte zu, warum hätte ich es ablehnen sollen? Rudolf sagte mir, dass ich einen Imbiss zubereiten solle, er würde sich um die Getränke kümmern. Ich hatte genug Lebensmittel, sogar einige Delikatessen. Rudolf brachte sie mit. Er erhielt Sonderlebensmittelmarken, die nur Bürger des Reiches bekamen. Er kaufte dann in Geschäften, die ›Nur für Deutsche‹ waren. Er hat mich wirklich gut versorgt. Ich habe geglaubt, dass er mich liebt … Es war ein netter Abend, wir haben gegessen, getrunken und geredet. An diesem Abend haben wir den Offizier der Hilfspolizei an dem Geschäft beteiligt. Unser Vorschlag war sehr verlockend. Wie viel hat er schon verdient? Die Gehälter waren erbärmlich.«

»Entschuldigung, Frau Ross, aber Sie haben noch nicht erklärt, um was für ein Geschäft es sich handelte«, merkte der Richter an.

»Der Plan war sehr einfach: Damals sollte die Bevölkerung der Ghettos verringert werden. Jedes Mal, wenn im Bahnhof Züge eintrafen, die nach Sobibor oder Treblinka oder ein anderes Vernichtungslager gingen, hat Rudolf irgendeine Störung inszeniert, so dass der Zug für einige Stunden nicht weiterfahren konnte. Die Züge wurden für die Wartezeit immer auf die Abstellgleise rangiert. Die Juden drängten sich dann an die kleinen Fenster der Viehwaggons. Ihre Gesichter haben sie immer an den Stacheldraht gedrückt, der anstelle der Gitter dort angebracht war. Sie bettelten um etwas Essen und Wasser. Rudolf bot ihnen mehr an als das: die Freiheit. Ich weiß nicht, wie er es bewerkstelligte, diese armen Leute aus den Waggons herauszuholen. Ich nehme an, dass er die Wachen bestach, denn die Nazis hat er immer in die Irre geführt. Er brachte die Juden dann in einem Gefangenentransporter der Hilfspolizei zu meiner Wohnung. Diese Autos passierten die Straßenkontrollen, ohne durchsucht zu werden. Manchmal kamen vereinzelte Juden, andere Male ganze Familien. Ich habe schon gesagt, dass ich eine große Wohnung hatte. Doch sie war nicht groß genug, um fünfzehn, zwanzig Personen auf einen Schlag unterzubringen. Es war schrecklich eng, aber niemand von denen hat sich jemals beschwert. Sie wussten, was die Alternative war. Sie haben sich nie beschwert, dafür oft untereinander gestritten. Es waren keine angenehmen Personen, Euer Ehren. Jetzt als erwachsene Frau kann ich ihr nervöses Verhalten verstehen. Damals, in den vierziger Jahren, litt ich stark darunter. Die Luft war so dick, dass man sie hätte schneiden können. Sie stritten, wer zuerst in das Badezimmer kann, sie haben um einen Teller Reis gekämpft; doch meistens haben sie sich um die Schlange zur Toilette gezankt. Es gab lediglich ein Bad in der Wohnung. Sie litten immer unter Durchfall. Sie haben keine Ahnung, Euer Ehren, wie viel diese Leute, entschuldigen Sie die Ausdrucksweise, gepinkelt und geschissen haben. Wenn ich ihnen manchmal hinterherputzte, habe ich mir die Seele aus dem Leib gekotzt.«

»Wollen Sie etwa unser Mitleid?«, platzte Butter ihr ins Wort.

Der Richter brachte ihn zum Schweigen, indem er seinen Hammer aufs Pult niederfahren ließ. Liebmann saß nachdenklich da. Er wirkte gleichgültig, so als ginge ihn die Geschichte nichts an. Aus der achtundzwanzigsten Reihe verfolgte Maria Kott die Zeugenaussage von Monika Ross. Sie zitterte am ganzen Leib.

»Wie viel haben die Bewohner Ihnen gezahlt?«, fragte der Staatsanwalt.

»Wir hatten keine feste Preisliste. Ich weiß keine Einzelheiten. Die finanziellen Angelegenheiten regelte ausschließlich Rudolf. Es hing wohl immer von dem Vermögen ab, das diese Leute besaßen. Für gewöhnlich zahlten sie mit Wertsachen. Rudolf hatte sich an einen Goldschmied gewandt, um zu lernen, wie man Diamanten und andere Edelsteine schätzt. Er wollte nicht, dass ihn die Juden reinlegen. Manchmal versuchten sie, ihn zu betrügen. Er war wütend, wenn sie ihn übers Ohr gehauen hatten. Für ihn war es beinahe eine Art Herausforderung. Rudolf kann es nicht leiden, wenn man ihn hintergeht.«

»Wie lange haben die Flüchtlinge in Ihrer Wohnung gewohnt?«

»Manchmal eine Woche, manchmal einen Monat.«

»Das heißt, so lange sie zahlen konnten«, führte der Staatsanwalt für sie aus.

Monika Ross antwortete nicht.

»Kann das Gericht Ihr Schweigen als Zustimmung interpretieren?«

»Ich habe doch schon gesagt, dass ich über die Einzelheiten nicht Bescheid weiß. Ab und an entdeckten die Hilfspolizisten das Versteck. Das war abgesprochen. Sie kamen mitten in der Nacht, weckten alle und forderten Ausweispapiere. Doch unsere Bewohner hatten selbstverständlich keine Ausweise. Zumindest noch nicht, denn Rudolf hatte ihnen nur zeitweise Schutz versprochen, so lange, bis er Papiere organisiert hatte, die ihre arische Herkunft nachweisen. Schließlich konnten sie nicht ewig in meiner Wohnung bleiben.«

»Und sie haben für diese Dokumente im Voraus bezahlt.«

»Ja. Aber die Beschaffung solcher Papiere war nicht leicht. Das dauerte eine Weile. Und so kam es, dass die Polizei sie, wie sagt man doch gleich, mit heruntergelassenen Hosen erwischte. Aber wenn ich die Wahrheit sagen soll: Ich glaube nicht, dass arische Dokumente sie gerettet hätten. Vor lauter Angst stand denen in den Gesichtern geschrieben, dass sie Juden sind. Einige konnten nur diesen merkwürdigen Dialekt, dieses Jiddisch. Wenn die Hilfspolizisten in die Wohnung stürmten, schrien die Kinder, die Frauen flennten und die Männer riefen Gott um Hilfe an. Aber die Juden haben unseren Gott betrogen, sie haben ihn ans Kreuz genagelt, und er wollte ihr Flehen einfach nicht mehr erhören. Die Polizisten trieben sie zusammen und brachten sie fort. Die Streifenwagen waren grün, daran kann ich mich noch gut erinnern.«

»Wohin hat man die armen Leute gebracht?«, fragte Czerny.

»Das weiß ich nicht.«

»Wussten Sie es nicht oder wollten sie es nicht wissen?«

»Einen Moment, Herr Staatsanwalt«, mischte Abusch sich ein. »Nicht dieser Zeugin wird hier der Prozess gemacht.«

»Entschuldigung, Euer Ehren.«

»Ich wusste es wirklich nicht.« Monika Ross senkte die Stimme, als wolle sie ein Geheimnis wahren. »Wie ich schon sagte, war das inszeniert; doch ich wurde nie in das Geheimnis eingeweiht. Der Offizier und die Polizisten sorgten dafür, die Juden loszuwerden. Fragen Sie mich nicht, wie sie das angestellt haben. Wippsterz war dafür verantwortlich. Er war kein redseliger Mann. Ich kenne noch nicht einmal seinen Familiennamen. Sein Vorname war Josef, aber alle nannten ihn nur Wippsterz. Denn er hatte nie genug Sitzfleisch, um länger als fünf Minuten an einem Ort zu bleiben. Er war ein gut aussehender Mann, vor allem in Uniform. Ich mochte ihn nicht besonders, denn er trank zu viel. Wenn er betrunken war, bändelte er mit mir an, in einer groben Art und Weise. Ich habe mich einmal bei Rudolf darüber beschwert, doch er bat mich, kein Aufhebens zu machen. Also habe ich den Mund gehalten.«

»Bitten Sie die Zeugin darum, sich auf den hier zur Verhandlung stehenden Sachverhalt zu konzentrieren«, instruierte Richter Abusch den Staatsanwalt. »Persönliche Erlebnisse gehören nicht hierher. Sparen Sie sie für Ihre Autobiografie auf.«

»Das wird aber ein spannendes Buch«, machte Butter sich lustig. Der Staatsanwalt ignorierte die Bemerkung.

»Haben Sie jemals Ihre Bewohner wieder gesehen, nachdem sie aus Ihrer Wohnung abgeholt worden waren?«

»Nein.«

»Man muss also davon ausgehen, dass sie getötet wurden.«

Butter sprang auf. »Die Vermutungen der Zeugin gehören nicht zur Sache«, sagte er. Czerny ignorierte auch diesen Zwischenruf des Verteidigers.

»Auch von Rudolf Nowak erhielten Sie kein Lebenszeichen?«, fuhr er fort.

»Richtig. Seit seiner Verhaftung gab es keine Spur von ihm.«

»Wieso wurden Sie nicht verhaftet?«

»Rudolf wurde in seiner Wohnung verhaftet. Bei mir ist niemand erschienen.« Zum ersten Mal war ihrer Stimme ein leichtes Zögern anzuhören. »Wippsterz hat mich in Schutz genommen. Ich hatte niemanden. Ich hatte Angst, und im Grunde blieb mir keine andere Wahl. Er war ein gewalttätiger Mann, aber dennoch hat er mich bis zum Schluss beschützt, das heißt bis zum Ende des Krieges. Als die Rote Armee die Stadt eroberte, ist er geflohen.«

»Können Sie Rudolf Nowak identifizieren?«

»Das habe ich doch schon. Man vergisst das Gesicht eines Menschen nicht, den man liebt und zugleich hasst.«

»Sehen Sie Rudolf Nowak hier im Gerichtssaal?«

»Das habe ich doch schon gesagt, ja.«

»Gehen Sie bitte zu ihm hinüber. Sehen Sie sich ihn an, schauen Sie ihm direkt ins Gesicht, damit auch kein Zweifel bleibt.«

Monika Ross verließ den Zeugenstand und ging einige Schritte auf die Anklagebank zu. Staatsanwalt Czerny raffte die Enden seiner langen Robe hoch und folgte ihr. Liebmann krallte sich an die Lehne seines Stuhls. Er richtete sich langsam auf. Maria Kott hielt den Atem an. Die Augen aller waren auf Monika Ross und den Angeklagten gerichtet. Monika Ross stand vor dem Angeklagten und schaute ihn an. Es vergingen einige Sekunden. Im Saal herrschte angespannte Stille. Das Publikum war wie hypnotisiert. Der Staatsanwalt durchschnitt die Stille:

»Ist der Ihnen gegenüberstehende Mann Rudolf Nowak, auf den sich Ihre Zeugenaussage bezieht?«

Monika Ross wandte dem Angeklagten den Rücken zu und blickte dem Staatsanwalt direkt in die Augen. »Ja, das ist der Mann«, sagte sie trocken und ohne zu zögern.

Eine Welle des Raunens ging durch den Saal.

»Ich bitte um Ruhe!«, rief der Richter und wandte sich an Butter.

»Ihre Zeugin, Herr Verteidiger.«

Butter wollte die Glaubwürdigkeit der Zeugin erschüttern, sie als gewissenlose Frau hinstellen, die das Blaue vom Himmel lügen würde, um ihre eigene Haut zu retten. Doch dann verlor Liebmann urplötzlich die Beherrschung, stürzte nach vorne und rief aufgebracht:

»Ich habe diese Frau noch nie gesehen! Das ist alles Lug und Trug!«

Im Saal brach Unruhe aus. Die ausländischen Korrespondenten waren auf den Beinen, um die Vorgänge besser beobachten zu können. Drei Offiziere hielten Liebmann fest. Der Richter machte von seinem Hammer Gebrauch. »Entfernen Sie ihn aus dem Saal.« Liebmann wehrte sich, schrie und biss einen Offizier in die Hand. Ein anderer Bewacher fiel ihm in den Rücken und überwältigte ihn. Sie zerrten ihn aus dem Saal. Die Fotografen, die im Gerichtssaal nicht fotografieren durften, ließen ihre Kameras aufblitzen, als Liebmann über den Flur geschleift wurde. Sicherheitsbeamte drängten sie zurück. Das Publikum war ebenfalls auf den Beinen. Richter Abusch hatte die Kontrolle verloren. Czerny ging zu seinem Tisch hinüber und flüsterte: »Rufen Sie eine Pause aus, lassen Sie den Saal räumen.«

Maria Kott hatte nicht auf die Anweisung des Richters gewartet. Als sie sah, wie Rudolf hinausgezerrt wurde, hatte sie das Gefühl, irgendetwas schnüre ihr die Kehle zu. Sie brauchte frische Luft, war aufgestanden und hatte sich einen Weg durch die Menschenmassen nach draußen gebahnt. Nur wenige kannten sie persönlich, doch irgendetwas an ihrem Gesichtsausdruck ließ sie zurückweichen. Sie verließ den Saal, ging den menschenüberfüllten Flur entlang und stieg die Treppen zum Erdgeschoss hinab. Sie rannte förmlich, nahm mehrere Stufen auf einmal. In einer Minute war sie draußen. In der Luft hing eine seltsame Mischung aus Blumenduft und Abgasgestank der parkenden Autobusse. Maria hatte es eilig, sich von dem Haus der Freundschaftsliga zu entfernen. In einigen hundert Metern Entfernung gab es keinen Tumult mehr. Die Passanten gingen gleichgültig an ihr vorbei. Die meisten hatten Feierabend und wollten nach Hause. Maria Kott stand mitten auf dem Bürgersteig und sah die Autos an sich vorbeiziehen. Ihr Körper wiegte sich nach vorne in Richtung Straßenverkehr, er schien sich in den strudelnden Fluss stürzen zu wollen. Sie konnte einfach nicht begreifen, dass sich die Welt genau wie sonst drehte.

Das ist der richtige Zeitpunkt, entschied Gedalja Hajut. Den Aufruhr im Gerichtssaal beobachtete er von der Luke im Kontrollraum aus. Hajut hatte Liebmanns Verhalten aufmerksam verfolgt. Als er die Nerven verlor und zu toben anfing, dachte Hajut: Das ist also der Tropfen, der das Fass zum Überlaufen bringt.

Der Beauftragte hatte neben ihm gestanden und eine Zigarette geraucht. Der Aufruhr beunruhigte ihn nicht, im Gegenteil. Hajut glaubte, den Beauftragten zufrieden lächeln zu sehen. Hajut grinste ihn an, denn auch er hatte guten Grund, zufrieden zu sein. Der Beauftragte hatte der Staatsanwaltschaft die Schlagzeile des Prozesses präsentiert. Aus Sicht des Beauftragten war das der letzte Nagel zu Nowaks Sarg. Es wäre ihm sicherlich nicht im Traum eingefallen, dass nach dem Schlag, der Rudolf Nowak getötet hatte, Itzhak Liebmann auferstehen und erst jetzt der wahre Geistertanz beginnen würde.

»Sie?«, wunderte sich Liebmann, als Gedalja Hajut die Zelle betrat. Die Tür fiel hinter ihm ins Schloss. Sie standen sich gegenüber. Keiner sagte etwas. Hajut ließ seinen Blick über die Wände gleiten und meinte schließlich:
»So sieht das also von drinnen aus.«

»Wollen Sie mich verspotten?«, brauste Liebmann auf.

»Nein, ich will Sie aus dem Dreck herausholen. Monika Ross hat Sie an den Galgen geliefert, doch ich kann Sie retten.«

»Ich habe diese Frau noch nie gesehen.«

»Ich weiß.«

»Das wissen Sie?«, staunte Liebmann. »Aber warum …«

»Langsam, langsam. Eins nach dem anderen.«

»Bitte keine Sprüche aus dem Buch Salomon.«

»Sehr gut, wir nähern uns den Quellen an.«

»Mir zittern die Hände.«

»Das sehe ich.«

»Das fing während der Verhöre an … Sie sagten, dass Sie mir helfen wollen.«

»Hat man Sie während der Haft fotografiert?«

»Ja, warum?«

»Man hat Sie aus drei Winkeln fotografiert, während Ihnen ein Nummernschild gegen die Brust gedrückt wurde?«

»Ich wurde zweimal fotografiert. Am Morgen nach der Festnahme, ohne Nummernschild. Einige Tage später brachte man mich erneut zum Fotografen. Ich sollte die Nummernschilder so festhalten, wie Sie sagten.«

»Und waren die Nummern identisch?«

»Keine Ahnung. Warum? Ist das wichtig?«

»Das kann sogar sehr wichtig sein. Was haben Sie angehabt, als man Sie fotografierte?«

»Lassen Sie mich überlegen … Ja, ich weiß. Beim ersten Mal habe ich meinen Anzug getragen, aber ohne Krawatte. Die Krawatte und die Schnürsenkel …«

»Ich bin mit den Vorschriften vertraut.«

»Ich hätte nicht gedacht, wie wichtig Krawatte und Schnürsenkel sein können. In bestimmten Situationen werden sogar solche Details überaus wichtig. Als man mir den Kopf im Konzentrationslager kahl schor, habe ich mich ähnlich erniedrigt gefühlt.«

»Erzählen Sie mir über das zweite Mal.«

»Ich erinnere mich nicht an den Tag. Ich hatte mein Zeitgefühl verloren. Es war früh am Morgen. Ich war sehr müde und unrasiert. Ich hatte nur ein Hemd an. Aber warum wollen Sie das überhaupt wissen?«

»Ich werde es Ihnen erklären. Heute fotografiert man die Gefangenen mit einer speziellen Kamera, die die Porträts automatisch nummeriert. Das System mit dem Nummernschild vor der Brust ist veraltet. Es besteht kein Zweifel, dass die Nazis den wirklichen Rudolf Nowak auf diese Weise fotografiert haben. Czerny oder der Beauftragte haben anscheinend das Foto in der deutschen Untersuchungsakte ausgetauscht. Sie haben dafür gesorgt, dass die alte Akte Nowaks Ihr Gesicht erhält. Fangen Sie an, die Sache zu begreifen?«

»Ich habe schon seit geraumer Zeit vermutet, dass es noch einen Rudolf Nowak gibt.«

»Nein.« Hajut hob die Stimme an. »Es gibt nur einen Rudolf Nowak. Er hat mit den Nazis gemeinsame Sache gemacht und diese schrecklichen Taten, die die Zeugin Ross so plastisch geschildert hat, wirklich begangen. Sie hat jedoch die Geschichte seiner Verhaftung ausgelassen. Es kann sein, dass sie tatsächlich nicht weiß, was passiert ist, und keine Ahnung hat, dass er von der Gestapo vernommen wurde. Die Nazis waren hinter der Beute her, die er den Juden abgenommen hatte. Die Unterlagen der Verhöre sind vollständig im Archiv unseres Geheimdienstes erhalten, und man hat sie zur Vorbereitung dieses Prozesses benutzt. Sie können dem Gericht vorgelegt oder der ausländischen Presse zur Einsicht übergeben werden. Diese Dokumente und die deutsche Zeitung werden die Zeugenaussage von Monika Ross bestätigen ... Moment, lassen Sie mich ausreden ... Ich habe sehr wohl gehört, dass Sie sie nicht kennen. Doch auch wenn Butter sie beim Kreuzverhör der Verteidigung in Stücke reißt, wird sie bei ihrer Version bleiben. Sie weiß, dass ihre Stunde geschlagen hat. Sie würde auf die Bibel und zugleich auf das Kapital von Marx schwören, dass Sie Nowak sind. Wenn sie beschreiben soll, wie Sie sich miteinander vergnügt und diese armen Juden ausgenommen haben, wird sie das ohne mit der Wimper zu zucken tun.«

»Aber es ist nicht die Wahrheit.«

»Vor Gericht zählt nur die Wahrheit, die man auch beweisen kann. Ich habe schon gesagt: Die Akte von zweiundvierzig räumt alle Zweifel aus. Dort finden sich die erforderlichen Beweise, um Sie an den Galgen zu bringen. Und machen Sie sich bloß keine Illusionen. Bezüglich Ihrer Identifizierung werden keine Zweifel aufkommen. In dieser Akte wurde nichts geändert, nur die Fotos hat man ausgetauscht. Anstatt des Fotos von Rudolf Nowak erscheint dort das Gesicht Itzhak Liebmanns.«

Liebmann war erschüttert. Es vergingen etliche Sekunden, bevor er ein Wort herausbringen konnte.

»Liebmann? Wovon reden Sie? Wer ... Seit wann wissen Sie es?«

»Ich habe es schon immer gewusst. Um genau zu sein, im ersten Moment unseres Zusammentreffens wusste ich es, kurz nachdem Sie in die Stadt gekommen waren. Erinnern Sie sich?«

»Ich erinnere mich.«

»Damals haben Sie mir entgegnet: ›Entschuldigung, mein Herr, aber Sie irren sich‹, und sind Ihres Weges gegangen.«

»Nein, ich habe gesagt: ›Mein Herr, Sie verwechseln mich mit jemandem.‹«

»Stimmt. Sie haben wirklich ein gutes Gedächtnis.«

»Wenn ich doch nur einige Abschnitte meines Lebens aus meinem Gedächtnis streichen könnte ... Warum haben Sie mit mir Versteck gespielt? Ich weiß, warum ich geleugnet habe, Sie zu kennen. Aber Sie, Hajut, warum haben Sie sich darauf eingelassen?«

»Eines Tages werde ich es Ihnen vielleicht erklären. In der Zwischenzeit sollten Sie lieber über Ihre Lage nachdenken. Sie wollen doch leben, oder? Sie sind bereit, jeden Preis zu zahlen, nur um zu leben, richtig? Es ist unwichtig, warum Sie eine andere Identität angenommen haben. Doch jetzt ist es an der Zeit, sich davon zu verabschieden. Es gibt nur eine Möglichkeit, dem Todesurteil zu entkommen.«

Liebmann schüttelte den Kopf.

»Wenn die Verhandlung wieder aufgenommen wird, werden Sie aufstehen und bekunden: Es liegt ein tragischer Fehler vor. Ich heiße Itzhak Liebmann und bin Jude.«

»Das kann ich nicht.«

»Natürlich können Sie. Sie werden Rechtsanwalt Butter zu Rate ziehen. Erzählen Sie ihm die Wahrheit. Er wird wissen, was zu tun ist. Und vergessen Sie nicht, dass ich Ihnen zur Seite stehe.«

Liebmann streckte Hajut die zitternde Hand hin. »Aber warum? Warum tun Sie das?«

Gedalja Hajut hielt Liebmanns Hand fest. Sie war eiskalt.

»Das ist sehr einfach, mein Freund. Schließlich sind wir beide Söhne von Abraham, Itzhak und Jakob, oder etwa nicht?«

Kapitel 11

Das Leben eines Gefangenen ist Staatsbesitz

Der Traum quälte ihn. Liebmann träumte viel. Als Kind hatte er sich immer bei seiner Mutter beschwert, weil sie ihn ausgerechnet dann wecken musste, wenn er gerade so schön am Träumen gewesen war ... Um die Träume nicht zu vergessen, hatte er auch nach dem Aufwachen die Augen geschlossen gehalten. Doch die kindliche List hatte nicht geholfen. Er vergaß die Träume trotzdem. Erst Jahre später erfuhr er von einem Psychiater, wie man einen Traum behalten kann: Man muss ihn sofort, nachdem man die Augen aufgeschlagen hat und bevor sich der Alltag einen Platz erobern kann, aufschreiben. Doch auch diese Methode war nicht immer erfolgreich gewesen. In den Augenblicken zwischen Schlaf und Erwachen verselbstständigten sich die Gedanken bereits, ohne dass Liebmann Einfluss darauf hatte. Eigentlich war es unwichtig; doch die Erkenntnis, keine Macht über sein Unterbewusstsein zu haben, brachte ihn aus der Fassung. Selbstbeherrschung war zu einer Obsession geworden, und er betrieb einen regelrechten Selbstbeherrschungskult. Es störte ihn, dass er die Träume vergaß. Noch mehr störte es ihn, dass er sie nicht beherrschen konnte. Man muss Kontrolle über seine Gedanken haben, auch während des Schlafs. Wer dazu nicht in der Lage war, galt in Liebmanns Augen als minderwertiger Mensch.

Seine Mutter hatte ein Buch mit dem merkwürdigen Titel »Ägyptischer Führer zur Traumdeutung« gehabt. Liebmann erinnerte sich genau an dieses Buch mit dem dünnen Pappeinband, auf dem eine Sphinx vor den Pyramiden zu sehen war. Seine Mutter versteckte es im elterlichen Schlafzimmer. Es lag in der untersten Schublade der Eichenkommode zwischen den gebügelten Handtüchern und der gemangelten Bettwäsche. Der Einband war eingerissen und die Seiten abgegriffen. Sein Vater regte sich immer auf, wenn sie darin las. Er hatte es immer als »Handbuch zur Götzenanbetung« bezeichnet.

Es war zu bezweifeln, dass Liebmann in dem verbotenen Buch die Erklärung für den Traum der letzten Nacht gefunden hätte. Vermutlich hatte er nur wenige Sekunden gedauert. Liebmann war mitten in der Nacht aufgewacht und hatte das Gefühl gehabt, die anstrengende Verfolgungsjagd habe Stunden gedauert: Er trug Kleider aus seiner Studienzeit am Polytechnikum und floh zusammen mit einem guten Freund, der kein Gesicht hatte, vor einer schrecklichen Gefahr. Mit letzten Kräften rannten sie die Furchen eines gepflügten Feldes entlang. Sie rannten vor irgendetwas weg. Vor was, blieb unklar. Doch er wusste mit Sicherheit, dass er sterben musste, wenn der Verfolger sie zu fassen bekam. Am Horizont war eine weißliche Wolke zu sehen. Sie hing so tief, dass sie beinahe den Boden berührte. Die Wolke war ihre Rettung. Der Freund rannte schneller. Liebmann konnte kaum mithalten. Der Freund hatte inzwischen einen Vorsprung. Noch ein, zwei Sekunden, dann würde er in der Wolke verschwinden. Liebmann war weiterhin von der undefinierbaren Gefahr bedroht. Panisch schrie er: »Warte auf mich, lass mich hier nicht zurück!« Sein Freund setzte seine Flucht fort. Liebmann würde nicht entkommen können. Er keuchte und schnappte nach Luft. Die Kehle war wie zugeschnürt. Das war das Ende. Aber nein, plötzlich wurde die Wolke zu einer weißen, undurchdringbaren Wand. Wo war sein Freund? Wie durch einen Zauberspruch verwandelte er sich in einen großen Hund. Der Hund kam auf ihn zu. Er fletschte die Zähne. Liebmann hatte keine Angst vor ihm. Nur der gespenstische Verfolger hatte vor dem Hund Angst und machte sich aus dem Staub. Der Hund wedelte mit dem Schwanz. Liebmann musste sich nicht umdrehen. Er wusste, dass er in Sicherheit war. Er war der Gefahr entronnen ...

Gestern Abend, nachdem er sich von Gedalja Hajut verabschiedet hatte, dachte er lange über die plötzlich eingetretene Veränderung nach. War seine Maskerade tatsächlich zu Ende? Gab es tatsächlich tausendundeine Möglichkeit zu sterben, aber nur einen Weg, am Leben zu bleiben? Doch was hatte dieses Leben, von dem er sich mit aller Macht hatte abwenden wollen, für einen Wert? Konnte man die Räder zurückdrehen, ohne die Niederlage eingestehen zu müssen? Kann ein erwachsener Mensch in den Bauch seiner Mutter zurückkehren und sein Leben von neuem beginnen? Sein Vater hatte großen Wert auf Tradition gelegt. Er hatte die »Ausbildung von Wurzeln« gepredigt. Ohne Wurzeln, so behauptete er, »ist man wie ein aus der Erde gerissener Baum«. Beruht die Kraft eines Menschen tatsächlich auf seiner Vergangenheit? Itzhak hatte gegen diese törichte Ansicht rebelliert. Der Mensch war kein Baum, und seine eigentlichen Wurzeln waren sein Denkvermögen, hatte er festgestellt. Seine Kraft beruhte auf dem intellektuellen Verstand, nicht auf der Herkunft. Er musste seinen Blick nach vorne richten, nicht zurück ... Hörst du mich, Vater?

Im Dunkeln der Zelle kam sein Vater auf ihn zu. Merkwürdig. Eigentlich hatte sich seine Mutter in sein Gedächtnis eingegraben. Warum rief er dann ausgerechnet nach seinem Vater? Vielleicht, weil er behauptet hatte, dass Gott während des Schlafs auf die Seele des Menschen aufpasst und sie zurückgibt, wenn er erwacht? Fast jeden Morgen hatte er seinen Vater aus dem angrenzenden Zimmer beten gehört: »Solange die Seele in mir ist, lege ich Dank vor Dich nieder, Ewiger, mein Gott und Gott meiner Väter, Meister aller Geschöpfe, Herr aller Seelen.« Das Gebet hallte in der Gefängniszelle wider. Das lebende Symbol des Judentums holte ihn aus der Ferne ein, die er weit hinter sich zurückgelassen hatte. Würde er diese Last jetzt auf sich nehmen und sich eingestehen können, dass alles, was geschehen war, die Strafe für die Verleumdung seiner Eltern, seiner Herkunft und seines Volkes war? Würde er die gestohlene Identität abstreifen können wie eine Schlange ihre Haut?

Er wusste nicht, wann die Entscheidung fiel. Sie hatte wie eine Raupe während der Metamorphose in ihm geschlummert. Sie vernichtete seine ablehnenden Gefühle und wuchs wie ein unheilbares Geschwür in seiner Seele heran. Um zwei Uhr morgens hämmerte er mit den Fäusten an die Zellentür. Die Gefängniswärter erschraken, denn sie wurden für das Leben der Gefangenen verantwortlich gemacht. Er forderte, dass sein Rechtsanwalt auf der Stelle herbeigeschafft werde. Nein, nicht erst am Morgen, jetzt, jetzt sofort.

Der Beauftragte hatte die ausdrückliche Anweisung gegeben, dass Butter zu jeder Tages- und Nachtzeit seinen Mandanten besuchen dürfe. Diese Anweisung stand im Dienstbuch des Gefängnisses, und alle Wärter wussten Bescheid. In Absprache mit Czerny hatte der Beauftragte alles getan, damit niemand behaupten konnte, der Prozess sei fehlerhaft geführt worden.

Es war Emil Butters Hochzeitstag. Er und seine Frau hatten einige Freunde eingeladen und sie feierten ausgelassen. Das Klingeln des Telefons unterbrach die Party abrupt. »Ich muss leider gehen«, entschuldigte sich Butter, »es ist etwas passiert. Aber es wird nicht lange dauern. In einer Stunde bin ich zurück.«

Inzwischen begann es zu dämmern. Butter war noch immer nicht nach Hause zurückgekehrt.

Es war drei Uhr morgens, als er die Zelle betrat. Nowak lehnte an der Wand gegenüber der Tür; er sah noch bleicher aus als sonst. Seine Hände zitterten.

»Was ist passiert?«, fragte der Rechtsanwalt und stellte seine Tasche auf den Betonboden.

»Setzen Sie sich und hören Sie mir zu«, erwiderte Liebmann. Butter setzte sich auf den Pritschenrand. Innerhalb einer vollen Stunde hörte er die erstaunlichste Geschichte, die ihm je zu Ohren gekommen war. Er machte keine Zwischenbemerkungen und unterbrach den Redefluss auch dann nicht, wenn etwas unklar war.

Auch nachdem Liebmann geendet hatte, schwieg Butter. Liebmann bemerkte die stumme Frage in den Augen des Rechtsanwalts und fuhr fort:

»Ich will Ihnen eine Geschichte erzählen, die vieles klarer werden lässt. Haben Sie noch etwas Geduld?«

»Ich bin von Berufs wegen geduldig.«

»Maria, Maria Kott, hat sich vor Jahren mit einem Mönch angefreundet. Er heißt Pater Daniel. Inzwischen ist er in Israel und lebt in einem Karmeliterkloster in Haifa. Das hat eine ganz besondere Bewandtnis. Pater Daniel heißt eigentlich Oswald Rufeisen. Er ist der Sohn einer traditionsbewussten jüdischen Familie, die in Schlesien lebte. Er hat einen Bruder, man sagt, dass er ein sehr gläubiger Jude sei. Doch das ist nicht relevant. Wichtig ist, dass die Familie Rufeisen zu Beginn des Zweiten Weltkrieges nach Osteuropa floh. Oswald Rufeisen lebte zweiundvierzig in einer kleinen Stadt in Weißrussland. Er sprach fließend Deutsch. Die Nazis hegten nicht den leisesten Verdacht, dass er Jude sein könnte, und beschäftigten ihn als Dolmetscher für ihre Zusammenarbeit mit der lokalen Hilfspolizei ... Hören Sie zu?«

»Ich höre zu, nur dass ich nicht ...«

»Gleich werden Sie verstehen, worauf ich hinauswill. Eines Tages erfuhr er, natürlich auf Grund seiner Arbeit, dass die Nazis die Auflösung des Ghettos der Stadt planten. Alle Ghettobewohner sollten in das Vernichtungslager Treblinka deportiert werden. Sein Gewissen ließ ihm keine Ruhe. Er konnte nicht schweigen. Er ging zum Vorsitzenden des Gemeinderats, gab sich zu erkennen und warnte vor der drohenden Gefahr. Er riet den Gemeindeältesten, zusammen mit allen Juden in die Wälder zu den Partisanen zu fliehen. Die Gemeindeältesten glaubten ihm nicht. Das war bequemer. Die Nachricht über die Auflösung des Ghettos und die Deportationen der Juden ging von Mund zu Mund, doch niemand unternahm etwas. ›Uns passiert so etwas nicht‹, sagten sie. Sie hielten den überraschenden Besuch dieses Dolmetschers für eine Falle und beschlossen, dem Schlag vorzubeugen. Sie beschwerten sich beim Befehlshaber der Hilfspolizei. Sie erzählten ihm vom Besuch des Dolmetschers und behaupteten, dass er die Absicht habe, Panik zu verbreiten. Wenig später ließ der Nazi-Befehlshaber Rufeisen kommen und forderte eine Erklärung. Er wollte einen schriftlichen Bericht und gab ihm eine halbe Stunde dafür Zeit. Rufeisen ging in sein Büro, suchte seine Ersparnisse zusammen und floh. Das hat er Maria erzählt. Sie hat mir erzählt, wie er über die abgeernteten Felder rannte. Eine halbe Stunde später schwärmten die Nazis aus, um ihn zu suchen. Er versteckte sich in einem Heuhaufen. Er hörte die Rufe der Deutschen und das Gebell der Bluthunde ... Oswald Rufeisen war kein gläubiger Mann. Doch damals betete er zum Himmel, er betete, wie sein Vater und sein Bruder es immer getan hatten. Er legte ein Gelübde ab: ›Wenn ich am Leben bleibe, ist das ein Zeichen Gottes. Dann gibt es tatsächlich einen Gott.‹ Ich weiß, die Geschichte hört sich wie eine der vielen Erzählungen über Zeichen und Wunder an, doch Maria hat geschworen, dass sie wahr ist ... Wie auch immer, das Wunder geschah, denn die Hunde entdeckten sein Versteck nicht. Als es zu dämmern begann, machte er sich auf die Suche nach einem Unterschlupf. Nicht weit entfernt stieß er auf ein großes Haus, in dem Licht brannte. Er klopfte gegen die Pforte, und eine Nonne öffnete ihm. Er bat um Unterkunft für die Nacht und durfte dort viele Monate bleiben. Für ihn war nicht nur die Rettung im Heu ein Zeichen des Himmels, sondern auch die Aufnahme im Kloster.«

»Des leeren Himmels«, rief der Rechtsanwalt in Erinnerung.

»Rufeisen trat zum Christentum über und wurde Mönch«, fuhr Liebmann fort, ohne auf die bissige Bemerkung einzugehen. »Sein Leben stellte er fortan in den Dienst Gottes. Er hat mehrere Jahre dafür gekämpft, dies im Heiligen Land tun zu dürfen, denn er hat seine jüdische Herkunft nie verleugnet und wollte Jesus im Land der Juden dienen. Wissen Sie, ich habe mich oft gefragt, warum Maria mir diese Geschichte erzählt hat. Ich fragte mich, ob sie irgendeine verborgene Absicht damit verfolgt. Vielleicht ... vielleicht wusste sie tief in ihrem Herzen, dass ich ... dass ich ...«

»Sprechen Sie es ruhig einmal aus. Vielleicht vermutete sie, dass Sie Jude sind.«

»Sie hat nie dergleichen angedeutet.«

»Es ist schon sehr spät. Ich habe noch immer nicht verstanden, was das alles miteinander zu tun hat.«

»Geduld, ich komme gleich darauf. Ich habe Ihnen doch erzählt, wie ich Rudolf Nowaks Rucksack öffnete und die Dokumente fand. Sie waren wie für mich gemacht. Ich war damals an einem Punkt angelangt, an dem ich meine Identität wechseln musste, so wie ein reifer Apfel nun einmal vom Baum fällt. Und für mich war dieser Rucksack das Zeichen …«

»Ich habe verstanden.« Butter erhob sich vom Bett. »Ich habe verstanden, dass ich im Grunde nichts begriffen habe. Dennoch zweifle ich Ihre Geschichte nicht an. So etwas kann man sich nicht ausdenken. Aber warum, verdammt noch mal, haben Sie die Wahrheit bis jetzt zurückgehalten? Warum haben Sie mir Ihre Geschichte nicht von Anfang an erzählt? Warum habe ich mich abgemüht, eine Verteidigungsschrift zu verfassen, die auf juristischer Haarspalterei aufbaut? Schon bei unserem ersten Gespräch habe ich Ihnen gesagt, dass Sie sich einen anderen Anwalt suchen müssen, wenn Sie nicht aufrichtig zu mir sind. Erinnern Sie sich, Nowak?«

»Mein Name ist nicht Nowak. Ich heiße Liebmann.«

»Entschuldigung, ich muss mich erst daran gewöhnen.«

»Ich auch.«

»In Ordnung«, winkte Butter ab. »Ich werde mit Ihnen erst abrechnen, wenn Sie draußen sind.«

»Heißt das etwa, dass Sie … Sie mich nicht fallen lassen?«

»Natürlich nicht. Ich sehe schon Czernys Gesichtsausdruck vor mir, wenn ich im Gerichtssaal diese Bombe platzen lasse. Und der Beauftragte? Diese verkrüppelte Spinne wird einen Schlaganfall kriegen. Wochenlang hat er an seinem Netz gesponnen. Endlich hat er Sie darin gefangen, und dann kommt Butter daher, zerrt an den Fäden und zerstört das Netz. Wenn Sie nicht müde sind: Das ist unsere Nacht. Schade um jeden Moment. Wir brauchen Beweise und vor allem Zeugen.«

»Nur die Entscheidung war schwer. Die Beweise kann ich mit Leichtigkeit liefern.«

Butter holte aus seiner Jackentasche einen kleinen, in Leder gebundenen Notizblock hervor. »Ich habe ihn heute erst bekommen. Ein Geschenk meiner Frau. Sie hat gebeten, dass ich unseren Hochzeitstag darin eintrage. Ich vergesse ihn jedes Jahr. Aber es wird wohl kein Unglück passieren, wenn ich den Notizblock für etwas Wichtigeres benutze. Also, schießen Sie los. Wen werden wir in den Zeugenstand rufen?«

»Finden Sie den Rezeptionsangestellten des Hotels ›Splendid‹. Dort habe ich die erste Nacht nach meiner Rückkehr verbracht und mich unter meinem richtigen Namen eingetragen. Ich habe dort sogar den Ausweis vergessen, den alle in Mauthausen befreiten Häftlinge von den Amerikanern erhielten. Die entscheidenden Zeugenaussagen werden drei andere Personen machen. Auf der Fahrt von Österreich saß ein Mann namens Karol Bielski in meinem Abteil. Er hat mich als Itzhak Liebmann kennen gelernt. Verabschiedet habe ich mich von ihm als Rudolf Nowak. Er war Zeuge meiner Metamorphose. Auch bei meiner Registrierung beim Amt für Rückkehrer war er zugegen. Als wir uns verabschiedeten, gab er mir die Adresse seiner Schwester. Wenn ich irgendwann einmal seine Hilfe bräuchte, sagte er, wüsste sie, wo er zu finden sei. Den Zettel mit der Adresse habe ich in einen Band mit Rilke-Gedichten gesteckt, der im unteren Bücherregal im Wohnzimmer von Maria Kott steht. Und noch jemand kann mich mit Leichtigkeit identifizieren. Ich werde Ihnen die Adresse von Herrn Ribo geben. Lassen Sie sich von dem französischen Klang nicht beirren. Ribo ist ein alter Bekannter, der eigentlich Rabinowicz heißt. Wir kommen aus dem gleichen Städtchen. Dort kennt jeder jeden. Und wenn das nicht ausreichen sollte, dann rate ich Ihnen, sich an Gedalja Hajut zu wenden. Auch er kennt die Wahrheit.«

»Hajut?«, staunte Butter.

»Vor dem Krieg waren wir Kommilitonen«, erklärte Liebmann. »Als wir uns hier wieder trafen, habe ich meine Identität geleugnet. Hajut ist dem nicht weiter nachgegangen, er hat nicht in meiner Vergangenheit gewühlt und keine Erklärung gefordert. Anfangs war ich mir sicher, ihn tatsächlich getäuscht zu haben. Jetzt weiß ich, dass er seit dem ersten Augenblick unseres Wiedersehens Bescheid wusste.«

»Aber warum hat er es niemandem erzählt?«

»Ich habe viel darüber nachgedacht und bin zu keinem Schluss gekommen.«

»Als er mich bat, Ihre Verteidigung zu übernehmen, hat er mit keinem Wort erwähnt, dass Sie Jude sind. Wenn er vor Gericht darüber hätte aussagen wollen, hätte er mir die Wahrheit gesagt.«

»Er wird aussagen«, versicherte Liebmann. »Er war gerade erst hier. Wir haben uns unterhalten. Er hat mir geraten, Ihnen endlich die Wahrheit zu erzählen.«

»Das ist sehr erstaunlich, aber auch mysteriös. Mir kommt fast der Verdacht, dass sich jemand einen Spaß mit uns erlaubt. Vielleicht sind wir beide lediglich Statisten in einem Theaterstück, das eine anonyme Person inszeniert hat. Dennoch werde ich noch heute mit ihm reden. Wenn ich Genosse Hajut in den Zeugenstand rufen kann, dann, das prophezeie ich Ihnen, wird es ein Erdbeben geben, Nowak. Ein Erdbeben!«

»Nowak gibt es nicht mehr«, stellte Liebmann richtig. Doch Butter hörte nicht mehr zu. In Gedanken war er schon ganz woanders. Er stand vor einer Herausforderung, für die er all sein berufliches Können, seine Erfahrung und seine gesamten Kontakte mobilisieren musste. Er musste schnell handeln und die Taktik gründlich durchdenken, aber auch spitzfindig sein. Sein Blick glitt über die Zellenwände. Vermutlich waren Abhöranlagen installiert. Eventuell hatte inzwischen jemand den Beauftragten alarmiert. Er musste diese Möglichkeit einkalkulieren. Doch er würde die Namen seiner neuen Zeugen dem Gericht schnellstens vorlegen müssen; dann würde es der Beauftragte ohnehin erfahren. Bisher hatten nur zwei Zeugen zu Nowaks Gunsten ausgesagt. Es waren Charakterzeugen. Der Beauftragte hatte versprochen, sie in Ruhe zu lassen. Butter hoffte, dass das Versprechen auch für die neuen Zeugen galt. Doch das konnte er nur hoffen, mehr nicht. Angesichts der drohenden Niederlage würden die Widersacher nicht zögern, ihre Macht auszuspielen. Sie würden jeden miesen Trick anwenden, um ihre eigene Haut zu retten, denn ein Freispruch seines Mandanten würde zweifelsohne das Ende der Karrieren einiger wichtiger Persönlichkeiten bedeuten. Doch Butter glaubte, dass sie ihm nichts anhaben konnten. Er hatte die Karten in der Hand. Ein erwartungsvolles Beben ging durch seinen Körper. Er würde in aller Öffentlichkeit beweisen, dass es wirkliche Gerechtigkeit gibt, dass auch in einem kommunistischen Staat jemand als unschuldig gilt, solange nicht das Gegenteil bewiesen ist. Er würde vollbringen, was kein Rechtsanwalt vor ihm geschafft hatte. Das war die Herausforderung, auf die er sein ganzes Leben gewartet hatte.

»Zunächst müssen wir Zeit gewinnen«, sagte er laut. Er sprach mehr zu sich selbst als zu Liebmann.

Sein Mandant solle sich am Morgen krank stellen. Er könnte schreien, mit geballten Fäusten gegen die Wände hämmern oder auch einfach nur regungslos daliegen und die Wärter mit glasigem Blick empfangen. Sein Ausbruch im Gerichtssaal liefere den passenden Rahmen für diesen kleinen Trick. Niemand würde Verdacht schöpfen und seinen Nervenzusammenbruch anzweifeln. Czerny würde ihn nicht gewaltsam zu den Verhandlungen zerren lassen, denn hysterische Anfälle des Angeklagten waren in seiner Inszenierung nicht vorgesehen. Man würde Ärzte rufen, psychiatrische Gutachten in Auftrag geben, Liebmann mit Beruhigungsmitteln voll pumpen und warten müssen, bis er wieder prozessfähig sei. Diese Prozedur würde sicherlich zwei bis drei Tage in Anspruch nehmen. Mehr Zeit brauche er nicht. Und selbst wenn er eine längere Prozesspause benötigen sollte, würde er immer noch das Zweitgutachten eines anderen Psychiaters verlangen können. Er könnte die Experten gegeneinander antreten lassen. Sie würden miteinander streiten und den Prozess mit Diagnosen aufhalten, die sowieso kein Mensch verstand. Bei jedem anderen politischen Prozess wäre so etwas undenkbar. Die Behörden würden eine Verhandlung unter Ausschluss der Öffentlichkeit anordnen oder den Fall an die militärischen Instanzen überstellen. Da jedoch ausländische Journalisten geladen waren, war das unmöglich. Diesen Ärger hatten sie sich selbst eingebrockt. Czerny und seine Partner würden sich an die allgemein üblichen Spielregeln halten müssen, selbst wenn sie vor Wut platzten. Bei Wiederaufnahme des Prozesses würde sich die Lage zu Gunsten seines Mandanten wenden.

Nachdem Butter gegangen war, versuchte Liebmann, seine Gedanken zu sammeln. Er konzentrierte sich auf Butters Ratschläge. Er hatte sich noch nicht an seine neue Situation gewöhnt. Zwingende Umstände hatten ihn an den Ausgangspunkt zurückkehren lassen. Es kam ihm vor, als würde er noch einmal den Zug besteigen, der ihn nach Hause gebracht hatte. Er schien die Strecke erneut abzufahren, noch einmal anzukommen an dem Ort, der ihm eine neue Zukunft hatte sichern sollen. Würden diese Jahre seines Lebens seine Schuld aufwiegen können? Fielen sie überhaupt ins Gewicht? Rechtfertigten sie, was er getan hatte? Oder war die ganze Mühe umsonst gewesen? ... Und was war mit dem Traum, der ihn plagte? Wer war der Freund, der ihn verraten hatte? Er versank in seinen Gedanken und Zweifeln. Eine laute Unterhaltung auf dem Gang holte ihn unvermittelt in die Realität zurück. Er hielt einen Moment inne. Beinahe hätte er den Schichtwechsel der Wärter verpasst. Er begann aus Leibeskräften zu schreien:

»Helft mir! Helft mir, ich kann mich nicht mehr bewegen!«

Der Dienst habende Wärter hörte die Schreie und erschrak. »Es fehlt uns noch, dass dieser Häftling krepiert, bevor er an den Galgen kommt«, sagte er zu seinem Kollegen. Er arbeitete noch nicht lange als Gefängniswärter. Ihm waren die Ausführungen des Gefängnisdirektors noch sehr präsent: »Das Leben eines Gefangenen ist Staatsbesitz. Es besteht kein Unterschied zwischen einem Gefängniswärter, der einen zum Tode verurteilten Gefangenen auf eine andere Weise sterben lässt, und einem Wärter, der einem Gefangenen zur Flucht verhilft.« Deshalb atmete er tief durch, als zehn Minuten später der Arzt eintraf, sich über den auf dem Bett liegenden Rudolf Nowak beugte und leise sagte: »Nichts Schlimmes, nur die Nerven.«

»Wir können alle eine Verschnaufpause vertragen«, stimmte der Beauftragte zu, als ihm von Nowaks Nervenzusammenbruch berichtet wurde. Der Gefängnisdirektor, der die Durchwahl des Beauftragten nicht kannte, hatte sich an Konstantin gewandt. Konstantin rief den Beauftragten um sieben Uhr morgens, noch bevor er üblicherweise aus dem Haus ging, an. Der Beauftragte war nicht überrascht. Als der Angeklagte gestern aus dem Gerichtssaal entfernt werden musste, hatte er sich auf eine solche Möglichkeit vorbereitet. »Fahren Sie zur Staatsanwaltschaft«, wies er seinen Fahrer an. Es war halb acht. Czerny müsste bereits im Büro sein. Er arbeitete jeden Morgen vor Verhandlungsbeginn die Akten auf. Als der Beauftragte unerwartet und ohne anzuklopfen in seine Kanzlei hineinplatzte, saß Czerny gerade über der Mappe mit den zu unterzeichnenden Dokumenten.

»Ich weiß es schon«, sagte er ohne aufzusehen.

»Wie geht es ihm?«

»Ich habe Doktor Luntz von der Polizeiklinik hingeschickt. Ich verlasse mich nicht auf den Pfuscher, der im Gefängnis Dienst tut. Außerdem habe ich Abusch gebeten, umgehend hierher zu kommen. Wissen Sie, was dieser Idiot geantwortet hat?«

»Dass er Bittsteller in seiner richterlichen Kammer empfängt«, riet der Beauftragte.

»So in etwa. Er sagte, es sei nicht üblich, dass Richter sich zu Anwälten bemühen, sondern umgekehrt.«

»Haben Sie ihm wenigstens das Wort abgeschnitten?«

»Nein. Wir brauchen ihn noch. Ich habe ein Treffen mit ihm vereinbart.«

»Im Haus der Freundschaftsliga?«

»Nein. Dort gibt es zu viele unerwünschte Zuschauer. Wir haben uns im alten Gerichtsgebäude verabredet.«

»Wann?«

»Jetzt.«

»Eine kluge Entscheidung. Es ist nicht der richtige Zeitpunkt, Streit anzufangen. Kommen Sie, mein Wagen steht unten.«

Der Staatsanwalt rief seine Sekretärin, gab ihr einige Anweisungen, nahm seinen Hut von der Garderobe und verließ zusammen mit dem Beauftragten das Büro.

»Fahrstuhl?«, neckte er den Beauftragten.

»Treppe«, antwortete dieser trocken.

Es war acht Uhr fünfundvierzig, als sich die drei Männer in einem kleinen Sitzungszimmer des Bezirksgerichts zusammensetzten. Der Beauftragte unterrichtete Abusch über Nowaks Nervenzusammenbruch und schlug vor, eine Verhandlungspause von zwei, vielleicht sogar drei Tagen auszurufen. Er habe bereits mit dem Bezirksstaatsanwalt darüber gesprochen, und der sei einverstanden. Der Richter war erfreut über den Vorschlag.

»Ich arbeite am Urteilsspruch. Jede verhandlungsfreie Minute ist ein Geschenk des Himmels.«

»Ich dachte, dass Sie damit längst fertig sind«, stichelte Czerny. Der Richter war beleidigt.

»Bei Ihnen läuft immer alles glatt und reibungslos. Sie werden nur das Schlussplädoyer halten müssen, und dann ist für Sie die Sache gelaufen; aber mir obliegt die volle Verantwortung. Ich muss die Anklageschrift einbeziehen, die Zeugenaussagen und so weiter. Und wer weiß, vielleicht wird die Verteidigung doch noch irgendein Karnickel aus dem Hut zaubern, so wie Sie plötzlich Frau Ross ausfindig gemacht haben.«

»Es wird keine weiteren Zeugen der Verteidigung geben«, sagte der Beauftragte.

»Woher diese Sicherheit, wenn ich fragen darf? Butter ist ein flinker und ausgebuffter Schurke. Wir dürfen ihn nicht unterschätzen.«

»Ich habe gesagt, dass es keine weiteren Zeugen der Verteidigung geben wird. Punkt.«

»Dann kann ich mein Werk wohl in Ruhe vollenden. Wenn ich fertig bin, brauche ich weitere vierundzwanzig Stunden, bis das Urteil endgültig vorliegt.«

Czerny nickte verständnisvoll. Er wusste, dass Richter Abusch seinen Urteilsspruch und die Begründung mit dem Justizminister abstimmen wollte.

»Wenn alle damit einverstanden sind, werde ich Butter und Broza unterrichten, dass wir ihnen einige Tage Urlaub genehmigen«, fasste der Beauftragte zusammen. »Ich danke Ihnen für Ihre Aufmerksamkeit. Ah, ich habe eine Kleinigkeit vergessen. Die Justizabteilung muss umgehend eine Mitteilung an die Presse herausgeben.«

»Wie sollen wir die Verhandlungspause gegenüber der ausländischen Presse rechtfertigen?«, sorgte sich Abusch.

»Was halten Sie davon, die Wahrheit zu sagen, Genosse Richter?« Czerny verbarg seinen Spott nicht. »Oder ist Ihrer Meinung nach irgendeine nette Lüge besser? Zum Beispiel, dass Sie wegen einer Magenverstimmung ans Bett gefesselt seien?«

»Ich war schon seit zehn Jahren nicht mehr krank.«

Der Beauftragte stand auf. »Genossen, hören Sie auf, sich wie Kinder aufzuführen«, sagte er und fragte anschließend Czerny:

»Wann werden Sie das medizinische Gutachten erhalten?«

»Wenn Doktor Luntz allein zurechtkommt, dann spätestens um zehn Uhr. Sollte eine psychiatrische Evaluierung erforderlich sein, dann vermutlich erst gegen Abend. Was halten Sie davon, wenn wir uns ... um neun Uhr abends noch einmal treffen?«

»Von mir aus geht das in Ordnung«, stimmte Abusch rasch zu.

Der Beauftragte hatte die Hand schon an der Türklinke. »Tut mir Leid, aber ich werde beschäftigt sein«, sagte er. »Auch nachts werden Sie mich nicht erreichen.«

»Sie ruhen sich wohl nie aus, oder?« Czerny versuchte, humorvoll zu klingen, doch der stichelnde Tonfall war unüberhörbar.

Der Beauftragte antwortete nicht. Solche Bemerkungen waren Musik in seinen Ohren. »Auf Wiedersehen, Genossen«, sagte er und ging.

»Auf Wiedersehen zur zweiten Runde«, erwiderte Czerny und reichte Abusch zum Abschied die Hand.

Albert Czerny war unruhig. Er konnte den Komplott förmlich riechen. Noch wusste er nicht, wer daran strickte und gegen wen er sich richtete, doch sein sechster Sinn meldete »Gefahr im Verzug«. Fünf Minuten, nachdem er das Sitzungszimmer verlassen hatte, ging er in eins der unbesetzten Büros und wählte die Nummer der Anwaltskooperative. Emil Butter war nicht da. Sein Gehilfe wusste nicht, wo er war. »Seine Frau hat uns gerade mitgeteilt, dass er schon frühmorgens eine Reise antreten musste, für ein, zwei Tage ... Nein, ich habe keine Ahnung, wohin er gefahren ist.«

Die Sitzplätze im Nord-Süd-Schnellzug waren nummeriert. Butter hatte seinen Platz noch in der Nacht, auf dem Weg vom Bezirksgefängnis nach Hause, reservieren lassen. Als der aufgeregte Gefängnisdirektor Konstantin angerufen hatte, saß Rechtsanwalt Butter bereits in einem Abteil erster Klasse. Die Bezirksstadt lag schon mehr als hundert Kilometer hinter ihm. Er verbarg sein Gesicht hinter den großen Seiten der Parteizeitung und döste.

Die Rechtsanwaltskooperative gestattete Reisen erster Klasse nicht, doch um solche Bagatellen hatte Butter sich noch nie geschert. Strafverfahren und Beratungsgespräche in Sachen Eherecht brachten ihm viel Geld ein. Über diese Dienstleistungen stellte er keine Rechnungen aus. Diebe, Betrüger und Ehemänner, die fremdgingen, waren nie knausrig. Er hatte einen hohen Lebensstandard und hatte, auch was seine persönliche Bequemlichkeit anging, nie gespart. Bei großen Prozessen, und der Prozess gegen Nowak war sein bisher größter, übernahm er die Verteidigung nur zur Selbstbestätigung.

Bevor er das Haus verließ, rief er einen Freund in der Hauptstadt an und bat ihn, Informationen über Rabinowicz einzuholen. Die Reise hatte er bis ins kleinste Detail geplant. Seine erste Station würde das Hotel »Splendid« sein. Der Eintrag in das Gästebuch wäre der erste handfeste Beweis für Liebmanns Geschichte. Trotzdem würde alles von den Zeugen abhängen. Liebmann hielt Bielski für einen Mann mit Prinzipien, der nicht zu bestechen sei. Das war wichtig. Bielski dürfte sich nicht einschüchtern lassen, auch wenn Czerny ihn beim Kreuzverhör in Stücke riss. Am Sonntag würde er in der Hauptstadt mit Rabinowicz reden und ihm eine Bahnfahrkarte im Schlafwagen kaufen. Er würde am Montagmorgen pünktlich zur Wiederaufnahme des Prozesses im Gerichtssaal erscheinen. Er hatte alles geplant. Es lief wie am Schnürchen.

Der Bezirksstaatsanwalt legte den Hörer auf und schloss die Augen. Emil Butters plötzliche Reise konnte man nicht einfach sang- und klanglos hinnehmen. Butter würde Nowak in dieser schweren Stunde nicht allein lassen, es sei denn, er hatte gewusst, dass sie eine Verhandlungspause ausrufen würden. Wenn Butter das vorab wusste, dann musste etwas faul sein. Vermutlich hatte er die ganze Sache inszeniert. Aber wieso?

Ihm gefiel die Sache nicht. Es war mehr als nur verwunderlich, dass auf dem Höhepunkt des Prozesses sowohl der Beauftragte als auch der Verteidiger urplötzlich verschwanden. Waren sie gemeinsam unterwegs? Wenn ja, wohin? Und warum war er nicht eingeweiht worden?

Ungewissheit jagte ihm immer Angst ein. In solchen Situationen brauchte Albert Czerny mehr als sonst Lales Gegenwart. Nur sie konnte ihn von der Anspannung befreien.

Czerny wählte erneut. Dieses Mal rief er in der Staatsanwaltschaft an. Er kannte die Durchwahl zu Lales Büro auswendig. Sie bemerkte sofort den Befehlston. Wenige Minuten später ging sie in sein Büro, um dort auf ihn zu warten. Sie empfing ihn mit einem Lächeln. Er warf ihr einen Blick zu, den sie bei ihren vielen Verabredungen schon oft gesehen hatte. Es war der Blick eines verletzten Tiers, das sich aus einer Falle zu befreien versucht. In seiner Not wollte er sein Leid um jeden Preis auf jemand anderen übertragen. In diesen Momenten wusste sie, dass der Staatsanwalt, dieser mächtige Mann, der die ganze Stadt einschüchterte, im Grunde nur ein erbärmliches und verletzbares Geschöpf war.

Während Lala sich um Czernys zerrüttete Nerven kümmerte, war der Beauftragte auf dem Weg in die Hauptstadt. Konstantin begleitete ihn. Er war ein ausgezeichneter Autofahrer. Der Motor lief auf Hochtouren, und die schwarze Limousine schoss auf der Hauptstraße mit hundertvierzig

Stundenkilometern dahin. Er genoss den Ausblick auf die bewirtschafteten Felder, Wiesen, gepflügte Äcker und lange Furchen mit reifem Roggen. Ein Mosaik aus Grün, Braun und Gold. Von Zeit zu Zeit konnte man Gestalten vorüberhuschen sehen, die auf den Feldern arbeiteten. Sie benutzten veraltete Geräte, und die schwere körperliche Arbeit auf dem undankbaren Boden ließ sie vorzeitig altern.

Seit gut einem Jahr ließ er Pater Viktors Telefon abhören. Ein Mal in der Woche gingen seine Mitarbeiter die Aufzeichnungen durch und legten ihm eine Zusammenfassung vor. Die Ergebnisse waren mager und rechtfertigten keine weiteren Maßnahmen. Doch gestern Nachmittag, einige Stunden nach dem Tumult im Gerichtssaal, legte ihm der zuständige Techniker die Abschrift eines sehr interessanten und aufschlussreichen Gesprächs vor. Er hatte die Zeilen wieder und wieder gelesen. Auch jetzt hatte er die Seiten auf den Knien ausgebreitet und las sie erneut.

Pater Viktor: »Maria?«

Maria Kott (überrascht): »Pater Viktor? Gesegnet sei …«

Pater Viktor: »In alle Ewigkeit. Sind Sie allein?«

Maria Kott: »Ja. Es tut mir Leid, dass ich den Messen in letzter Zeit ferngeblieben bin.«

Pater Viktor (betonend): »Und den Beichten.«

Maria Kott: »Ich weiß, es ist falsch.«

Pater Viktor: »Der gütige Vater vergibt uns unsere Sünden. Doch ich rufe nicht deshalb an. Es ist wegen Nowak.«

Maria Kott: »Haben Sie gehört, was heute passiert ist? Glauben Sie, mein Vater, das ist die Strafe für ein Leben in Sünde?«

Pater Viktor: »Nowak lebt nicht in Sünde, Maria. Sie sündigen. Doch ich will Sie nicht rügen. Der gütige Vater hat sogar Judas, dem Verräter, vergeben. Er hat uns Vergebung und Liebe gelehrt. Wenn Sie Nowak wirklich lieben, können Sie sein Leben und auch seine Seele retten.«

Maria Kott: »Sie sprechen in Rätseln, mein Vater.«

Pater Viktor: »Gleich werden Sie alles verstehen. Erinnern Sie sich, dass ich auf einen Fehleintrag bei seinen persönlichen Daten gestoßen bin? Nun, ich muss gestehen, dass mir dieser Fehler keine Ruhe ließ. Es kommt nicht alle Tage vor, dass jemand den Namen seiner Mutter falsch angibt.«

Maria Kott: »Rudolf hat mir erklärt …«

Pater Viktor: »Ich habe meine Kollegen um Hilfe gebeten, um mehr über Rudolf Nowak zu erfahren. Um ehrlich zu sein, bin ich davon ausgegangen, dass Sie die Wahrheit kennen und vor mir verbergen, Sie sich vielleicht deshalb von der Kirche fern halten.«

Maria Kott: »Ich verstehe nicht, worauf Sie hinauswollen, mein Vater.«

Pater Viktor: »Nachdem Sie mit Herrn Nowak über den Fehleintrag geredet haben, ist er in seine Heimatstadt gefahren. Wussten Sie das?«

Maria Kott: »Nein.«

Pater Viktor: »Nun, Ihr Untermieter hat sich dort an unsere Kirche gewandt. Er hat sich als Bruder von Rudolf Nowak vorgestellt und den Pater um eine Kopie der Geburtsurkunde und des Taufscheins seines Bruders gebeten. Er wollte zudem das Stammbuch der Familie einsehen. Doch Rudolf Nowak hat gar keinen Bruder, und mein Amtskollege wusste sofort, dass der Mann einen Vorwand benutzte. Er war in Sorge. Er vermutete einen Hinterhalt der Behörden und bat den Erzbischof um Rat. Der Erzbischof hat sich an mich gewandt, und so hat sich der Kreis geschlossen. Ich habe begriffen, dass Ihr Mann und Rudolf Nowak zwei verschiedene Personen sind. Ich weiß jedoch nicht, wer er wirklich ist.«

Maria Kott (trocken): »Auch ich weiß es nicht, mein Vater.«

Pater Viktor: »Sicherlich gibt es einen guten Grund, warum er seine wahre Identität verschweigt. Ich habe die Vorgänge im Gerichtssaal im Radio verfolgt und von dem Tumult gehört. Ich glaube, wir werden schon bald erfahren, welchen Grund er hat. Doch in der Zwischenzeit können Sie mir helfen. Heute Abend werde ich auf dem kleinen Altar einen brauen Umschlag liegen lassen. Darin finden Sie Rudolf Nowaks offizielle Dokumente sowie eine notarielle Bescheinigung, dass Rudolf Nowak als vermisst gilt. Er ist irgendwo in den Kriegswirren verschollen gegangen. Wenn diese Dokumente tatsächlich helfen, ihn vor dem Galgen zu retten, dann können Sie die Quelle preisgeben. Vielleicht wird Gott es fügen, und er findet seinen Weg zur Kirche.«

Maria Kott (erstickte Stimme): »Das brauchen Sie nicht zu tun, mein Vater. Ich werde den Umschlag nicht abholen.«

Pater Viktor (erstaunt): »Sie werden nicht kommen?«

Maria Kott: »Sie haben mich gehört. Ich kann den Umschlag nicht abholen.«

Pater Viktor: »Können Sie mir wenigstens erklären, warum? Schließlich handelt es sich um das Leben eines Unschuldigen.«

Maria Kott: »Ich fürchte, Sie werden es nicht verstehen. Er hat die ganze Welt betrogen. Damit wird er selbst fertig werden müssen. Doch auch mich hat er betrogen. Ich kann ihm nicht verzeihen.«

Pater Viktor: »Hat Paulus vielleicht nicht zu den Korinthern gesagt: ›Christus ist für unsere Sünden gestorben‹?«

Maria Kott: »Ich bin keine Heilige, mein Vater. Ich bin aus Fleisch und Blut.«

Pater Viktor: »Dann werde ich die Dokumente seinem

Verteidiger übergeben. Er wird wissen, was zu tun ist. Doch meiner Ansicht nach wäre es besser ... Hören Sie mich? Hallo? Maria? Maria? ...«

Der Beauftragte faltete die Abschrift zusammen und steckte sie in die Tasche seines Jacketts. Maria Kotts Verbitterung amüsierte ihn. Wenn sie die Wahrheit wüsste, würde sie sich nicht nur von Nowak distanzieren, sondern zudem ekeln. Der Beauftragte wusste etwas, das Maria Kott niemals öffentlich eingestanden hätte: Sie verabscheute Juden.

Ein messerscharfes Lächeln erschien auf seinen Lippen. Was ganz unwahrscheinlich schien, war die Lösung des Rätsels. Wenn der Pater sich weiter einmischen würde, könnte er Entdeckungen machen, die nicht für seine Augen und Ohren bestimmt waren. Er musste schnell und umsichtig handeln.

Der schwarze ZIL passierte die Vororte der Hauptstadt, verlangsamte die Fahrt und reihte sich in den Stadtverkehr ein.

»Zum Präsidium der Kriminalpolizei?«, wollte Konstantin wissen.

»Ja.« Der Beauftragte blickte auf seine Uhr. »Und fahren Sie schneller, wir haben eine Viertelstunde Verspätung.«

Der Leiter des Erkennungsdienstes hatte sich über die ungewöhnliche Anfrage gewundert. Was für ein Interesse konnte die Staatssicherheit an dieser Selbstmordakte haben, die im Archiv der Polizei bereits Staub angesetzt hatte? Was war an dem Fall so wichtig, dass der Bezirksbeauftragte sie einsehen wollte? Seine Fragen blieben unbeantwortet. Ein hoher Funktionär hatte ihn angewiesen, dem Beauftragten jedes gewünschte Dokument zur Verfügung zu stellen und sich nicht in die Angelegenheit einzumischen. Der Funktionär forderte: »Stellen Sie ihm bitte ein separates Zimmer zur Verfügung und bringen Sie ihm alle relevanten Dokumente und Fotos. Er möchte jedes Informationsbruchstück sehen. Einfach alles, was bei dieser Ermittlung gesammelt wurde.« Der Leiter der Abteilung hatte sich verpflichtet, dem nachzukommen. Als der Beauftragte und sein Begleiter eintrafen, führte er sie unverzüglich in ein Lesezimmer mit Projektor und sagte:

»In den Kartons dort an der Wand finden Sie das gesamte relevante Material.«

Der Beauftragte machte sich nicht die Mühe, ihm zu danken. Nachdem der Abteilungsleiter gegangen war, zog er sein Jackett aus, löste den Knoten der Krawatte und setzte sich an den Tisch. Er benahm sich, als sei er der Herr im Hause.

Den Besuch in der Abteilung des Erkennungsdienstes der Kripo hatte er sofort nach seinem ersten Gespräch mit Monika Ross geplant. Monika Ross hatte Zweifel an Regina Nowaks Selbstmord geäußert. Inzwischen glaubte auch er, dass Rudolf Nowak etwas mit ihrem Tod zu tun haben könnte. Ihm war nicht klar, welche Rolle Nowak dabei gespielt hatte. Es war eher Intuition denn Gewissheit. Doch der Beauftragte verließ sich auch auf seine Eingebungen. Schließlich sagte man nicht umsonst, er habe die Nase eines Spürhundes. Er wollte, dass selbst der allerkleinsten Information nachgegangen wird. Auf keinen Fall durften solche Informationen, wenn sie tatsächlich existierten, in fremde Hände geraten. Deshalb war er persönlich angereist und nahm nur Konstantin mit, auf den er sich hundertprozentig verlassen konnte.

In der Zwischenzeit hatte Konstantin den ersten Pappkarton herbeigeschafft und Dutzende von Seiten, Heftern und Fotos herausgefischt. Sie ordneten die Dokumente auf dem Tisch. Da war ein nachrichtendienstlicher Bericht über Regina Nowak, Vernehmungsprotokolle der Nachbarn, eine Bescheinigung des Pathologen, Fotos von der auf dem Badezimmerboden liegenden Regina Nowak sowie ein Packen Briefe und Postkarten, die man aus ihrer Wohnung mitgenommen hatte. Konstantin ordnete die Dokumente chronologisch: Der Bericht der Polizeistation mit der Meldung des Dienst habenden Polizisten über den Fund der Leiche. Die Handschrift war nur schwer zu entziffern. Es war vermerkt worden, dass Regina Nowak »ohne Lebenszeichen« entdeckt wurde. Der Beauftragte war wütend, weil der Name des Polizisten, der die Leiche gefunden hatte, nicht vermerkt war. Zudem war nicht angegeben, ob er telefonisch Meldung gemacht hatte oder dafür zur Polizeistation zurückgekehrt war.

»Schlampige Arbeit«, murmelte der Beauftragte.

»Es war halt nur eine verrückte Frau. Man hat dem Fall keine Bedeutung beigemessen«, merkte Konstantin an.

»Der Teufel steckt im Detail. Das lernt man auf jeder Polizeischule.«

»Auf welche Schule beziehen Sie sich, Genosse? Sehen Sie sich doch einmal diese Handschrift an. Der Polizist hat im besten Fall die sechste Volksschulklasse abgeschlossen.«

Unvermittelt platzte der Beauftragte heraus: »Wann genau ist Regina Nowak gestorben?«

Konstantin schaute die Papiere durch und fand die Angabe.

»Das war ein großer Tag im Leben des Rudolf Nowak«, sagte der Beauftragte.

Konstantin stellte keine Fragen. Der Beauftragte wich von seiner Gewohnheit ab und erklärte:

»An ihrem Todestag war Rudolf Nowak in der Hauptstadt. Er hat damals den Minister für Schwerindustrie getroffen, um seine Ernennung zum Generaldirektor der ›Roten-Fahne-Werke‹ zu erhalten. Hajut hatte das eingefädelt. Nach der Unterredung mit dem Minister hatte Nowak einen

Termin mit dem Leiter der Abteilung für Versorgung im Verteidigungsministerium. Am Abend zuvor hat er die Premiere der Tanzoper ›Roter Mohn‹ gesehen. Der Minister für Schwerindustrie hatte ihm eine Einladung zugeschickt. Zwischen der Vorstellung und den Terminen hätte er genügend Zeit gehabt, Frau Nowak zu besuchen. Sie ist durch eine Gasvergiftung gestorben, nicht wahr?«

»Ja. Der Boiler in ihrem Bad war undicht, oder so. Hier steht, dass auch die Möglichkeit eines Unfalls nicht auszuschließen sei. Die Frau war betrunken.«

»Hat man einen Experten geschickt? Hat jemand untersucht, warum der Boiler undicht war?«

»Darüber steht hier nichts.«

»Erneut schlampige Arbeit«, regte sich der Beauftragte auf. »Und diese Frau, was war mit ihr? Hat sie sich immer allein betrunken?«

»Anscheinend ja. So steht es zumindest in dem Gutachten. Hier fehlt die Unterschrift. Keine Ahnung, wer es angefertigt hat. In dem Protokoll heißt es hingegen ausdrücklich, dass in der Küche eine Flasche Schnaps und zwei Gläser gefunden wurden.«

»Steht dort – zwei Gläser?«

»Ja.«

»Haben Sie schon einmal jemand gesehen, der gleichzeitig aus zwei Gläsern trinkt?«

»Vielleicht hat ihr jemand Gesellschaft geleistet?«

»Alle Ehre, Kostia. Zeigen Sie mir das Dokument.«

Er hatte ihn noch nie »Kostia« genannt. Mit diesem Spitznamen redeten ihn nur engste Freunde an. Der Beauftragte achtete immer auf Korrektheit. Jetzt nahm er Konstantin die Blätter des Protokolls aus der Hand und begann zu lesen. Als er fertig war, wirkte er erneut verärgert.

»Diese Bastarde waren einfach nur faul. Die Ermittler haben sich noch nicht einmal herauszufinden bemüht, wer ihr Gesellschaft geleistet haben könnte.«

»Der Fall war die Mühe nicht wert«, merkte Konstantin nochmals an. »Selbst wenn sie herausgefunden hätten, dass jemand die Finger im Spiel hatte, hätten sie kein Verdienstkreuz für die Ergreifung des Mörders einer besoffenen Alten bekommen.«

Der Beauftragte starrte auf eines der Fotos.

»Sie war nicht alt. Und auch als Leiche sieht sie noch ganz passabel aus. Liegen Analysen der Fingerabdrücke vor?«

»Ja. Es gibt einen Bericht der Abteilung für Daktyloskopie.«

»Endlich etwas Brauchbares. Was steht darin?«

»Nur auf den Gläsern wurden Fingerabdrücke gefunden. Von Regina Nowak und einem unbekannten Mann. Die des Mannes fanden sich auch auf dem Lichtschalter im Bad. Sie sind nicht in der Kartei registriert. Der Mann scheint keine kriminelle Vergangenheit zu haben.«

Der Beauftragte legte die Stirn in Falten. »Wo wurde die Leiche gefunden?«

»Das habe ich doch schon gesagt: im Bad.«

Der Beauftragte nickte zufrieden und nahm aus seiner Ledertasche die Unterlagen mit Rudolf Nowaks Fingerabdrücken. Er trennte den oberen Teil des Blatts, auf dem der Name des Häftlings stand, ab und gab den unteren Teil Konstantin.

»Lassen Sie die Fingerabdrücke vergleichen. Und machen Sie diesen Faulpelzen ein bisschen Dampf unterm Hintern.«

Konstantin nahm die Unterlagen und ging. Der Beauftragte blieb allein im Zimmer und vertiefte sich in Regina

Nowaks Lebensgeschichte. Die Ermittler hatten keinen Übereifer an den Tag gelegt. Der Bericht war stark gerafft und oberflächlich. Er war verärgert. Nirgendwo war vermerkt, dass diese Frau mit einem Nazi-Kollaborateur verheiratet war. Hatten die Ermittler davon gewusst und es vorgezogen, dieses Detail zu unterschlagen? Bei Verdacht auf politische Verbrechen musste die Kriminalpolizei die Staatssicherheit einschalten. Wenn sich die politische Polizei einer Sache annahm, dann gab es kein Faulenzen mehr. Die Agenten scheuchten die Polizisten umher und machten ihnen das Leben schwer. Es war also kein Wunder, dass sie solche Beweise lieber unterschlugen.

Konstantin kam nach einer Viertelstunde zurück. Er hatte gute Nachrichten. »Wie zwei Tropfen Wasser«, platzte er heraus und zeigte dem Beauftragten die Untersuchungsergebnisse. Er blickte ihn voller Wertschätzung an.

»Jetzt wissen wir, dass Rudolf Nowak vermutlich für den Tod von Regina Nowak verantwortlich ist. Zumindest hat er ihr in den letzten Momenten Gesellschaft geleistet. Jeder Richter würde ihn wegen Mordes verurteilen.«

»Was werden Sie mit ihm machen? Wollen Sie ihn zweimal erhängen?«

»Keineswegs! Uns liegen zwei Verbrechen vor, also finden wir auch zwei Schuldige«, sagte der Beauftragte ohne weitere Erläuterungen. Er wies Konstantin an, die Papiere und Fotos einzusammeln, sie in den Pappkartons zu verstauen und ins Auto zu bringen.

Sie waren schon im Gehen begriffen, als das Telefon im Zimmer klingelte. Der Beauftragte nahm ab. »Genosse Beauftragter«, sagte der Mann in der Telefonzentrale der Polizeistation, »Sie haben ein Gespräch aus Ihrem Bezirk. Es sei dringend. Soll ich durchstellen?«

»Ja«, antwortete der Beauftragte. Einer seiner Mitarbeiter war in der Leitung, ein Major.

»Vor einigen Minuten haben wir die Aufzeichnungen aus Nowaks Zelle abgehört«, berichtete er aufgeregt. »Ich werde Ihnen gleich den Inhalt vorlesen. Ich wollte nur vorausschicken, dass Butter verschwunden ist, und der Bezirksstaatsanwalt ist in Panik verfallen.«

»Das ist nichts Neues, er ist immer in Panik. Gibt die Aufzeichnung etwas her?«

Der Major las die Aufzeichnung des nächtlichen Gesprächs zwischen Nowak und Butter vor. Der Beauftragte hörte aufmerksam zu und sagte zum Schluss ruhig: »Schreiben Sie meine Anweisungen auf.« Es dauerte zwanzig Minuten, bis er seinem Mann erklärt hatte, wie und wann er was zu tun habe.

Rechtsanwalt Butter mochte den Anblick nicht. Das Hotel »Splendid« war zwar neu verputzt und der Eingang mit Marmor verkleidet worden, doch im Grunde war die Erscheinung des Gebäudes seit Kriegsende unverändert geblieben. Das »Splendid«, die Königin der alten Hotels, war zwar aufgemöbelt worden, wirkte aber dennoch abgenutzt und schäbig. Der auf den Treppenstufen verlegte Teppich war verblichen. Nur mit viel Fantasie konnte man sich die ursprüngliche Intensität der Purpurfarbe vorstellen. Butter ging zur Rezeption.

»Guten Tag«, sagte er.

»Guten Tag«, erwiderte der Angestellte gleichgültig. Butter hielt ein Bündel Geldscheine in der Hand. Er hielt sie dem Angestellten wie einen geöffneten Fächer unter die Nase. Der Hotelbedienstete war mittleren Alters, unrasiert und wirkte desinteressiert. Beim Anblick der Geldscheine war seine Gleichgültigkeit verschwunden. »Wie kann ich Ihnen helfen, mein Herr?«, fragte er. Butter legte einen Schein auf den Tresen. Der Angestellte ließ ihn in eine offene Schublade gleiten und sagte, auf Abstand gehend:

»Ich hoffe, es ist nichts, was gegen das Gesetz verstößt.«

»Keine Sorge«, beruhigte Butter ihn. »Ich möchte Ihnen lediglich einige Fragen stellen. Ich bin kein Polizist.«

»Ich weiß.«

»Wie wollen Sie das wissen?«

»Polizisten müssen für meine Auskünfte nicht zahlen.«

»Sie gefallen mir. Es ist angenehm, sich mit einem klugen Mann zu unterhalten.«

»Weise Männer haben ihren Preis«, schmunzelte der Angestellte.

»Der berüchtigte Wink mit dem Zaunpfahl. Aber für eine zufrieden stellende Dienstleistung zahle ich gerne. Wenn ich die gewünschte Auskunft erhalte, bekommen Sie den Rest der Scheine.«

»Service ist unser Motto.«

»Seit wann arbeiten Sie hier?«

»Seit der Eröffnung. Manchmal scheint mir, dass ich in diesem Loch geboren wurde und hier auch sterben werde.«

»Also haben Sie hier gearbeitet, als in der Stadt noch das Amt für Heimkehrer betrieben wurde?«

»Sicher. Viele Rückkehrer haben bei uns die erste Nacht in der Heimat verbracht.«

»Sie erinnern sich also an die Rückkehrer?«

»Vielleicht ja, vielleicht nein. Es waren sehr viele.«

»Ich möchte gerne das damalige Gästebuch einsehen.«

»Das Gästebuch? Warum?«, fragte der Angestellte misstrauisch.

»Mich interessiert, wann genau der Bürger Itzhak Liebmann in Ihrem Hotel übernachtet hat. Er kam aus Österreich und hat sich mit einem Entlassungsschein aus den Lagern der Nazis ausgewiesen.«

»Ein Mann namens Liebmann hat bei uns nicht übernachtet.«

»Die Antwort kam aber wie aus der Pistole geschossen. Ich vertraue auf Ihr Gedächtnis, dennoch: Kontrolle ist besser.« Butter legte noch zwei Scheine auf den Tisch. Sie verschwanden ebenso rasch wie der erste in der aufgezogenen Schublade. Butter bewunderte die Geschicklichkeit des Mannes.

»Die alten Gästebücher werden Ihnen nicht viel nützen.« Der Angestellte gab ihm ein Zeichen, näher zu kommen und sich über den Tisch zu lehnen.

»Sie wissen doch, wie das ist: Wer kann den Monat nur mit dem Gehalt bestreiten? Wissen Sie, wie viel ich hier verdiene? Pfennige. Folglich muss man für einen kleinen Nebenverdienst sorgen. Die Rückkehrer waren mit den Gepflogenheiten der Eintragung nicht vertraut. Wir haben sie nicht in das Gästebuch eingetragen. Während des Nachtdienstes war das am einfachsten. Der Nachtportier nahm den Reisepass des Bürgers an sich, um so zu tun, als würde er die Angaben später ins Gästebuch eintragen. Wir haben die Reisepässe oder irgendein anderes Ausweisdokument allerdings nur zwischen die Seiten des Gästebuchs gelegt. Wenn bis zur Abreise des Gastes keine Kontrolle stattgefunden hatte, haben wir nichts mehr eingetragen und auch keine Rechnung ausgestellt. Der Gast reiste ab, und aus unserer Sicht hatte er das Hotel nie betreten. Einmal in der Woche haben wir diese Einkünfte aufgeteilt. Jeder hat, entsprechend seiner Position, etwas bekommen. Der Löwenanteil ging immer an den Direktor. Wir haben gearbeitet, und er hat die Hand aufgehalten.

Es gibt keine Gerechtigkeit auf Erden. Aber was soll man machen, so ist das nun einmal. Innerhalb eines Jahres haben bei uns Hunderte Rückkehrer ein Zimmer für eine Nacht genommen, aber im Gästebuch werden Sie kaum zwanzig, im besten Fall dreißig Namen finden.«

»Danke«, sagte Butter und legte noch einen Schein auf den Tisch. »Das war nicht die Auskunft, die ich hören wollte.«

Butter war enttäuscht. Welchen Nutzen hätte es, diesen Dieb in den Zeugenstand zu zerren? Es wäre sinnlos. Er entschied, eine Nacht in dem Hotel zu bleiben. Am kommenden Morgen wollte er zu Bielski fahren.

»Geben Sie mir ein anständiges Zimmer«, bat er den Rezeptionsangestellten. »Und übrigens, Sie brauchen mich nicht einzutragen. Ich benötige keine Rechnung.«

Der Angestellte lächelte verständnisvoll. »Ich brauche nur Ihren Ausweis, für den Fall einer Kontrolle. Sie wissen ja.«

Butter hinterließ seinen Ausweis, nahm den Schlüssel und ging auf das Zimmer. Es war vernachlässigt, nur spärlich möbliert, in der Wanne bröckelte die Emailleschicht ab und die Bettwäsche sah nicht sauber aus. Es war nicht das erste Provinzhotel, in dem er übernachtete. Ihm war nur wichtig, hier übernachten zu können, ohne Spuren zu hinterlassen.

Der Bedienstete an der Rezeption untersuchte Butters Ausweis, schrieb die Angaben auf einen Zettel und wählte eine Nummer, die er auswendig kannte. In schlichten und deutlichen Worten schilderte er dem Dienst habenden Offizier der städtischen Polizeistation das ungewöhnliche Interesse dieses Gastes von außerhalb. »Schon als dieser Mann die erste Frage stellte, kam er mir verdächtig vor«, sagte er. »Das haben Sie richtig gemacht, Genosse«, erwiderte der

Dienst habende Polizist und legte den Hörer auf. Das wusste der Angestellte. Er wollte keinen Ärger.

Die Fahrt in Bielskis Stadt dauerte drei Stunden. Es war eine entlegene Kleinstadt. Sie lag im sanften Licht der Vormittagssonne, die Straßen waren mit kleinen Wackersteinen gepflastert und die Häuser, die im Krieg nicht zerstört worden waren, zeugten von den »guten alten Tagen«. Wie in jedem Ort des Landes war die Hauptstraße nach Stalin benannt. Die zweitwichtigste Straße hieß selbstverständlich »Straße des Ersten Mai«. Da es im Ort keine öffentlichen Verkehrsmittel gab, nahm er eine Pferdekutsche. Er gab die Adresse an. »Das ist das Haus von Therese Bielski, nicht wahr?«, fragte der Kutscher. »Kennen Sie sie?« – »Natürlich kenne ich sie. Karol hat bei ihr gewohnt. Karol Bielski ist mein bester Freund. Er ist mit allen gut befreundet. Erst gestern haben wir zusammen beim ›Humpelnden Josef‹ ein Bier getrunken. Waren Sie schon einmal in unserem Wirtshaus? Nein? Sollten Sie aber, mein Herr. Ein Muss. Es ist eine private Kneipe. Mir ist völlig schleierhaft, warum sie noch nicht geschlossen wurde. Privatinitiative ist heute nicht gerade in Mode. Es heißt, sie wollen sogar unsere Kutschen verstaatlichen. Sie streichen dann das Fahrgeld ein, und wir müssen die Pferde füttern. So ist das jetzt. Volksdemokratie nennen sie das ...« Der Kutscher zog die Zügel an und brachte die Pferde zum Stehen. Sie standen vor einem zweistöckigen Haus, das weiß gestrichen war und braune Holzfensterläden hatte. »Da sind wir, mein Herr. Geben Sie mir einen Zehner und unsere Wege trennen sich.«

Therese Bielski war Erdkundelehrerin an der Oberschule. Für gewöhnlich war sie mit dem Unterricht in den frühen Nachmittagsstunden fertig, doch heute machte sie ihre Einkäufe und kam erst später nach Hause. Montags und freitags erhielt der Schlachter Fleisch, und die Schlange war lang. Einkäufe auf dem Schwarzmarkt konnte sie sich nicht leisten.

Das erfuhr Butter von einem redseligen Nachbarn. Doch dieser bewanderte Mann hatte keine Ahnung, wo ihr Bruder war. »Vielleicht beim ›Humpelnden Josef‹«, vermutete er. Butter setzte sich auf die Steinmauer und wartete geduldig. In der Stadt nannte man das Haus »die Villa der Familie Bielski«, doch im Grunde war es eine eher bescheidene Behausung: zwei Zimmer mit Küche im Erdgeschoss und noch ein großes Zimmer unter dem Dach. Kein fließend Wasser. Im Garten war ein Ziehbrunnen. Butter sah Therese näher kommen. Sie trug einen Einkaufskorb, der mit Papierpäckchen gefüllt war. Er ging ihr entgegen. Therese Bielski hatte sofort erfasst, dass er auf sie wartete, bat ihn herein und sagte, noch bevor sie aufgeschlossen hatte, er solle sich »wie zu Hause fühlen«. Den Einkaufskorb stellte sie in der Küche ab. Erst dann erkundigte sie sich nach dem Grund seines Besuchs. Sie war eine große, stämmige Frau. Butter fiel ein, wie Liebmann Bielski beschrieben hatte. Die Geschwister hatten offensichtlich einige Gemeinsamkeiten. Das war zwar kein großes Kompliment für die Frau des Hauses, doch zum Glück konnte sie seine Gedanken nicht lesen. Sie bot ihm eine Tasse Tee an.

»Ich habe leider keinen Schnaps im Haus«, entschuldigte sie sich. »Mein Bruder hat vor seiner Abreise die letzte Flasche geleert.«

»Ihr Bruder Karol?«, fragte Butter. Ihn befiel eine ungute Vorahnung.

»Ja. Kennen Sie ihn?«

Nein, antwortete er, er würde ihn nicht kennen, wolle jedoch unbedingt und jetzt sofort seine Bekanntschaft machen. Butter offenbarte ihr, warum er in Eile war.

Sie unterbrach ihn nicht. Am Ende seiner Erzählung sagte sie: »Ich fürchte, Sie enttäuschen zu müssen. Mein Bruder ist nicht mehr im Land. Wenn Sie nach oben gehen, können Sie sich ansehen, welches Chaos er zurückgelassen hat. Die halbe Nacht hat er gepackt und ist um vier Uhr in der Früh aufgebrochen.«

»Aufgebrochen? Wohin? Wann kommt er wieder?«

»Das sind viel zu viele Fragen auf einmal, mein Herr. Er ist in die Schweiz gereist. Ich habe seine Adresse, wenn Sie daran interessiert sind.« Therese kramte in ihrer Geldbörse, holte einen länglichen Umschlag hervor und sagte: »Da ist sie. Hier steht: Bei Gertrud Schmeilze, Lorendorf, Kanton Schaffhausen.«

Butter wurde bleich. »Erzählen Sie mir mehr«, bat er.

»Das ist eine lange Geschichte. Ich weiß noch nicht einmal, wo ich anfangen soll.«

»Erzählen Sie von Anfang an.«

»Zunächst der Tee. Ich werde Sie doch nicht auf dem Trockenen sitzen lassen. Sie sind mit dem Autobus gekommen?«

»Lassen Sie uns auf den Tee verzichten. Die Sache ist mir sehr wichtig.«

»Wie Sie wollen.« Therese setzte sich auf einen Stuhl, zog die Schuhe aus und entschuldigte sich wieder: »Die Schuhe drücken ... Sie wollen also tatsächlich die ganze Geschichte hören? Wozu soll das gut sein, wenn Karol ohnehin nicht mehr da ist? Er hat diesen Mann nie erwähnt. Wie, sagten Sie, heißt er doch gleich?«

»Itzhak Liebmann.«

»Ein Jude, wie?«

»Ein Jude.«

»Ich kann die nicht so recht leiden. Bei denen ist nichts

geradeaus, sondern immer alles um drei Ecken herum. Aber nicht Karol. Er kommt mit jedem aus, alle mögen ihn. Das heißt alle, außer die Behörden. Seit seiner Rückkehr kam er nicht mit den Ämtern zurecht. Er schaut gerne mal ins Glas. Wenn er einen über den Durst trinkt, dann sagt Karol das, was andere sich kaum zu denken trauen. Deshalb hat er keine gute Anstellung bekommen, und auch die Ausreise wurde ihm verweigert. Zwei Jahre hat er sich vergeblich darum bemüht.«

»Warum eine Ausreiseerlaubnis?«

»Während des Weltkrieges hat mein Bruder auf einem Bauernhof in der Schweiz gearbeitet. Es ist eine sehr persönliche Angelegenheit. Die Umstände sind nicht von Bedeutung, aber so viel kann ich Ihnen verraten: Ihm wurde dort ein Sohn geboren. Die Mutter war verheiratet … Nein, nicht mit Karol. Er hat die Schweiz verlassen, kurz nachdem sie schwanger geworden war. Sie hat ihm dann in einem Brief mitgeteilt, dass er einen Sohn hat. Karol hat ihr viel geschrieben, aber nie eine Antwort bekommen. Später, das war einundfünfzig, vielleicht auch zweiundfünfzig, ich kann mich nicht genau entsinnen, kam plötzlich doch ein Brief. Sie schrieb, ihr Ehemann sei gestorben, das Kind bräuchte einen Vater und der Bauernhof könnte einen Mann vertragen. Karol hat hier nie seinen Platz gefunden. Wir haben zusammen gewohnt, denn das Haus haben wir von unseren Eltern geerbt. Ansonsten hielt ihn nichts in der Stadt, abgesehen vom Schnaps, versteht sich. Ich glaube, er fand ihr Angebot sehr verlockend. Als er eine Reisegenehmigung beantragte, hat man sich im Innenministerium über ihn lustig gemacht.

Er hat mir nie gesagt, ob er diese Schweizer Bäuerin überhaupt liebt. Ich habe nicht den Mut gefunden, ihn danach zu fragen. Wir stehen uns sehr nahe, aber das Thema war tabu.

Wie auch immer, sie schrieben sich oft. Die Witwe hat in der Schweiz eine Aufenthaltsgenehmigung für ihn beantragt. Eines Tages teilte er mir dann mit, dass er sie heiraten wolle. Aber die Behörden ... Sein Antrag wurde zehnmal abgelehnt. Man hätte meinen können, ohne ihn wäre die Wirtschaft des ganzen Landes zusammengebrochen. Er hat in der Abteilung für öffentliche Gartenanlagen gearbeitet. Sehen Sie unseren Garten am Haus? Das ist sein Werk. Er arbeitete gerne im Freien und auf dem Feld. Vielleicht ist sein Platz tatsächlich auf einem Bauernhof, bei einer Frau, die jedes Jahr ein Kind wirft ... Entschuldigung, das war überflüssig. Es ist mir nur so herausgerutscht, weil ich traurig bin. Ich habe mich noch nicht daran gewöhnt, dass er weg ist ... Einmal haben die Behörden angedeutet, ihm die Ausreise zu gestatten, wenn er ›dem Vaterland in der Schweiz dienen würde‹. Ich habe ihm gesagt: ›Schlage ein, was interessiert es dich? Wenn du weg bist, können die sich auf den Kopf stellen.‹ Aber Karol wollte das nicht. Der Dummkopf. Er ist ein aufrichtiger Mann. Doch für Aufrichtigkeit wird man selten belohnt. Also blieb er hier. Ich dachte, er hätte sich damit abgefunden. Die Bäuerin würde sich sicherlich einen weniger problematischen Mann suchen. Aber nein, anscheinend hat mein Bruder etwas, was andere Männer nicht haben.«

»Das liegt in der Familie«, lächelte Butter.

»Danke, aber wie Sie sehen, habe ich nicht geheiratet. Vor allem wegen Karol. Er hätte keinen zweiten Mann im Haus ertragen.«

»Er ist also doch in die Schweiz gereist? Ist er illegal über die Grenze?«

»Nein, wieso? Wissen Sie, wie es an der Grenze aussieht? Stacheldraht, Minenfelder, Grenzpolizei und abgerichtete Spürhunde. Man sagt uns, dass wir im sozialistischen Paradies leben und die Menschen im Westen elendig verhungern. Wenn das stimmt, warum sperrt man uns dann hier ein? Egal, das gehört nicht hierher. Gestern standen plötzlich zwei Männer vor unserer Tür. Sie wollten mit Karol unter vier Augen reden ...«

»... und man hat ihm gesagt, sofort zur Polizei zu gehen und seinen Reisepass abzuholen«, vervollständigte Butter ihren Satz.

»Sie liegen fast richtig, im Grunde war es sogar noch viel abstruser. Die beiden Männer hielten ihm seinen Reisepass mit Foto und Ausreisegenehmigung unter die Nase. Sie wünschten ihm eine gute Fahrt. Karol hat sich noch nicht einmal bei ihnen bedankt, denn vor lauter Aufregung war er sprachlos. Sie wollten nur seine Schweizer Aufenthaltsgenehmigung sehen. Sie haben ihn in die nächste Bezirksstadt mitgenommen und dort in den Zug gesetzt. Er wollte sich von seinen Freunden verabschieden, doch die Ausreisegenehmigung war nur bis zum Morgen gültig. Es tut mir Leid, mein Herr. Er hat den Schnellzug um vier Uhr dreißig genommen.«

»Auch mir tut es Leid«, sagte Butter. »Und wenn Sie Ihrem Bruder schreiben, ist es besser, meinen Besuch nicht zu erwähnen.«

Erst jetzt realisierte er seinen Fehler. Man hatte ihr Gespräch tatsächlich aufgezeichnet. Der Beauftragte war ihm zuvorgekommen. Wie hatte er, der erfahrene Rechtsanwalt, so unvorsichtig sein können? Vermutlich hatte er die Vorsichtsmaßregeln vor lauter Aufregung vergessen. Jetzt blieb nur noch Rabinowicz. Den konnten sie nicht ins Ausland abschieben. Sie würden versuchen, ihn einzuschüchtern oder zu bestechen. Butter vertraute jedoch auf seine Überzeugungskraft. Rabinowicz wäre ein fabelhafter Zeuge. Er hatte Liebmanns Eltern gekannt, Itzhak Liebmann aufwachsen sehen und lange vor dem Prozess wieder getroffen. Und er war Jude.

Butter brauchte fast die ganze Nacht, um per Zug in die Hauptstadt zu gelangen. Rabinowicz wohnte in einem heruntergekommenen Haus. Im Treppenhaus stank es nach Urin, und am Fahrstuhl hing ein Zettel »kaputt«. Butter stieg gemächlich die Treppen hinauf. Er blieb immer wieder stehen, um Luft zu holen und die Namen an den Türen zu lesen. Um die Menschen, die in diesem Stadtviertel lebten, kümmerten sich die Behörden nicht. Sie hatten kein Anrecht auf Genossenschaftswohnungen. Butter kannte diese Schicht Bürger zweiter Klasse und wusste, dass sich hinter den verschlossenen Türen oftmals großer Reichtum verbarg. Hier lebten Schwarzmarkthändler, halblegale Kleinhändler und illegal tätige Handwerker mit kleinen Betrieben, die von der Propaganda als »Schmarotzer« bezeichnet wurden. Sie machten ein Vermögen, weil die staatliche Wirtschaft nicht in der Lage war, die grundlegendsten Dienstleistungen zu gewährleisten.

An einer schäbigen Tür im fünften Stock stand kein Name. Butter klingelte. Als die Tür zögerlich und mit vorgehängter Kette geöffnet wurde, sah er nur eine lange Nase und ein verängstigtes Paar Augen.

»Wen suchen Sie?«

»Sind Sie Herr Ribo?«

»Nein. In welcher Sache?«

»Ich soll Grüße von Itzhak Liebmann überbringen.«

Die Tür wurde geschlossen. Butter hörte, wie die Kette ausgehängt wurde.

»Kommen Sie bitte herein. Wer sind Sie?«

»Das habe ich bereits gesagt, ein Freund von Itzhak.«

Das Misstrauen in Rabinowicz' Augen war verflogen. Butter wunderte sich nicht, in der Wohnung Antiquitäten, Perserteppiche und Gemälde namhafter Künstler zu entdecken.

»Ich heiße Emil Butter. Ich bin Rechtsanwalt.«

»Sehr angenehm.« Rabinowicz nickte. »Ich wusste, dass Itzhak sein Versprechen hält. Es ist zwar viel Zeit vergangen, aber er hat es nicht vergessen. Ich schätze das sehr. Allerdings bin ich in der Zwischenzeit schon allein zurechtgekommen. Ich bin Vorsitzender der Kooperative für Münzprägung. Gott sei Dank floriert das Geschäft.«

»Ich will Ihnen keine Arbeit anbieten, mein Herr. Ich bin gekommen, weil es an Itzhak Liebmann ist, Sie um Hilfe zu bitten.«

»Meine Hilfe? Was kann ich für einen so wichtigen Mann schon tun?«

»Die Spatzen pfeifen es von den Dächern. Nicht nur ich weiß, dass Ihre Kooperative für Münzprägung nur Tarnung für den illegalen Handel mit Kupfer ist. Wenn Sie nicht vor Gericht aussagen, dann werde ich dafür sorgen, dass Sie selbst angeklagt werden.«

»Das ist Erpressung«, platzte Rabinowicz heraus.

»Mag sein, aber ich habe keine andere Wahl. Ich kämpfe um das Leben eines unschuldigen Mannes.«

»Ich würde Liebmann nicht erkennen.«

»Damit kommen Sie nicht durch. Ich rate Ihnen, zu kooperieren. Nehmen Sie diese Bahnfahrkarte und sehen Sie zu, dass Sie den Zug nicht verpassen.«

Rabinowicz nahm die Fahrkarte. »In Ordnung«, lenkte er ein. »Aber wenn mir etwas zustößt, dann sind Sie schuld.«

»Keine Sorge, ich verbürge mich für Ihre Sicherheit.«

Gedalja Hajut war guter Dinge. Kurz bevor er in den Betrieb gehen wollte, klingelte das Telefon. Das Büro der Staatsanwaltschaft informierte ihn über die Verhandlungspause.

»Alles läuft wie am Schnürchen«, sagte er zu Sarah.

»Ich hoffe, du irrst dich nicht«, erwiderte sie und gab ihm einen Kuss.

Gegen Mittag rief ihn der Sekretär des Bezirksparteikomitees an.

»Gedalja«, sagte er in den Telefonhörer, »weißt du, wo Butter und der Beauftragte sind? Niemand weiß, wo sie stecken.«

»Ich sitze im Betrieb fest, Genosse. Vor lauter Eifer, Nowak zu verurteilen, haben alle vergessen, dass die ›Rote-Fahne-Werke‹ einen Direktor brauchen.«

»Stimmt es, dass du Nowak im Gefängnis aufgesucht hast?«

»Auf deinen Informanten ist Verlass.«

»Darf man erfahren, über was ihr euch unterhalten habt?«

»Ich wollte ihm den Puls messen. Hast du nicht gehört, dass er ohnmächtig geworden ist?«

»Hajut, du vollführst einen riskanten Drahtseilakt. Diese Geschichte mit dem jüdischen Hintergrund wird dir nicht zuträglich sein. Lass es lieber bleiben.«

»Ich verstehe nicht, was du meinst.«

»Unwichtig«, sagte der Sekretär kurz angebunden und knallte den Hörer auf die Gabel. Als Rita das Zimmer betrat, hielt Hajut den Hörer noch immer fest. Vorsichtig nahm Rita ihn aus seiner Hand.

»Trauen Sie Ihren Freunden nicht«, sagte sie.

»Ich habe keine Freunde«, antwortete er.

»Genosse Hajut, ich weiß, dass Sie wegen Nowak in Schwierigkeiten sind. Wenn ich kann, helfe ich gerne.«

»Danke, Rita, aber ich bin ein einsamer Wolf.«

»Manchmal scheint mir, dass die Menschen wirklich zu Wölfen geworden sind. Anscheinend leben wir im Urwald. Jeder gegen jeden. Wissen Sie, wann Hunde beißen? Wenn sie verängstigt sind. Und wir haben alle ausnahmslos Angst.«

»Hören Sie mit Ihrem apokalyptischen Geschwafel auf. Machen Sie mir lieber einen Tee.«

Rita verließ das Zimmer. Hajut nahm sich die Arbeitsberichte vor. In den letzten zwei Tagen war der Produktionsumfang der Abteilung, in der die Häftlinge arbeiteten, zurückgegangen. Er suchte vergeblich nach dem Grund, denn er kannte sich mit den technischen Aspekten nicht aus. Es muss schnellstens ein neuer Generaldirektor her, dachte er. Nowak würde in den Betrieb nicht zurückkehren. Selbst wenn Abusch ihn freisprechen müsste, würde er in diese Position nicht zurückkehren können. Er war verbrannt. Er würde ein neues Leben beginnen müssen. Das Leben des Itzhak Liebmann ... Und was würde aus ihm, aus Gedalja Hajut werden? Er hatte weder mit Liebmann noch mit sich selbst Mitleid. »Alles läuft wie am Schnürchen«, hatte er am Morgen zu Sarah gesagt. Doch sowohl der Beauftragte als auch Czerny gingen ihren eigenen Plänen nach. Welcher dieser Pläne würde umgesetzt werden? Was Rita gesagt hatte, entsprach der Wahrheit: Alle hatten Angst und bissen um sich.

Aus dem Nebenzimmer hörte Hajut das Geklappere von Ritas Schreibmaschine. Ihm fiel ein, dass er sie gebeten hatte, einen Tee aufzubrühen. Er wollte sie gerade rufen, als die Tür zum Sekretariat aufflog. Er erkannte sofort die Stimme des Beauftragten.

»Wie fühlt er sich denn so auf dem Stuhl des Generaldirektors?«

Er hörte Ritas Antwort nicht. Der Beauftragte durchschritt das Zimmer und wandte sich direkt an Hajut: »Gut, dass ich Sie gefunden habe. Wir müssen reden.«

»Die Freude ist ganz meinerseits.«

»Da sollten Sie sich nicht so sicher sein, Hajut.«

Rita stand in der Tür. »Soll ich Ihnen den Tee aufgießen, den Sie haben wollten, Genosse Hajut?«, fragte sie.

Der Beauftragte verscheuchte sie mit einer Handbewegung. »Lassen Sie uns mit Ihrem Tee in Ruhe. Gehen Sie und machen Sie die Tür hinter sich zu. Und wagen Sie es bloß nicht, Ihre hübschen Ohren zu spitzen.«

»Mit Ihren Männern kann ich ohnehin nicht konkurrieren«, erwiderte sie beleidigt und ließ die beiden allein.

Der Beauftragte zog gleichgültig die Schultern hoch. »Freches Ding«, murmelte er. Er rückte einen Stuhl in die Mitte des Zimmers, drehte die Lehne nach vorne und setzte sich. Dann legte er die Ellbogen auf die Lehne und stützte sein Kinn darauf.

»Hajut, ich werde offen mit Ihnen reden. Ein Gespräch zwischen zwei alten Parteigenossen.«

»Ich hätte nicht gedacht, dass es auch anders gehen könnte.«

»Es gibt da einige Dinge, die geklärt werden müssen. Erstens: Warum haben Sie Rudolf Nowak dazu bewegt, zu erklären, dass er Jude und sein richtiger Name Itzhak Liebmann sei?«

»Der Tag wird kommen, an dem man auch Ihre Gespräche abhört.«

»Zweitens: Warum mischen Sie sich in das Gerichtsverfahren ein, ohne dabei den Schaden für Staat und Partei zu bedenken? Drittens: Wenn Sie denken, uns bei den Eiern gepackt zu haben, entschuldigen Sie den Ausdruck, irren Sie gewaltig. Ich bin erstaunt, wie naiv Sie sind. Mich hat noch nie jemand hereingelegt. Und viertens: Wenn Sie noch einen einzigen Schritt unternehmen, der nicht mit mir abgestimmt wurde, kriegen Sie große Schwierigkeiten. Ich habe es noch nie so ernst gemeint. Und damit Ihnen keine dummen Ideen kommen, lesen Sie diese Papiere.«

Der Beauftragte stand auf, machte zwei Schritte und legte einige Blätter auf den Schreibtisch. Gedalja Hajut begann zu lesen. Er brauchte die Schriftstücke nur zu überfliegen, um zu verstehen, dass es der Polizeibericht in der Mordsache Regina Nowak war.

»Ich kenne Ihre verdrehte Denkweise, Hajut. Nein, der Bericht ist nicht gefälscht«, beeilte sich der Beauftragte zu betonen. »Ich komme direkt aus dem Polizeihauptquartier. Konstantin hat mich begleitet. Wir haben eine gründliche Durchsicht vorgenommen. Ihr Wunderknabe hat sie ins Jenseits befördert. Er ist nicht nur ein Schauspieler, Betrüger, Saboteur und Spion, sondern auch ein Mörder.«

»Sie sagen das, als wäre ich an dem Mord beteiligt gewesen, wenn es überhaupt Mord war.«

»Ich habe Ihnen doch ein offenes Gespräch versprochen. Im Allgemeinen halte ich meine Versprechen.«

Hajut schob die Blätter beiseite und sagte: »Er hat kein Motiv für ihre Ermordung.« Er klang nicht überzeugend.

»Anscheinend hat er befürchtet, dass diese Trinkerin seine Identität aufdeckt.«

»Dann wissen Sie also Bescheid.«

»Schon lange.«

»Und Sie haben die Ermittlungen und den Prozess wie geplant fortgesetzt. Das ist wahrlich monströs. Wie können Sie einen unschuldigen Mann an den Galgen liefern?«

»Mimen Sie bloß nicht den Unschuldsengel. Auch Sie

haben es gewusst und, solange es bequem war, geschwiegen. Jetzt wollen Sie in die Trompete stoßen und die Mauern von Jericho zum Einsturz bringen. Ich gestehe ehrlich ein, Ihren Grund noch nicht zu kennen. Ich weiß nicht, was Sie antreibt. Was auch immer Ihr Motiv sein mag, Sie können es sich in den Arsch stecken, und ich entschuldige mich erneut für die Ausdrucksweise. Wenn Sie aus irgendeinem Grund versuchen sollten, mich auszutricksen, dann ziehen Sie den Kürzeren. Ich stehe mehr denn je auf sicherem Boden. Und auch den anderen können Sie nicht schaden ...«

Der Beauftragte hielt für einen Moment inne, ging zur Tür und öffnete sie ruckartig. Niemand stand dahinter. »Sie hat Glück, Ihre Rita«, meinte er.

»Sie gehört weder mir noch irgendeinem anderen«, merkte Hajut an.

»Wir werden uns doch nicht wegen dieses Weibes streiten«, beschwichtigte der Beauftragte, setzte sich wieder und fuhr fort: »Machen Sie sich selbst nichts vor, Hajut, Sie werden niemals beweisen können, dass Nowak Jude ist. Innerhalb der letzten vierundzwanzig Stunden habe ich alle möglichen Zeugen ausgeschaltet. Es ist nur einer geblieben, aber der wird stumm wie ein Fisch bleiben.«

»Wer ist es, wenn man fragen darf?«

»Sie ... Richtig, es liegt nicht in meiner Macht, Ihren Auftritt im Zeugenstand zu verhindern. Von mir aus können Sie erzählen, dass Sie Nowak aus dem Kindergarten kennen oder an der gleichen Brust genuckelt haben. Aber vergessen Sie bloß nicht, dass Richter Abusch das letzte Wort hat. Er wird Monika Ross und nicht Gedalja Hajut glauben. Jeder weiß, dass Sie daran interessiert sind, Nowak aus dem Dreck zu pauken. Sie haben ihn gefördert. Er ist Ihr Sprössling. Lassen Sie uns einmal hypothetisch annehmen, dass Sie es schaffen, Rudolf Nowak zu retten. Was hätten Sie dann erreicht? Schließlich gibt es für Itzhak Liebmann, den Mörder, ohnehin kein Entrinnen. Wie wollen Sie den Genossen erklären, dass Sie einen solchen Mann gefördert haben? Oder besser gesagt, wie wollen Sie erklären, warum Sie die Wahrheit verschwiegen haben, sie erst jetzt preisgeben und der Partei dadurch einen unwiderruflichen Schaden zufügen? Nowak wird freigesprochen, Liebmann wegen Mord erhängt, und was wird aus Ihnen? … Ich sagte schon, dass wir wie alte Parteigenossen miteinander reden werden. Jetzt werde ich Ihnen beweisen, dass ich die Wahrheit gesagt habe. Sie wissen ganz genau, wer den Geist aus der Flasche gelassen hat. Richtig – Olf Novotny. Olf Novotny, der hundertprozentige, unbestechliche Marxist, der uns Moralpredigten hielt. Und woher hat dieser erbärmliche Typ seine Kenntnisse über Nowak? Dank eines alten Zeitungsausschnitts? Alles erstunken und erlogen. Ich werde Ihnen sagen, woher. Während der Besatzungszeit war Novotny in der linken Untergrundbewegung aktiv, die Material über Rudolf Nowak und seine Geliebte gesammelt hatte. Die Mitglieder wussten über Nowaks Verrat an Juden und den Raub von Eigentum Bescheid. Nowak und seine Geliebte sollten liquidiert werden; doch die Deutschen kamen dem Untergrund zuvor. Nowak wurde verhaftet und die Aktion abgeblasen. Olf Novotny hätte Nowak erschießen sollen. Er hat ihn beschattet und seine Lebensweise ausspioniert. Er hat ihn mehr als nur einmal aus nächster Nähe gesehen. Als er uns den Ausschnitt aus der Nazi-Zeitung präsentierte, wusste er, dass er einen anderen beschuldigt. Er wollte sich an uns rächen. Er hat diesen Plan ausgeheckt, um seinen Nachfolger zu Fall zu bringen. Doch er hatte einige Dinge nicht bedacht. Er hat Sie mit hineingezogen. Er wollte die Partei hintergehen. Nach dem Prozess werde ich Ihnen das gesamte Archivmaterial zustellen. Ich werde Ihnen Novotny am Spieß gebraten servieren. Sie können ihn dann vor das Tribunal des Zentralkomitees der Partei bringen und ihn des Betrugs beschuldigen. Wir werden ihn in aller Stille und Abgeschiedenheit zerstören, werden ihn in ganz kleine Stücke reißen. Ich habe Ihnen doch gesagt, mir entgeht nichts. Für dieses nette Präsent verlange ich nicht sehr viel: Wenn Emil Butter Sie bittet, in den Zeugenstand zu treten, werden Sie ablehnen. Sie kennen keinen Mann namens Itzhak Liebmann. Ich werde das Band, auf dem wir Ihr Gespräch in Liebmanns Zelle aufgezeichnet haben, höchstpersönlich vernichten. Itzhak Liebmann hat es nie gegeben.«

Am letzten Verhandlungstag blieb Maria Kott zu Hause. Sie konnte den Gedanken nicht ertragen, untätig und hilflos in der vorletzten Reihe zu sitzen. Sie machte sich nichts vor. Sie hatte mit angesehen, wie Emil Butter im Netz zappelte, ohne die Zeugen, die ein Wunder hätten erwirken sollen. Sie wusste nicht, dass Butter an diesem Morgen auf dem Bahnsteig des Hauptbahnhofs stand und Rabinowicz erwartete. Plötzlich war Konstantin aufgetaucht. Hämisch grinsend war er auf Butter zugekommen und hatte gesagt: »Haben Sie von dem Unglück gehört? Zwei betrunkene Raufbolde haben einen älteren Passagier aus dem fahrenden Zug gestoßen ...«

Davon hatte Maria keine Ahnung. Sie hoffte nicht mehr auf ein Wunder. Sie hatte sich Rudolf Nowak anvertraut, nur ihm und keinem anderen. Ihm hatte sie sich mit Körper und Seele hingegeben. Itzhak Liebmann hätte sie überhaupt nicht ins Haus gelassen und schon gar nicht in ihr Herz. Der Gedanke an seine Berührungen erweckte jetzt Ekel. Wenn es möglich gewesen wäre, hätte sie sich mit Feuerwasser gewaschen.

Rita bemerkte die Veränderung nicht, die in Maria vorgegangen war. Nach der Urteilsverkündung rief sie Maria an, um sie zu trösten. »Das ist nicht das Ende«, sagte sie. »Wir müssen hoffen, dass der Präsident ihn begnadigt.«

Das Urteil wurde gegen Mittag verkündet. Drei Stunden später brachte ihr eine Nachbarin die Sonderausgabe der Zeitung *Stimme der Arbeiter*. Auf der ersten Seite sprang sie die übergroße Schlagzeile an:

»Todesstrafe für Spion und Kriegsverbrecher
Ehemaliger Generaldirektor der ›Rote-Fahne-Werke‹ wegen Kriegsverbrechen verurteilt.
Das Urteil beweist die Kraft und den unnachgiebigen Willen der Partei, die Schmarotzer aus der Nation zu entfernen.«

Im Artikel hieß es:

»(A. A.) Rudolf Nowak, der ehemalige Generaldirektor der ›Rote-Fahne-Werke‹, wurde heute zum Tode durch den Strang verurteilt. Das Gericht befand ihn der Spionage zu Gunsten fremder Mächte und der Beihilfe zum Völkermord unter der Nazi-Besatzung für schuldig. Die Todesstrafe für solche Verbrecher ist im neuen Strafgesetzbuch als Pflichtstrafmaß festgelegt und obliegt nicht dem Ermessen eines Gerichts. Gegen das Urteil des Prozesses, bei dem zahlreiche Zuschauer zugegen waren, darunter auch in- und ausländische Journalisten, kann nicht Revision eingelegt werden. Der Verurteilte wurde von einem Rechtsanwalt seiner eigenen Wahl verteidigt.

Im Gerichtssaal breitete sich Unruhe aus, als die Verteidigung ihr Schlussplädoyer hielt, denn der Angeklagte fiel seinem Rechtsanwalt ins Wort, um den westlichen Journalisten eine wundersame Geschichte zu erzählen. Der Richter und der Staatsanwalt und sogar der Verteidiger weigerten sich, zu diesen lügnerischen Behauptungen Stellung zu nehmen, wonach der Verurteilte Jude und selbst ein Opfer der Nazis sei. Der Beschuldigte konnte keine Beweise oder Zeugen zur Bestätigung seiner fantastischen Geschichte vorbringen.«

Maria glitt die Zeitung aus der Hand. Sie war nicht zur Verhandlung gegangen, weil sie ihn nicht hatte sehen wollen. Aber sie würde ihn in der Todeszelle besuchen. Das würde man ihr nicht verweigern. Jetzt, da er dem Tod ins Auge blickte, würde er sie nicht belügen. Er würde ihr sagen, dass das nichts anderes als eine Verteidigungstaktik war und er, Rudolf, nie im Leben gelogen hat. Er war kein Jude.

Maria rief Rita an, Rita wandte sich an Lala, Lala redete Czerny ins Gewissen, und der Bezirksstaatsanwalt erteilte, nachdem er die Zustimmung des Beauftragten eingeholt hatte, die Besuchserlaubnis. Vierundzwanzig Stunden später saß Maria Kott in dem Besucherzimmer des Bezirksgefängnisses. Zwei Wärter führten Rudolf an das dichtmaschige Gitter, das sie voneinander trennte. Es war ein grünliches Gitter, wie Fliegendraht. Es störte sie nicht. Im Gegenteil, sie war erleichtert. Er würde sie nicht berühren können. Die Wärter zogen sich zurück und postierten sich neben der Tür. Sie waren gleichgültig oder aber gelangweilt. Maria senkte die Stimme, damit sie das Gespräch nicht hören konnten.

»Rita hat gesagt, dass der Präsident dich begnadigen kann.«

»Maria, ich schulde dir eine Erklärung ...«

»Du schuldest mir gar nichts, Rudolf. Ich weiß, dass du diese Geschichte erfinden musstest.«

»Ich habe nichts erfunden.«

»Ich habe dir auch eine Notiz mit einem der Wärter geschickt.«

»Maria, haben wir einander nach all den Jahren wirklich nichts mehr zu sagen?«

»Vier Jahre.«

»Ich bitte dich um Verzeihung. Ich weiß, dass ich dich verletzt habe. Damals, als wir zum ersten Mal zusammen waren, hätte ich dir die Wahrheit erzählen müssen. Ich hätte dich an meinen inneren Konflikten teilhaben lassen müssen, dir die Beweggründe erzählen sollen. Aber es ist noch nicht zu spät. Wir haben dreißig Minuten. Lass sie uns nutzen. Lass uns alles aussprechen, ohne uns zu verstellen und hinter Lügen zu verstecken.«

»Lass es gut sein, Rudolf. Dazu besteht kein Anlass.«

»Es gibt sehr wohl einen Anlass, zumindest für mich. Niemand glaubt mir. Ich will, dass wenigstens du, die mir am nächsten steht, die Wahrheit kennst. Jemand muss mir glauben!«

Das war ein verzweifelter Ausruf, doch Maria antwortete ruhig und distanziert:

»Ich weiß, dass du unschuldig bist.«

»Wenn ich zurückblicke, Maria, dann habe ich das Gefühl, dass du schon immer die Wahrheit gewusst, dich aber lieber selbst betrogen hast. Genau wie ich mich selbst belogen habe. Du hast gewusst, dass ich nicht der Mann bin, dessen Name in meinem Ausweis steht.«

»In unserer Zeit ist niemand er selbst, doch das heißt keineswegs, dass man jemand anderes ist. Auch ich habe mich verändert. Vielleicht rührt alles Schlechte daher. Ich habe der Kirche den Rücken gekehrt. Vielleicht ist das die Strafe. Ich will beichten. Und ich will, dass auch du beichtest. Ich werde Pater Viktor bitten, dich aufzusuchen. Dieser letzte Wunsch kommt jedem Gefangenen zu.«

»Um uns herum geschieht so sehr viel Unheil, Maria, und wenn es einen Gott gäbe, müsste er selbst die Ausgeburt des Bösen sein oder aber hilflos, oder vielleicht beides zusammen.«

»Es gibt keinen Grund mehr, darüber zu hadern, Rudolf. Der Prozess ist vorbei. Warum versuchst du, vor dir selbst wegzurennen? Was ist in deinen Augen an Rudolf Nowak verwerflich? Er ist ein wunderbarer Mensch. Ich habe ihn geliebt. Ich hatte eine schöne Zeit mit ihm und werde ihn nicht gegen jemand anderes eintauschen. Selbst wenn du tatsächlich das gemacht hast, was die Zeugen im Gericht erzählt haben, würde es mir nicht in den Sinn kommen, dich zu verurteilen. Das sind Dinge, die zwischen dir und dem Schöpfer stehen. In meinen Augen wirst du immer ein und derselbe Mensch sein. Mich kannst du nicht in die Irre führen.«

»Ausgerechnet dich habe ich am schlimmsten belogen.«

»Ich verstehe nicht, warum du die Maske nicht ablegst. Wenn du mich belogen hättest, hätte ich es bemerkt. Du weißt doch, ich habe einen siebten Sinn. Ich werde dir die Wahrheit sagen, Rudolf. Ich habe keine Vorurteile gegenüber anderen Religionen oder Rassen, doch seit meiner Jugend halte ich mich von Juden fern. Vielleicht, weil ich so erzogen wurde, vielleicht aber auch, weil sie Jesus ermordet haben. Diese Abscheu sitzt tief in mir. Ich brauche keinen Ausweis und keinen Beweis, um zu wissen, wer Jude ist. Du hast mir so nahe gestanden, meinem Körper und meiner Seele, dass ich mich einfach nicht geirrt haben kann. Wenn ich auch nur einen Moment an dein Märchen geglaubt hätte, wäre ich nicht hierher gekommen.«

»Ich brauche keinen Priester zum Beichten. Du bist meine Klagemauer. Du musst …«

»Die Zeit ist vorüber«, verkündete der Wärter laut. Maria stand hastig auf.

»Nur noch eine Minute«, bat Liebmann.

»Der Wärter hat gesagt, dass unsere Zeit vorüber ist«, sagte Maria. Ihre Stimme war kalt und fremd. Durch das Gitter verfolgte Liebmann, wie sie sich entfernte.

»Ihre Frau?«, fragte der Wärter.

»Ich weiß es nicht«, antwortete er. Die Wärter tauschten Blicke. Die Reaktionen der zum Tode Verurteilten versetzten sie schon lange nicht mehr in Staunen.

Itzhak Liebmann zählte die Tage. Butter hatte ein Gnadengesuch eingereicht. Bei einer Begnadigung würde seine Strafe in lebenslänglich umgewandelt, hatte er gesagt. »Lebenslänglich heißt im Grunde nicht länger als zwanzig Jahre«, beruhigte Butter ihn. Liebmann hatte mit einem Schulterzucken reagiert. In zwanzig Jahren würde er ein alter und gebrochener Mensch sein. Ein Mann mit Vergangenheit und ohne Zukunft. Im Gefängnis verstrich die Zeit nur langsam. Sie zermürbte die Gefangenen, bis sie nur noch ein Schatten ihrer selbst waren. Dort draußen im Leben verstrich die Zeit anders. Er kannte den Unterschied aus den Konzentrationslagern der Nazis, wo die Zeit nicht nach Minuten, Stunden, Tagen, Monaten und Jahren zu bemessen war. Das Leben eines Gefangenen verlief weder nach der Uhr noch nach Kalender. Das Leben war ein Vakuum, die Regeln und Maßstäbe der Zivilisation galten hier nicht.

Es waren erst zehn Tage seit der Urteilsverkündung vergangen. Dennoch schien es ihm, als hätte er bereits sein ganzes Leben hinter Schloss und Riegel verbracht. Butter hatte versprochen, sofort zu kommen, wenn er die Nachricht des Staatspräsidenten erhalten hätte. Wann würde das sein? Der Rechtsanwalt hatte ihn darauf hingewiesen, dass solche Dinge eine Weile dauerten. Manchmal Wochen und Monate. Liebmann hatte gelesen, dass die in den Vereinigten Staaten zum Tode Verurteilten viele Jahre auf eine Begnadigung warten müssen, um am Ende doch auf dem elektrischen Stuhl zu landen. Er hatte keine Ahnung, wie man in seinem Land verfuhr. Die Zeitungen berichteten nicht darüber. Sie hüllten sich in Schweigen. Die Verurteilten schienen lange Zeit vor der Hinrichtung gestorben zu sein.

Vermutlich wollte er gar nicht wissen, welcher Tag und wie spät es war. Er erinnerte sich an die Zigeunerinnen, die manchmal an die Tür seines Elternhauses geklopft hatten. Sie wollten Karten legen oder die Zukunft aus der Hand lesen. Seine Mutter hatte sie immer verscheucht. »Wenn ich im Voraus weiß, welche Probleme mich erwarten, hätte ich keine ruhige Minute mehr«, sagte sie immer. Als Kind hatte er nicht verstanden, was sie damit meinte. Kinder wollen immer wissen, was sie morgen und übermorgen erwartet. Hier, in der Todeszelle, wurde ihm bewusst, dass seine Mutter wahre Lebensweisheit besessen hatte.

Er saß in einer Zelle mit vier Pritschen. Außer ihm war hier nur ein weiterer Gefangener. Die oberen Pritschen der beiden Etagenbetten waren leer. Die Decke war sehr hoch, viel höher als in den gewöhnlichen Zellen und erst recht im Vergleich zu der Einzelzelle bei der Staatssicherheit. Der Raum war groß, leer und fremd. In der Mitte stand ein Tisch. Die Tischbeine waren im Betonboden verankert, damit man ihn nicht bewegen konnte. Daneben standen vier niedrige Hocker. Die vergitterte Fensteröffnung lag hoch in der Wand, ungefähr drei Meter über dem Fußboden. Später fand er heraus, dass man hinausschauen konnte, wenn man sich auf die Schultern einer anderen Person stellte. So konnte man auf den Innenhof hinausblicken. Dort war ein Galgen aufgebaut.

Mit ihm in der Zelle saß ein etwa fünfzig Jahre alter Mann. Er war stämmig gebaut, hatte einen Eierkopf und eine Glatze. Seine blauen Augen lagen tief in den Höhlen und waren beständig in Bewegung. Er war sehr schweigsam. Es vergingen zwei Tage, bevor sie die ersten Worte wechselten. Liebmann schreckte aus dem Schlaf auf. Aus dem Hof drang ein hämmerndes Geräusch. Er setzte sich auf die Bettkante und lauschte. Der glatzköpfige Mann lag wach auf seiner Pritsche. Auch er hatte den Lärm gehört. Schließlich sagte er auf Deutsch:

»Das ist nicht, was Sie denken, mein Freund. Der Galgen steht schon längst bereit. Das war eine Pistole mit Schalldämpfer, und anschließend ist jemand in eine Grube gefallen. Sie schreien nie. Nur einer hat sich gewehrt und den Henker verflucht. Ich habe ihn gehört. Der Arme. Warum musste er den Henker verfluchen? Er tut doch nur seine Arbeit und ist weiß Gott nicht zu beneiden. Ein beschissener Job. Ich habe selbst Henker beschäftigt, ich weiß, wovon ich rede. Entschuldigen Sie, dass ich mich noch nicht vorgestellt habe. Ich weiß, wer Sie sind. Die Wärter haben es mir erzählt. Sie waren einmal einer von uns, na ja, zumindest ein bisschen. Sie gehören zu denen, die ich immer verachtet habe. Ich habe alle möglichen Spitznamen, aber mein richtiger Name ist Walter Brauner, Sturmbannführer Brauner. Ich bin nicht sicher, aber mir scheint, dass ich mich an Sie erinnere.«

»Kann durchaus sein, aber nur, wenn Sie in Mauthausen gedient haben«, meinte Liebmann.

»O nein. Ich war SD-Offizier in der Hauptstadt.«

»Mein Name ist Itzhak Liebmann. Ich ...«

»Ich weiß, Sie sind der Spaßvogel, der die Staatssicherheit verkohlen wollte.«

»Ich habe die Wahrheit erzählt.«

»Nun wirklich, mich brauchen Sie nicht an der Nase herumzuführen.«

»Was für einen Grund sollte ich haben?«

»Die Menschen haben immer einen Grund zum Lügen. Das ist unsere Natur ... Muntern Sie sich etwas auf und genießen Sie das Leben, solange es noch geht. Ich habe gesehen, dass Sie das Essen nicht anrühren. Sie müssen essen, ansonsten werden Sie noch verhungern, bevor ... Sie wissen schon ...«

»Am schlimmsten ist es, wenn etwas in einem zerbricht und man zu der Erkenntnis kommt, dass alles, was man sagt, ohnehin nur gegen einen verwandt wird. Man wird sich bewusst, dass es keinen Sinn mehr hat zu kämpfen. Das ist das Ende.«

»Sie sind aber ein komplizierter Kerl. Kein Wunder, dass man Sie ins Jenseits befördern möchte. Die Regierung mag keine komplizierten Männer. Aber vor dem Gericht dort oben wird man Ihnen keine Schwierigkeiten machen. Schließlich haben Sie Juden um die Ecke gebracht. Der heilige Petrus wird sich schon zu Ihren Gunsten einschalten.«

»Sie verstehen nichts. Schließlich bin ich Jude.«

»Wenn Sie die Wahrheit sagen ... Ein Jude, der Juden verraten hat, das ist mir völlig neu. Hat man Sie wenigstens großzügig bezahlt? Haben Sie Ringe, Uhren und Diamanten gehamstert?«

»Das ist alles Lüge!«

»Regen Sie sich bloß nicht auf, mein Freund. Vor mir brauchen Sie sich nicht zu verstellen. Wir beide befinden uns schon auf der anderen Seite des Schlagbaums. Vor uns liegt nur noch der Ruck am Strang. Aber irgendwie kann ich Sie verstehen. Ich würde keine Sekunde zögern, Sie umzubringen, wenn man mich dafür begnadigt. Ich bin kein Held.«

»Was haben Sie verbrochen?«

»Ich habe nichts verbrochen. Ich habe nur Befehle ausgeführt. Ich war Soldat, ein gehorsamer Soldat. Hätten wir den Krieg gewonnen, würden die, die mich eingesperrt haben, vor Gericht stehen. Und ich? Wer weiß, vielleicht wäre ich ihr Richter. So hat es mir zumindest meine Frau geschrieben. Sie ist eine gute Ehefrau, ich hoffe, sie wird noch einmal heiraten, damit meine Kinder wieder einen Vater bekommen. Und Sie? Haben Sie Kinder? Wie ist Ihre Frau?«

»Ich bin nicht verheiratet.«

»Aber wer war dann die Frau, die Sie besucht hat? Fremde erhalten keine Besuchserlaubnis.«

»Sie heißt Maria. Ich habe einige Jahre mit ihr zusammengelebt, aber wir haben nicht geheiratet. Ja, sie hat mich besucht. Vielleicht wäre es besser gewesen, wenn sie darauf verzichtet hätte. Das Treffen war für uns beide schwierig … Der Richter hat mir nicht geglaubt, ebenso wenig der Staatsanwalt. Mein Verteidiger scheint mir auch nicht geglaubt zu haben. Doch Maria hat irgendwie gespürt, dass ich die Wahrheit sagte. Das wird sie mir nie im Leben verzeihen. Die Lüge war bequemer … Sie hat beschlossen, um Rudolf zu trauern, nicht um Itzhak. Meine Mutter hat mich als Kind immer Itzik genannt. Was damals wie ein Kosename klang, ist heute ein Fluch. Ein Fluch, der mich mein ganzes Leben verfolgt hat, vor dem Krieg und während des Holocaust.

Anscheinend habe ich ein Kainsmal bekämpft. Es haftet mir seit Geburt an. Auf die Bekämpfung dieses Mals habe ich meine Kräfte verschwendet. Meine letzten Kräfte schwanden anscheinend, als man mich verhaftet hat. Für gewöhnlich sagt man jemand in einem solchen Moment: Keine Sorge, das sind nur Ermittlungen, schon bald werden Sie wieder zu Hause sein. Sehen Sie, ich bin zurückgekehrt. Ich bin zu meinem wirklichen Zuhause zurückgekehrt. Als ich den Richter angebrüllt habe, dass ich Itzhak Liebmann heiße und Nowaks Dokumente Fälschungen sind, wandte sich der Ankläger an das Gericht und sagte ... Ich erinnere mich an jedes Wort ... Er sagte: ›Wie kann man einem Menschen Glauben schenken, der zugibt, dass sein ganzes Leben eine Lüge war ...‹ Hören Sie mir zu, Brauner?«

»Ich habe keine andere Wahl. Schließlich kann ich nicht weg.«

»Das Schlimmste ist, dass ich mit meiner Offenbarung nichts gelöst habe. Ich habe lange mit mir gerungen und abgewogen, ob ich es zugeben soll ... Nein, nicht die lächerlichen Anschuldigungen der Staatsanwaltschaft. Ich meine ein Geständnis von viel tief greifenderer Bedeutung. Ich musste die Hülle ablegen, die mich schützte. Ich musste nackt vor die Welt treten und Sünden eingestehen, die viele überhaupt nicht verstehen können. Die Menschen sahen nur die Hülle, und niemand konnte wissen, dass mein Leben die Hölle war. Ich war fünf Jahre alt, als man mich das erste Mal ein ›stinkendes Jüdlein‹ nannte, und sieben, als Nachbarsjungen den ersten Stein nach mir warfen. Und danach war es, als hinge mir all die Jahre das Judentum wie ein Mühlstein um den Hals. Antisemitismus in der Oberschule und der Universität. Hass, der aus jeder Zeitungszeile sprang. Sogar eine Frau, mit der ich geschlafen habe und die an dem Vergnügen fast erstickte, schämte sich, mit mir in der Öffentlichkeit gesehen zu werden. Und dann kam der Holocaust. Meine Eltern, die an der Tradition ihrer Vorfahren festhielten, sind in Aufopferung für Gott ums Leben gekommen. Wahrhafte Ironie des Schicksals. Als sich die Tore des Konzentrationslagers öffneten, habe ich mir geschworen: Nie, nie wieder werde ich Jude sein. Ich wollte mich von dieser schrecklichen und überflüssigen Last, die ich ungewollt geerbt hatte, befreien. Ich wollte ein Leben wie alle anderen führen. Jetzt läuft meine Zeit ab, und ich beginne, das Ausmaß des Dramas zu verstehen. Ich muss die Zeit nutzen, um abzurechnen.«

»Die Abrechnung überlasse ich den Beamten der Einkommenssteuer.«

»Als ich die Erinnerungen an die Vergangenheit aus meinem Gedächtnis gelöscht habe, nicht nur die Erinnerung an mein eigenes Leben, sondern die Erinnerung an eine zweitausendjährige Geschichte, fiel es mir sehr leicht. Als würde man ein Stück Papier in den Abfall werfen. Heute frage ich mich, warum ich die Vergangenheit abgeworfen habe, wenn die Zukunft so wenig zu bieten hat.«

»Das ist mir zu hoch.«

»Sie sind ein Glückspilz.«

»Ich? Warum?«

»Weil Sie mit sich selbst im Reinen sind. Sie waren ein Deutscher, ein Offizier der SS, und das sind Sie auch geblieben.«

»SD, Sicherheitsdienst – das ist nicht ein und dasselbe«, korrigierte ihn sein Zellengenosse.

»In meinen Augen ist es dasselbe. Sie sind noch immer, was Sie waren. Ich habe für das Recht gekämpft, wieder ich sein zu dürfen, und ich habe verloren. Aber hier in dieser Zelle hat das alles keine Bedeutung mehr. Das Gericht hat mich zum Tode verurteilt. Der Richter konnte mir das Leben entziehen, aber nicht meine Identität.«

»Ein Irrtum. Lebendig oder tot, Sie werden immer derjenige bleiben, für den man Sie hält. In den Gefängnisakten wird stehen, dass der Gefangene Rudolf Nowak an dem und dem Tag hingerichtet wurde. Und sollten Sie einen Grabstein bekommen, wird dieser Name darauf stehen.«

»Sie sind mir viel wichtiger als jede Akte und jeder Grabstein. Sie werden die Wahrheit wissen.«

»Was soll das schon nützen? Keinen Pfifferling ist es wert.«

»Nein, das stimmt nicht. Meine Welt ist auf diese vier Wände reduziert. Sie sind, ob Sie es wollen oder nicht, mein letzter und somit auch der oberste Richter. Sie werden wissen, wer ich bin, und das reicht mir ... Warum schütteln Sie den Kopf?«

»Unwichtig. Warum Salz in die Wunde streuen?«

»Reden Sie schon, reden Sie. Das ist die Stunde der Wahrheit.«

»Wenn Sie unbedingt darauf bestehen. Irgendwie weiß ich wirklich nicht mehr, wer Sie sind, Rudolf oder Itzik. Ich werde Ihnen ein Geheimnis verraten: Vor ungefähr einem Monat hat man mir angeboten, gegen Sie vor Gericht auszusagen. Ich sollte aussagen, dass ich Sie aus den vierziger Jahren kenne. Dass Sie mit uns gemeinsame Sache gemacht haben. Man habe Sie beim Diebstahl von Reichseigentum erwischt und zur Hölle gejagt. Sie versprachen mir, dass mein Urteil nicht vollstreckt, sondern in ›lebenslänglich‹ umgewandelt würde. Ich habe mich geweigert. Wissen Sie, warum?«

»Ich habe keine Ahnung.«

»Bestimmt nicht, weil ich Gewissensbisse hatte. Ich habe im Leben schlimmere Dinge getan, als eine Falschaussage zu machen. Hätte man mir versprochen, dass meine Frau und Kinder in dieses beschissene Land kommen und mich besuchen dürfen, hätte ich sofort zugestimmt. Ich habe zwei Söhne und eine Tochter, sie sind noch in der Oberschule. Doch die Ermittler sind keine großen Psychologen. Sie boten mir ein Leben im Gefängnis an, weil sie nicht begriffen, dass ich lieber sterbe, als den Rest meines Lebens hier zu fristen.«

»Sie machen sich einen Spaß mit mir.«

»Jedes Wort ist die reine Wahrheit. Sie versuchen, vor der Wahrheit zu fliehen.«

Itzhak Liebmann gab ihm ein Zeichen zu schweigen.

»Habe ich etwas gesagt …«

»Schsch … Schritte. Hören Sie?«

Auf dem langen Gang näherten sich Schritte. Der Deutsche grinste.

»Werden Sie jedes Mal bleich, wenn Sie genagelte Stiefel hören?«

»Woher wussten Sie, dass es das war? Wer ist an der Reihe? Sie oder ich? … Ich dachte, Hinrichtungen finden immer im Morgengrauen statt.«

»Nur in Filmen.«

Die Tür wurde geöffnet. Ein junger, kräftiger Gefängniswärter baute sich im Eingang auf. Der Nazi hatte ihm den Rücken zugewandt. Liebmann blickte dem Wärter direkt ins Gesicht. Er hatte graue Katzenaugen.

»Wer ist Nowak?«

»Ich.«

»Kommen Sie mit.«

»Wohin?«

»Wenn Sie keine Fragen stellen, wird man Sie auch nicht belügen. Es ist verboten, mit Gefangenen zu reden.«

Liebmann schwieg. Plötzlich war ihm diese Zelle lieber

als jeder andere Ort auf dieser Welt, und dieser Gefangene, der mit Sicherheit Unschuldige ermordet hatte, war ihm der liebste Mensch von allen.

»Auf Wiedersehen«, murmelte er. »Allerdings weiß ich nicht, ob wir uns wieder sehen werden.«

Der Wärter trieb Liebmann an. »Bewegen Sie sich schon. Man wartet auf Sie.« Auch als sie die Zelle verließen, drehte Brauner sich nicht um. »Hier entlang«, sagte der Wärter. Er deutete auf die nächste Zellentür und stieß Liebmann hinein. Die Tür fiel hinter ihm ins Schloss. Die Zelle glich seiner, nur der Tisch fehlte. Auf einem Hocker saß Pater Viktor. Er schien in Gedanken versunken, sprang aber sofort auf, als Liebmann die Zelle betrat. Sein Talar fiel auf die Knöchel herunter. Er streckte Liebmann beide Hände hin und sagte: »Nehmen Sie sie, meine Kraft wird Ihrer Seele zufließen und Sie stärken.«

»Ein Pfarrer? Ich habe um keinen Pfarrer gebeten!«, schrie Liebmann.

»Beruhigen Sie sich, mein Sohn. Ich bin nicht hierher gekommen, um Schaden anzurichten. Maria Kott hat in Ihrem Namen darum gebeten, dass ich Sie aufsuche, um Ihre Seele zu stärken.«

»Dann gibt es also keine Begnadigung?«

»Alles liegt in den Händen des barmherzigen Herrn.«

»Wo ist Rechtsanwalt Butter? Er hat versprochen …«

»Ich weiß es nicht, mein Sohn. Knien Sie nieder, mein Sohn.«

»Aber das ist ein Fehler, ich …«

»Ich weiß. Ich weiß alles. Die Beichte und das Gebet werden Ihnen Ruhe verschaffen. Vor dem allmächtigen Herrn sind wir alle irrende Seelen. Die Beichte wird Ihre Seele von der Schuld erlösen.«

»Aber ich bin unschuldig.«

»Niemand ist frei von Sünde. Knien Sie nieder, mein Sohn, knien Sie nieder.«

Wie hypnotisiert kniete Itzhak Liebmann nieder. Der Talar hing wie ein schwarzer Vorhang vor seinen Augen.

»Öffnen Sie Gott Ihr Herz: Im Namen des Vaters, des Sohnes und des Heiligen Geistes …«

Liebmann blickte auf. Dann drangen aus seiner Kehle die Worte, die den Kreis seines Lebens schlossen:

»Shma Israel, Adonai Elohenu, Adonai echad …«

Nachwort des Autors

Itzhak Liebmann wurde nicht hingerichtet. Er starb 1976 in Toronto, Kanada, als kranker und verbitterter Mann. Ungefähr einen Monat vor seinem Tod haben wir zum letzten Mal miteinander telefoniert. Zu dem Zeitpunkt hielt ich mich in Montreal auf und wollte ihn besuchen. »Komm nicht«, hat er damals gesagt, »ich kann keine Menschen mehr sehen.«

Die wahre Lebensgeschichte des Itzhak Liebmann wird nachfolgend geschildert, doch zunächst möchte ich einige Anmerkungen zu meiner Arbeitsweise machen. Das Buch ist weder Roman noch Sachbuch. Es ist beides. Zugleich eine Verknüpfung von »Facts and Fiction«, welche die Amerikaner »Faction« nennen. Diese Definition erscheint mir sehr zutreffend. Die dargestellten Ereignisse haben sich, abgesehen von wenigen Ausnahmen, tatsächlich zugetragen; obschon nicht zwangsläufig im beschriebenen Zusammenhang. Zuweilen habe ich aus dramaturgischen Gründen Zeiten und Schauplätze geändert. Auch einige Nebenfiguren sind hinzugekommen: Maria Kott, Monika Ross und einige andere. Alle übrigen Protagonisten sind authentisch. Die meisten habe ich in den ersten Jahren nach dem Zweiten Weltkrieg persönlich kennen gelernt, und zu einigen habe ich wieder Kontakt aufgenommen, als ich mit dem Schreiben dieses Buches begann. Viele dieser Personen haben mir geholfen, die zentralen Ereignisse aus dem Leben Itzhak Liebmanns wiederzugeben. Und nicht weniger wichtig zu erwähnen ist, dass sie mir darüber hinaus geholfen haben, die Atmosphäre jener Tage zu Beginn des kommunistischen Regimes in Osteuropa zu rekonstruieren. Bücher, die nach dem Zusammenbruch der Sowjetunion erschienen, sowie Dokumente, die sich in den Archiven befinden und den Forschern inzwischen zugänglich sind, haben es mir ermöglicht, die Zeitgeschichte realitätsgerecht wiederzugeben. Selbstverständlich wollte ich kein Buch mit akademischem Anspruch schreiben. Das Buch sollte eine Herausforderung an den Leser sein, auf die großen moralischen Fragen der Zeit selbst eine Antwort zu finden.

Ich habe es nicht zufällig vermieden, die Geschichte in einem spezifischen Land spielen zu lassen, und keine Ortsnamen erwähnt, sondern die Städte mit »Bezirksstadt« und »Hauptstadt« umschrieben. Nicht ohne Absicht habe ich den Namen der Protagonisten keinen Klang gegeben, der ihre nationale Zugehörigkeit verrät. Diese Anonymität soll gelüftet werden. Nur der Name des Beauftragten der Staatssicherheit wird weiterhin anonym bleiben, denn die Geheimniskrämerei war immer das Hauptinstrument der Unterdrückung. Und einmal ganz abgesehen davon: Ich habe den Namen der Menschen keine Bedeutung beigemessen. Denn diese Taten hätten auch andere Menschen ausführen können, und die Geschichte hätte sich in jeder Stadt eines osteuropäischen Landes zutragen können, in dem ein totalitäres Regime herrschte. Ich wollte, dass meine Botschaften einen universalen Wert haben.

Meine Geschichte spielt in der Polnischen Volksrepublik. Die Bezirksstadt ist Breslau, auf Polnisch Wrocław, und somit ist die Hauptstadt Warschau oder Warszawa.

Schon im ersten Kapitel habe ich beschrieben, dass die Mitglieder der Studentenverbindungen rot-weiße Fähnchen schwenkten, die Nationalfarben Polens. Ich habe angemerkt, dass Itzhak Liebmanns Großvater als Lehrer in der Talmud-

Thora-Schule des Rabbiners Meir Shapira tätig war; man braucht nur einen Blick in die »Encyclopedia Judaica« (Band 11, S. 543, hebr. Ausgabe; Band 14, S. 1299–1300, engl. Ausgabe) zu werfen, um zu erfahren, dass Rabbi Meir Shapira der Vorsteher der »Jeschiwa der Weisen von Lublin« in der Stadt Lublin, im Osten Polens, war. Die Liebesgeschichte zwischen Itzhak und Sophie, S., habe ich in der Zeit nach 1935 angesiedelt, als der Staatsgründer starb und eine Gruppe hochrangiger Offiziere ein Regime nach dem Vorbild Mussolinis installierte. Auch hier war unschwer Josef Pilsudski zu erkennen, der Vater des souveränen Polens.

Doch zu den Figuren der Geschichte:
Gedalja Hajut: Ich habe Gedalia Chajes 1949 in Wrocław kennen gelernt. Er war Sekretär der kommunistischen Parteizelle der Militärindustriewerke Jelcz, ungefähr fünfundzwanzig Kilometer von Wrocław entfernt. Als junger Journalist habe ich ihn für die Zeitung *Slowo Polskie* interviewt. Die Zensur hatte den Beitrag gestrichen, denn in Jelcz galt alles als streng geheim. Doch ausgerechnet auf Grund der Zensur dieses Artikels entstand zwischen uns eine gewisse Annäherung. Es könnte auch sein, dass unsere jüdische Abstammung zu dieser Nähe beitrug. Ich war oft am Tisch seiner Ehefrau Sarah zu Gast und habe ihre Speisen gekostet. Damals hat Gedalja Hajut noch Stillschweigen bewahrt. Erst zwanzig Jahre später, während eines zufälligen Treffens in Malmö, bot sich uns die Gelegenheit, frei über das zu sprechen, was sich in dem Betrieb zugetragen hatte, den ich »Rote-Fahne-Werke« genannt habe. Nach Abschluss der Ermittlungen gegen Itzhak Liebmann, als die Namen der in diese Affäre involvierten Funktionäre bekannt geworden waren, erhielt Hajut einen »Tritt nach oben«. Er wurde nach

Warschau versetzt. Dort war er im Parteiapparat tätig, bis er im März 1968, wie die meisten Juden, im Zuge der »antizionistischen« Säuberung aus seiner Position entfernt wurde. Er war gezwungen, zusammen mit seiner Frau Sarah Polen zu verlassen. Sie wanderten nach Schweden aus, wo Hajut in den späten siebziger Jahren verstarb. Sarah Hajut wohnt noch immer in Malmö, eine Witwe, die von einer mageren Rente lebt.

Olf Novotny war der erste Generaldirektor des Betriebs. Sein richtiger Name war Alexander Nowy. Als die Nazis Polen besetzten, war er reguläres Mitglied der Kommunistischen Partei gewesen und hatte sich dem PPR-Untergrund angeschlossen, der Polnischen Arbeiterpartei. Er diente in einer Kommandoeinheit, die gegen Nazi-Kollaborateure vorging. Als dieses Buch geschrieben wurde, konnte ich ihn nicht ausfindig machen. Die Einzelheiten über sein Handeln erfuhr ich von Itzhak Liebmann sowie Gedalja Hajut, der mich an das Staatsarchiv des Bezirkskomitees in Wrocław verwies. Mit dem Zusammenbruch des kommunistischen Regimes in Polen 1989 konnte ich einen Teil der dort archivierten Dokumente einsehen.

Albert Czerny hieß in Wirklichkeit Tadeusz Bialy und war 1949 zum Bezirksstaatsanwalt von Wrocław ernannt worden. Seit 1944 war er Mitglied der Kommunistischen Partei. Ich habe ihn lediglich oberflächlich durch meine Arbeit für die Zeitung *Slowo Polskie* kennen gelernt. Zudem habe ich auch seine Sekretärin Helena Guzik, die Lala meines Buches, gekannt; allerdings ohne von ihrer Beziehung zu Bialy zu wissen. Die Beschwerde wegen sexuellen Missbrauchs, die sie gegen ihn eingereicht hatte, führte zur Aufnahme von Ermittlungen und zu seiner Entlassung. Ich habe ihn 1992 in Warschau ausfindig gemacht. Er wollte mir kein Interview gewähren. Die meisten Einzelheiten erzählte mir seine einstige Geliebte, die heute eine Anwaltskanzlei als Rechtsanwältin unterhält, verheiratet und Mutter von zwei Söhnen ist.

Die Figur des Richters Abusch habe ich aus zwei mir persönlich bekannten Personen zusammengesetzt: den Richtern Ignacy Iserles und Zenon Jablonski. Die Akten des Gerichtsverfahrens dienten mir als Grundlage für die Beschreibung des gegen Liebmann inszenierten Prozesses. Das heißt jedoch nicht, dass diese beiden in die hier dargestellten Geschehnisse verwickelt waren. Zenon Jablonski ist pensioniert und lebt noch immer in Wrocław. Ignacy Iserles, der aus einer namhaften Rabbinerfamilie stammt, in seiner Jugend ein begabter und gebildeter Schüler war und sich später der kommunistischen Idee angeschlossen hatte, wanderte 1957 nach Israel aus.

Tomasz Broza hat zugestimmt, dass ich ihn im Buch unter seinem richtigen Namen darstelle. Er besitzt sehr genaue Kenntnisse über die Affäre Itzhak Liebmann und leugnet nicht, dass er sich von ihm distanziert hat, um seine eigene Haut zu retten. Mit Ausbruch des Spanischen Bürgerkrieges hatte Broza sich der 35. Internationalen Brigade angeschlossen, die unter dem Befehl von General Karol Swierczewski, Deckname Walter, kämpfte. »Walter« wurde später einer der namhaftesten Militärs des kommunistischen Polens. Als die Republik zusammenbrach und Franco zum Herrscher über Spanien wurde, floh Tomasz Broza nach Frankreich. Mit Hilfe von »Walter« konnte er am 14. Mai 1939 an Bord des Schiffes »Sibiria« im Hafen von Le Havre gelangen. Auf diesem

Schiff befanden sich dreihundertfünfzig Kämpfer und kommunistische Aktivisten. Viele von ihnen, die glücklich die Küsten der UdSSR erreichten, wurden später in die GULAGs geschickt oder vegetierten in sowjetischen Gefängnissen dahin. Broza entging dem, erneut dank des Schutzes von General »Walter«. Als Offizier der polnischen Einheiten unter russischem Befehl kehrte er im Sommer 1944 nach Polen zurück und begann seinen Dienst im neu gegründeten Verteidigungsministerium. Als dieses Buch geschrieben wurde, lebte Tomasz Broza 82-jährig in der Stadt Białystok, im Nordosten Polens.

Der Beauftragte. Der Mann ohne Namen, allerdings sehr wohl aus Fleisch und Blut. Auch diese Person habe ich, einschließlich des größten Teils seines Lebenslaufs, aus dem mir vorliegenden Wissen über einige Offiziere der Staatssicherheit zusammengesetzt, die ich persönlich kennen lernte oder über die ich aus Büchern erfuhr, die nach der politischen Wende in Polen herauskamen.

Sein Assistent Konstantin (mit richtigem Namen Konstanty Paszewski) gehörte zu den Mitarbeitern der 10. Abteilung des Ministeriums für öffentliche Sicherheit und war Leiter der Abteilung RO (Referaty Ochrony) in den Jelcz-Werken. Die RO-Abteilungen waren in der Bekämpfung der Volksfeinde an den Arbeitsplätzen tätig und wurden als strategisch wichtig eingestuft. Die 10. Abteilung mit ihren Niederlassungen wurde nach dem Tod Berijas Ende 1953 in der Sowjetunion aufgelöst. Ich konnte diesen Mann nicht ausfindig machen.

Mit Rita, der Sekretärin der Jelcz-Werke, hatte ich 1956 eine kurze Affäre. Sie konnte ihren Mund nicht halten und erzählte, was immer sie wusste. Und sie wusste viel.

Die Geschichte von Karol Bielski und seiner Schweizer Bäuerin hat mir dieser Mann selbst erzählt. Seine plötzliche Reise ins Ausland, um seine Zeugenaussage im Prozess gegen Nowak zu unterbinden, ist meiner Fantasie entsprungen. Er wurde nicht als Zeuge der Verteidigung Liebmanns aufgerufen, denn in Wirklichkeit fand nie ein Prozess statt.

Rabinowicz, Liebmanns Bekannter, kam ums Leben, weil Raufbolde ihn aus dem Zug schmissen. Sie wurden nicht gefasst, doch dies steht nicht in Beziehung zur Handlung und entsprang meiner Fantasie.

Pater Viktor setzt seine Arbeit für Gott fort. Ich habe ihm versprochen, seinen Namen nicht zu nennen. Zum letzten Mal unterhielt ich mich im Sommer 1996 mit ihm, als er seinen Freund Oswald Rufeisen in dem Karmeliterkloster in Haifa besuchte. Er hat eingestanden, dass er damals zum Opfer der Aktionen der Staatssicherheit wurde. »Ich habe es gebeichtet, die Strafe empfangen und mir wurde verziehen«, sagte er.

Die Figur des Rechtsanwalts Butter wurde dem namhaften polnischen Juristen der damaligen Zeit, Maslanko, nachempfunden.

Zum Protagonisten unserer Geschichte:
Itzhak Liebmann habe ich im September 1939 in der Stadt Chelm im Osten Polens kennen gelernt. (Anmerkung: Weitere Angaben finden sich in meinem autobiografischen Buch, das 1993 auf Hebräisch unter dem Titel »Self-Portrait with a Scar« beim Dvir Publishing House erschien und 1997 auf Deutsch unter dem Titel »Die Mütze oder der Preis des Lebens« vom Siedler Verlag, Berlin, herausgegeben wurde.) Er machte damals Marysia, der ältesten der vier Töchter des Hauses Wilenko, den Hof. Die Bakteriologin Selma Wilenko

war die Kusine meines Vaters. Malinka, die jüngste der vier Schwestern des Hauses Wilenko, die heute in Tel Aviv lebt und zu der ihr Schwager Itzhak jeden Kontakt mied, weil er befürchtete, dadurch seine Herkunft preisgeben zu können, bezeichnete ihn als »doppeltes Opfer des Holocaust«. Denn der Holocaust verfolgte ihn auch noch nach der Befreiung aus den Konzentrationslagern.

Die Lebensgeschichte Itzhak Liebmanns diente mir als Grundlage zur Darstellung einiger mir sehr wichtig erscheinender Wahrheiten: Liebmann repräsentiert das Schicksal eines Menschen, der seine Herkunft verleugnet. Wie viele andere hatte er den Preis dafür zu zahlen. Auch darin war er ein Kind dieser Zeit. Er war das charakteristische Produkt von zwei totalitären Regimes, des faschistischen und des kommunistischen, das jedes auf eigene Weise seinen Charakter formte. In meinem Buch findet man niemanden, der nicht seinem Selbsterhaltungstrieb um jeden Preis gefolgt wäre, und es gibt keinen Helden, der den Mut aufgebracht hätte, der Realität ins Auge zu sehen. Allen hat es an Aufrichtigkeit gefehlt, aber auch an Festigkeit des Glaubens.

Die Umstände, unter denen Itzhak Liebmann seinen Namen wechselte, entsprechen der Wahrheit und sind genau wiedergegeben. Dies gilt auch für die Vorgänge bis zu seiner Verhaftung. Nur seine Geliebte Maria Kott ist die Frucht meiner Fantasie. Im wirklichen Leben war Itzhak Liebmann mit meiner Verwandten Marysia verheiratet. Sie hatten einen Sohn, den sie Piotr nannten. Sie verbargen auch vor ihrem Sohn ihre wahre Identität und haben ihn im Sinne des katholischen Glaubens erzogen. Es ist durchaus nicht übertrieben, wenn man sagt, dass dieser Junge zu einem Antisemiten heranwuchs.

Nachdem Itzhak Liebmann von Novotny-Nowy die Betriebsleitung übernommen hatte, wähnte er sich auf dem Höhepunkt seiner Karriere. Doch plötzlich wurde er auf Grund des Verdachts der Kollaboration mit den Nazis verhaftet. Die Ermittlungen gegen ihn, zumindest die ersten Stadien, rekonstruierte die Lala meiner Geschichte, die wirkliche Helena Guzik. In den ersten Monaten der Ermittlungen leugnete er auch weiterhin seine jüdische Herkunft, denn er hegte die vergebliche Hoffnung, dass ihn seine Beziehungen zur Kommunistischen Partei aus dieser Situation befreien würden. Erst ein halbes Jahr später, als er begriffen hatte, dass ihm keine Freunde zur Seite standen, hörte er auf den Rat seines Verteidigers und gab seine Identität preis. Seine Version bestätigte sich, doch sie kam dem Regime keineswegs gelegen, und so stellte man ihn vor die Wahl: Prozess oder Auswanderung aus dem kommunistischen Polen. Liebmann wählte zusammen mit Frau und Sohn die zweite Möglichkeit, und wenige Tage nach seiner Freilassung verließen sie Polen in Richtung Kanada.

Piotr war damals zwar erst zehn Jahre alt, aber er verstand sehr wohl, was um ihn herum geschah. Er hatte Schwierigkeiten, sich mit der Tatsache abzufinden, dass seine Eltern Juden waren. Als er sechzehn Jahre alt war, verließ er sein Elternhaus in Toronto und sollte niemals wiederkehren. Für Itzhak Liebmann war dies ein schwerer Schlag. Schon kurz darauf erlag er einer Herzattacke. So viel ich weiß, war Piotr nicht unter den Trauergästen. Auch dieses familiäre Drama wäre Stoff für ein Buch gewesen, doch es wäre eine andere Geschichte.

Ruth Gay
Narrele, was lachst du?
Ostjuden in Amerika
Aus dem Amerikanischen von Christian Wiese

Über zwei Millionen Juden erreichten von 1880
an auf der Flucht vor Pogromen, vor Hunger
und Elend die Neue Welt. Ruth Gay erzählt die
Geschichte dieser Menschen und zeichnet ein
neues Bild von New York als Melting Pot.
Mit zahlreichen Abbildungen.

»Erhellend, unsentimental und wunderbar.«
Frankfurter Rundschau

*»Ruth Gay erzählt in bester jüdischer Tradition
Geschichte als Folge von Geschichten aus dem
reichen Fundus der Erinnerung.«*
Süddeutsche Zeitung

*»Eine anrührende, merkwürdige Beschwörung der
einst turbulenten Welt jüdischer Einwanderer ...
Manches davon lässt mich schlucken, obwohl ich
dabei war. Dies ist Geschichte als Alltagsleben –
unwiderruflich und unvergessen.«*
Alfred Kazin

Berliner Taschenbuch Verlag

Mario Frank
Walter Ulbricht
Eine deutsche Biografie

Mario Frank zeichnet das präzise und
aufschlussreiche Porträt eines ungeliebten
deutschen Machthabers.

»*Dem Autor ist nach sorgfältiger Recherche ein
präzises Porträt gelungen, das er – stilistisch brillant –
in zeitgeschichtliche Zusammenhänge stellt.*«
Hamburger Abendblatt

»*Dieses Werk wird in Zukunft wahrscheinlich das
zentrale Standardwerk zu Walter Ulbricht sein und
bleiben.*« Archiv für Sozialgeschichte

»*Der Wert der neuen Biografie steckt in der Fülle
bisher weithin nicht bekannter Einzelheiten, die
noch erklärlicher als bisher machen, ... wie es
einem derart unsympathischen Menschen gelang,
der erste Mann der DDR zu werden.*«
Carola Stern, Die Zeit

Berliner Taschenbuch Verlag

Robert S. Wistrich
Hitler und der Holocaust
Aus dem Englischen von Sabine Schulte

Immer noch gilt die Frage: Wie war der Holocaust möglich? Wer war verantwortlich für die Organisation des größten Verbrechens der Menschheit? Welche Mitschuld tragen die »normale« Bevölkerung, andere europäische Länder, die Vereinigten Staaten und die Kirche? Der bekannte Antisemitismusforscher und Professor für Neue Jüdische Geschichte in Jerusalem, Robert S. Wistrich, geht diesen Fragen auf den Grund. Er beschreibt, wie Historiker den Holocaust zu erklären versuchen, und erörtert die Folgen der nationalsozialistischen Verbrechen, die bis heute zu spüren sind.

»Wenn jemand ein kompaktes, verständliches und aktuelles Buch über die Geschichte des Antisemitismus lesen will, dann gibt es nichts Besseres als dieses Buch.« Paul Johnson, Times Literary Supplement

»Das verständlichste, prägnanteste und am besten geschriebene Buch zu diesem Thema, das im Moment auf dem Markt ist.« Walter Laqueur

Berliner Taschenbuch Verlag

Richard Pipes
Kommunismus
Aus dem Englischen von Thomas Pfeiffer

Eine kleine Geschichte des Kommunismus von einem der besten Kenner der Geschichte Russlands und der Sowjetunion. Richard Pipes schildert die Geburtsstunde des Kommunismus als Theorie der Klassengesellschaft und ihrer Überwindung und die Aneignung und Verbreitung dieser Ideen durch die jungen russischen Intellektuellen unter der Führung von Lenin. Dabei wird die Historie der Sowjetunion bis zu ihrem Zusammenbruch unter Gorbatschow erzählt und gleichzeitig die Geschichte und der Einfluss des Kommunismus in einem globalen Kontext betrachtet.

»Monumental und detailliert, eine überwältigende und packende Chronik. Dieses Buch ist die Frucht jahrelanger Forschung und lebenslanger Reflexion eines der bedeutendsten amerikanischen Historiker. Darüber hinaus ist es eine fesselnde Lektüre.«
The Washington Post

»Studenten ebenso wie alle anderen politisch interessierten Leute werden von diesem prägnanten, kenntnisreichen Buch profitieren.« Publishers Weekly

Berliner Taschenbuch Verlag